KB211522

맛있는
신약묵상

맛있는
신약묵상

초판발행일 | 2014년 2월 15일

지 은 이 | 김충만
펴 낸 이 | 배수현
디 자 인 | 박수정
제 작 | 송재호
홍 보 | 권재흥

펴 낸 곳 | 가나북스 www.gnbooks.co.kr
출 판 등 록 | 제393-2009-000012호
전 화 | 031) 408-8811(代)
팩 스 | 031) 501-8811

ISBN 978-89-94664-58-3(03230)

※ 가격은 뒤 표지에 있습니다.

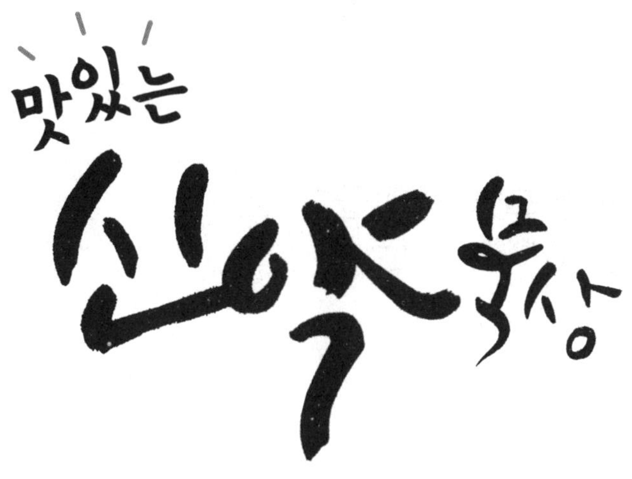

김충만

||||| 머리말

묵상 한 모금 입에 물고, 주님 한번 쳐다보고

묵상이 곧바로 하나님의 성품을 알아가고 닮아감이라는 삶의 성숙을 낳는 게 아님이 때로 나를 낙심케 한다. 정말 이러자고 '묵상하다' 인가 싶을 때도 많다. 놀라운 것은 그런 중에도 묵상은 포기하지 않았다. 묵상하면 할수록 묵상이 요구하는 삶과 나의 간격이 점점 커져감에도 불구하고 잘한 게 있다면 날마다 '묵상밥' 을 먹었다는 것이다. 생각해 보면, 내가 잘한 건 이거 하나인 것 같다.

묵상 앞에 설 때마다 말씀이 나를 묵상하도록 무릎을 꿇는다. 묵상의 주도권이 내가 아닌 말씀에게 있으니까. 때문에 QTer(묵상하는 사람)는 성령님이 찾아오사 묵상을 통해 그분이 말씀하시도록 해야 한다. 이게 맛있는 묵상이다.

❖ 묵상, 말씀에 비춰진 감출 길 없는 은혜다.

한 절 말씀을 묵상하는 게 이렇게 힘든 줄은 미처 몰랐다. 무엇보다 전후 문맥을 살펴야만 해당 구절이 눈에 들어오고, 그러면서 성령의 조명 안에서 한 절 말씀을 품고, 저자가 이 구절을 통해 전하고 싶은 메시지에 집중하고…

이처럼 핵심 구절을 묵상하는 것은 묵상의 주도권을 성경에게 맡기는 것에서 시작된다. 익숙하고, 많이 접한 구절일수록 더 그렇다. 정말이지 본문을 비틀지 않고 정직하게 보아야 한다. 내 선입관이나 선지식이 중심에 서지 않도록 해야 한다. 그래야만 비로소 본문이 말하고자 하는 메시지를 발견하게 되고, 이때부터 본문(text)이 나를 묵상하기 시작하니까.

❖ 말씀으로 나를 해석한다.

어느 때부턴가 말씀이 나를 해석해 주는 걸 경험한다. 말씀에 나를 맡기는 것과 비례해 더 크고 놀라운 묵상의 자유함을 얻고 있다. 말씀으로 말씀을 해석하고 읽어내는 것이 주는 견고함도 뺄 수 없는 행복이다. 결국 내가 말씀을 어떻게 해 보려는 욕망을 내려놓을 때 이를 더 맛보게 되는 것 같다.

한편 '초보 묵상'은 묵상의 주도권을 어떻게든 자신이 쥐고 있으려 한다. 이렇듯 하나님의 말씀에 묵상을 자연스럽게 맡기지 못하니까 그만큼 자의적(恣意的) 힘이 들어간다. 전후 문맥이나 흐름도 관찰하고 읽어낼 여유가 없으니 묵상의 맛을 잘 느끼지 못 할 수밖에 없다.

◈ 큐티에 담은 성경, 말씀에 담은 묵상

한 절 말씀을 품고 조용히 그분 앞으로 나아간다. 이제야, 그것도 조금, 내가 묵상하겠다는 생각을 버리고 있다. 하나님께서 나를 묵상해 주시기를 바라며 말씀 앞에 조용히 선다. 그러면 신기하게도 하나님이 묵상을 이끌어 주신다.

◈ 주님 사랑하니까 묵상이다.

묵상은 잘하고 못하는 게 아니다. 겸손하게 본문을 읽고 또 읽다보면 조금씩 텍스트가 말을 걸어온다. 즉, 텍스트가 숨을 쉬며 살아난다. 그럴 때 희미하게 채워지는 행복과 기쁨이 큐티(QT)가 주는 깊은 맛이다.

묵상을 통해 주님 앞에 서는 것은 늘 새로운 여행이다.

주후 2014년 1월 1일 새해 아침

경성대학교 신학관 406호, 교목실에서

김충만

마
막
눅
요
행
롬
고전
고후
갈
엡
빌
골
몬
딤전
딤후
딛
살전
살후
히
악
벧전
벧후
요일
요이
요삼
유
계

목차

비전선언서

나의 삶의 목적은
말씀을 사랑하고 이를 날마다 묵상함으로써
하나님 아버지를 닮아가고,
성령님의 임재를 누리며,
우리 주 예수 그리스도를 아는 지식에서 자라가는 것이다.
그리고 이를 가르치며 나누고 선포함으로써
나의 삶과 공동체에서 말씀을 열매 맺어가는
주의 제자로 살아간다.

| 1부 |

복음서

•
•
•

| 1부 | 복음서

마 태 복 음

1. 말씀을 먹으라!

예수께서 대답하여 이르시되 기록되었으되
사람이 떡으로만 살 것이 아니요 하나님의 입으로부터 나오는
모든 말씀으로 살 것이라 하였느니라 하시니(마4.4)

◎ 사탄의 세 가지 시험(1-11)

① 네가 만일(3-4) ⇨ 신8.3

② 네가 만일(5-7; 시91.11-12) ⇨ 신6.16

③ 네가 만일(8-10) ⇨ 신6.13

시험 없는 인생은 없다. 예수님께서도 시험을 받으셨다(1, 16.1, 19.3, 22.18,35). 이것을 어떻게 받아들여야 할까. 참 어려운 대목이다. '이 세상 임금'(요12.31, 16.11)인 마귀가 자신의 끝이 임박함을

알고서 마침내 공생애를 시작하시려는 예수님을 시험함으로써 하늘 권세에 도전한다(창3.15 참조). 사탄은 이처럼 예수님의 발목까지 잡아 보려고 발악한다. 시험이라는 화살이 예수님을 겨냥한다는 점이 놀랍다.

사탄은 '만일'(If)로 시험하고, 예수님은 '말씀'으로 물리치신다. 한편 시험의 장소는 죄가 가득한 곳과 같은 그런 시험 들기에 적당한 곳이 따로 있는 게 아니다(마6.13, 16.23). 시험은 때와 장소와 사람과 상황을 가리지 않고 전방위(全方位) 공격을 감행한다. 밤낮 40일을 금식하셨으니 얼마나 시장하실까(2). 사탄은 바로 이 본능을 놓치지 않고 파고든다(3). 이렇듯 시험은 늘 가장 절실하고 필요한 부분을 겨냥하는 경우가 많다.

또한 바로 앞에서 하나님께서 "내 사랑하는 아들이요"(3.17)라고 하셨음에도 사탄은 "만일 하나님의 아들이어든"(3)이라 말한다. 이 말에는 하나님의 아들이면 돌을 떡으로 만들 수 있어야 한다는 의미도 들어있는 듯하다. 하나님의 아들인 것을 이런 식으로, 그러니까 사탄이 원하는 대로 증명해 보이란다. 이렇게 되면 자신의 명령대로 움직이는 것이 하나님의 아들이 되는 셈이지 않은가. 하나님마저도 자신이 의도한 각본대로 요리할 수 있다고 생각하는 것, 이것이야말로 사탄적 발상이다.

이럴 경우 쉽게 말려들 가능성이 많다. 전혀 다른 돌과 떡이지만 일단 이 둘을 혼합하는 것으로 당장 눈앞에 있는 문제를 먼저 해결하고부터 보라는 식의 유혹일 때 더 그렇다. "모로

가도 서울만 가면 된다."는 식으로 우선 배고픔부터 해결하고 봐야 되지 않느냐고 소리치면 상식과 순리가 무너져도 목적을 이루는데만 온통 정신을 빼앗길 수 있다.

그 옛날 에서가 배고픔이라는 본능 때문에 장자권을 팔아버렸을 때가 기억난다. 유혹을 이길 수 있는 힘이 내게는 얼마나 있는지 잘 모르겠지만 잠깐 방심하면 에서처럼 언행할 수 있다. "사람이 떡으로만 살 것이 아니요"(4a)처럼 사람이 떡으로 '도' 살지만 떡으로 '만' 사는 것은 아님을 주님 역시 아셨다. 떡이 인간 문제의 해결을 위한 핵심은 아니다. 주님은 그래서 "하나님의 입으로부터 나오는 모든 말씀으로 살 것이라."(4b) 하신다.

떡은 이렇듯 사람이 무엇으로 말미암아 사는가의 문제를 흐리게 만든다. 주님마저도 그럴 수 있을 것이라 생각한 사탄의 착각은 자유지만 사람('나')은 늘 떡과 말씀을 상황과 형편에 따라 넘나들며 산다.

문제는 그렇게 되면 사탄의 수(手)에 "딱 걸렸네!"로 말려드는 것이다. 이렇게 되면 사탄에게 놀아나는 것은 기본이고 하나님이 의도하신 대로 사는 일이 불가능해진다. 말씀으로 사는 길을 떠났기 때문이다.

2. 제자삼기

말씀하시되 나를 따라오라 내가 너희를
사람을 낚는 어부가 되게 하리라 하시니(마4.19)

사도행전의 씨앗인 제자들을 부르시는 단락이다(마4.18-22). 하지만 저들은 평생 뱃사람으로 살아온 어부들일 뿐이다. 어부와 제자가 어울리는 조합은 아니다. 그런데 전혀 새로운 일이 사명으로 주어진다. 과연 물고기를 낚는 어부가 어떻게 사람을 낚는 어부가 될 수 있을지 의아스러울 뿐이다. 제자로 부르심을 받은 때에 저들은 제자로써 그 어떠한 것도 준비하고 있지 않았다. 그렇다면 주님은 제자를 부를 때 어떤 기준을 가지고 계신 것일까? 마태복음에서 제자로 부르시는 자들을 놓고 볼 때 우리가 알 수 있는 기준(조건)은 아무것도 없다.

그렇다면 시각을 어부들(제자들)에게서 부르시는 자이신 예수님께로 옮겨보자. 주님은 우리가 보통 생각하는 준비된 자의 모습에 대해 우선순위를 두고 계신 것 같지 않다. 이렇듯 부르시는 자는 부름 받는 자의 조건에 좌우되지 않았다. 그렇다면 주님은 부르실 때 사람의 어떤 조건이 아니라 부르시는 자신의 능력과 계획과 목표와 비전을 더 우선시하셨다고 보여진다. 왜 그런가? 다름 아닌 자신의 제자들이기 때문이다. 자신처럼 공생애 이후를, 사도행전 시대를 열어갈 자는 세상이 요구하는 조건이 아닌 그 일을 맡길 자의 비전에 걸맞은 사람이어야 하기에 그렇다.

지금 어부들을 제자로 부르시는 장면은 마치 조각가가 거대한 암석을 바라보는 것에 비유할 수 있다. 눈 앞에 있는 거대한 바위가 보통 사람들이 보기엔 그냥 볼품없는 돌덩어리에 불과하다. 하지만 조각가는 이미 그 바위에서 자신이 만들고자 하는 작품을 본다. 예수님에게 어부들은 그런 사람들이었다. 지금 보기엔 비릿한 냄새나는 시골뜨기 어부에 불과하지만 몇 년 후의 그들은 세상을 변화시킬 하나님의 사람들로 세워져 있을 것을 이미 보셨다. 하물며 평범한 조각가도 그런 이미지로 사물을 바라본다면 사도들을 통해 교회와 복음의 영광을 이루시기를 기뻐하신 주님이시겠는가.

주님은 실수가 없으신 분이시다. 그분은 부르신 자들을 당신이 목적한 자답게 빚어 가실 것이다. 제자들은 단지 부르시는 자의 요청에 아멘으로 응답한 것뿐이다. 아마도 저들 역시 그날 이후가 어떻게 펼쳐질지 전혀 몰랐을 것이다.

주님의 제자는 주님이 부르신다. 제자는 부름 받은 사람이다. 무슨 말인가? 제자는 자기 스스로 제자가 되겠다고 해서 되는 게 아니다. 제자는 주님의 제자이기에 주님과 상관없이 만들어지는 것은 전적으로 불가능하다. 제자는 부름 받은 소명자이기에 그렇다. 제자는 부르는 자를 위해 살고 그를 위해 목숨을 바친다. 나를 믿어주고 부르셨으니 나를 믿어주는 자를 위해 목숨을 드리는 것은 얼마나 영광스러운 일이겠는가.

3. 마음일기(1)

마음이 청결한 자는 복이 있나니
그들이 하나님을 볼 것임이요(마5.8)

- 예수께서 그 생각을 아시고 이르시되 너희가 어찌하여 마음에 악한 생각을 하느냐(마9.4)

- 나는 마음이 온유하고 겸손하니 나의 멍에를 메고 내게 배우라 그리하면 너희 마음이 쉼을 얻으리니(마11.29)

- 입에서 나오는 것들은 마음에서 나오나니 이것이야말로 사람을 더럽게 하느니라(마15.18)

- 예수께서 이르시되 네 마음을 다하고 목숨을 다하고 뜻을 다하여 주 너의 하나님을 사랑하라 하셨으니, 이것이 첫째 되는 계명이요(마22.37-39)

○ 배에 올라 그들에게 가시니 바람이 그치는지라 제자들이 마음에 심히 놀라니, 이는 그들이 그 떡 떼시던 일을 깨닫지 못하고 도리어 그 마음이 둔하여졌음이러라(막6.51-52)

○ 내가 진실로 너희에게 이르노니 누구든지 이 산더러 들리어 바다에 던져지라 하며 그 말하는 것이 이루어질 줄 믿고 마음에 의심하지 아니하면 그대로 되리라(막11.23)

○ 마리아가 이르되 내 영혼이 주를 찬양하며, 내 마음이 하나님 내 구주를 기뻐하였음은, 그의 여종의 비천함을 돌보셨음이라(눅1.46-48a)

○ 선한 사람은 마음에 쌓은 선에서 선을 내고 악한 자는 그 쌓은 악에서 악을 내나니 이는 마음에 가득한 것을 입으로 말함이니라(눅6.45)

○ 길 가에 있다는 것은 말씀을 들은 자니 이에 마귀가 가서 그들이 믿어 구원을 얻지 못하게 하려고 말씀을 그 마음에서 빼앗는 것이요. 좋은 땅에 있다는 것은 착하고 좋은 마음으로 말씀을 듣고 지키어 인내로 결실하는 자니라(눅8.12,15)

○ 예수께서 이르시되 어찌하여 두려워 하며 어찌하여 마음에 의심이 일어나느냐. 이에 그들의 마음을 열어 성경을 깨닫게 하시고(눅24.38,45)

○ 마귀가 벌써 시몬의 아들 가룟 유다의 마음에 예수를 팔려는 생각을 넣었더라(요13.2)

○ 너희는 마음에 근심하지 말라 하나님을 믿으니 또 나를 믿으라(요14.1)

○ 지금은 너희가 근심하나 내가 다시 너희를 보리니 너희 마음이 기쁠 것이요 너희 기쁨을 빼앗을 자가 없으리라(요16.22)

4. 나는 세상을 비추어야 할 팔복의 빛이다.

이같이 너희 빛이 사람 앞에 비치게 하여 그들로 너희 착한 행실을 보고 하늘에 계신 너희 아버지께 영광을 돌리게 하라(마5.16)

◎ 빛(마5.14-16)

○ 너희는 세상의 빛이라(14).

○ 모든 사람에게 비취느니라(15).

○ 그들로 너희 착한 행실을 보고 … 아버지께 영광을 돌리게 하라(16).

예수님의 소문이 퍼지자 '허다한 무리'가 모여들기 시작하였다(마4.23-25). 단순히 군중에 불과한 사람들이다. 마태복음 5장에서 주님은 저들을 가르치실 필요를 느끼셨다(1-2). 이것이 [산상수훈](마태복음 5-7장)이다. 놓칠 수 없는 것은 가르침의 대상이 무리 ⇨ 그들(3인칭, 3-10)로, 그리고 다시 그들 ⇨ 너희(2인칭, 11-)로 바뀌고 있음이다. 이는 주님의 입으로부터 나오는 말씀을 듣고 있는 모든 사람이 다 복이 있는 것은 아니라는 점이다. 무리 가운데 복 있는 사람은 '그들'로 제한되고(3-10), 다시 그들 가운데 주님과의 관계에서 '너희'가 복이 있는 이유를(11-12), 그리고 그 복 가운데 있다면 너희('나')는 빛과 소금으로서의 제자의 역할을 다 해야 한다는 말씀으로 확장된다(13-16).

팔복(八福)을 그 어떤 형편과 처지 속에서도 꽃 피우며 사는 사람, 그는 이미 '너희 공동체'에게 약속한 모든 복이 있고 또 있을 것이다. 그렇다면 그는 어떤 역할을 맡은 자이며, 그의 삶은 무엇으로 나타나야 하는가. 주목할 것은 이미 "너희는 세상의 빛이다!"는 점이다. 빛이 되어야 한다가 아니다. 이미 세상의 빛이기에 팔복(八福)을 무력화시키려는 그 어떤 핍박도 주님 때문에 이겨내며 살도록 부르심을 받았다.

그래서 세상이 더 이상 어두움 가운데 방황하지 않도록 "너희 빛이" 이 세상 "사람 앞에 비치게 하여 그들로 너희 착한 행실을 보고 하늘에 계신 너희 아버지께 영광을 돌리게 하라!"(16) 하신다. 바로 그 '너희'가 팔복(八福)을 따라 사는 제자다. 주님이 구별된 삶을 가리켜서 말씀하신 착한 행실은 '너희'만의 특권이요 소명이다. 비록 '핍박'(11-12)이 올지라도 제자로서의 구별됨만이 천국 백성으로서의 영향력이다. 이것이 삶으로 드러난 하나님의 영광이다(16b).

놀라운 것은 나는 팔복(八福)이라는 빛이다. 황송하게도 주님은 제자로서 나를 거기까지 목표하신다. 그렇다면 빛으로써 세상이 영적(靈的)으로 어둡지 않도록 복 있는 자로서의 정체성(identity)을 지키며 살아야 한다.

지금 이처럼 '너희 공동체'로 부르신 자를 위해 살아가고 있는지 자문하지 않을 수 없다. 천국이 그려지고 있고, 하나님의 나라가 보여지고 있다. 주께서 나에게도 이 진리를 친히 "입을 열어 가르쳐"(2) 주시니 황송하다.

하지만 팔복(八福)이라는 빛에 비추어진 나의 모습은 여전히 초라하고 볼품없다. 이게 나다. 별 수 없는 죄인 아닌가. 하지만 주님은 이걸 다 아시면서 나를 산상수훈(山上垂訓)을 들을 수 있는 자로 부르시고, '너희'라 하실 때마다 나와 눈을 맞추어 가시면서 언젠가 이를 이룰 수 있으리라 격려하신다.

이걸 느낄 수 있음이 아직 희망이다. 나를 부르셨으니, 그리고 나에게 말씀하시니, 또한 나를 '너희 공동체'에 넣어 주시니 감사할 뿐이다. 이 은혜를 보답하며 사는 인생이고 싶다. 빛으로서 말이다.

5. 구제는 은밀함을 먹고 자란다.

네 구제함을 은밀하게 하라
은밀한 중에 보시는 너희 아버지께서 갚으시리라(마6.4)

◎ 경건생활(마6.1-18) : "사람에게 보이려고 … 행하지 않도록"(1)

① 구제(2-4) : "은밀하게 … 은밀한 중에 보시는"(4)

② 기도(5-15) : "은밀한 중에 … 은밀한 중에 보시는"(6)

③ 금식(16-18) : "은밀한 중에 … 은밀한 중에 보시는"(18)

경건생활은 무엇 때문에 하는가? 1절이라는 깃발은 이어지는 구제(①), 기도(②), 금식(③)의 방향타와 같다. 주님은 경건생활의 동기에 주목하신다. 단순히 겉으로 드러나는 행위에 익숙해져 있는 경건의 기준을 바꾸라 하신다. 보이지 않는 하나님 앞에서 보이는 것을 기준 삼으려는 것이 얼마나 어리석은 생각인지를 깨우치시니 감사할 따름이다. 경건은 나를 위한 것이 아니라 하나님을 위해, 그것을 남을 향해 실현하는 방식은 '은밀하게'(4,6,18)이다.

분명 구제의 대상은 사람이고 또 사람이 하는 일이지만 그러나 "사람에게 영광을 받으려고 … 나팔을 불지 말라."(2a) 하신다. 주님은 외식을 싫어하신다. 하나님을 바라보며 사는 사람은 땅의 보상이나 칭찬을 기대하지 않아야 하기 때문이다. 하나님이 갚으신다 하시니 또한 감사할 뿐이다(4b).

구제는 하나님의 이름으로 그분의 은혜를 함께 나누는 것이다. 내가 나의 것을 너에게 주는 것이 아니다. 때문에 사람에게 보이려고 의(義)를 행하는 것을 주의하라 하신다(1). 내게 주님의 명령처럼 은밀히 행하는 구제가 있는지 돌아본다. 이 말씀에 부끄럽지 않다고 말할 순 없지만 그래도 이 말씀과 무관하게 살고 있지는 않음이 조금은 희망이다.

구제에는 두 가지가 있다. 하나는 자기 상을 자신 스스로 이미 받은 경우고(2b), 다른 하나는 하나님이 갚으시는 경우다(4b). 전자는 드러 내놓고 하였기 때문이고, 후자는 은밀하게 하였기 때문이다. 사람이 알면 하나님은 눈을 감으시고, 사람이 모르면 하나님은 은밀한 중에 보신다. 그리고 갚으신다. 구제는 내가 하나님을 의식하며 사는가, 아니면 사람을 목표하며 사는가를 드러내는 척도와 같다. 사람에게 하는 일마저도 하나님의 필터로 걸러지고 있음을 잊지 않고 살아야겠다.

경건은 하나님과의 관계에서, 그리고 사람과의 관계에서 빛을 발한다. 하나님은 이 둘을 모두 주목하시며, 더 중요한 것은 이를 당신의 기준에 따라 평가하신다는 점이다. 구제를 하는 것은 나다. 하지만 이방 사람들과는 달라야 한다. 나를 드러내고, 나를 높이고, 그래서 나의 나됨을 사람에게 보이는 것을 통해 성취되는 것으로 사용하면 거기에 하나님은 없다. 얼마나 많은 것이 "사람에게 보이려고"(1a) 그럴듯하게 포장되는지 모른다.

사람의 갈채를 받는 것이 하나님의 인정을 받는 것이 아니다는 점을 생각하게 하시니 감사하다. 내가 땅에서 하는 일들을 주께서 하늘에서 다 보고 계심을 잊지 말자. 세상이 모르게 하는 것이 하나님으로 하여금 알게 하는 길이라는 것 역시 그렇다. 하나님만 아시는 경건생활의 목록들이 하나 둘 많아지고 깊어졌으면 좋겠다. 하나님이 인정하시는 경건이 과연 나의 삶이라는 무대를 통해 열매를 맺고 있는지 돌아보는 묵상이다.

6. 마음에 심어 하늘에서 거두라.

네 보물 있는 그 곳에는 네 마음도 있느니라(마6.21)

◎ 보물(6.19-24) : 두 마음 vs 두 주인

A 이방인 : 보물을 땅에(19) – 재물을 섬기다.

B 제자들(산상수훈, 5.1) : 보물을 하늘에(20) – 하나님을 섬기다.

C 양다리 걸치기(24) : A+B

⇨ '그러므로'(25,31,34)

오늘 묵상은 산상수훈(마5.1-7.29) 중 "보물을 하늘에 쌓아 두라"(6.19-34)는 말씀 단락 안에 든 전반부다(6.19-24). 물론 이 말씀의 수신자는 제자들이다(5.1). 그렇다면 제자들을 향해 이 단락에서 요구하는 주제는 보물을 하늘에 쌓았다면 그의 마음은 하늘에 있어야 한다는 것이다. 그것은 삶의 선명한 집중력은 물론 결국 '제자의 삶에는 우선순위가 있다.'는, 그리고 이를 '분명히 해야 한다'는 말씀으로 정리될 수 있다.

하나님을 섬기며 산다고 하면서 보물을 땅에 쌓아 두며 살 수 없고(A), 주님의 제자라 하면서 이방인들이 구하는 수준에서 머뭇거리며 의식주(衣食住)만을 위해 삶을 소비하며 지낼 수는 없다(25-). 제자는 다르게 사는 사람들이다(B). 결코 양다리를 걸칠 수 없다(C). 제자의 최종 시야는 하늘이기 때문이다.

정리하면 재물이냐, 하나님이냐의 방향성과 우선순위의 문제다. 세상은 재물을 섬기지만 제자들('나')은 하나님을 섬기며 살아야 한다. 한편 제3의 방식, 즉 "하나님과 재물을 겸하여 섬기"(24)는 것은 있을 수 없다. 주님은 지금 이를 분명히 하라 하신다.

제자는 하늘을 보며 사는 자들이다. 그렇지만 문제는 이방인들은 이것'만'을 구한다는 점이다. 주님은 여기서 제자들에게 다른 원리를 가르치고 싶어 하시는 것 같다. 그러니까 이방인들과는 다르게 살아야 한다는 것을 말이다.

그러나 세상이 다 쓰는 방식이라 할지라도, 그래서 그렇게만

하면 다 될 것처럼 보일지라도, 또 그렇게 살아가는 사람들이 성공한 듯이 보일지라도 주님이 아니라 하시면 아무 미련 없이 돌아설 수 있는 것, 이것이 믿음이며 제자의 삶이다. 신앙은 영원한 것을 보는 것이다. 지금 당장 눈앞의 결과에 연연하지 않고 진리의 눈으로 좀 더 멀리 보는 것이다.

산상수훈을 성취하며 사는 것은 자동적으로 이루어지는 것이 아니다. 그야말로 피땀을 흘리며 싸워야 하는 영적 전쟁이다. 그런데 편한 길, 쉬운 방법, 세상 사람들이 살아가는 세상의 논리를 기웃거리고 싶은 욕구가 문제다. 주님은 지금 무엇을 우선순위에 놓고 살아가야 하는가를 가르치신다. 정말 놓칠 수 없는 복음이 아닐 수 없다.

주님의 종이라면 나의 주인은 주님 오직 한 분이다. 주님은 "두 주인을 섬기지 못할 것이"(24a)라 하셨다. 하나님과 재물을 겸하여 섬기는 일은 불가능하다(24b). 내가 보물을 땅에 쌓으면서 살면 내 마음도 땅에 있고, 하늘에 쌓고 있으면 내 마음이 하늘에 있다(21). 정말 나는 마음이 하늘에 고정되어 있는가. 하나님을 섬기는 자답게 하늘을 향해 서 보자.

7. 하나님과 재물 사이, 중간지대는 없다.

너희가 하나님과 재물을 겸하여 섬기지 못하느니라(마6.24b)

오늘 묵상은 산상수훈(마태복음 5-7장) 중 마태복음 6장 19-34절 단락 안에 들어있는 말씀이다. 문맥을 정리해 보면 흥미로운 사실을 발견하게 된다 : '너희'는 제자들이다(5.1). 그런데 그 너희는 하나님과 재물이라는 '두 주인'(6.24a)을 겸하여 섬길 수 없다. 하지만 예수님의 말씀에 의하면, 두 주인을 오가며 하나님이 아닌 재물을 통해 염려의 문제를 해결하는 자들이 있다. 다름 아닌 산상수훈의 메시지를 듣고 있는 제자들 가운데서 말이다.

그럼 먼저, 재물을 주인 삼은 사람을 보자. 문제는 너희, 즉 산상수훈 말씀을 듣고 있는 제자들 가운데서도 재물을 주인으로 삼은 사람이 있을 수 있다는 점이다. 이 사람은 "무엇을 먹을까 무엇을 마실까 무엇을 입을까"(31) 염려한 나머지 이방인들처럼 이런 것들을 구하는 자다. 결국 하나님께 나아오는 이유와 목적이 이방인들이 구하는 수준인 자가 아닌가. 이는 하나님을 재물의 신으로 전락시키는 자들이다. 말씀을 들은 자이지만 이방인처럼 땅에 쌓은 보물에 마음을 주면서 사는 "믿음이 적은 자들"(30b)이다.

하지만 하나님을 주인 삼은 사람을 보자. 이 사람은 하나님께서 '이 모든 것' -"무엇을 먹을까 무엇을 마실까 무엇을 입을까"(31)- 이 자신에게 있어야 할 줄을 아시는 분이심을 믿고 있다. 그래서 "너희는 먼저 그의 나라와 그의 의를 구하라."(33a) 말씀하심을 따라 살아감으로써 재물을 주인 삼은 사람과 다른 삶을 산다. 즉 이방인들처럼 구하여 그것을 얻는 자가 아니다. 이 사람이 하나님만을 주인으로 섬기는 사람인 제자들이다. 때문에 이 사람은 땅이 아닌 하늘의 보물에 마음을 두고 산다.

돈(재물)의 위력은 놀랍고도 크다. 땅에 쌓아 두는 보물은 하늘을 가릴 만큼 위력적이다. 유형 자산인 보물(돈)이 무형 자산인 마음(믿음)까지 빼앗아 끌어당길 만큼 강력하다. 그래서일까? 땅의 주인인 재물을 보호하고 유지하고 그 파이를 키우기 위해 하늘의 주인인 하나님을 섬기는 사람이 있고, 반대로 하나님을 주인 삼아 결국 이 땅에서 필요한 것을 얻어내고야 마는 교묘한 두 얼굴의 사람이 있다. 결국 이 두 사람은 다 하나님을 이용해 먹기에 달인인 셈이다.

어떻게 하면 재물을 얻기 위해 제비를 치료 받게 하는 놀부스러운 마음으로부터 나를 지켜낼 수 있을까? 이미(already) "먼저 그의 나라와 그의 의를 구하라 그리하면 이 모든 것을 너희에게 더하시리라."(33)고 약속하시는 나의 주인이신 하나님의 말씀을, 아직(not yet) 의식주로부터 자유롭지 않은 믿음이 적은 나의 삶의 자리에 견고하게 세울 수 있을까?

애당초 재물을 쌓아둘 만큼 부자가 되고 싶은 마음은 없었다. 있다면 그저 아비요 부모로서, 한 가정의 가장이요 남편으로서 하나님 아버지만을 주인 삼아 살아가는 나그네 인생길에 재물에 종속되지 않으면서도 자유한, 불편하지 않을 정도의 재물만이라도 마르지 않기를, 그래야 아비와 부모의 자리를 지켜갈 수 있으니까... 하지만 이런 착한 논리 안에 사악하고도 교묘한 -주인까지는 아닐지라도- 재물에 대한 갈급함이 없다고 할 수 있을런지... 나 역시 이 두 주인 사이에서 가증한 줄타기를 하고 있는 건 아닌지... 나의 주인이신 하나님은 나를 어찌 보고 계실까.

8. 기도는 하나님께로 열린 문이다.

구하라 그리하면 너희에게 주실 것이요 찾으라 그리하면 찾아낼 것이요 문을 두드리라 그리하면 너희에게 열릴 것이니(마7.7)

본문을 피터슨(E H. Peterson)의 [메시지 신약](The Message : The New Testament)으로 읽어보면 흥미로우면서도 참 인상적이다 : "하나님과 흥정하지 마라. 솔직하게 말씀드려라. 필요한 것을 구하여라. 우리는 쫓고 쫓기는 게임이나 숨바꼭질을 하고 있는 것이 아니다." 피터슨의 본문에 대한 통찰은 기도가 무엇인가를 생각하게 한다.

기도의 핵심은 기도의 대상이신 하나님과 기도하는 기도자(Prayer)와의 관계이다. 더불어 중요한 것은 기도의 주도권은 하나님께 있다는 점이다. 기도는 기도자가 하지만 응답은 기도를 받으시는 하나님의 몫이기 때문이다. 이것이 기도가 자신이 원하는 결과를 얻어내기 위한 방법이기 이전에 기도를 받으시는 하나님과의 친밀한 관계가 더 중요한 이유다.

기도는 기도자(Prayer)에 의해서 결과가 만들어지는 소위 게임이 아니다. 즉, 기도자 자신의 자가발전을 통해 자신이 원하는 결과를 만들어내는 게 아니다. 언제부턴가 우리의 기도 안에 "지성이면 감천이다"는 식의 동양종교적 이해가 너무 깊게 들어와 버렸다. 그 결과 기도하는 자가 얼마나 열정과 확신과 간절함과 처절함을 종교성에 담아내느냐가 응답의 결과를 좌우하는 것으로 착각하게 되었다.

또한 기도를 배워가면서, 단지 원하는 결과를 얻기 위해 기도의 과정에 회개가 들어가고, 의심하면 응답이 없다고 하니까 "의심하지 않도록 해 주세요!"라고 기도하는 자기 최면적 욕망으로 변질되어버렸다. 결국 어떻게 해서든 자신이 원하는 것을 얻기 위해 종교적 메뉴얼에 자신을 맞추는 꼴이 되어버린 것이다.

그러다 보니 정작 자기 변화, 그러니까 지금 구하는 것이 결국 얼마나 크고 거대한 이기적 욕망에서 비롯된 것인지를 살펴야 하는 것을 포함한 진정한 회개 앞으로 나아가려는 열망은 사라져 버렸다. 다시 정리하면, 기도는 결국 자신이 원하는 것을 하나님의 손에서 내 손으로 옮겨오는 게임이 아니다. 기도는 이런 이기적인 욕망을 채우는 요술방망이가 아니다.

많은 경우 내가 가지고 있는 기도라는 코인을 통해 내가 원하는 메뉴를 누르기만 하면 결과물이 자판기 아래로 떨어지듯 기도가 그런 것이라고 생각한다.

이것이 방법론으로 치우쳐버린 기도의 약점이다. 기도는 기도하는 사람 혼자 북 치고 장구 치는 솔로게임이 아니다. 구하는 것도 중요하지만 '그리하면' 그것을 응답하는 분이 있다는 것은 더 중요하다.

기도는 응답만이 목적인 외줄타기가 아니다. 기도는 하나님을 알아가고, 그분과의 친밀한 교제를 이루어가는 거룩한 통로다. 비록 시작은 나를 위한 구하기였을지라도 하나님을 아는 지식에서 자라가는 친밀한 은혜의 단계에 들어가면 주님의 나라와 그의 의를 구하고, 찾고, 두드리는 쪽으로 기도의 방향이 모아지는 것을 경험하게 된다.

9. 산상수훈대로 행하는 자

그러므로 누구든지 나의 이 말을 듣고 행하는 자는
그 집을 반석 위에 지은 지혜로운 사람 같으리니(마7.24)

◎ 산상수훈의 결론(마7.24-27)

A 나의 이 말을 듣고 행하는 자(24-25)

B 비가 내리고 창수가 나고 바람이 불어

C 무너지지 아니하나니

A' 나의 이 말을 듣고 행하지 아니하는 자(26-27)

B' 비가 내리고 창수가 나고 바람이 불어

C' 그 무너짐이 심하니라

"그러므로 … 나의 이 말을"(24a)은 바로 앞까지 이어진 산상수훈(마태복음 5-7장)을 가리킨다. 주님은 "심령이 가난한 자는 …"(마5.3)에서부터 "… 내게서 떠나가라 하리라"(마7.23)까지 산상수훈 말씀을 들은 사람 가운데 두 종류의 사람(A vs A')이 있다 하신다. 핵심은 하나님 아버지의 뜻대로 '행하는 자'(24-25)와 그렇게 '행하지 아니하는 자'(26-27)의 구별이다. "그러므로"(24a)는 앞에서 하신 모든 말씀에 대해 뭔가 결론을 내리기 위해 그것을 하나로 묶고 있는 접속사다. 서로 다른 각자의 길을 가는 '결별'이 있게 되는 분명한 차이는 '행하느냐', 아니면 '행하지 않느냐'에 있다.

문제는 이것이다. 오늘 묵상 말씀인 24절처럼 하나님 아버지의 뜻대로 살아도 25절이 있다는 점이다(A). 보통 우리는 결과적으로 불법을 행하는 26절처럼 사는 사람에게 27절이 있다고 생각한다(A'). 그럼 24절처럼 사는 것, 그러니까 하나님 아버지의 뜻대로 사는 것은 어떤 삶인가? 이것은 산상수훈 5-7장처럼 사는 것이다. 이것이 하나님 아버지의 뜻이다. 결국 산상수훈을 자신의 삶에서 그대로 행하며 살아도 그의 인생에 비와 창수와 바람이 불어온다는 점이다. 이것들이 면제되지 않고서 말이다.

따라서 비 · 창수 · 바람을 피하려고 하는 것이 중요한 게 아니다. 오히려 그것들 때문에 무너지지 않기 위해 주님이 말씀하신 것에 대한 적극적인 자세가 요구된다. 이것이 말씀을 듣고 '행하는 자'라는 말씀에 든 핵심이다. 그래서 현상적으로는 A(24-25)와 A'(26-27)가 달라 보이지 않아도, 즉 A처럼 살아도 별 볼일 없구나 싶어도, 결국 최후의 승자는 말씀대로 행하며 사는 자인 것을 믿어야 한다.

복음으로 산다는 것은 무풍지대가 아니다. 주님은 당신이 선포한 복음대로, 즉 산상수훈처럼 행하고 살면 형통만이 보장된 인생이라 말씀하지 않으셨다. 산상수훈처럼 살아도 비와 바람과 창수가 있지만 그건 무너지는 게 아니라 하신다. 비록 똑같이 그런 것들이 부딪치는 것처럼 보이지만 말씀대로 사는 것이 승리라 하신다. 그리고 그걸 증명하는 A처럼 사는 자로 우리를 산상수훈 앞에 세우신다. 정말 들은 바 주의 말씀을 하나님 아버지의 뜻대로 행하는 자로 살아간다면 말이다.

10. 네 믿음을 보았노라.

예수께서 들으시고 놀랍게 여겨 따르는 자들에게 이르시되
내가 진실로 너희에게 이르노니 이스라엘 중 아무에게서도
이만한 믿음을 보지 못하였노라(마8.10)

주님께서 백부장의 언행(言行, 고백)을 다름 아닌 '믿음'으로 보셨다는 점이 절묘하다(10). 그의 믿음은 결코 화려하지도 않고, 큰소리도 아니며, 자기가 얼마나 큰 확신을 가지고 있는가를 드러내는 것도 아니다. 철저하게 주님께 그 초점이 맞추어져 있다(5-9). 믿음의 역사가 주님께 있다는 것을 증거 하는 특별한 예(case)라 할 수 있겠다. 예수님이 높이 평가하시는 믿음의 정체(identity)를 만나게 된다는 점에서 그렇다. 사실 믿음의 주도권은 예수님께 있다. 믿음의 주인은 내가 아니다. 내가 할 수 있다고 믿는 것은 자기 확신일 뿐이다. 믿음은 예수님과의

관계에서 비로소 확증되고 역사 되기 때문이다.

성경 어디에도 내가 믿었기 때문에 그것이 원인이 되어 어떤 결과가 이루어졌다고 말하지 않는다. 그것은 기독교가 아니라 이방 종교에서 접근하는 방법론이다. 믿음은 나를 믿는 것이 아니라 하나님을 믿는 것이다. 이 기초적 초점과 우선순위가 바뀌면 바로 그 순간부터 믿음은 왜곡되고 변질되기 시작한다. 내가 믿음의 결과를 만들어 내는 일에 어떤 공로를 했다고 생각하는 순간, 성경이 말하는 믿음의 본질에서 이탈하기 때문이다.

복잡하게 생각할 것 없이, 믿음은 우리가 생각하는 것보다 훨씬 더 단순하다. 믿음은 예수님이 말씀하신 것이 "옳다, 맞다, 확실하다"는, 그래서 '아멘!' 하고서 그 말씀대로 행하고 따르는 것이다. 그리고 그것의 실상을 보는 것이다. 믿음은 내 것이 아니어서 내 믿음이 원인이 되어 어떤 역사(결과)가 이루어지는 것이 아니라 오직 주님 때문이다(3,13; 히12,2a).

한편 믿음을 말씀하시는(10,13) 그 사이에 '동 서로부터 많은 사람'(11)과 '나라의 본 자손'(12)이 나온다. 결국 이 두 부류의 사람들이 전혀 다른 길을 가게 된 이유는 뭘까? 다름 아닌 믿음이다. 이것을 복되다 하시는 주님 때문에 비로소 내 믿음이 빛을 발하게 된다. 결코 나 홀로 나를 태워 내가 믿음을 만들어 낼 수 있는 게 아니다.

나도 중풍병에 걸린 하인을 둔 백부장처럼 이 믿음이 더 깊어지고, 맑아지고, 강해지기를 소망한다. 더 있다. 이게 나에게서 자발(自發)하고 자생(自生)하여 결국 자멸(自滅)하게 되는, 결과적으로 주님과 아무런 상관이 없는 믿음이 아니기를 기도한다. 오직 주님이 인정하시는 믿음, 주님이 역사하시는 믿음이기를 소망한다(7.21-23).

백부장이 복된 것은 복음을 듣고, 그다음에 그 복음 앞으로 나아왔고, 그리고 이 복음을 믿는다는 것을 입으로 시인하였다는 점이다. 잊지 않아야 할 것은 바로 그때까지 여전히 종은 집에서 죽어가는 중풍병자였다. 그것도 자신이 믿었거나, 주님 앞으로 나아온 것도 아니었다.

결국 문제 해결은 주님의 선언에서 비롯되었다. 주님과 상관없이 내 스스로 믿는다는 확신이 문제 해결의 핵심은 아니다. 그러므로 주님과 관계없는 것은 믿음이 아니다.

재미난 것은 중풍병에 걸린 하인이다(6). 그가 고침을 받는 것은 자기 주인인 백부장의 믿음 때문이다(13). 여기서 매우 중요한 신앙의 원리를 하나 발견하게 된다. 바로 "나의 믿음이 너의 문제를 해결할 수 있다"는 원리가 그것이다.

백부장처럼 살자! 나 한 사람 바르게 믿으며 살면 다른 사람이 나 때문에 복을 받는다. 이렇게 살고 싶다. 이처럼 쓰이는 그릇이고 싶다. 산상수훈(山上垂訓)을 받았다면 이제부터는 그 말씀대로 사는 믿음이 답이다.

11. 희망은 왕(王)의 초대 사이로 흐르고

수고하고 무거운 짐 진 자들아 다 내게로 오라
내가 너희를 쉬게 하리라(마11.28)

11장까지 왔음에도 인간의 '희망 없음'은 여전하다. 분명 위기다. 그러나 그때에도 주님은 일하신다. 세례요한이 흔들리고(2-15), 세상이 '장터의 아이들'처럼 무감각하고(16-19), 고라신과 벳새다와 가버나움처럼 뻔뻔해도 복음은 결코 중단되지 않는다(20-24). 놀랍지 않은가.

바로 그 순간, 주님은 하나님을 바라보신다(25-27). 그리고 당신의 미션(Mission)을 붙드신다(28-30). 위기는 곧바로 기회의 문으로 바뀐다. 놀라운 것은 반복음(反福音)적인 '이 세대'(16a)를 당신의 넓은 가슴으로 품으신다는 점이다. 결국 인생이 무슨 의로운 구석이 있어서가 아니라 아무런 희망이 없는 죄인이기에 주님에게서 은총을 받는 것이다. 이 길 외에는 다른 길이 없기 때문이다.

주님은 '이 세대'의 모든 것을 당신의 가슴에 품고 하나님 앞으로 나아가신다. 이게 은혜다. 한편 '지혜롭고 슬기 있는 자들'이라는 사람들에게는 회개와 구원에로의 길이 감추어져 있다(25). 결국 뭔가 안다는, 그래서 주님이 열어 놓으신 진리의 길마저도 시시비비(是是非非) 하는 자들에게는 심판 날이 오고 있다. 그러나 천국은 영적으로 어린아이들에게 주시는 선물이다(25).

핵심은 주의 사랑이 여기서 중단되지 않는다는 점이다. "회개치 아니하므로 … 화가 있을진저"라는 심판 날을 맞을 것이라 책망을 받은 자들을 향하여 위대한 사랑의 초청장이 선포된다. 이게 오늘 묵상 말씀(28)의 절묘함이다. 주님은 여전히 "회개치 아니"(20)함에도 불구하고 심판으로 최종선고를 집행하시기 전에 이처럼 다시 구원에로 초대하신다.

지금(초림)의 심판선언과 미래(재림)에 있을 종말론적인 심판 날, 바로 그 사이 남아있는 때를 이처럼 더없는 사랑으로 모든 인류를 초대하신다. 바로 '수고하고 무거운 짐진 자들'(28a)을 말이다. '지혜롭고 슬기 있는 자'라는 교만 때문에 회개를 거부한, 그래서 인생의 헛된 수고와 죄의 무거운 짐을 지고 심판의 문을 향해 걸어가는 희망 없는 인생들을 향해 주님은 다시금 구원의 불씨를 살려내신다(사55.1 참조)

주님의 초청에는 누구는 되고 또 누구는 안된다는 그런 조건이 없다. 인생을 '수고하고 무거운 짐진 자'로 보셨고, 그들을 '다' 부르신다. 하나님을 떠난 인생, 죄 아래 놓인 인생은 이렇듯 수고하고 무거운 짐을 진 자들이다.

그럼에도 안식과 생명의 주인인 주님을 배척하고 거부하고 있으니 이게 어인 일이란 말인가. 인생은 이렇듯 주님을 배반하였지만 주님은 바로 그 인생들을 초대하신다. 초대장을 받았으니 이 최상의 부르심에 순종하며 사는 것, 이게 우리의 행복이다.

하나님의 심판예고는 이미(already) 초림으로 시작되었으나 최종집행은 아직(not yet) 남은 재림에 맞춰져 있다(22,24). 그래서 희망 아닌가. 그렇다고 회개하는 것을 뒤로 미루는 것은 죽음 속으로 뛰어드는 것과 같은 자살행위일 뿐이다. 한편 이 세대 역시 주님시대와 다를 바 없지만 여전히 예고편 쪽에 있다는 것이 얼마나 천만다행인지 모른다.

문제는 그날이 오고 있다는 점이다. 결국 회개는 무한정 유효한 특권이 아니다. 따라서 지금 해야 할 일이 있다면 "수고하고 무거운 짐진 자들아 다 내게로 오라"(28a) 부르시는 주님의 초청을 받아들이는 길 밖에는 다른 선택의 여지가 없다. 생(生) 아니면 사(死)가 있을 뿐이기 때문이다. 왕의 초대장이 내게로 왔다. 이를 받아들고 주님 앞에 섰다.

12. 보화를 발견한 사람입니까?

천국은 마치 밭에 감추인 보화와 같으니
사람이 이를 발견한 후 숨겨 두고 기뻐하며 돌아가서
자기의 소유를 다 팔아 그 밭을 사느니라(마13.44)

감추인 보화와 자기의 소유를 동시에 취할 수는 없다. 천국이 보화로 드러나는 순간 천국은 더 이상 감추어져 있지 않고, –"발견한 … 만나매"– 마침내 얻을 수 있는 기회가 왔을 때 소유를 다 팔아 그것을 사기 때문에 그렇다. 감추인 보화를 발견한 사람에게 밭은 단순한 밭 그 이상이다. 하지만 이를 발견하지 못한 사람들에게는 그냥 밭이다.

이렇듯 천국은 감추어져 있을 때는 그것이 보화일지라도 내 소유보다 별다른 가치가 더 있다고 생각할 수가 없다. 그러나 보화가 소유보다 더 크고 귀하다고 받아들여질 때, 그러니까 나의 전 소유를 던질 만큼 가치있다는 것을 비로소 발견할 때에, "자기의 소유를 다 팔아" 보화 앞으로 나아간다. 이는 소망이 보화에 있다는 것을 보고, 알고, 믿기에 그렇다.

문제는 보화 스스로가 자신을 '내가 보화요'라고 가르쳐 주지 않는다는 점이다. 보화는 결코 스스로를 들어내지 않는다. 보화는 감추어져 있다. 때문에 보화보다도 소유가 더 귀한 사람이라면 "자기의 소유를 다 팔아" 결코 밭('감추어진 보화')을 사지는 않는다.

신앙은 합리적인 판단을 언제나 뛰어넘는다. 보화를 얻으려면 소유를 포기해야 한다. 다시 말하면 '보화'와 '소유'를 동시에 가질 순 없다. 그런데 소위 두 마리의 토끼를 쫓는 사람들 가운데 성도들도 발견된다. 영생의 문제로 예수님을 찾아왔으나 소유 때문에 근심하며 돌아가야 했던 청년이 이 경우다(마19.16-22, 눅14.33).

더 심각한 것은 이것이다. 아무것도 버리지 않고, 자기를 부인하지도 않고, 변화도 없고, 이럴 경우에 그 사람에게는 보화가 또 다른 '소유'에 불과할 뿐인데 이를 얻으려는 사람들이 많아져 가는 것 같다.

하지만 보화를 아는 자만이 소유를 버릴 수 있다. 소유가 아니라 보화를 위해 살아가는 것으로 부르심을 받은 자임을 잊지 말아야 할 이유가 여기에 있다.

'소유의 행복(기쁨)'이 아니라 '보화와의 삶'을 따라 살아야 할 때다. 보화를 발견한 자로서 세상이 감당할 수 없는 신앙생활이기를 기도한다. 그것만이 오직 '소유'에 몰입되어 하나님의 자리에 이 세상의 온갖 잡동사니를 올려놓고 살아가는 이 땅의 사람들에게, 비로소 '보화' 쪽으로, 하나님의 나라(천국) 쪽으로, 예수 그리스도 안으로 그들을 항복케 만드는 길이다. 주님은 이를 위해 나를 부르셨고, 보화를 발견케 하셨다.

나는 보화와 함께 살아가고 있는가, 아니면 보화 주위만 빙빙 도는 기회주의자인가. 보화를 얻기 위해 "자기의 소유를 다 팔아" 가고 있는가. 보화를 얻기 위하여 어떠한 값진 대가를 지불하고 있는가. 이미 얻은 보화로 인하여 기쁨과 감사가 오늘도 계속되고 있는가. '보화'(영원)를 팔아서 다시 '소유'(찰라)를 얻고 싶은 욕망은 없는가. '소유의 삶'이 만들어 주었던 기쁨과 행복보다, '보화와의 삶'이 더 풍성하고 보람되는 삶인가. 보화를 위해서라면 나의 모든 것을 다 드려도 전혀 후회스럽지 않아야 한다.

나는 하나님의 나라를 얻기 위해서 어떠한 삶의 대가를 지불하고 있는가. 교회라는 밭을 통해 복음이라는 보화를 이 세상 사람들에게 보여주고 있는가. 지금 하나님을 소개해 줄 수 있는 보화로 그들 앞에 당당하게 서 있는가.

보화를 보자기에 싸 놓고, 자기 마음대로 살아가는 사람은 보화를 얻은 자가 아니라 가짜 보화를 품고서 그것이 진짜인 줄로 알고 살아가는 사람이다. 내가 소유한 보화는 과연 진짜인가. 나는 천국을 발견한 사람인가.

13. 신앙고백을 제자도로 꽃피우라.

시몬 베드로가 대답하여 이르되 주는 그리스도시요
살아계신 하나님의 아들이시니이다(마16.16)

◎ 베드로 vs 제자도(16.13-28)

① 베드로의 신앙고백(13-20)

② 첫 번째 수난예고(21-23)

③ 제자도(24-28)

주님은 베드로의 신앙고백(①) 위에 마침내 첫 번째 수난예고(②)를 공표하심으로 당신의 정체(identity)를 드러내신다. 이를 전후하여 제자들의 언행은 철저하게 상반된다(16 ⇔ 22). 그래서일까? 주님은 신앙고백에 걸맞은 제자도(③)를 말씀하심으로 결국 이 둘(①③)이 언행(言行)으로 일치하는 제자로 세워질 것을 거듭 강조하신다. 더 본질적이고 중요한 것은 이를 위해 주님이 십자가를 지시는 것이다. 이것이 첫 번 수난예고가 차지하는 위치다.

한편 사람들(13-14)과 제자들(15-16)이 아는 주님이 좀 다르다. 같은 주님을 다르게 보는 것은 사소한 것 같지만 대단히 중요한 차이다. 사람들은 아직 선지자, 즉 자신들보다는 조금 더 탁월한 인간으로 보고 있다는 뜻이다. 땅을 기준으로 하늘을 보려고 하니 그 하늘이 바르게 보일 리가 없다. 자기의 지식과 경험의 한계를 벗어나지 못하고 있는 것이다. 예나 지금이나 세상은 주님을 이 정도로 밖에 인식하지 못한다.

아직도 핵심을 놓치고 있는 사람들의 신(神) 인식(Knowing about lord)에 비해 제자들, 특별히 베드로의 주님을 아는 지식(Knowing Lord)은 정확하게 중심을 관통하고 있다. 인자(人子)이신 예수님은 주님, 그리스도(메시야), 하나님의 아들이시다는 다중적 메시지로 고백하는 것을 볼 때 그렇다(16).

주님의 부르심(4.18-20)을 받은 이후 오늘 이 신앙고백을 하기까지 주님과 동거동락(同居同樂)한 기간을 통해서 베드로는 눈이 열리게 되었고, 자신의 시각(수준)에서가 아니라 주님에게로부터 자신을 볼 수 있는 주의 사람이 되었다. 그러나 더 중요한 것은 '사람들'(13-14)처럼 이 지식이 혈육에서 비롯된 것이 아니라 하나님 아버지로부터 온 지식이라는 점이다(17). 이는 베드로의 자각이 아니라 주님의 선언이다.

이렇듯 사람들과 제자들 모두는 메시야의 오심을 보고 경험한 동일한 시공(時空)을 살았지만 전혀 다른 길을 걸어간다. 그럼 나는 '사람들'인가, 아니면 '너희는'인가. 주님은 내게 뭘 물으실까. 그러면 나는 무엇으로 그 답(答)을 할까. "너는 나를 누구라 생각하니?"라시며 내 마음의 창을 노크하신다. 나 역시 여기에 대해 내가 주께 드릴 분명한 신앙고백은 "알게 하신 이는 혈육이 아니요 하늘에 계신 내 아버지시"(17b)란 사실이다.

이러니 나 또한 베드로만큼이나 복 있는 사람이 아닌가(17a).

결과적으로 볼 때, 그럼에도 불구하고 금방 헛소리할 줄 아시면서도(22) 일단 그가 언행 하는 모습 그대로를 축복하시는 주님이시다(16-19). 말도 중요하고 좋지만 그것을 따라 어떻게 사느냐도 중요하다. 언제나 이 둘의 균형을 유지하며 살아갔으면 좋겠다. 위대한 고백에 걸맞게 멋진 언행심사(言行心事)로 살았으면 좋겠는데 베드로처럼 늘 좌충우돌(左衝右突)하는 꼴이 내가 보기에도 어설프고 초라하고 부끄럽기 그지없다.

14. 절망을 밟고 희망으로 이동하라.

불법이 성하므로 많은 사람의 사랑이 식어지리라
그러나 끝까지 견디는 자는 구원을 얻으리라(마24.12-13)

예수님의 감람산 설교(24-25장)의 주제는 이 세상의 마지막에 될 '심판'이다. 중요한 것은 종말이 오늘과 전혀 상관없는 외딴섬과 같은 저 미래의 어떤 날이 아니라 오늘의 연속으로서의 내일, 오늘을 뿌려 얻은 결과로서의 내일을 뜻한다는 사실이다. 그래서 오늘과 연결하여 보지 않으면 도대체 이해하고 느끼고 맞이할 수 없는 그런 내일이다. 때문에 종말이라는 말 자체가 저 미래를 바라보게 하지만 오늘을 보면 내일이 보이는 게 주님이 말씀하신 종말이다.

종말은 어느 날 갑자기, 아무도 알 수 없도록 은밀하게, 이미 온 후에야 그것이 왔음(있음)을 알게 되는 것이 아니다. 마치 출산을 앞둔 산모에게 산통이 시작되면 이제 곧 새 생명이 태어날 것을 알게 되는 것에 비유할 수 있을 것 같다. 천국이 도래하는 종말론적 시간이 다 차기까지 이 세상은 온통 고난이라는 이름의 종말론적 산통을 혹독하게 치르게 된다. 이 종말의 때에는 세상은 불법이 성하므로 사람들의 마음속에서 따뜻한 사랑을 찾아볼 수 없게 될 것이라는 점이 오늘 묵상이다(12).

종말론적 환난은 필연적으로 사람들의 마음을 쑥대밭으로 만들어 버린다. 불신의 골은 더 깊어지고, 환난의 고통은 더 가중되고, 믿음과 전혀 상관없는 사람들로 변해가는 세상, 이게 산고처럼 고통(혼돈)스럽다. 산모야 태어날 아기 때문에 희망이라도 있지만 종말 앞에 떳떳하게 설 수 없는 많은 사람들은 종말 이전과 이후라는 이중 고통이 휘몰아칠 것이다.

하지만 모두가 다 이처럼 절망의 나락으로 추락하는 것은 아니다. 이런 총체적 난국에서도 "끝까지 견디는 자는 구원을 얻으리라!"(13) 약속하신다. 인내는 신뢰와 믿음의 기초 위에 세워지는 집이다. 이런 환난과 고통 속에서 하나님을 향한 믿음이 없다면 끊임없이 계속되는 종말론적 사건들을 이겨낼 수 없지 않겠는가.

끝까지 견디는 자로 종말론적 고난을 통과하여 구원의 은총을 받게 되려면 핍박을 이기며 사는 것은 필연적이다. 예수를 믿고 산다고 해서 고난이 없거나, 있다 하더라도 잠시 미풍(微風)처럼 슬쩍 왔다 가는 그런 것은 없다. 미움을 받는 것은 기본이고 죽음의 자리에까지 밀려가는 게 종말을 사는 성도의 모습이다(9). 값진 것일수록 그것을 얻기 위해 지불해야 할 대가는 크고 중한 법이기에 그렇다.

신앙이란 언제나 순풍에 돛단배처럼 그렇게만 진행되는 게 아니다. 성경은 세상 끝의 모습을 유토피아로 그리지 않는다. 주님은 세상이 아무리 파멸의 구렁텅이로 추락해 간다 할지라도 이 세상을 치료하고 새롭게 하는 유일한 길은 오직 복음이라 하신다(14). 이것을 성취하시기 위해 지금 자신이 먼저 고난 속으로 들어가시는 것이다. 고난 너머에 있는 부활의 아침이라는 영광을 보고 계시기 때문이다.

변하는 세상에 불변하는 진리를 전파하면서 이 세상이 만들어내는 파도에 휩쓸려 내려가지 않기 위해 다시금 인내의 끈을 꽉 조여본다. 어쩌면 오히려 홀가분하다. 이 세상 너머까지 가는 길도 알고, 그 너머에 있는 저 세상 또한 알고 보고 믿고서 건너는 신앙의 걸음이기에 그렇다. 이처럼 살아가는 것만큼이 승리하는 것이라 믿기에 아무리 힘들고 어려워도 절망의 세대를 밟고서 희망의 땅으로 이동 중이다. 환난에서 주님이 말씀하시는 세상 끝을 볼 수 있음이 참 감사하고 다행스러운 일이라는 생각을 다시금 영혼의 창에 살짝 걸어본다.

15. 맡김과 결산, 그 사이를 산다.

그 주인이 이르되 잘하였도다 착하고 충성된 종아
네가 적은 일에 충성하였으매 내가 많은 것을 네게 맡기리니
네 주인의 즐거움에 참여할지어다 하고(마25.21)

오늘 묵상은 유명한 달란트 비유(마25.14-30)에 들어있는 말씀이다. 이 비유에 등장하는 주인(하나님)은 자기 소유(달란트)를 종들(성도들)에게 "각각 그 재능대로"(15a) 맡긴 후 떠났다가, 오랜 후에 다시 돌아와 결산을 한다. 마침내 비유는 결산을 전후해서 요동친다. 중요한 것은 종들에게 지금 맡겨진 달란트는 재능대로 주인에게 인정을 받은 것이다. 물론 종의 의사와 상관없이 주인의 주권에 따라 맡겨진 것이지만 말이다. 이렇듯 주인은 종들의 각각의 재능을 이미 알고 있었다.

이제 종들은 각각의 재능대로 맡긴 주인의 언행의 신실성을 드러내야 할 책임이 주어졌다. 만일 그렇지 못한다면 주인의 판단이 거짓(허구)인 셈이 되는 것은 물론이고 주인의 의도와 목적

은 심각하게 일그러지고 말 것이다. 결과가 드러나는 기간은 '오랜 후에'이지만 무한정이 아닌 어느 정도 정해진 시간이다. 그런데 이 기간은 이미 맡은 것만이 다가 아니라 그 이후가 어떤 면에서 더 결정적이다는 점을 포함한다. 기회는 다시 주어지지 않고 한 번으로 끝이다.

그렇다면 지금, 역시 청지기인 내게 있는 모든 것들은 -건강, 가정, 자녀, 직장, 생업, 돈, 직분, 재능, 사명, 생명, 등등- 다 하나님으로부터 '잠시' 맡은 것에 불과하다. 이것들의 주인은 내가 아니라 하나님이시다. 잠시, 정말 잠시 주인이 다시 돌아와 결산할 때까지만 임시로 맡은 것일 뿐이다. 그래서 청지기다. 결국 맡은 자로서 어떻게 사느냐가 "맡음행전"이다. 이것이 맡음 이후, 즉 결산 이후를 결정한다.

이렇듯 달란트를 맡았다는 것이 자동적으로 주인의 즐거움에 참여하는 것을 보장하지는 못한다. 주인이 맡긴 달란트에 대한 종의 처신은 주인이 다시 온 이후의 자신의 미래 전체를 결정한다. "맡김과 ⇨ 결산할새"(14,19)는 주님의 방법이다. 또한 "잘하였도다 착하고 충성된 종아!" 역시 주인의 몫(평가)이다. 이 모든 것은 주인과 종의 관계에서 진행된다.

주인이 맡은 자에게 기대한 것은 "각각 그 재능대로"의 최선이다. 따라서 종은 주인이 자신을 믿고 맡긴 재능을 따라 착함과 믿음직스러움으로 맡음과 결산 사이를 채워야 한다. 바로 이것이 종으로 하여금 결산 이후를 더 복되게 할 것이다. 이렇듯 주인이 이미 간파하고 맡긴 재능대로 일할 것인가(15), 아니면 그것과 상관없이 자기 생각대로 움직일 것인가(24-25)가 분수령이다.

나는 종이다. 주인이 나의 재능(ability)을 보시고 거기에 맞는 달란트를 맡기셨다는 게 얼마나 큰 은혜요 감격스러운 일인가. 맡긴 분이 나를 가장 잘 아시고 내 재능(능력)을 따라 거기에 꼭 맞게 맡기셨으니까 많고 적게 맡은 게 그렇게 큰 의미가 있는 건 아니다. 문제는 종(從)인 나다. 맡기신 주인이 결산하기 위해 다시 오실 날이 점점 가까이 오고 있다. 그분 앞에 설 나의 모습을 오늘 묵상에 비춰본다.

16. 제자삼기

그러므로 너희는 가서 모든 민족을 제자로 삼아 아버지와 아들과
성령의 이름으로 세례를 베풀고 내가 너희에게 분부한 모든 것을
가르쳐 지키게 하라 볼지어다 내가 세상 끝날까지
너희와 항상 함께 있으리라 하시니라(마28.19-20)

마침내 주님은 부활의 영광이시지만, 그러나 제자들은 여전히 제자답지 못하다. 그럼에도 주님은 아무런 주저함 없이 저

들을 위대한 사명 앞에 초대하신다. 주님은 제자들의 과거에서 오늘을 보지 않으시고 오늘에서 미래를 보신다. 비록 그 오늘이 믿음직스러워 보이지 않는다 할지라도 끝없는 신뢰와 사랑의 눈으로 제자들을 바라보신다. 부끄러운 과거를 묻지 않으시고 미래의 문을 소명으로 여신다. 여전히 "세상 끝날까지 너희와 항상 함께 있으리라!"(20b)는 약속과 함께 끝까지 믿어주시겠다 선언하신다.

주님은 제자들을 믿어주신 것이다. 내가 어떤 사람으로부터 신뢰의 대상이 되어 있다는 것만큼 큰 자산은 없다. 이런 관계에는 손해냐 이익이냐와 같은 그런 계산법은 없다.

그렇기 때문에 부족하지만 나를 믿어주는 분을 위해 자신의 모든 것을 던지는 것이 보람이요 기쁨이요 행복이라 생각하며 땀 흘린다. 이것이 제자들의 마음을 얻는 일에 우선순위를 두신 예수님의 영적 리더십이다.

자신들도 인정하듯 부족하고 못난 함량 미달임에도 불구하고 제자삼기의 중책을 맡겨 주시니 이거야말로 몸 둘 바를 모를 일이 아니고 무엇이랴. 이 정도 되면 주님을 위해 목숨을 던지지 않을 사람은 없을 것이다. 사람을 세우는 일에 탁월하셨던 주님을 다시금 깊게 느껴보는 대목이다.

주님은 이를 위해 먼저 제자들을 파송("가라!")하신다. 둘째로 세례를 주라 하신다. 셋째로 가르쳐 지키게 하라 하신다. 이것이 제자삼기의 핵심전략이다.

주님을 다시 만나는 그 날까지 제자들('나')이 할 일이 있다. 그것은 '제자삼기'라는 명령을 수행하는 것이다. 누구의 제자인가. 당연히 주님의 제자다. 천국 일꾼을 양성하여 하나님의 나라를 확장하는 일이다.

이제부터 이 일은 제자들의 몫이다. 주님께서 친히 하시던 일을 제자들에게 맡기셨다. 하나님이 하시던 일을 사람이 하게 된 셈이다. 과연 이 일이 가능할까. 정말 잘 될까. 주님은 무엇을 믿고 실패한 제자들에게 이 거룩한 사명과 사역을 맡기실까.

부족하고 연약한 인생들에게서 하늘의 제자가 세워진다는 것이 놀랍기만 하다. 이 일이 이 세상의 지혜와 법칙과 교본을 따라 이루어지는 것이라면 제자삼기에 나선 사람들의 역량에 달려 있을 것이다. 하지만 이 일의 주도권은 오직 주님께 있다.

여전히 오합지졸(烏合之卒, 17)인 제자들에게서 희망을 찾는다는 게 놀랍기만 하다. 더 놀라운 것은 함량 미달인 제자들임을 누구보다 정확하게 아시는 주님께서 저들을 다 품고 가시겠다 하시는 말씀에서다. 부족하지만 고쳐 쓰시겠다는 주님의 유연하심(넉넉하심)과 여유로움이 얼마나 큰 나무처럼 느껴지는지 모른다.

이 모든 것은 "세상 끝날까지 너희와 항상 함께 있으리라!"(20b)는 말씀의 약속 때문에 가능하다. 부활 이후의 만남은 그리 신통치 않은 모습이었지만 종말의 때에 다시 만날 때는 달라야 하지 않겠느냐는 무언(無言)의 격려와도 같은 분위기다.

때문에 내가 먼저 주님이 찾으시는 제자가 되고, 동시에 주님이 쓰시겠다 하시는 제자들을 세워가는 일에 평생을 드려야 할 이유, 명료하고도 분명하다. 이 위대한 사명 앞에 세우셨으니 부끄럽지 않은 모습으로 주님 앞에 설 날을 제자로서 꿈꾸어 본다.

마 가 복 음

1. 예수님처럼 기도하기

새벽 아직도 밝기 전에 예수께서 일어나 나가
한적한 곳으로 가사 거기서 기도하시더니(막1.35)

예수님께도 기도가 필요했을까? 물론 오늘 묵상에서 친히 기도하셨기에 이 질문은 우문(愚問)처럼 들린다. 하지만 우리가 무엇인가 현실적 필요를 하나님께 간구(구하는 것)하듯 그런 의미에서 예수님도 하나님께 기도를 드렸을까? 이는 흥미로운 주제인데 그런 의미에서 예수님은 뭘 기도하셨고, 왜 기도하셨을까는 좀 더 묵상해 봐야 할 듯 싶다.

구체적으로 하나의 예를 들어 보자. 예수님도 열두제자와 함께 3년, 그 이상의 공생애를 동거동락(同居同樂)하셨다는 점에서 볼 때 의식주를 포함한 전도여행 경비가 필요했을 것이고, 그래서 하나님께 우리들이 간구하듯 그걸 달라고 기도하셨을까? 우리가 알기로 예수님과 제자들은 바울이 종종 그랬던 것처럼 -바울이 사도로서의 전 생애가 그런 건 아니다.- 특별한 직업을 가지고 자비량한 게 아니었기에 더욱 이런 생각이 든다.

한편 어딘가에서 돈(재정)이 생겼기 때문에 회계를 맡은 제자도 있었다. 하지만 예수님의 기도를 읽고 묵상해 보면 그분의 기도는 우리가 생각하는 간구 그 이상이었음을 알게 된다. 이것이 예수님의 기도에서 우리가 주목해야 할 기도의 핵심 지평 중 하나이다. 예수님께는 우리가 구하는 현실적 필요와 같은 것을 하나님께 구하는 그런 기도는 발견되지 않는다.

그럼 예수님에게 기도는 무엇인가? 가장 중요한 핵심은 하나님 아버지와의 친밀한 교제(fellowship)다. 그렇다면 그분이 아직도 밝기 이전인 새벽에 하나님께 나아가 오늘 아침 열두 제자들과 먹을 양식을 구하셨거나, 갈릴리와 예루살렘으로 다녀야 하는데 15인승 승합차 한 대와 유지비가 필요하다는 걸 기도하셨을 거라고 생각하는 것은 그런 기도에 늘 노출되어 있는 사람들에게 예수님도 그러셨을 거라고 동질화시켜 버린 값싼 생각일 뿐이다.

십자가를 지고 온 인류의 죄를 지고 골고다로 가기 위해 오신, 육신을 입은 하나님으로서, 이를 명하신 하나님 아버지의 뜻을 이루기 위한 그분과의 일치(하나 됨)에 한 치의 오차도 허용할 수 없는 영적 강렬함, 공생애가 하루하루 진행될수록 밀려오는 질풍노도와 같은 세상(마귀)의 거침없는 도전, 이런 것들이 그분의 기도의 무한지평(infinite horizons)이었다.

우리의 기도가 잃어버린 것은 예수님처럼 기도하지 않고 기도의 거의 전부를 소위 '놀부식 기도'로 채워버림에 따른 고결함과 거룩함과 친밀함의 절대적 결핍이다. 하나님의 손에 있는 것을 내 손으로 옮겨 오는 것이 그분과의 기도요 능력(응답)이다는 식으로 기도를 이기적이고 주술적으로 왜곡했다는 뜻이다. 그러니 더 많이 갖고, 더 많이 쌓고, 더 많이 누리고, 더 많이 하나님으로부터 빼앗아 오는 것을 기도의 능력으로 착각하고 있는 것이다.

아무리 그럴듯하게 미화되고 포장된다 할지라도 거룩으로 변장한, 굶주린 거지 근성에 집착한, 현실 필요만을 강청하는 인간적인 기도만으로는 하나님 아버지를 알 수 없고, 그분의 무한하신 자원에 참여할 수 없을뿐더러, 결코 그분과의 친밀한 교제 안으로 들어갈 수 없다. 예수님의 기도가 구하는 것, 그 이상의 영성의 빛 안에서 이해되어야 할 이유가 여기에 있다.

2. 안식일다움, 영적 용량의 척도다.

또 이르시되 안식일이 사람을 위하여 있는 것이요
사람이 안식일을 위하여 있는 것이 아니니(막2.27)

예수님에 대한 갈릴리의 반응은 놀랍다(1.28,33,37,45). 마침내 세상의 눈이 열리고 있는 중이다. 예수님이 가르치시고(1.21), 고치시며(1.34), 전도하시는(1.39) '3중 사역' 을 통해서 하나님의 나라가 가까이 오고 있고, 반대로 이에 비례하여 사탄의 어두운 세력이 급격하게 몰락하고 있다(1.13,23-27,34,39, 2.1-). 그런데 유독 유대 종교지도자들, 소위 기득권을 가진 바리새인들은 예수님을 송사할 구실을 찾기에 골몰한다. "신성모독이로다"(2.7) ⇨ "어떻게 하여 예수를 죽일까"(3.6)라는 거친 역풍이 점차 그 강도를 높이며 휘몰아친다.

오늘 묵상 단락은 가장 강력한 역풍(逆風) 중 안식일 논쟁이다(막2.23-28). 사실 안식일 계명은 이미 구약에서 명문화된 말씀이다(출20.8-11, 31.12-17). 하지만 지금 바리새인들은 예수님이 '하지 말라' 는 금지 명령을 어기고서 뭔가 '일' 을 하는 것 자체를 문제 삼고 있다(24). 하지만 구약에는 단지 음식 조리를 위해 불을 지피는 것(출35.3), 땔감을 모으는 것(렘17.21-), 상거래(느10.31, 13.15,19) 정도를 금하고 있을 뿐이다.

주님은 안식일이지만 삶의 문제를 해결하는 것을 우선시하시고, 바리새인들은 사람이야 어떻게 되든 안식일을 준수하는 것 자체를 목표로 하고 있다는 것이 근본적으로 다르다 : "안식일은 사람을 위하여 있는 것이요 사람이 안식일을 위하여 있는 것이 아니니, 이러므로 인자는 안식일에도 주인이니라."(27-28) 그럼에도 불구하고 유대 종교지도자들은 안식일에 사람을 억지로 끼워 맞춤으로써 얼마나 사람을 수단으로 취급해 버렸는지 모른다.

지금 주님은 안식일을 통해 더 풍성한 삶을 살고 하나님을 섬겨야 할 사람이 율법에 종속되어 숨도 쉬지 못하고 있는 것을 보시고 분노하시는 것이다. 즉 안식일 정신은 온데간데없고 형식만 남아 있는, 이처럼 하나님의 계명을 사람의 계율로 바꿔 버린 자들에게 안식일의 주인으로서 던지는 일종의 호소다. 참으로 무서운 것은 자기 자신은 안식일답게 살지 못하면서도 다른 사람에게는 자기들 마음대로 정해놓은 규칙을 따라 살지 않는 것을 트집 잡고 문제 삼는 '도둑스러운 심보'다.

세상을 온통 자기 기준을 따라 옳고 그름을 판단하고 정죄하고 평가하고 단정 지으려는 사람들이 득세한다. 그래서 예수님까지도 시비하고, 꼬투리를 잡기 위해서 안식일 율법을 미끼로 사용하고 있는지도 모른다. 이게 타락한 인간이다. 하나님을 알고, 율법을 알고, 모세의 법을 따라 살아감을 자임하는 자들의 일그러진 몰골이다.

바리새인들은 안식일의 자유도 싫다며 끝내 예수님을 죽이겠다는 불의한 의논을 시작한다. 아무리 말씀으로 설득을 해도 소용없다. 마가는 이를 저들의 '믿음' 없음에서 뭔가를 얘기하고 싶어하는 눈치다(2.5). 믿음으로 말미암아 죄 사함과 중풍병이 치료되는 기적이 시작되고 있기 때문이다. 지금 바리새인들에게는 이 믿음이 없는 것이다. 그래서 메시야를 보고도 "신성모독이로다"(2.7) ⇨ "어떻게 하여 예수를 죽일까"(3.6)를 그리고 있는 것이다.

안식일은 사람을 살리기 위한 하나님의 마음이 들어있음을 예수님에게서 배운다. 누군가를 율법적 조항에 묶어 얽매이게 하고, 정죄하고 판단하고 무너지게 만들기 위해 안식일 조항을 들고 나오는 자라면 그에게 안식은 없고 사람을 죽이는 율법만 있는 셈이다. 안식일마저도 사람을 위해 있다고 하시는 주님처럼 살아보자. 진심이다.

3. 나 - 너 헤아림, 주님 - 나 헤아림

또 이르시되 너희가 무엇을 듣는가 스스로 삼가라 너희의 헤아리는 그 헤아림으로 너희가 헤아림을 받을 것이며 더 받으리니(막4.24)

오늘 묵상 단락(24-25)을 여러 번역본 성경 중에서 특별히 표준새번역으로 읽어보면 좀 더 의미가 드러난다 : "예수께서 그들에게 말씀하셨다. 너희가 되어서 주는 만큼 너희에게 되어서 주실 것이요, 덤으로 더 주실 것이다. 가진 사람은 더 받을 것이요, 가지지 못한 사람은 그 가진 것마저 빼앗길 것이다."

마가복음에 등장하는 네 비유(막12.1-12) 중 셋이 4장 앞 단락(1-34)에 들어있다. 한편 "또 이르시되"(2,21,24,26,30)로 각각의 비유가 시작되고 있다는 점에서 오늘 묵상도 내용 면에서는 비유적이라고 볼 수 있지만 비유로 분류되지는 않는다. 어찌 되었건 주님께서 이것을 통해 말씀하고자 하는 메시지는 무엇일까?

먼저 오늘 묵상을 정리해 보자. 너를 향한 '되어서 줌'(선행)을 주님께서 잊지 않으시고 종말에 그렇게 행한 자에게 그만큼 '되어서 주심'은 물론이거니와 그보다 더 많이 주실 것에 대한 말씀이다. 놀라운 것은 주님이 다 보고 계시다는 것 아닌가? 이는 지금(현재) 말씀을 듣고 선을 행하는 것에 따라 종말의 모습이 결정된다는 뜻이다.

또한 이어지는 25절처럼 '가진 사람'과 '가지지 못한 사람'에게 일어나는 영적인 빈익빈 부익부 현상, 그러니까 현재 자신이 가진 것을 나누는 사람은 마침내 종말에 더 풍성한 것을 가지게 될 것이다. 동시에 나누지 못하는 사람은 있는 것까지 빼앗기고 말 것이다. 현재의 조그만 차이가 종말의 때에는 이렇듯 엄청난 차이를 낳게 된다.

그러고 보면 하나님의 나라의 진리를 마음에 잘 새겨들은 자들이 어떻게 이 들은바 진리를 따라 사느냐가 그의 종말론적 미래가 연속적이다는 의미가 오늘 묵상 안에 녹아져 있다. 들은 말씀을 남에게 행하는 것을 주님은 잊지 않으신다 말씀하신다. 먼저 내가 너에게 말씀대로 행하는 것만큼 주님이 그 사람에게 주실 것이다. 물론 주님은 그보다 더 많이 주실 것을 약속하신다.

내 것을 너와 나눌 때 주님은 나를 책임지신다. 사실 내 것을 나누면 내 것이 작아지는 게 이 땅이 말하는 상식이고 수학이다. 그런데 하나님의 나라의 법칙은 이상하게도 내 것을 나누면 그게 작아지거나 없어지지 않고 더 풍성하게 된다.

결국 하나님의 말씀을 듣는 자는 자신의 생각이나 이치를 따라 사는 자가 아니고 전능하신 하나님을 바라보고 사는 사람이다. 그래서 하나님의 나라의 법칙에 지배를 받으며 산다.

나는 나다. 내가 나를 책임져야 한다. 누구도 이를 대신해 주지 않는다. 그래서 사람들은 더 움켜쥐고, 더 많이 쌓고 가지려고 발버둥 치는 것일까.

그렇게 놀부처럼 살았으면 나누며 살았던 사람보다 더 많이 가지고 있는 자여야 할 것 같은데 성경은 그 사람을 가리켜 '없는 자'(가지지 못한 자)라, 그래서 급기야 그 있는 것까지도 빼앗기게 될 것이라 말씀한다. 참으로 기막힌 복음의 역설이다.

나는 다른 사람을 향한 '헤아림'(남에게 달아 줌)이 있는 사람인가, 아니면 다른 사람은 안중에도 없이 나만 아는 그런 이기적인 사람인가. 좀 어렵고 힘들어도 하나님의 사랑과 은혜를 나누고 흐르게 하는 통로로 사는 것, 이것이 복음으로 사는 일상생활의 영성이다.

4. 광풍일기

이에 제자들에게 이르시되 어찌하여 이렇게 무서워하느냐
너희가 어찌 믿음이 없느냐 하시니(막4.40)

출발할 때만 해도 아무런 문제가 없었다(35-36). 하지만 얼마 못 가서 큰 광풍이 일어났다(37). 그런데 주님은 주무시고, 제자들은 당면한 문제를 해결할 준비가 되어 있지 못하다(38). 그야말로 아수라장이다. 고난과 시련의 파도 앞에 혼비백산(魂飛魄散)으로 휘청거리고 있을 뿐이다. 위기관리 능력도, 문제의 본질을 파악할 수 있는 영적인 안목도 없었다.

지금까지 듣고 보고 알고 믿었던 것들이(1.16-4.34) 모두가 무용지물(無用之物)이고, 예수님을 만나지 않았던 옛 사람의 모습과 전혀 다를 바 없는 상태다. 이게 제자들이다. 평온할 때, 문제가 없을 때, 생사(生死)의 상황 앞에 서지 않을 때는 대단하게 보이는데 이처럼 인생의 광풍(狂風) 앞에 노출되면 그의 수준과 영적 상태가 여지없이 드러나 버리고 만다. 그리고서 질질 짜고, 아우성치고, 그리 호들갑을 떨 것도 아님에도, 잘만 살피면 출구가 앞에 있음에도, 그걸 보지 못하고 우왕좌왕하다가 자멸해 버리는 경우가 어쩜 더 많다.

핵심은 문제의 해답이 주님께로부터 왔다는 점이다. 제자들은 문제 앞에 있다는 것만을 알았지 거기에 대한 바른 대답은 없었다. 주님은 "잠잠하라 고요하라!" 명하셨고 바다는 그 말씀에 순종하여 잔잔하여졌다. 더 중요한 것은 주님이 지금 풍랑이라는 문제에 대한 해답으로 제시하신 것이다. 그것은 다름 아닌 '믿음'이다. 해양경비대에 연락하는 것도, 바가지로 물을 퍼내는 것도, 구명조끼를 입는 것도, 문제 곁을 떠나는 것도 아닌 어떻게 보면 풍랑과 전혀 어울리지 않는 믿음을 요구하신다.

주님은 문제 앞에 노출될 때마다 그것의 본질을 직시하길 원하신다. 중요한 것은 믿음이다. 두려워하는 것은 누구나 다 할 수 있는 반응이다. 인생의 노정에서 만나는 광풍에 대한 해답은 오직 하나다. 믿음이다. 이게 없다면 두려움은 사라지지 않는다. 주님은 제자들의 믿음 없음에도 불구하고 문제를 해결하시며, 그 이후에 믿음으로 삶의 정황을 직시하기를 기대하셨다. 이것이 광풍과 믿음이 만나는 절묘한 순간이다.

광풍은 예고 없이 찾아온다. 주님과 함께 살아가고 있을지라도 광풍은 있다. 예수님을 믿고 산다고 할지라도 고난과 풍파와 환난은 결코 면제되지 않는다. 한편 제자들처럼 두려워하고 있을지라도 문제는 해결된다. 하지만 문제가 해결되었다고 내 믿음이 성장하고, 영적인 수준이 깊어지고, 하나님을 아는 지식이 높아지는 것은 아니다. 여전히 계속되는 주님의 질책 앞에 서게 될 뿐이다 : "어찌하여 이렇게 무서워하느냐 너희가 어찌 믿음이 없느냐!"(40) 더 골치 아픈 것은 이런 수준에 있으면서 문제가 해결되면 그것이 내가 잘나고, 잘 믿고, 어떤 공로가 있어서 그렇게 되었을 거라고 생각해 버리는 못된 버릇이다.

광풍이 물러간 것은 순전히 주님의 은혜 때문이다. 내가 뭘 했기에, 그러니까 기도하고 믿고 확신하고 뭔가를 지불했기 때문에 그것의 결과로 주어진 것이 아니다. 그렇다면 광풍이 내 삶의 언덕에 휘몰아칠 때마다 두려워하는 수준에 머물러 있을 것이 아니라 주님이 공식으로 주신 '믿음일기' 앞에 서는 것이 중요하다. 광풍 앞에 두려워 떠는 것은 어쩔 수 없는 인간의 나약함일지라도 거기서부터 시작하여 믿음의 눈높이까지 나를 세울 수 있는 영적 실력을 좀 더 보충하는 것은 가능하다. 지금처럼 그리 크지 않은 풍랑일 때 말이다.

5. 제자입니까?

사람이 만일 온 천하를 얻고도
자기 목숨을 잃으면 무엇이 유익하리요(막8.36)

◎ 예루살렘으로 올라가는 길에서(8.27-9.1)

베드로의 신앙고백(8.27-29)

첫 번째 수난예고(8.30-33)

제자도(Discipleship, 8.34-9.1)

큰 그림에서 보자면 오늘 묵상은 예수님의 예루살렘 노중 사역(8.27-10.52)을 스타트하는 부분으로서 예루살렘에서 이루실 십자가 사역을 예고하는 단락이다. 마침내 예수님의 공생애는 새로운 국면을 맞는다. 베드로(제자들)는 "주는 그리스도시니이다."(29)라는 위대한 신앙고백을 할 만큼 그리스도를 아는 지식에서 영적 눈을 떴고, -이때가 예수님의 사역의 절정인 십자가를 향해 행보를 내딛는 순간이다.- 주님은 이런 기초에다 드디어 당신이 이 땅에 온 목적을 첫 번째 수난예고를 통해 공개하신다. 제자들은 혼란에 빠졌다(32-33).

따라서 이어지는 제자도(Discipleship, 34-38)는 예수님 자신이 "많은 고난을 받고 … 죽임을 당하고 사흘 만에 살아나야 할" 십자가 사역을 앞에 놓고(예고편), 또한 이를 감당할 제자들을 향한 비전이자 목표라 할 수 있다. 무릇 제자는 예수님과 복음을 위하여 자기 목숨을 잃을 것까지 각오해야 하는 자다. 한 번 뿐인 인생(목숨)이 천하 보다 더 중요하지만(36-37), 그런 값진 목숨마저도 주와 복음을 위하여 잃을 것까지를 각오하는 자가 제자이기에 그렇다.

그럼 제자는 어떻게 만들어지는가? 이를 이해하려면 먼저 오늘 묵상, 목숨보다 소중한 것은 없다는 말씀을 주목해야 한다. 그런데 놀라운 것은 그 목숨을 예수님과 복음을 위해 잃는 것이 나오고(35b), 동시에 이것은 제자로 주님을 따르는 자에게 요구되는 명령이라는 점이다(34). 그렇다면 무슨 말인가? 제자로 사는 자는 천하 보다 소중한 생명을 주와 복음을 위해 잃을 각오를 하는 자라는 매우 역설적 가치를 선택하는 자를 가리킨다는 것을 알 수 있다.

다시 말하면, 하나님의 일(35b)과 사람의 일(35a)을 혼돈하거나 착각하지 않을 수 있는 길이 제시된다. 십자가를 지시고 죽음을 향해 가고 있음을 처음으로 공개하셨을 때 사람의 일을 생각하는 영적 어리석음이 반복되지 않으려면 주님이 제시하시는 제자도를 따라 살아야만 한다. 결국 제자로 부름 받았다는 것은, 동시에 제자로 산다는 것은 신앙고백(29)만으로 끝이 아니라는 얘기다. 이 신앙고백이 아름답게 열매를 맺으려면 주님이 제시하신 처방전(제자도)을 따라 살아야 한다. 그런 의미에서 제자는 태어나는 것이 아니라 만들어진다(making Disciple).

이 길은 주님과 복음을 위하여 목숨을 버리는 길이다(35b). 주님과 주님의 말씀을 부끄러워하지 않고 묵묵히 주님의 뒤를 따르는 길이다(38). 제자는 자신을 위해 살지 않는다. 주님을 위해 살고, 복음을 위해 죽겠다는 결단과 다짐을 삶으로 성취해 가는 사람이 주님의 제자다. 온 천하보다 목숨이 더 소중함에도 불구하고 바로 그 목숨을 주와 복음을 위해 기꺼이 드리는 것, 이것이 주의 제자가 감당해야 할 몫이다.

과연 이 세상에 목숨보다 소중한 게 있을까. 성경은 있다고 선언한다. 주님은 영적 눈을 뜬 베드로와 제자들에게 목숨과는 비교할 수 없는 제자에로의 부르심과 헌신을 요구하신다. 제자들 만인가? 아니다. 당신 역시 목숨을 십자가에 내어 놓기 위해 예루살렘에 올라가는 노중(路中)에 서 있음을 분명하고도 당당하게 밝히신다. 나 역시 한번 뿐인 인생을 주와 복음을 위해 드리는 제자의 길을 걸어가고 있음이 감사요 은혜다. 나에게도 내 목숨 보다 소중한 게 있다. 오, 주님!

6. 문제와 해답

예수께서 이르시되 할 수 있거든이 무슨 말이냐
믿는 자에게는 능히 하지 못할 일이 없느니라 하시니(막9.23)

◎ 믿음

믿음이 없는 세대여 …(19a)

믿는 자에게는 …(23b)

내가 믿나이다 나의 믿음 없는 것을 도와 주소서!(24)

마가복음 9장 1-29절은 예수님과 세 제자는 변화산의 하늘 영광(1-13)을, 서기관과 나머지 다른 제자는 산 아래에서의 축사 변론(14)을, 그리고 산 위와 아래의 만남(15-29)으로 이어진다. 분명한 것은 산 위의 영광을 맛본 것과 산 아래의 문제가 해결되는 것과는 별개의 문제다. 산 위는 영광이었지만, 산 아래는 삶의 숙제들로 여전히 분주하다. 문제는 있으나 해답은 없고, 있는 것이라고는 '변론' 뿐이다. 이것이 인생살이라는 삶의 현실 아닌가. 바로 그 산 아래로 예수님께서 내려오신다.

믿음이란 무엇인가. 믿음은 비록 내가 문제 많은 산 아래에 있을지라도 그곳에서도 하나님이 하시는 일을 보게 하는 하나님의 능력이다. 산 아래에 있으나 산 위의 영광을 보는 것이 믿음이다. 세상이 아무리 믿음 없는 세대가 되어 변론만 하고 있을지라도 "믿는 자에게는 능치 못할 일이 없다."(23)고 말씀하신다. 믿음은 산 아래에서도 산 위의 기적을 이루는 열쇠가 된다. 이것이 산 아래에서 주님이 보여주시는 믿음의 실상이다.

믿음은 해답 없는 문제투성이인 산 아래를 변화시킬 수 있는 힘이다. 그리하여 산 위의 영광을 보았듯이 산 아래에서도 하늘의 기적이 이루어진다는 사실을 보고 알고 믿도록 만든다. 이렇듯 역사는 믿는 자를 통해 시작되고 완성된다.

산 아래의 문제가 그대로 남아있는 이유는 믿음이 없었기 때문이다. 그래서 많은 경우, 문제 많은 산 아래의 환경을 단지 잊기 위하여 -나는 그대로 문제를 안고 있고, 하나도 해결되지 않았는데- 산 위의 영광스러운 분위기가 있는 곳으로 잠시 도피하는 종교생활을 하는 건 아닌지 겁난다. 오늘도 “믿는 자에게는 능히 하지 못할 일이 없느니라!” 하시는 주님의 음성이 천둥처럼 마음에 박힌다. 저 산 위의 영광을 이 산 아래에서도 재현하며 살고 싶다. 이것이 믿음 한 모금 입에 물고 하늘 향해 무릎을 꿇는 이유다.

7. 열매는 믿음과 기도를 먹고 자란다.

그러므로 내가 너희에게 말하노니
무엇이든지 기도하고 구하는 것은 받은 줄로 믿으라
그리하면 너희에게 그대로 되리라(막11.24)

◎ 무화과나무와 기도(11.12-14,20-26)

- ○ 무화과나무(12-14) : 저주 & 심판 선언
- ○ 무화과나무(20-26) : 심판 성취
  - Q 베드로(20-21) : “저주하신 무화과나무가 말랐나이다.”
  - A 예수님(22-26) : 기도

예수님의 말씀 중 주요 주제 가운데 하나인 기도에 대한 가르침 단락이다(22-26). 그런데 문제는 이게 무화과나무를 둘러싼 일련의 사건 안에 주어지고 있다는 점이 조금은 난해하다. 결실 없는 무화과나무에 대한 예수님의 저주 선언이 성취된 것을 보고 베드로가 어제의 일(12-14)이 생각이 나서 주님께 여쭈었을 때 주께로부터 나온 말씀이 곧 기도에 대한 가르침이었다. 그렇다면 무화과나무를 예표로 한 저주(심판)와 기도가 왜, 어떻게 연결이 되는 것일까?

이스라엘은 외적으로는 무화과나무처럼 열매가 없고, 따라서 심판은 당연한 수순이다. 저들은 왕을 맞을 아무런 준비가 되어 있지 않았으며, 겉만 번듯할 뿐 속은 추한 모습으로 일그러져 있다. 그렇다면 무화과나무 사건은 앞으로 있을 종말론적 심판의 예고편인 셈이다. 과연 예루살렘의 형편은 이를 알아 볼만큼, 또한 깨달을 만큼 호흡이 남아 있다고 기대해도 될까.

지금껏 주님은 무엇인가 결핍되어 있는 것들을 채워주심으로써 소망의 불씨를 살리셨었다. 그렇다면 이번에도 열매 없는 무화과나무에 열매를 주렁주렁 열게 하심으로써 왕이 다스리는 나라는 이처럼 풍성할 것을 소망케 하시지 않을까 기대가 됨직하다.

하지만 예상은 여지없이 어긋나고 말았다(14) : "이제부터 영원토록 … 열매를 따 먹지 못하리라." 이 저주는 다음 날 그대로 성취되었다(20-21).

잎이 무성하고 열매는 없다는 것, 이것이 이스라엘의 모습

(identity, 렘8.13, 욜1.7,12, 미7.1 참조)이다. 그렇다면 열매 없는 무화과나무는 열매 없는 이스라엘에 대한 심판 예화(본보기, 나침반) 역할을 하고 있는 셈이다. 결국 종으로써 생명을 주면서까지 섬겼으나 잎만 무성하다면 그것은 더 이상 기회가 없다는 경고를 지금 하고 계신 셈이다.

문제는 이처럼 끝나지 않으려면 하나님을 믿어야 하고, 주께서 하신다고 하면 그렇게 된다는 것을 믿어야만 심판의 대상으로부터 자유하게 될 것임을 분명히 하신다(22-26).

동시에 기도가 무화과나무의 교훈 안으로 들어온다. 이 부분이 절묘하기도 하고, 무엇을 말씀하려는 것인지 당황스럽기도 하다. 해서 일련의 진행 주제와 기도가 어떻게 만날 수 있는가 싶다.

그렇다면 지금 무화과나무에서 보듯 종말론적 저주와 심판의 대상이 되지 않으려면 하나님께서 열매를 맺게 해 주실 것을 의심 없이 믿어야 하고(23), 기도하고 구하는 것은 받은 줄로 믿는 믿음이 있어야 한다(24). 그리고 이 기도는 사죄의 은총 안에서 열매를 통해 심판에 이르지 않는다(25). 저주와 심판을 넘을 수 있는 희망은 하나님을 믿는 믿음과 그 믿음에 기초한 기도다.

그렇다면 단순히 내 욕망이라는 파이를 키우는 기도가 얼마나 부끄러운 것인가?

1. 하나님께는 영광, 사람에게는 평화

지극히 높은 곳에서는 하나님께 영광이요
땅에서는 하나님이 기뻐하신 사람들 중에 평화로다 하니라(눅2.14)

마침내 약속(예언)대로 '이스라엘을 다스릴 자'(미5:2)가 오셨다. 놀라운 것은 그럼에도 그분의 오심을 스스로, 자력으로, 자기 힘으로, 연습과 공부와 학습과 연구를 통해서 이를 알고 맞이한 자가 하나도 없다는 점이다. 놀랍지 않은가. 이것이 메시야, 곧 구원자를 맞이하는 우리들의 이야기이기도 하다.

오늘 본문의 사람들은 '주의 사자'(천사, 9,10)를 통해서 육신을 입고 오신 하나님을 알게 된다. 물론 이 방식은 지금도 동일하다. 하나님은 기록된 말씀을 통해서, 주의 성령을 통해서, 전도자와 설교자를 통해서 우리 안에 오신, 내 안에 임재하신 주님을 알리신다. 이 구원의 소식을 스스로 알고, 깨닫는 자가 없다는 얘기다.

오늘 목자들(8) 역시 그저 하루의 일상 속에서 목동으로 충실하고 있었을 뿐이었다. 강보에 싸여 구유에 누워 계시는 모습으로 이 땅에 오신 메시아, 그가 이미 육신을 입고 이처럼 오셨음에도 그들은 이를 알지 못했다. 또한 이를 알려는 그 어떠한 시도나 노력의 흔적도 없었다. '큰 기쁨의 좋은 소식'은 이처럼 하늘로부터 선포되고, 증거되고, 그래서 땅의 사람들에게 알려질 뿐이다.

목자들은 하나님의 천사들과 천사합창대가 전해 준 기쁜 소식을 듣고, 그제서야 반응한다. 천사들의 심방을 알아보고, 저들의 찬양을 듣게 되는 것은 쉽게 사실만으로 기억하고 넘길 그런 이야기가 아니다. 이건 기적이다.

앞서 관찰해 왔듯이 목자들이 어떤 노력과 에너지를 써서 얻어낸 결과가 아니라 저들에게 임한, 찾아온, 알려지고 들려진 하늘의 사건이었다. 그 결과로 그들은 베들레헴으로 달려가 구유에 누워있는 아기를 찾아냈다. 그리고 이들은 모든 사람들에게 천사들이 이 아기에 대해 전해 준 소식을 전했다.

그렇다. 성탄은 하나님이 하늘 영광(보좌)을 버리시고 세상을 구원하기 위해 이 땅에 육신을 입고 친히 오신 구약 계시가 완성되는 날이다.

우리(인류)야 잔치할 만큼 좋은 날이지만 하나님 아버지는 아들을 율법의 저주 아래로 그렇게 내어 놓으셔야 했던 그런 날이다. 생각해 보라. 어떤 부모가 자식을 사지(死地)에 내몰고 좋겠는가 말이다.

이는 부자(父子) 사이의 완벽한 일치가 아니면 불가능한 일이다. 이것이 슬퍼 보이는 아들의 출(出) 하나님의 영광의 보좌, 입(入) 세상 죄를 지고 가는 하나님의 어린양이라는 슬픈 성육신마저도 하늘엔 영광이요 땅엔 평화로, 계속해서 "너는 내 사랑하는 아들이라 내가 너를 기뻐하노라."(눅3.22b)로 변함없이 이어가는 걸 가능케 한 힘이 아닐까.

그런 점에서 그분이 오시는 각 복음서의 서두들은 한결 같이 슬픔이 아닌 기쁨과 영광이다. 하나님 아버지는 당신의 마음을 온몸으로 받아준 아들을, 아들은 그 아버지의 뜻을 이루어 드리는 것이 가장 큰 영광임을 피차 완벽하게 읽고, 알고, 믿고, 신뢰하고 계셨던 것이다.

나 역시 하나님을 아버지라 부르는 특권을 받은 자로서 이렇게 살아야 할 자로 부름 받은 제자임을 마음으로 만지작거리며 성탄절을 보내는 중이다. 나를 위해 당신의 전부를 주셨으니 나도 주님과 복음과 교회를 위해 나를 온전히 다 드리는 것, 이것이 인생후반전을 향한 내 고백이다. 이 마음과 삶을 내가 드릴 성탄의 예물로 주님께 올려드린다. 이것이 오늘 내가 드린 보이지 않는 헌신임을 그분은 아시겠지!

2. 완전한 사람이신 그리스도

예수는 지혜와 키가 자라가며
하나님과 사람에게 더욱 사랑스러워 가시더라(눅2.52)

◎ 예수님의 유년기(눅2.40-52) : 신적 지혜

A 40 예수님 : "자라며 강하여지고 지혜가 충만하며"

X 41-51 열두 살 시절 : "지혜와 대답을 놀랍게 여기더라"(47)

B 52 예수님 : "지혜와 키가 자라가며"

누가복음 2장 오늘 묵상 단락은 예수님의 어린 시절에 대한 유일한 기록이다. 지정의(知情意)를 소유한 완전한 인간으로서의 모습은 물론(40,52), "내가 내 아버지의 집에 있어야 될 줄을 알지 못하셨나이까"(49b)라는 코멘트에서도 밝히 드러나듯 완전한 하나님으로서의 신적(神的) 자각에 이르기까지 그분은 이미 신인(神人)이셨다.

하지만 이러한 사실을 믿지 못하는 사람들은 예수님이 평범한 사람이었는데 어느 날 메시야 자의식이 생겨서 십자가에 달려 죽음으로써 제자들로 하여금 그의 죽음의 뜻을 기리도록 했다는 식의 주장을 폈다. 이 가설을 따르는 대표적인 사람 중 하나가 유명한 슈바이처(Albert Schweitzer, 1875-1965)다. 그는 의사요 음악가로서 인류애를 실천한 노벨평화상(1952)에 빛나는 사람이지만 그러나 그의 신학적 입장은 결코 성경적 지지를 받을 수 없다.

왜냐하면 예수님에 대한 근본적 오해에 기초한 신학적 가설을 만들었기 때문이다. 하지만 예수님은 구약의 예언을 따라 육신을 입고 이 땅에 오신 하나님이시며, 하나님의 뜻을 성취하시고 다시 승천하시어 하나님 보좌 우편에 좌정하신, 그리하여 다시 오셔서 영원토록 온 인류를 통치하실 분이시다(빌2.5-11 참조).

◎ 그리스도의 인성(人性)

- 그의 아들에 관하여 말하면 육신으로는 다윗의 혈통으로 나셨고(롬1.3)
- 이로써 너희가 하나님의 영을 알지니 곧 예수 그리스도께서 육체로 오신 것을 시인하는 영마다 하나님께 속한 것이요(요일4.2)
- 미혹하는 자가 세상에 많이 나왔나니 이는 예수 그리스도께서 육체로 오심을 부인하는 자라 이런 자가 미혹하는 자요 적그리스도니(요이1.7)

그분은 처음부터 인류의 죄를 지고 십자가에서 제물되어 죽기 위해 오신 하나님의 아들이다. 죄인은 죄인을 구원할 수 없다. 인간은 그 누구도 자신을 스스로 구원할 수 없다. 이렇듯 구원자가 있어야 하는데 그가 바로 하나님이 보내신 그리스도 예수시다.

사실 하나님이 육신을 입고 태어나신 것은 신비다. 유한(인간)이 어찌 무한(하나님)을 다 파악할 수 있으랴. 이성과 합리적이라는 사고로는 이해할 수 없는 부분이 전혀 없는 건 아니다. 그럼에도 불구하고 그리스도가 마리아의 몸을 통해 육신의 모습을 가진 자로 오신 것은 사실이다. 왜 그러셔야만 했을까? 하나님의 무한한 사랑 때문이다. 하나님은 온 인류를 사랑하셨기에 이 주님을 믿는 자마다 멸망치 않고 영원한 삶을 얻게 하셨다.

3. 베드로 짜리

시몬이 대답하여 이르되 선생님
우리들이 밤이 새도록 수고하였으되 잡은 것이 없지마는
말씀에 의지하여 내가 그물을 내리리이다 하고(눅5.5)

◎ 베드로 짜리(5-7) : 강변교회를 꿈꾼다.

A "밤이 새도록 수고하였으되"(5a)

B "잡은 것이 없지마는"(5b)

A' "말씀에 의지하여 … 그렇게 하니"(5c, 6a)

B' "두 배에 채우매 잠기게 되었더라."(6-7)

게네사렛 호숫가가 드디어 하나의 전환점을 맞이한다(5-7). 호숫가에 예수께서 찾아오시자 그곳은 더 이상 사람들로만 넘실거리는 곳이 아니었다. 말씀이 선포되고, 말씀이 선포되자 그곳은 이제 강변교회가 되었다. 그리고 나서 주님은 말씀을 듣던 무리들 가운데 어부들을 향해 새로운 사명을 주셨다. 오늘 묵상(5)은 '사람을 낚는 어부'가 되는 전초전이다.

한편 베드로가 만들 수 있는 것처럼 보였던 강변은 '아무것도 없다'이다(A). 사실 베드로의 경험, 지식, 감(感), 잔뼈가 굵은 경력, 바람과 물과 구름과 갈매기와 파도만 보아도 고기 잡는 것에는 별 어려움이 없었다. 베드로는 게네사렛의 뱃사람이었다. 그런데도 그는 지난밤에 단지 수고하였을 뿐이다. 예수님 없는 호숫가, 말씀 없는 수고는 밤이 맞도록 해보아야 헛수고다. 예수님 없는, 말씀이 없는 강변(인생)은 언제나 밤이 맞도록 수고해도 얻은 것이 없다. 열심히 일하는 것 같은데, 쉼 없이 수고하는 것 같은데 언제나 공허하다(B).

이것은 어쩌면 예수님을 만나기 이전의 인생들이 만들어가는 예고된 모범답안이다. 즉 강변교회가 시작되기 이전의 인생들의 모습이다. 그런데 놀라운 변화가 시작된다 : "말씀에 의지하여."(A'; 5c) 베드로는 드디어 '말씀'으로 방향을 잡은 것이다. 이는 앞서 말씀을 들었기 때문이다(3b,4a). 예수님은 이렇듯 오만 잡동사니로 가득했던 게네사렛을 드디어 "말씀에 의지하여"라는 모습의 '강변교회'로 변화시키셨다. 우리 주님의 비전은 거기까지다.

베드로의 이러한 고백(A')은 '말씀을 듣고 변화되었다'는 것을 전제한다. 그것도 말씀과의 첫 번 만남이다. 그렇다. 모든 일의 결정, 과정, 진행은 모두 '말씀'에서 비롯되어야 한다. 그래서 종교개혁자들은 "말씀이 가라 하는 곳까지 가고, 말씀이 서라 하면 서고, 말씀이 앞서 가면 그 뒤를 따라가고, 말씀이 멈추면 함께 멈추라"는 말씀을 따랐던 것이다.

그 호숫가에 가고 싶다. 무엇인가로 출렁거리는 게네사렛을 본다. 무엇인가 보이지 않는 분위기의 반전을 본다. 바로 그 호숫가 중심에 지금 우리 주님 예수께서 서 계신다. 그분은 오만 잡동사니들로 널브러져 있던 볼품없는 호숫가를 서서히 말씀이 서는 곳, 말씀이 행해지는 곳, 말씀이 뿌려져 그것의 결실이 있는 강변교회로 바꾸어 가고 계신다.

우리 주님이 서시자 이처럼 강변은 변화의 시기를 맞이하게 된다. 아무것도 얻은 것이 없어 실의에 빠져있던 초라한 호숫가가 전혀 새로운 곳으로 개척되고 있다. 이것이 우리 주님 예수께서 꿈꾸셨으며, 급기야 하나의 간증(sample)으로 보여주신 강변교회의 모습이다. 또한 우리가 이 시대라고 하는 호숫가에 세워 나아가야 할 그리스도의 몸된 교회인 것이다. 주님이 꿈꾼 바로 그 교회가 세워지고 있는 강변에서 주님의 꿈을 함께 꾸고 있는 중이다. 왠지 든든하고 힘이 난다. 다 주님 때문이다.

4. 죄인 오라 하실 때에 날 부르소서!

내가 의인을 부르러 온 것이 아니요
죄인을 불러 회개시키러 왔노라(눅5.32)

유대 사회에서 가장 멸시 받던 직업 중 하나인 세리, 그런데 세관(稅關)에 앉은 레위를 예수님께서 제자로 부르시는 장면(눅5.27-32)이 오늘의 배경이다. 예수님이 레위에게 "나를 따르라!"(27b) 하시자 그가 반응한다 : "그가 모든 것을 버리고 일어나 따르니라."(28) 그리고 이어지는 잔치(29)에 바리새인들과 서기관들이 비방하고 나선다(30, 출15.24 참조). 이미 누가복음 4장에서부터 하나님의 나라의 메시지와 기적을 보아왔던 저들의 반응이기에 좀 당혹스럽다.

하지만 사악한 유대 지도자들에는 없는, 오직 예수님에게만 있는, 세리에게 보이신 바로 그것들은 무엇인가? 첫째, 예수님의 관심은 죄인(병든 자)이다. 죄인은 멀리하거나, 처음부터 괄호 밖으로 돌리는 대상이 아니다. 그러시기에 죄인을 친히 찾아오시고, 만나주시고, 부르시고, 당신 곁에 두신다. 죄인이기에 그 분의 우선 대상이다.

둘째, 부르신 죄인을 회개시키러 오셨다. 즉, 죄인의 상태로 끝이 아니라 죄의 결박(정죄함)으로부터 자유와 회복을 주시려는 사랑의 마음이다. 이렇듯 주님께는 죄인을 향한 끝없는 긍휼함과 안아주시는 자비가 품어져 나온다. 이 은혜가 지금 세리에게로 흐르고 있는 것이다. 이 은혜가 세리를 새롭게 빚어가고 있다.

부르시는 자는 부름을 받는 자의 형편과 상태와 신분을 우선적으로 고려하지 않는다. 그것이 부름을 받는 조건이 아니라는 뜻이다. 부르시는 자의 용량과 밀도가 이 모든 것을 다 포괄하고도 남을 정도로 크고 넓다는 얘기다. 이것이 부르심을 받은 제자들의 면면이 참 다양하고, 또 독특하고, 평범하거나, 제자이기에는 좀 의아스럽기까지한 사람들, 이들이 제자란 말인가? 라는 우리 쪽의 알량한 의혹을 참으로 부끄럽게 하는 이유다.

죄 가운데 태어나, 죄인으로 살다가, 죄인으로 죽어, 영원한 심판의 대상으로 전락할 수밖에 없었다. 그런데 주님이 이 모든 죄의 결박으로부터 세리를 해방하러 오셨는데 바리새인들과 서기관들은 딴지를 걸고 있다. 오히려 저희가 죄인이라 경멸했던 세리가 "죄인을 불러 회개시키러 왔노라."(32b)는 은총의 수납자로 주님 앞에 선다.

이 두 극명한 쌍곡선을 바라보는 중이다. 과연 나는 어떤 사람으로, 어떤 모습으로 주님 앞에 서 있을까? 바리새인들을 바라보며 연민을 느낀다. 이렇게 살라고 종교 지도자로 세움을 받은 것은 아닐 텐데 말이다. 세리에게 그러셨듯이 나를 그렇게 찾아오신 분, 나를 죄의 사슬로부터 자유케 한 분, 당신 곁에 두시고 제자로 만들어 가시는 분, 더 이상 죄 가운데 살지 않게 하신 분, 이젠 주님처럼 죄인들을 위해 살라 하시는 분, 그분이 본문 안에서 나 같은 "죄인을 불러 회개시키러" 오신 나의 주(主) 나의 예수님이시다.

5. 내 '마음창고'는 건강한가?

선한 사람은 마음에 쌓은 선에서 선을 내고
악한 자는 그 쌓은 악에서 악을 내나니
이는 마음에 가득한 것을 입으로 말함이니라(눅6.45)

피터슨(E H. Peterson)의 [메시지 신약](The Message: The New Testament)으로 오늘 묵상 단락을 읽어보자 : "건강한 나무에서 벌레 먹은 사과를 딸 수 없고, 병든 나무에서 좋은 사과를 딸 수 없다. 사과의 건강을 보면 나무의 건강을 알 수 있다. 먼저 너희는 생명을 주는 삶에서부터 시작해야 한다. 중요한 것은, 너희 말과 행동이 아니라 너희 됨됨이다. 참된 말과 행동은 너희의 참된 존재에서 흘러 넘치는 것이다."(눅6.43-45)

사실 오늘 묵상은 형제의 눈 속에 있는 티는 보았으나 자신의 눈에 있는 들보는 보지 못하고서 형제에게 말하는 맹인('거짓 선지자들')에게 말씀하신 예수님의 비유(눅6,39-42; 마7,15-20 참조)에 연속적으로 이어지는 말씀이다.

주님은 못된 열매를 맺는 것을 근원적으로 살피고 들어가 보면 건강하지 못한 나무였기에 그런 결과가 나왔다는 말씀을 하신다. 그럼 못된 열매를 맺는 그는 누구인가? 맹인이요, 거짓 선지자들이요, 눈 속에 들보를 가진 자요, 못된 나무요, 악한 자다. 지금 주님은 이런 자들의 말 이면의 내면세계를 보라 하신다.

열매로 그 나무(무화과, 포도)의 건강지수를 알 수 있듯, 그 사람의 말을 통해 그의 내면의 건강함의 유무를 알 수 있다는 비유는 유대인들에게는 직관적으로 전달되는 말씀이었을 것이다.

말이 그 사람의 인격이다는 격언(格言)이 있듯이 한 사람의 언어는 그 사람의 보이지 않는 내면을 밝히 보여준다. "선한 사람은 마음에 쌓은 선에서 선을 내고 악한 자는 그 쌓은 악에서 악을 내나니"라는 말씀이 그것이다.

한 사람이 맺는 열매는 그의 마음이라는 내면의 됨됨이가 밖으로 나온 결과다. 특별히 오늘 묵상은 말(언어)에 관해서다. 마음 밭이 일그러진 사람은 자신을 보는 일에 실패한 것은 물론 자꾸만 남에게 시선이 가고, 그걸 또 이런저런 말로 증폭시킨다. 이렇게 토해진 말은 자신 안에 쌓인 악한 마음에서 나온 것이기에 결국 악한 열매를 거두게 될 뿐이다.

- 입과 혀를 지키는 자는 자기의 영혼을 환난에서 보전하느니라(잠21.23)

- 지혜자의 입의 말들은 은혜로우나 우매자의 입술들은 자기를 삼키나니, 그의 입의 말들의 시작은 우매요 그의 입의 결말들은 심히 미친 것이니라(전10.12-13)

- 혀를 능히 길들일 사람이 없나니 쉬지 아니하는 악이요 죽이는 독이 가득한 것이라(약3.8)

결국 지나면 후회할 것을 뻔히 알면서도 다시 담을 수 없는 독설(毒舌)을 토해 낸 적이 많다. 하지만 더 사악한 것은 처음부터 작심한 후에 독하고 악한 말을 거침없이 토해내는 경우다.

가까운 사이일수록, 특히 가족에게 상처가 되는 말이 이 경우다. "한 입에서 찬송과 저주가 나오는 … 것이 마땅하지 아니하니라."(약3.10)는 야고보의 통찰이 오늘 따라 더 마음에 박힌다. 내 '마음창고'를 건강하게 지키는 것, 이것이 말의 실수를 줄이는 첩경이다.

6. 너희가 구할 때 성령을 주시지 않겠느냐?

너희가 악할지라도 좋은 것을 자식에게 줄 줄 알거든
하물며 너희 하늘 아버지께서 구하는 자에게
성령을 주시지 않겠느냐 하시니라(눅11.13)

◎ 주님의 기도(눅11.1-13)

① 기도의 모범(1-4) : 주기도문

② 기도의 원리(5-8) : 비유

③ 기도의 태도(9-13) : 아버지

누가복음 11장-13절은 기도의 주인이신 예수님께서 친히 약속하시는 기도에 대한 말씀이다. 기도는 혼자 말하고 성취하는 독백이거나, 자가발전이거나, 자기 열심과 노력과 땀으로 그가 이루고자 하는 목적을 달성해내는 하나의 방법론적 테크닉이 아니다. 사람들은 종종 기도의 주도권을 자신이 쥐고 싶어 한다. 이건 기도하는 사람이 기도를 하는 대상을 이용해서 결국 자기의 소원을 성취하려는 이해에서 출발하기 때문이다.

그래서 기도에 대한 본질적인 질문, "과연 기도가 무엇인가?"를 종종 생각해 보는 것은 중요하다. 오늘 묵상의 근접 단락(9-13)에서도 "구하라 … 찾으라 … 두드리라"는 말씀에 이어서 "그러면 너희에게 주실 것이요 … 찾아낼 것이요 … 열릴 것이니"라는, 매우 고전적이면서도 이해하기에 별 어려움 없는 말씀을 해 주신다.

문제는 기도자(prayer)의 입장에서 자신의 간절함과 애절함과 절박함과 긴급함을 배수진으로 삼아 놓고, 기도를 들으시며 응답하시는 하나님(하늘 아버지)께 결국 이런 것을 무기 삼아 자기가 원하고 바라는 것을 이루어내는 것으로 이해한다면 -아직도 적잖은 사람들이 기도를 이렇게 이해하고 있다.- 그는 하나님이 좋은 것이라 판단하신 것까지도 자기 의지와 능력과 확신으로 바꿀 수 있다고 생각하는 매우 위험하고도 교만한 유형의 기도자다.

주님은 기도를 설명하고 가르치기 위해 아들이 아버지에게 무엇을 구하는 장면을 예로 드신다. 먼저 알아야 할 것은 아들이기에 아버지에게 구하는 것이다. 이렇듯 기도에는 아들과 아버지의 건강한 관계가 전제되고 있다. 아무런 관계도 아닌데 목소리 높여, 마치 어린아이가 막무가내 식으로 고집 피우는 것을 기도라고 말씀하지 않으신다.

또한 기도가 다시 기도자(아들, prayer)에게 응답으로 돌아오는 것은 철저히 기도에 응답하는 하나님(아버지)의 몫임을 분명히 하신다. 아들이 생선을 달라고 하니까 자동적으로 눈을 뜨자마자 그 앞에 생선이 놓이게 되는 게 아니다. 그가 구한 것을 응하게 하는 자는 아버지다. 아버지가 생각할 때 지금 아들에게 가장 필요하고 중요하고 적절한 것을 "그러면 너희에게 주실 것이요 … 찾아낼 것이요 … 열릴 것이니”에 담아내시는 것이다.

기도는 응답하시는 하나님 쪽에서 구하는 자에게 ‘좋은 것’(마7.11)을 주시는 것이다. 혹 육신의 악한 아버지일지라도 자식에게 좋은 것을 줄 줄 아는 것처럼 우리의 하늘 아버지는 당신을 향해 구하는 자에게 당연히 아들이 구한 것만이 아닌, 그가 구한 것 그 이상으로, 그래서 ‘좋은 것’의 최상급인 성령을 주셔서, 성령이 친히 그 사람을 기도의 가장 친밀함 안으로 이끌 것이다. 더 이상 기도를 도깨비 방망이처럼 생각해서도 안 되고, 자신이 원하는 대로 결과를 만들어내는 수단으로 취급해서도 안 된다. 기도는 예수님의 이름으로 아버지께 구할 때 “하늘 아버지께서 구하는 자에게 성령을 주시”는 고결한 영적 통로이기에 그렇다.

7. 생명이 소유의 넉넉함에 있다고?

그들에게 이르시되 삼가 모든 탐심을 물리치라
사람의 생명이 그 소유의 넉넉한 데 있지 아니하니라 하시고(눅12:15)

무리 중에 한 사람이 “선생님 내 형을 명하여 유산을 나와 나누게 하소서."(13)라는 문제(질문)를 가지고 주님께 왔다. 오늘 묵상은 이 질문에 대한 주님의 대답이고(15), 이어 어리석은 부자의 비유(16-21)가 이어지고 있다. 따라서 누가복음 12장 13-21절은 한 통이다. 이로 보건대 형과의 유산 분배의 문제로 주님께 온 동생의 문제는 다음 몇 가지에 해당된다.

첫째, 예수님에 대한 오해다. 주님은 친히 "누가 나를 너희의 재판장이나 물건 나누는 자로 세웠느냐."(14)고 말씀하신다. 그렇다면 주님은 이 사람의 마음의 의도를 정확하게 알고 계셨던 것이다. 예수님께 자신을 맞춘 인생이 아닌 자신을 위해 예수님을 끌고 가는, 자기 목적을 위해 예수님마저도 수단으로 '이용해먹기' 를 주저치 않는, 또 그럴 수 있다고 생각하는 근본적인 오해 때문에 예수님을 자신의 필요와 문제를 해결해 주는 'AS 요원' 쯤으로 생각하게 했다.

둘째, 이 사람의 심중에 있는 근본적인 문제는 탐심이다(15a). 더 많이 가져야 하고, 어떤 수단과 방법을 동원해서라도 남의 손에 있는 빵을 자기 손에 옮겨와야만 직성이 풀리는 정도를 넘어선 소유욕에 병적(病的) 집착을 보이는 사람이다. 무릇 자기 것에 자족하고 만족을 하지 못하는 것은 이미 그의 인생에 패망의 씨앗을 심는 것이 아니고 무엇이랴.

셋째, 소유의 넉넉함이 자신의 생명을 지켜주고 더 풍성하게 할 수 있다고 믿고 있다(15b). 이것이 이어지는 어리석은 부자의 비유(16-21)가 말하고자 하는 핵심이다. 소유의 탐심에 집착하고, 그래서 그 파이를 더 크게 하는 것에 몰입할수록 그는 영혼을 도적에게 빼앗기고 있는 것이다. 결국 재물에 대한 탐심은 영혼을 병들게 하고, 급기야 자기 목숨은 물론 자기를 위하여 쌓아둔 재물마저도 다 잃게 되는 결과를 가져올 뿐이다.

넷째, 예수님 앞에 나아온 이유가 지극히 세속적일 뿐만 아니라 이기적인 욕망을 따라 살아가는 사람이다. 그는 자기 밖에 모른다. 결과적으로 볼 때 그는 유산이 자신의 목숨이나 영혼보다 더 소중하다고 생각하는 사람이다. 그것도 오직 자기를 위하여 재물을 얻고 싶을 뿐이다. "무리 중에" 있었다는 것은 이미 예수님의 말씀과 가르침을 들었고, 그럼 예수님이 누구신지에 대해서 기초적일지라도 선(先) 이해가 되어있는 사람임에 틀림없음에도 말이다.

예수님 앞에 나아온 사람들 모두가 다 진리를 구하며 진리와 함께 기뻐하고, 사죄의 은총을 구하고, 회개하고, 주님의 제자로서 살아보겠다는 은혜를 구하는 것은 아니다. 이것은 예나 지금이나 동일하다. 멀쩡하게 예수님께 뭔가를 아뢰고 있는 괜찮은 사람 같지만 그의 속(영혼)을 들여다 보면 이처럼 세상의 것들로 가득할 만큼 영혼은 텅 빈 사람일 수 있다.

아무리 포장지가 좋아 보여도 그 속의 내용물이 신통찮다면 별 의미가 없다. 겉보기에 생명을 구하고 찾고 두드리는 것처럼 보이는 포장이지만 결국은 탐심과 소유의 넉넉함을 담고 있는 것이라면 그의 종말은 파멸일 뿐이다. 소유도, 생명도, 영혼도 다 부도난 것 일 수밖에... 나 역시 이런 욕망의 전차에 올라탄 것은 아닌지... 어리석은 자는 오늘 묵상에만 있는 게 아니다. 언제든 나도 어리석은 자의 계보를 잇는 사람이 될 수 있다. 정말 그럴까 겁난다.

8. 잃었다:슬프다 vs 찾았다:기쁘다

내가 너희에게 이르노니 이와 같이 죄인 한 사람이 회개하면
하늘에서는 회개할 것 없는 의인 아흔아홉으로
말미암아 기뻐하는 것보다 더하리라(눅15.7)

잃은 양 비유(눅15.1-7)에서 어떤 사람이 잃어버린 것은 일백 마리 중에 한 마리 양이다. 놀라운 것은 그 잃어버린 것이 다름 아닌 '죄인 한 사람'(7a)이라는 주님의 말씀이다. 이것은 주님이 이 땅에 오신 목적이기도 하다 : "인자의 온 것은 잃어버린 자를 찾아 구원하려 함이니라."(10) 결국 잃은 하나의 찾음은 1/100이나 1/10의 구색을 맞추기 위한 들러리로서가 아니다. 주님의 가장 중심되고 일관된 관심은 바로 잃어버린 한 영혼이다.

어떤 사람이 자기 양(羊)을 잃어버렸다는 것을 알게 되었다. 아마 찾았을 때의 반응이 '기쁘다'인 것을 볼 때 잃어버렸을

때의 마음은 '슬프다' 였던 것 같다.

단순히 재산상의 손실 때문이었을까. 아니다. 잃은 양의 비유가 절묘한 것은 이것이 잃어버린 '죄인' 을 다시 찾은, 즉 잃음과 찾음 사이에 '회개' 라는 과정이 지불된 놀라운 변화를 놓치지 않고 있음 때문이다.

예수님은 지금 잃어버린 양과 같은 인생들을 찾기 위해 이 세상에 친히 오셨다. 그리고 나를 찾으시자 기뻐하신다(6). 내가 스스로 주님을 찾아간 것이 아니라 주님이 나를 찾아오셔서 나를 다시 당신의 소유된 백성으로 맞으신다. 그러시면서 나보다 더 나를 인하여 기뻐하신다. 그리고 벗과 이웃을 불러 모으시고 이렇게 축사하시며 잔치를 배설하신다 : "나와 함께 즐기자 나의 잃은 양을 찾아내었노라!"(6)

여전히 이 시대에도 잃은 한 양을 찾아 길 떠나는 목자가 요구되는 때다. 잃어버렸다는 것을 아시는, 그래서 그를 찾아야 하는 대가를 기꺼이 지불하시는, 그것도 찾도록 찾기까지 쉬지 않으시는, 내가 뭐 대단한 게 있다고 찾으시자 기뻐하시는, 그리고 잔치까지 배설하시는, 슬픔이 기쁨으로 전환되는 것이 다름 아닌 오직 잃었던 나를 다시 찾았음 때문인, 오직 그 이유 하나만으로 기뻐하시며 잔치를 여시는 주님을 생각해 본다.

죄인 하나가 회개하는 것을 기뻐하시는 주님을 묵상하면서 자꾸만 눈물이 난다. 이 분이 내가 섬기는, 나를 맞아주시는 주님이시기에 그렇다. 내가 나의 영혼을 위해 지불한 대가보다

-아니다, 내가 나의 구원을 위해 지불한 대가는 없다.- 죄인인 나를 위해 주님이 친히 지불하신 것이 이처럼 크고 크다는 것이 이제 내가 누구를 위해, 무엇 때문에 살아야 하는가를 생각케 한다. 나를 다시 찾아 주신, 그래서 당신의 품에 안아 주신, 찾으시자 잃었을 때 지불한 것들 때문에 분노하거나 책망하지 않으시는 주님을 배워야겠다.

나를 이처럼 고귀하고 존귀한 한 영혼으로 대우해 주신 주님처럼 나 또한 잃어버린 양을 주님의 시각에서 바라보고, 이해하고, 찾고 찾으며, 그와 더불어 기뻐하며, 그와 함께 잔치하며 살고 싶다. 나를 위해 주님이 먼저 이러한 사랑을 주셨기에 나도 이 받은 사랑을 주의 영광을 위해 주의 백성들에게 나누며 살아야 한다. 이를 위해 나를 찾아내셨으니까.

주님은 처음부터 끝까지 잃어버린 죄인에게 모든 것을 집중하시는, 그렇지만 그 마음 중심은 한결같이 잃은 자기 백성들을 향해 슬퍼하며(잃었을 때), 또한 기뻐하시는(찾았을 때) 분이시다. 어디 하나 분노하고, 책망하고, 꾸짖고 벌주시는 이미지(image)는 발견되지 않는다.

나와 주님 사이에 건널 수 없는 간격은 바로 이 부분이다. 그래서 오늘도 그분 앞에 무릎 꿇고 두 손을 드는 것 아닌가: "죄인 오라 하실 때에 날 부르소서!"

9. 어린아이스럽게!

예수께서 그 어린 아이들을 불러 가까이 하시고
이르시되 어린 아이들이 내게 오는 것을 용납하고
금하지 말라 하나님의 나라가 이런 자의 것이니라(눅18.16)

A 누가 의롭다 하심을 받는가?(9-14) : 바리새인 vs 세리
X 하나님의 나라가 이런 자의 것(15-17) : 어린아이
B 누가 구원을 얻을 수 있는가?(18-30) : 부자 청년

바로 앞 단락은 '의롭다 하심'을 받는 자에 대해 예수님이 바리새인과 세리의 비유로 하신 말씀이다(A) : "자기를 의롭다고 믿고 다른 사람을 멸시하는 자들에게 … 무릇 자기를 높이는 자는 낮아지고 자기를 낮추는 자는 높아지리라."(9,14b) 그리고 곧바로 어린아이 단락이다(X) 어린아이와 하나님의 나라가 연결되어 있고, 그 다음 단락 역시 영생과 하나님의 나라에 대한 주제가 계속 이어진다(B).

따라서 어린아이에 대한 말씀은 전(前) 문맥에서 좀 더 의미가 분명하게 드러난다(A). 결국 천국, 즉 하나님의 나라는 바리새인의 '자기 의'(self-righteousness, 11-12)가 아닌 하나님이 세리에게서 보신 '하나님의 의'(God's righteousness, 13)의 기준에 든 사람

만이 어린아이처럼 예수님에게 오는 것이 용납되어지는 곳이다. 따라서 예수님에게 오는 것이 용납되는 자는 "하나님이여 불쌍히 여기소서 나는 죄인이로소이다."(13b)라는 순전한 고백을 세리처럼 할 수 있는 자, 곧 어린아이와 같이 예수님(복음)을 받아들이는 자다.

동시에 어린아이에 대한 말씀은 후(後) 문맥에서도 그 의미를 좀 더 확장할 수 있다(B). 역시 천국, 즉 하나님의 나라(영생, 천국, 구원)는 부자 청년의 경우처럼 '자기 의'라는 조건(18-21)이 아닌 예수님이 제시한 "한 가지 부족한 것"(22a)을 행하고 와서 나를 따르라는 명령을 어린아이처럼 준행하는 자의 몫이다.

이렇듯 천국은 제자들처럼(28), 또한 그 이상의 기준을 따라 사는 삶으로 예수님에게 오는 자의 몫이다. 이것이 세리(13-14)와 그 이상의 삶을 사는 자들(28-30), 곧 어린아이처럼 하나님의 나라를 받아들이며 주님 앞으로 나아오는 자에게 약속한 하나님의 나라다.

그런 의미에서 어린아이를 주님께로 데리고 오는 것을 보고서 이를 꾸짖는 제자들 역시 바리새인(A)과 부자 청년(B)의 범주에 들어가는 우를 떨쳐버리지 못하는 쪽이다.

예수님의 눈과 시각을 갖지 않으면 바리새인과 부자 청년이 왜 어린아이의 라인에서 떨어져 나갔는지를 공감하지 못한다. 동시에 세리, 그리고 그 이상의 기준을 따라 사는 자만이 어린아이처럼 예수님께 오는 것이 용납되는 이유를 알 수 있다. 이것이 제자들에게서 안타까운 면이다.

지금 제자들도 흐릿한 이 일에 어린아이가 하나님의 나라에 초대되고 있음이 역설적이다. 결국 천국은 단순히 생물학적으로 어린아이(유아기)여야 하는가가 아닌 것이 분명해졌다. 그렇다면 천국은 세리처럼 "하나님이여 불쌍히 여기소서 나는 죄인이로소이다."(13b)라고 고백하며 예수님께 나아오는 어린아이의 것이다.

또한 하나님의 나라는 부자 청년처럼이 아니라 그 이상의 삶을 사는 자들(28-30)처럼 받아들이는 어린아이의 것이다. 이런 어린아이로 살아가는 자만이 바리새인이나 부자 청년의 참담한 결과에 이르지 않게 된다.

요 한 복 음

1. 내가 믿사오니!

태초에 말씀이 계시니라 이 말씀이 하나님과 함께 계셨으니
이 말씀은 곧 하나님이시니라(요1.1)

◎ [1절]	[14절]
태초에 말씀이 계시니라	⇨ 말씀이 육신이 되어
이 말씀이 하나님과 함께 계셨으니	⇨ 우리 가운데 거하시매
이 말씀은 곧 하나님이시니라	⇨ 은혜와 진리가 충만하더라

예수님은 육신을 입기 이전에도 계셨다(요1.1-3, 8.58). 이게 요한이 하고자 하는 이야기의 핵심이다. 그러니까 예수님은 피조물로서의 사람이 아니라는 말이다. 예수님은 만들어진 피조물이 아니다. 인간 가운데 가장 탁월한 존재가 아니다. 인간이었는데 어느 날 진리를 깨닫고, 터득하고, 득도하여, 자신이 그리스도라는 자의식(自意識)이 생긴 자칭 메시야가 아니다. 인간이 하나님이 된 게 아니다. 이처럼 땅에서 만들어진 하나님이 아니라 태초에 계신 말씀이신 하나님이 그리스도 예수님이시다. 이것이 신학적으로는 예수님의 선재(先在) 교리다.

요한(John)은 이 진리를 스스로 깨닫고 알았을까? 아니다. 그 역시 알게 되었고, 하늘의 영광을 보게 되었을 뿐이다. 유한은 무한을 파악하지 못한다. 인간은 그 누구도 하나님 없이, 계시 없이, 말씀 없이, 인간 스스로의 어떠함으로 하나님을 발견하거나, 하나님께 나아가거나, 하나님을 알게 되는 그런 일은 없다. 하나님은 인간이 알아감으로 발견되어지거나 비로소 알게 되는 분이 아니라 하나님 자신이 스스로를 계시하심으로써 인간에게 자신을 드러내시는 분이다.

그런 의미에서 요한복음은 요한의 자서전이 아니며, 복음행전의 기자가 되어 예수회고록을 집필하는 전기작가도 아니며, 예수어록의 편집자도 아니다. 그는 육신을 입으신 말씀이신 그리스도(LOGOS)를 복음서를 통해 우리에게 전달해 주는 자다. 하나님은 지금도 변함없이 기록된 말씀을 통해 당신을 보여주시고, 계시하시고, 말씀하신다. 우리는 이렇게 우리에게 전해진 요한복음을 통해 그리스도를 알아가는 지식에서 자라가게 된다. 이게 복(福)이다.

태초에(1, 창1.1) 성부 하나님과 함께 계셨던 하나님이 육신을 입고 이 땅에 오셨다. 그분이 육신을 입으신 하나님의 아들, 성자 예수님(Logos)이시다. 그분은 어느 날 갑자기 급조되신 분이 아니다. 창세 전 태초에, 아버지 하나님과 창조 때에도 계셨고, 아담이 타락하여 ㈜에덴동산을 부도낸 후 '여자의 후손'(창3.15)으로 오실 분이셨고, 기나긴 구약의 예언(약속)을 신약으로 성취하신 하나님, 그분이 바로 요한복음 1장 1절에 선포된 구주이시며, 주님이시며, 그리스도(메시야, 예수)시며, 유일한 구원자이신 나의 주 나의 하나님이시다. 나는 그분을 믿는다 : "I believe in God the Father Almighty, Maker of heaven and earth, and in Jesus Christ, His only Son our Lord, …"(사도신경 中)

2. MY FOOD, JESUS FOOD

예수께서 이르시되 나의 양식은 나를 보내신 이의 뜻을 행하며
그의 일을 온전히 이루는 이것이니라(요4.34)

요한복음 4장은 사마리아 수가라는 동네의 우물가에서 예수님과 여인 사이에 -제자들은 먹을 것을 사러 동네에 들어갔을 때에- 이루어진 대화가 중심이다. 한편 오늘 묵상은 제자들이 돌아오고 여인은 마을로 들어가는 전후에 제자들(D)과 예수님(J) 사이에 벌어진 대화 중 한 대목이다.

D(31) 랍비여 잡수소서.

J(32) 내게는 너희가 모르는 먹을 양식이 있다.

D(33) 누가 음식을 가져다 드렸나?

J(34) 나의 양식은 나를 보내산 이의 뜻을 행하여 …

주님의 '먹을 양식'(32)은 제자들이 준비해 온 양식과는 다르다. 주님에게는 하나님의 뜻을 행하며 이루는 하늘 양식이 있다. 주의 일을 하는 자만이 알고, 누리고, 경험하는 양식이 그것이다.

따라서 빵만을 위해 일하며 사는 사람에게는 하늘 양식이 보이지 않는다. "너희는 먼저 그의 나라와 그의 의를 구하라 그리하면 이 모든 것을 너희에게 더하시리라."(마6.33)는 약속은 '이 모든 것'(마6.25-32)을 먼저 구하는 자에게는 결코 경험되지 않은 진리이다.

다시 배고픈 양식을 위해 일하는 제자들은 얼마 후면 또 이 양식을 위해 일할 수밖에 없는 무한 반복이 있을 뿐이다. 하지만 예수님께는 하나님의 뜻을 행하며 이를 마치는 것이 양식이다.

결국 제자들과 예수님 모두 일을 한 것이지만 결과는 달랐다. 제자들은 결국 썩는 양식을 위하여 일한 호구지책(糊口之策)인 셈이고, 예수님은 영생하도록 있는 양식을 위하여 생명을 살리는 일을 하셨다.

예수님의 음식은 하나님의 뜻을 행하는 것이라 할 때 자신을 위한 음식을 준비하고 쌓는 것이 아닌, 반대로 자신이 아닌 하나님 쪽으로 모든 삶의 포커스를 맞추어 살아가시는 것이 그분의 음식이었다.

그렇다면 오직 '나'와 관련된 것을 행하는 것이 양식인 사람은 아직 예수님의 양식에 참여하지 않는 사람이고, 그렇기에 그는 일차적인 욕구와 육신을 위한 것을 위해 살아가는 사람의 수준을 벗어나지 못한 셈이다.

또한 예수님의 음식은 하나님의 일을 마치는 것이다. 그러니 이 음식이 일회용이겠는가? 음식이 사명이다는 것은 단순히 배고픔이나 생존의 욕구를 채우는 것으로서의 음식을 뜻하지 않는다. 사명을 완수하는 것이 음식이라는 것은 먹기 위해 일하는 것이 아니라 일하기 위해 먹는다는 의미다.

우물가에서 한 여인이 하나님의 생명에 참여하는 자가 되었을 때 주님은 이 하늘 양식으로 충분하셨다. 단순히 배고픔을 해결하기 위해 살아가는 것이 아님을 이 말씀에 담아 교훈하시는 셈이다. 사람들이 알지 못하고 오직 주님만이 아시는 내 양식은 무엇인가? 과연 그게 내게도 있는 것인가?

3. 진리의 자유대로(自由大路)

진리를 알지니 진리가 너희를 자유롭게 하리라(요8.32)

◎ 불신그룹의 계보

유대인들이 예수를 박해하게 … 죽이고자 하니(요5.16,18a)

그러나 … 너희는 나를 보고도 믿지 아니하는도다(요6.36)

이는 그 형제들까지도 예수를 믿지 아니함이러라(요7.5)

너희는 나를 알지 못하고 내 아버지도 알지 못하는도다(요8.19b)

⇔ "믿는 유대인들에게"(요8.30-32)

너희 아비에게서 들은 것을 행하느니라(요8.38b,41a)

너희는 너희 아비 마귀에게서 났으니 …(요8.44a)

또다시 요한복음 8장 30-32절이 불신앙의 '저희'에게 포위된다. 이들은 결코 자기들의 정체(identity)를 스스로 드러내지 않는다. 하지만 주께서 마침내 '저희'(그들)의 어두움을 들추어내심으로써 이들의 뿌리가 밝혀지기 시작한다. 요한복음 5장 16절에서부터 시작된 어두움의 정체는 '마귀'다(요8.44). 그래서 믿지 않았고, 그렇기 때문에 사사건건(事事件件) 시비를 걸고, 그것도 부족해서 예수님을 죽이기 위한 음모를 5장 16절 이후부터 줄기차게 진행해 오고 있었다.

이러한 불신앙의 끈질긴 음모에도 불구하고 주님은 믿음의 사람들에게 31-32절을 말씀하신다. 예수님을 믿는다는 것은 "내 말에 거하면"이라는 말씀에서 알 수 있듯이 주님께로 삶의 전부를 이동(shift)하는 것이다. 예수 안에서 사는 거다. 말씀 안에 거주하는 것이다. 진리의 지배를 받는 것이다. 예수님과 교제하는 것이다. 이것이 제자됨이다.

정리하면, 30절이므로 31-32절이다. 믿는 자에게, 예수님 안에 거하는 자에게, 제자에게 또 다른 은총의 빛이 약속된다. 이는 진리를 아는 복이다. 주님 안에는 자유함이 있다. 이게 진리의 특징이며, 제자들에게 약속된 축복의 장(field)이다. 주님께 거하면 이것들이 이루어진다. 얼마나 신나는 일인가. 이를 믿음의 눈으로 볼 수 있고, 깨달을 수 있고, 알 수 있고, 누릴 수 있고, 얻을 수 있으니 말이다. 이것이 진리(그리스도)를 아는 은혜 안에서 누리는 영적 자유함의 무한지평이다.

주님은 나에게도 진리를 아는 은혜와 영적 자유함의 선물을 주셨다. 값 없이 주시는 은혜의 선물을 믿음으로 받기만 했는데 당신 안으로 나를 데리고 가시더니 이 부족하고 어리석은 자식을 제자 삼으셨다. 그리고 비록 아직 멀디먼 영적 항로를 따라가는 초보자이지만 빛의 진리를 밝히 보여주시며, 예수 안에서 누리는 무한한 자유함의 비밀을 부어주셨다.

종교다원주의 시대요 상대주의가 상식처럼 득세하는 사상적 혼돈의 때에 오직 예수 그리스도만이 진리이시다는 -"I am the way and the truth and the life."(요14.6a)- 복음은 이 두 사이에서 어느 편에 설 것인가를 도전한다. 나는 예수 그리스도 안에 거하는 제자로 살아가면서, 진리이신 예수 그리스도가 주시는 자유함만이 유일한 해답인 것을 믿는다. 이를 위해 소명(제자)과 진리(복음)의 길을 살게 하셨고, 살게 하시고, 살게 하실 주님을 찬양한다.

4. 유일한 구원의 문, 예수 그리스도

내가 문이니 누구든지 나로 말미암아 들어가면 구원을 받고
또는 들어가며 나오며 꼴을 얻으리라(요10.9)

하나님의 구원에 이르는 유일한 문은 오직 예수 그리스도 한분이다. 다른 이름은 없으며, 다른 길은 없다. 하나님은 천하 온 인류에게 예수 이름 외에 다른 구원의 길을 허락하시지 않으셨다. 그러나 종교다원주의자(상대주의자)들이나 소위 종교학이라 분류되는 학문에 속한 자들은 이 진리를 거부한다. 그럼에도 성경은 오직 예수 그리스도만이 유일한 구원자이심을 선포한다. 신약에서 대표적인 말씀들을 찾아 읽고 묵상해 본다.

○ 아들을 낳으리니 이름을 예수라 하라 이는 그가 자기 백성을 그들의 죄에서 구원할 자이심이라 하니라(마1.21)

○ 영접하는 자 곧 그 이름을 믿는 자들에게는 하나님의 자녀가 되는 권세를 주셨으니, 이는 혈통으로나 육정으로나 사람의 뜻으로 나지 아니하고 오직 하나님께로부터 난 자들이니라(요1.12-13)

○ 내가 진실로 진실로 너희에게 이르노니 내 말을 듣고 또 나 보내신 이를 믿는 자는 영생을 얻었고 심판에 이르지 아니하나니 사망에서 생명으로 옮겼느니라(요5.24)

○ 예수께서 이르시되 내가 곧 길이요 진리요 생명이니 나로 말미암지 않고는 아버지께로 올 자가 없느니라(요14.6)

○ 누구든지 주의 이름을 부르는 자는 구원을 받으리라 하였느니라(행2.21)

○ 다른 이로써는 구원을 받을 수 없나니 천하 사람 중에 구원을 받을 만한 다른 이름을 우리에게 주신 일이 없음이라 하였더라(행4.12)

○ 이르되 주 예수를 믿으라 그리하면 너와 네 집이 구원을 받으리라 하고(행16.31)

○ 네가 만일 네 입으로 예수를 주로 시인하며 또 하나님께서 그를

죽은 자 가운데서 살리신 것을 네 마음에 믿으면 구원을 받으리라. 사람이 마음으로 믿어 의에 이르고 입으로 시인하여 구원에 이르느니라. 누구든지 주의 이름을 부르는 자는 구원을 받으리라(롬10.9-10,13)

○ 그러므로 내가 너희에게 알리노니 하나님의 영으로 말하는 자는 누구든지 예수를 저주할 자라 하지 아니하고 또 성령으로 아니하고는 누구든지 예수를 주시라 할 수 없느니라(고전12.3)

5. 사랑이 주님을 죽게 했네!

나는 선한 목자라 나는 내 양(羊)을 알고 양도 나를 아는 것이
아버지께서 나를 아시고 내가 아버지를 아는 것 같으니
나는 양을 위하여 목숨을 버리노라(요10.14-15)

◎ 양(羊) vs 목자(14-15)

나(목자)는 내 양을 안다(14,27)

양도 나(목자)를 안다(14)

나(목자)는 양을 위하여 목숨을 버린다(11,15,17)

예수님(목자)과 나(양)의 아름다운 관계가 하나의 그림으로 요

한복음 10장에 그려진다. 특별한 것은 목자(The shepherd)와 양(the sheep)의 견고한 두 기둥과는 어울리지 않는 삯꾼(the hired hand)이라는 하나의 삽화가 이 둘에 비교되는 구조 속에서 전개되고 있음이다. 우리 주님이 목자이신 것만큼 삯꾼의 정체가 드러나며, 그것만큼 선한 목자의 보호하심과 인도하심 안에 있는 내가 얼마나 행복한 양(羊)인지가 빛난다. 또한 양이 목자를 믿고, 알고, 그 음성을 듣고, 따르는 것이 주님이 나의 목자이심을 증거한다.

그럼 우리 주님은 어떤 목자이신가? 동시에 나는 어떤 양(羊)인가? 우리 주님이 친히 목자가 되시고, 그 품에 있는 양은 얼마나 행복한 양인가? 이를 위해 목자 되신 주님이 어떤 분이신가에 우리의 모든 시선을 집중하게 만든다.

먼저, 목자는 양을 안다(14,27). 주님이 나를 아신다. 얼마나 황홀하고, 또한 황송한가? 나 같은 자를 우리 주님이 아시다니? 그것도 '내 양'이라 불러 주신다. 그러므로 그의 품에 있는 나를 그 누가, 어떤 세력이, 사탄이 넘볼 수 있겠는가? 주님은 내가 좌절(침체, 혼돈)에 빠져 있을 때뿐만 아니라 내가 주님을 위해 계획하며, 생각하고 기도하는 것들을 아신다. 동시에 나의 죄와 허물을 아시며, 나의 약함과 악함을 아시며, 나의 부족함과 못남을 아신다.

그런데 더 놀라운 것은 양들을 위하여 자기 생명을 버리신다(11,15,17). 내가 내 죄로 인하여 죽어야 마땅한데 주님이 대신 죽으셨다. 내(양)가 주님(목자)을 위해 죽어야 하는데 오히려 목자(주님)가 양(나)을 위해 목숨을 버린단 말인가. 내가 무엇이기에, 나 같은 죄인이 무슨 가치가 있기에 나를 위해 생명을 기꺼이 내어 놓으셨단 말인가.

그래서 바울은 이렇게 복음의 영광 앞에 섰다 : “내가 그리스도와 함께 십자가에 못 박혔나니 그런즉 이제는 내가 사는 것이 아니요 오직 내 안에 그리스도께서 사시는 것이라 이제 내가 육체 가운데 사는 것은 나를 사랑하사 나를 위하여 자기 자신을 버리신 하나님의 아들을 믿는 믿음 안에서 사는 것이라.”(갈2.20)

또한, 주님은 당신의 양을 정확하게 아신다. 양들은 목자의 음성을 알고(4), 또한 목자를 안다(14). 그렇다. 성도는 예수님을 안다. 그분이 누구이며, 나를 위해 무엇을 하셨으며, 또한 이 세상과 교회를 향한 하나님의 뜻을 안다. 그렇기 때문에 진리를 옳게 분별하며, 하나님을 아는 지식에서 자라간다(엡4.13).

목자이신 주님은 자발적 고난으로 나아가시며, 목숨까지 양을 위해 버리신다. 양들을 위해 고난은 물론 마지막으로 목숨까지 내어주시는 것은 사랑의 완성(절정)이다. 이 큰 사랑이 내게로 왔다. 주께서 이 형언할 수 없는 사랑과 은혜를 베풀어 주셨으니, 갚을 길 없는 한량없는 은혜를 받았으니 나도 주를 위해 나를 드리는 것이 마땅하지 않겠는가.

6. 씨앗은 죽어서 열매를 남긴다.

내가 진실로 진실로 너희에게 이르노니
한 알의 밀이 땅에 떨어져 죽지 아니하면
한 알 그대로 있고 죽으면 많은 열매를 맺느니라(요12,24)

◎ 예루살렘으로 올라가시는 예수님(요12,12-)

헬라인(이방인)의 물음(22) : "우리가 예수를 뵈옵고자 하나이다."

예수님의 응답(23-28a) : "인자가 영광을 얻을 때가 왔도다."

하나님의 확증(28b) : "내가 이미 영광스럽게 하였고 또다시 영광스럽게 하리라."

오늘 묵상 단락은 예수님의 공생애 마지막 주간이 시작되고 있는 요한복음 12장 12절 직후다. 여기 이방인들(헬라인, 20-21)의 등장은 하나의 사인(sign)이다. 유월절을 지키기 위해 예루살렘에 올 정도였다면 이들은 하나님에 대해서 깊은 관심과 애정을 가지고 있는 사람이었을 것이다.

예수님은 이어지는 말씀을 통해, 특별히 이방인이 주께로 오는 것을 보시고 하신 말씀(23-28a) 안에 오늘 묵상을 담아내신다. 문맥적(文脈的)으로 볼 때 이 단락이 말하고자 하는 핵심은 십자가의 죽음으로 얻게 될 '많은 열매'(구원)이다.

한편 주님은 이제껏 '때'(23)에 대해서 전혀 다른 쪽이셨다

(2.4, 4.21,23, 7.6,30, 8.20). 그런데 이방인이 등장하는 대목에서 달리 대답하실 뿐만 아니라 곧바로 이어서 죽음을 말씀하신다(24-27). 동시에 이 일이 아버지의 영광이라 하신다(28). 주님은 이방인을 포함한 온 "세상 죄를 지고 가는 하나님의 어린양"(1.29)으로서 십자가 이후를 지금 미리 보고 계실 뿐만 아니라 이를 밝히 드러내신다. 주님은 세상의 구주시다(3.16-17, 4.42, 6.14,33,51, 11.27). 문제는 23절이 24절을 통해서 성취되며, 이것이 곧 28절이다는 말씀이다. 그래서 어렵다.

좀 더 묵상해 보자. 시간적으로 공생애의 절정인 때가 지금 예루살렘을 향해 올라가는 것과 비례해 점점 다가오고 있다. 이때가 주님이 영광을 받으실 때인데, 이 영광이 무엇을 통해서 성취되느냐 하면 한 알의 밀처럼 십자가에서 죽을 때다. 영광은 역설적이게도 죽음에서 시작된다는 뜻이다.

성전을 청결케 하는 운동가로서도 아니고, 오병이어를 통해서 빈민을 구제하는 사회복지를 통해서도 아니고(6.15), 유대인들이 기다리는 로마의 압제로부터 이스라엘을 해방할 정치적인 메시야로서도 아니다. 영광은 죽음의 십자가에서 시작되고 '많은 열매' (부활의 영광)로 완성된다.

한편 24절은 예수님에게만 해당되는 말씀이 아니라는 사실이 절묘하다. 이렇게 말할 수 있는 근거는 이어지는 25-26절 때문이다. 나 역시 죽어야 영생하도록 보존된다(25). 그런데 이 죽음은 26절에서 구체적으로 적용된다. 나에게도 예수님을 따르는 길이 곧 죽음의 길이자 영생하는 길이라는 말씀이 그렇다. 주님이 갈보리에서 끝이 아니셨듯이 나 역시 주님을 따르는 것이 종점이 아니라 영생의 문에 들어서는 시작이라 하신다.

그렇다면 오늘 묵상(24)은 예수님은 물론이고 나에게도 "한 알의 밀이 땅에 떨어져 … 죽으면"(자기의 생명을 미워하는 자)이라는 소명으로 여전히 유효하다.

표면적으로 볼 때는 한 알의 밀이 땅에 떨어져 죽으면 죽음으로 끝이고, 죽지 않고 한 알 그대로 남아 있는 것이 그나마 잃지 않는 것처럼 보인다. 이것은 세상방정식이다. 하지만 주님은 죽어야 살고, 동시에 많은 열매를 맺는다고 말씀한다. 예수님은 이를 바라보시며 예루살렘을 향해 소명의 걸음을 재촉하신다. 죽음이 사는 길이며, 죽음이 열매를 맺는 길이다.

7. 서로 사랑이 희망이다.

새 계명을 너희에게 주노니 서로 사랑하라
내가 너희를 사랑한 것 같이 너희도 서로 사랑하라
너희가 서로 사랑하면 이로써
모든 사람이 너희가 내 제자인 줄 알리라(요13.34-35)

◎ [사랑의 계명]

- 15 너희가 나를 사랑하면 나의 계명을 지키리라. 21 나의 계명을 지키는 자라야 나를 사랑하는 자니 나를 사랑하는 자는 내 아버지께 사랑을 받을 것이요 나도 그를 사랑하여 그에게 나를 나타내리라. 23 예수께서 대답하여 이르시되 사람이 나를 사랑하면 내 말을 지키리니 내 아버지께서 그를 사랑하실 것이요 우리가 그에게 가서 거처를 그와 함께 하리라. 24 나를 사랑하지 아니하는 자는 내 말을 지키지 아니하나니 너희가 들은 말은 내 말이 아니요 나를 보내신 아버지의 말씀이니라(요14.15,21,23-24)

- 9 아버지께서 나를 사랑하신 것 같이 나도 너희를 사랑하였으니 나의 사랑 안에 거하라. 10 내가 아버지의 계명을 지켜 그의 사랑 안에 거하는 것 같이 너희도 내 계명을 지키면 내 사랑 안에 거하리라. 12 내 계명은 곧 내가 너희를 사랑한 것 같이 너희도 서로 사랑하라 하는 이것이니라. 17 내가 이것을 너

희에게 명함은 너희로 서로 사랑하게 하려 함이라(요15.9-10,12,17)

유다의 배신과 성부와 성자의 영광이 절묘하게 오버랩(OL) 되면서 오늘 묵상으로 이어진다. 어떻든 유다의 언행에서마저 영광을 거두시는(이루시는) 주님이심을 본다. 영광은 평화와 긍정과 덧셈에서만 성취되는 것이 아니라 상처와 불화와 뺄셈에서도 이루어진다는 것을 주목한다. 이처럼 선과 악이, 하나님과 사탄의 팽팽한 긴장이 유지되고 있을 때 주님은 매우 중요한 선포를 하신다.

이게 유명한 오늘 묵상 "서로 사랑하라!"는 '새 계명'(요13.34-35) 말씀이다. 주님은 '자기 사람들'을 사랑하셨다(요13.1b,34). 믿음의 사람들을 말이다. 요한이 기록하고 있듯이 공생애의 전부를 주님은 사랑하는 자기 사람들을 위해, 비록 이들이 그 어떠한 불신앙의 파도를 일으킨다 해도 묵묵히 여기까지 오셨다. 그리고 마침내 당신의 사랑이 "서로 사랑하라!"로 꽃피울 것을 말씀하신다.

앞에서 주님은 서로 발을 씻기는 것을 통해 사랑의 본을 보여주셨고(요13.1-17), 이처럼 서로 섬기고, 서로 헌신하는 것이 곧 서로 사랑하는 것임을 친히 모범을 보이심으로 깨우치셨다. 사랑은 당사자들 사이만이 아니라 모든 사람에게까지 그 영향력을 확장해 간다. 사랑함으로 내가 주님의 제자임을 모든 사람이 알게 된다는 약속이 내 안에서도 열매맺기를 소망한다. 그런 의미에서 사랑은 동사다.

새 계명(誡命, 요13.34-35)을 들을 자격조차 없는 부끄러움이 앞선다. 그럼에도 나에게 주님은 묵묵히 '새 계명'을 선포하신다. 어찌할까. 주님이 이런 나를 사랑하신단다. 그리고 당신이 그러셨듯이 이제 우리들끼리 서로 사랑하라 하신다. 이처럼 서로 사랑함으로써 모든 사람이 볼 때 내(우리)가 주님의 제자인 줄 알게 될 것이란다. 주님은 거기까지 나를 목표하신다. 사랑할 능력도, 사랑받을 만한 아무런 조건과 자격이 없음에도 나를 사랑하신 주님! 그 사랑이 내게로 왔다. 언제쯤 사랑을 말로만 하는 수준을 넘어설 수 있을까.

8. 유일한 구원자 : 예수 그리스도

예수께서 이르시되 내가 곧 길이요 진리요 생명이니
나로 말미암지 않고는 아버지께로 올 자가 없느니라(요14.6)

종교다원주의자들은 예수 그리스도의 유일성에 대해 동의하지 않는다. 예를 들어 이런 논리를 편다. 마치 남산의 정상에 오르는 길이 여럿 있고, 그래서 어느 길(기독교, 불교, 이슬람교 등)을 통해 올라가든 정상(하나님)에서는 만난다는 것이다. 그래서 굳이 예수님이라는 길만이 정상에 이른다고 하는 것은 기독교가 너무 편협하다는 쪽으로 논리를 편다. 모든 종교가 결국 마지막엔 만난다는 소리는 일면 그럴듯해 보이고, 적절한 반론을 펴기가 쉽지 않아 보이기도 하다.

하지만 그렇지 않다. 세상의 종교들의 출발은 인간이 신을 찾아가는, 즉 열심("지성이면 감천이다.")과 선행(행위, 노력, 착함, 도덕, 윤리)을 통해 만약 신이 있다면 그 존재를 감동시킴으로써 득도(무아, 해탈, 구원)의 경지에 이를 수 있다고 가르친다.

하지만 기독교는 인간이 자신의 땀과 애씀을 통해 하나님을 설득하거나 그분의 존전 앞에 이를 수 있다고 가르치지 않는다. 인간에 의해 만들어진 길이 신에게 이르는 길이 된다고 보는 것이 아니라는 뜻이다. 하나님과 상관없이 하늘에 이르는 길을 자기들 맘대로 만들어 놓고 그 길을 통해 하늘이 열려야 하고, 그럴 수 있다고 하는 것은 마치 종교의 이름으로 하나님을 협박하는 것과 다를 바 없다.

여러 종교의 길을 따라 결국에 하나님께 이르렀다고 하자. 그러나 그분은 유일한 길인 예수 그리스도를 통한 구원의 길 외에는 천국에 이르는 길을 열어 놓으신 적이 없으시다. 다른 길은 구원의 길이 아니라 심판의 길이라 하신다.

설령 많이 양보해서, 혹 어떤 사람이 다른 길로 하나님 앞에 섰다고 치자. 앞에서 얘기한 남산에 오르는 길이 여럿 있고 어느 길을 통하든 정상에 오를 수 있다는 얘기처럼... 하지만 하나님은 예수 그리스도의 십자가 구원의 길 외에는 그 문을 열지 않으신다. 만일 그렇지 않다면 우리의 믿음은 헛것이고, "모든 사람 가운데 우리가 가장 불쌍한 자"(고전15.19b)이다.

오직 예수 그리스도만이 유일한 길이요(The Way), 진리요(The Truth), 생명이다(The Life). 유일한 구원자 예수 그리스도로 말미암지 않고는 아버지 하나님께로 올 자가 없다. 나는 이 진리를 믿는다. 이 진리가 나를 자유케 하고, 생명을 주고, 천국에 이르는 길이다. 살아있는 생명의 길을 십자가로 열어주셨으니 이 길 끝이 천국 문이다. 그 문 앞에 서는 날, 하나님이 이 문을 열어 영원한 삶을 주시리라! 오직 예수 그리스도께서 열어 놓으신 유일한 구원, 그 진리와 생명의 길이 오늘 내가 걸어가는 길이다.

9. 임마누엘(IMMANUEL)

내가 너희를 고아와 같이 버려두지 아니하고
너희에게로 오리라(요14.18)

◎ 다시 오실 그리스도

- 이스라엘의 모든 동네를 다 다니지 못하여서 인자가 오리라(마10.23b)
- 이러므로 … 생각하지 않은 때에 인자가 오리라(마24.44)
- 인자가 자기 영광으로 모든 천사와 함께 올 때에(마25.31a)
- 인자도 아버지의 영광으로 거룩한 천사들과 함께 올 때에 …(막8.38b)
- 그러나 인자가 올 때에 세상에서 믿음을 보겠느냐 하시니라(눅18.8b)
- 이 예수는 하늘로 가심을 본 그대로 오시리라 하였느니라(행1.11b)
- 그가 구름을 타고 오시리라 각 사람의 눈이 그를 보겠고 …(계1.7a)
- 이것들을 증언하신 이가 이르시되 내가 진실로 속히 오리라(계22.20a)

그렇다. 주님은 우리를 고아처럼 두지 않으실 것이다(18). 그러니까 죽음으로 끝이 아니라 부활하심으로 '다시' 보게 될 것을 약속하신다(19a). 하지만 예수님은 부활 이후 40일을 이 땅에 계시다가 승천하신다(행1.3). 그럼 다시 제자(성도)들을 고아처럼 두는 것 아닌가? 그렇다면 오늘 묵상 말씀은 결국 40일 더 함께 하시겠다는 말일까? 그래서 묵상을 할 때에는 전후 문맥을 살펴보는 게 무엇보다 중요하다.

◎ 오늘 묵상의 전후 문맥(16-20)

16-17 성령('또 다른 보혜사') : "함께 있게 하리니"

18 예수('내가) : "너희에게로 오리라"

19(⇨16,17) 너희 : "세상은 다시 나를 보지 못할 것이로되 너희는 나를 보리니"

20(⇨16,17) 상호 내주 : "너희가 내 안에, 내가 너희 안에"

예수님은 분명 십자가를 지고 죽으신 후 예언대로 3일 만에 다시 살아나셔서 제자들('너희')에게로 오실 약속을 지키셨다. 하지만 그분은 이 일이 있은 이후에 "세상을 떠나 아버지께로 돌아가실 때가 이른 줄 아시고"(요13.1) 계신 분이시다. 이처럼 결국 그분은 하나님께로 가심으로써 결과적으로 항상 함께 있는 것이 아닌 부재(不在) 중이다.

그래서 예수님의 항상 임재는 성령님과 자연스럽게 연결된다. 무슨 말인가. 하나님과 예수님께서 함께 보내실 보혜사

(요14.26, 15.26, 16.7) 그가 "영원토록 너희와 함께 있게 하리니"(요14.16)라는 말씀에서 알 수 있듯이 예수님은 승천 이후 성령으로 너희(제지, 성도)와 함께 상호 내주하심으로 우리를 버려두지 않으실 것이다.

이는 승천 이후부터 재림의 때까지, 즉 "세상 끝날까지 너희와 항상 함께 있으리라"(마28.20b)는 말씀과 그대로 연결된다.

예수님이 임마누엘("이를 번역한즉 하나님이 우리와 함께 계시다", 마1.23.b.)이신 이유가 여기에 있다. 때문에 주께서 나를 다스려 주시기를 구하는 것 아닌가.

나를 버려두지 않으시고 내 온몸과 영혼을 붙잡고 계시는 주님 때문에 안심이다. 마치 시장통에서 엄마의 손이 나를 붙잡고 있는 한 어디를 가고, 무엇을 보든 시장구경이 즐겁고 행복한 것처럼 주님이 그렇게 내게로 오셨다. 이 한량없는 은혜가 주님 다시 오실 그 날까지 나를 견인해 간다.

10. 사랑이 답(答)이다.

나의 계명을 지키는 자라야 나를 사랑하는 자니
나를 사랑하는 자는 내 아버지께 사랑을 받을 것이요
나도 그를 사랑하여 그에게 나를 나타내리라(요14.21)

◎ 사랑 & 계명 : 사랑을 보이라!

- 예수께서 … 자기 사람들을 사랑하시되 끝까지 사랑하시니라(요13.1)
- 새 계명을 너희에게 주노니 서로 사랑하라(요13.34a)
- 너희가 나를 사랑하면 나의 계명을 지키리라(요14.15)
- 나의 계명을 지키는 자라야 나를 사랑하는 자니(요14.21a)
- 사람이 나를 사랑하면 내 말을 지키리니(요14.23a)
- 나를 사랑하지 아니하는 자는 내 말을 지키지 아니하나니(요14.24a)
- 내 계명은 곧 내가 너희를 사랑한 것 같이 너희도 서로 사랑하라(요15.12)

'나의 계명'은 앞서 말씀하신 "새 계명을 너희에게 주노니 서로 사랑하라 내가 너희를 사랑한 것 같이 너희도 서로 사랑하라. 너희가 서로 사랑하면 이로써 모든 사람이 너희가 내 제자인 줄 알리라."(요13.34-35)는 말씀이다. 예수님은 당신을 사랑하는 것이 무엇인가를 명쾌하게 말씀해 주신다. 제자들끼리 서로 사랑하는 자라야 스승인 예수님을 사랑하는 자라는 말씀이 그것이다. 서로 사랑은 씨앗이고, 이것이 주의 계명을 준행하는 것을 통해 결과적으로 예수님을 사랑하는 열매로 드러난다.

바로 그가 하나님 아버지께 사랑을 받을 것이다. 무엇보다도 그 사람을 주님도 사랑하리라, 동시에 그에게 당신을 드러내실 것이라고 언약하신다. 사실 예수님을 사랑한다는 것은 방향이다. 이것 저것 모아서 만들어지는 것이 아니고 주의 말씀, 즉 사랑의 계명을 준행하며 사는 것이 예수님을 사랑하는 것이다. 주의 사랑이 우리가 서로 사랑하는 것 속에서 발아되고 꽃피우고 열매 맺어가는 것이다. 동시에 이를 보는 자들이 그 안에 숨 쉬는 예수님을 보는 것까지다.

여전히 사랑을 설명하는 수준인 나를 볼 때 막막(답답)하다. 그럼 사랑 설명하기를 뛰어넘는, 즉 사랑의 계명대로 사는 것은 구체적으로 무엇을 의미할까? 어떤 업적, 결과물, 열매, 성과, 공적을 만들어내는 것이 목표가 아니라 주의 제자로 살아간다는 것은 시종일관(始終一貫) 서로 사랑의 관계를 유지하고 더 풍성하게 하는 것이다. 그렇기에 사랑으로 행하지 않으면 아무것도 아니라 하신다.

사랑은 '동사'다(요14.21-24; 13.1, 15.12-14 참조). 사랑은 '명사' 그 이상이다. 사랑은 말하고 생각하고 느끼는 것 그 이상이다. 사랑은 사랑대로 실행하며 사는 것이다. 예수님이 보여주신 사랑은 '당신의 말씀' 대로 자신을 '십자가에 내어 주신 것' 이었다. 그렇다면 사랑은, 그리고 사랑을 행하며 산다는 것은 '둘' 이 합력하는 것이다. 예수님처럼 나도 너를 위해 기꺼이 나를 내어 주는 것이 사랑이다.

주님 사랑과 서로 사랑의 본질은 사랑이다. 이것 없이 만들어지는 것은 껍데기다. 주님을 드러내고 높이는 것이 아닐 수 있기 때문이다. 주님을 빙자해 결국 자기 목표를 성취하는 성공주의의 교묘한 옷을 입은 것일 수 있다는 거룩한 경각심이 요구되는 게 이 때문이다. 나는 이 사랑의 계명대로 살아갈 수 있을까? 또 그렇게 살아가고 있는가?

11. 두려움이 평안과 믿음을 만났을 때에

평안을 너희에게 끼치노니 곧 나의 평안을 너희에게 주노라
내가 너희에게 주는 것은 세상이 주는 것과 같지 아니하니라
너희는 마음에 근심하지도 말고 두려워하지도 말라(요14.27)

근심과 두려움, 이는 결코 초대한 적이 없는 반갑잖은 손님인데 귀찮을 만큼 늘 찾아오곤 한다. 주님은 이것들이 우리네 영혼 안 깊숙이 들어와 비집고 터를 잡으려는 걸 아셨다. 그럴

수 있기에 그러지 말라 명하시는 것 아니겠는가. 문제는 그러지 말자고 한다 해서 그리되는 것이 아니라는 점이다. 해서 어찌하면 좋을지 때론 난감하다. 때문에 평생을 상대해야 할 녀석이기에 오늘은 작심하고 덤벼봐야겠다 싶다. 하지만 실은 좀 간단하다. '평안'이 답이기에 그렇다. 근심을 없이하는 명약은 다름 아닌 평안이다.

요한복음 14장 전체를 놓고 보면, 27절은 1절과 맥을 같이 하면서도 26절에 이어지는 말씀이다. 성령님을 약속하시고(16-17), 그가 하실 일(25-26)을 말씀하시다가 다시 "평안을 너희에게 끼치노니"(27a)를 말씀한다. 정리하면, 제자들을 향하신 주님의 목표는 '평안'이다. 그것만큼 근심(1) ⇨ 평안(27)에로의 이동(shift)은 삼위일체 하나님의 주도하에 이루어져 제자들('나')에게 주어진다. 이는 예수님의 계속되는 부재 예고를 통해 점차 흔들리는 분위기가 역력한 제자들의 연약함이 주님의 눈에 들어왔고, 때문에 이 문제를 해결하기 위한 주님의 움직임이 빨라지고 있음과 무관치 않다.

분명한 것은 평안은 주님으로부터 주어지는 것이지 제자들 스스로가 만들어내는 것이 아니다 : "평안을 너희에게 끼치노니 곧 나의 평안을 너희에게 주노라."(27a) 특별히 주목하는 것은 예수님(18-20) ⇨ 하나님(21-24) ⇨ 성령님(25-26)을 소개하는 것에 이어서 선포되는 27절이다는 점이다. 삼위일체 하나님은 제자들의 1절을 해결하신다. 이것은 27절의 평안으로 주어진다.

이렇듯 진정한 평안은 위로부터 임하는 선물이다. 주님이 값없이 주시는 은혜다. 사실 제자들이 한 일이란 근심뿐이다. 문제는 공생애의 막바지에 이르렀음에도 말이다. 하지만 주님은 이를 아셨고, 평안으로 이 문제를 해결하신다. 나의 근심이 주님의 평안으로 해결된다는 점, 참 절묘한 선물이다.

문제는, 그렇다면 주께서 "평안하라!" 시면 자동적으로 평안이 오는가? 이게 어렵다. 결국 주님이 주시는 평안을 받아 누리게 될 평안의 수혜자인 제자들이 지불해야 할 몫은 믿음이다(1b,11-12,29). 무엇보다 평안은 위로부터 오는 것이기에 세상이 주는 것과는 차별적이다. 왜냐하면 세상은 평안을 위해 믿음을 요구하지 않기 때문이다. 참된 평안은 결코 세상이 줄 수도, 만들 수도 없다.

오직 믿음만이 "너희는 마음에 근심도 말고 두려워하지도 말라."(27b)는 말씀 앞에 당당하게 설 수 있게 한다. 과연 누가 근심과 두려움으로부터 자유로울 수 있는가. 그는 위로부터 값없이 주시는 평안의 선물을 받는 자이고, 그는 믿음의 사람이다. 하나님이 얼마나 우리의 믿음을 귀하게 여기시는가를 새삼 깨닫는다.

근심도, 평안도 구호를 외친다고 그렇게 되는 게 아니다. 바로 이 대목이 주께서 다 하신다는 것을 믿는 우리 믿음이 서는 자리다. 우리네 눈을 바라보시는 주님의 시선이 느껴진다.

12. 가지들끼리 서로 사랑하는가?

내 계명은 곧 내가 너희를 사랑한 것 같이
너희도 서로 사랑하라 하는 이것이니라(요15.12)

요한복음 15장은 "나는 포도나무요 너희는 가지라."(5a)는 비유의 말씀이 기초다. 농부(하나님) ⇨ 포도나무(예수님) ⇨ 가지(제자)로 이어지는 관계의 끈은 '사랑'이다. 그리고 이 사랑의 관계를 풍성하게 하는 것은 계명(말씀)을 지키는 것이다(10). 그럼 어떤 계명인가? 앞서 주셨던 새 계명(誡命)이 다시 반복된다 : "내가 너희를 사랑한 것같이 너희도 서로 사랑하라!"(12, 13.34)

건강한 포도원에는 이처럼 사랑이 있다. 나무와 가지의 관계의 우선순위는 나무가 가지를 사랑한다는 점이다. 가지는 나무로부터 오는 것을 받아 사랑으로 열매를 맺는다. 가지가 자기 힘과 능력으로 열매를 맺는 게 아니란 뜻이다. 나무에 붙어 있지 않으면 열매를 맺을 수 없다. 이것이 가지의 이중성이다. 분명 열매는 가지에 달리지만, 그러나 가지는 포도나무에 붙어 있을 때 열매를 맺는다는 점에서 그렇다.

가지(제자, 나)는 포도나무(예수님)가 있기 때문이고, 나무는 농부(하나님)가 계시기 때문이라는 영적 원리를 다시금 새롭게 묵상으로 붙들게 된다. 답지 못 해도, 부족해서 늘 기대하시는 만큼

의 열매를 맺어드리지 못 해도, 무수한 시련과 폭풍우와 시험의 파도 때문에 열매는 커녕 거의 연명하다시피 붙어 있는 가지임에도 불구하고 오늘까지 나는 포도나무에 붙어있는 가지로 살고 있다. 그게 희망이니까.

한편, 놀라운 것은 포도나무이신 주님이 가지인 제자들을 사랑하셨듯이 가지인 제자들끼리 서로 사랑하라 명하신다. 지금 요한복음 15장의 전체 흐름에서 포도나무와 가지의 관계에서 요구되는 것은 열매다. 열매를 통해 가지가 예수님의 제자됨을 드러낸다(8). 그런데 그 가지들끼리 뭘 하라시는가? 서로 사랑하라 명하신다. 그렇다면 가지인 제자들이 열매를 맺는 것과 가지들끼리 서로 사랑하는 것은 밀접하게 연결되어 있다는 뜻이 된다.

그럼 나는 지금 무슨 열매를 맺고 있고, 맺어가고 있는 걸까? 이 일을 하는 지금, 그것이 '기쁨'(11)과 '서로 사랑'(12,17)으로 성취되어가고 있는가? 나는 나라고 하는 가지로서 -아들(자녀), 남편(부부), 아버지(부모), 가장, 목사(소명, 사명, 사역)라는 가지를 말한다.- 포도나무이신 예수님이 기대하시는 열매를 맺고 있는가? 나는 서로 사랑해야 할 관계로 연결된 가지로서 예수님이 기대하신 열매를 맺고 있고, 그렇게 하기 위해 진정 사랑으로 동역하고 있는가?

답은 '서로 사랑'이다. '나'라는 가지만이라면 이기적이다. '너'라는 가지도 보여야 하고, 품어야 하고, 그래서 그런 주고받는 사랑을 통해 피차가 예수님이 기대하시는 열매를 서로 맺어가야만 한다. 왜냐하면 우리는 한 포도나무에 속해 있는 각각의 가지들이기 때문이다. 내 가지에만 열매를 맺는 것이 아니다. 나는 물론 너도 가지로서 열매를 맺고 있고 또 맺어야 한다. 이렇듯 서로가 다 사랑하는 관계 안에서 맺어져 있어야만 서로가 서로의 열매를 보면서 우리는 다 예수님(포도나무)께 속한 가지임을 알게 될 것이다. 이런 가지들로 이루어진 포도나무라는 생각만으로도 가슴이 뛴다.

13. 사랑하기에 포도나무의 가지로 열매를 맺는다.

사람이 친구를 위하여 자기 목숨을 버리면
이보다 더 큰 사랑이 없나니(요15.13)

◎ 포도나무 비유(요15.1-17) : 사랑

농부 : 하나님

포도나무 : 예수님

가지 : 제자

요한복음 15장, 포도나무 비유를 통해 예수님은 가지가 포도나무에 붙어 있어야 열매를 맺듯 제자는 예수님 안에 거할 때 열매를 맺는다는 사실을 말씀하신다(1-8). 그런데 서로 붙어 있는 -이는 첫째 주님과 제자, 둘째 제자와 제자 사이의 상호 이중적 연합이다.- 이 연합의 관계, 즉 예수님 안에 거하는 것은 주님의 계명을 제자로서 지키는 것(①)과 제자들 사이에 서로 사랑하는 삶(②)을 통해 열매가 나타난다는 점이다(9-17).

한편 놀랍게도 이 둘(①, ②)의 공통분모는 사랑이다. 그런데 서로 연결고리가 약해 보이는 포도나무 비유와 사랑이 하모니를 이루며 말씀되어지고 있음이 특별하다. 따라서 이 비유의 말씀에서 사랑을 바르게 이해하는 게 무엇보다 중요하다.

그렇다, 사랑이 답이다. 그러므로 사랑에 기초하지 않으면 설령 열매를 맺었다 해도 아무런 의미가 없다. 하지만 보다 더 엄밀하게 말하자면 사랑이 없으면 열매도 없다는 게 훨씬 더 맞다. 왜냐하면 포도나무와 가지가 붙어 있다는 것은 사랑의 관계로 연결되어 있다는 말과 같기 때문이다.

자 이런 묵상의 다리를 건너 이제 오늘 묵상에 서 보자. 사랑은 추상적이지 않다. 구체적이고 실제적이며 살아 숨 쉰다. 예수님은 지금 제자들 상호간의 사랑을 요구하고 명하기에 앞서, 아니 이를 얘기하는 대목에서 자신의 제자들로 하여금 더 풍성한 열매를 맺게 하기 위해 자기 목숨을 기꺼이 버릴 것을 예고하듯 말씀하신다. 이 사랑이 제자들 상호 간의 사랑을 가능케 하는 씨앗이기에 그렇다.

이처럼 예수님의 제자들을 향한 관심과 열정은 포도나무가 열매를 맺듯 역시 제자들에게 그런 열매가 맺어지게 한다. 예수님 자신이 친구(당신의 자녀, 제자, 성도)를 위해 목숨을 버리는 사랑을 통해 하나님 아버지를 기쁘시게 하는 열매를 맺었듯이, 제자들 역시 주님처럼 또 다른 친구를 위해 자기 목숨을 내어 놓은 사랑을 품고 열매 맺어야 할 부름 받은 소명자로 살아가기를 기대하신다.

비로소 포도나무의 비유와 사랑이 만나는 이유와 목적이 드러나는 순간이다.

여기에는 전혀 강제(강압)적이거나, 의무(수동)적이거나, 조건(이기)적인 요소가 발견되지 않는다. 이것이 주께서 말씀하시는 사랑이다. 이 주님의 사랑이 포도나무를 따라 가지인 우리에게까지 왔다.

우리가 주님의 가지인가를 확증하는 것은 주께서 행하신 바로 그 사랑으로 열매를 맺느냐에 있다. 그렇다면 주님과 상관없이 열매를 맺는다는 건 아무런 의미가 없고, 때문에 이 두 사랑(①, ②)에 기초해야만 주님의 가지로서 열매를 맺는다는 뜻이다.

14. 요한복음의 성령론

내가 아버지께로부터 너희에게 보낼 보혜사
곧 아버지께로부터 나오시는 진리의 성령이 오실 때에
그가 나를 증언하실 것이요(요15.26)

◎ 요한의 성령

- 요한이 또 증언하여 이르되 내가 보매 성령이 비둘기 같이 하늘로부터 내려와서 그의 위에 머물렀더라. 나도 그를 알지 못하였으나 나를 보내어 물로 세례를 베풀라 하신 그이가 나에게 말씀하시되 성령이 내려서 누구 위에든지 머무는 것을 보거든 그가 곧 성령으로 세례를 베푸는 이인 줄 알라 하셨기에(요1.32-33)

- 예수께서 대답하시되 진실로 진실로 네게 이르노니 사람이 물과 성령으로 나지 아니하면 하나님의 나라에 들어갈 수 없느니라. 바람이 임의로 불매 네가 그 소리는 들어도 어디서 와서 어디로 가는지 알지 못하나니 성령으로 난 사람도 다 그러하니라(요3.5,8)

- 하나님이 보내신 이는 하나님의 말씀을 하나니 이는 하나님이 성령을 한량 없이 주심이니라(요3.34)

○ 살리는 것은 영이니 육은 무익하니라 내가 너희에게 이른 말은 영이요 생명이라(요6.63)

○ 이는 그를 믿는 자들이 받을 성령을 가리켜 말씀하신 것이라 (예수께서 아직 영광을 받지 않으셨으므로 성령이 아직 그들에게 계시지 아니하시더라.)(요7.39)

○ 내가 아버지께 구하겠으니 그가 또 다른 보혜사를 너희에게 주사 영원토록 너희와 함께 있게 하리니, 그는 진리의 영이라 세상은 능히 그를 받지 못하나니 이는 그를 보지도 못하고 알지도 못함이라 그러나 너희는 그를 아나니 그는 너희와 함께 거하심이요 또 너희 속에 계시겠음이라(요14.16-17)

○ 보혜사 곧 아버지께서 내 이름으로 보내실 성령 그가 너희에게 모든 것을 가르치고 내가 너희에게 말한 모든 것을 생각나게 하시리라(요14.26)

○ 내가 아버지께로부터 너희에게 보낼 보혜사 곧 아버지께로부터 나오시는 성령이 오실 때에 그가 나를 증언하실 것이요(요15.26)

○ 그러나 내가 너희에게 실상을 말하노니 내가 떠나는 것이 너희에게 유익이라 내가 떠나가지 아니하면 보혜사가 너희에게로 오시지 아니할 것이요 가면 내가 그를 너희에게 보내리니, 그가 와서 죄에 대하여, 의에 대하여, 심판에 대하여 세상을 책망하

시리라. 죄에 대하여라 함은 그들이 나를 믿지 아니함이요, 의에 대하여라 함은 내가 아버지께로 가니 너희가 다시 나를 보지 못함이요, 심판에 대하여라 함은 이 세상 임금이 심판을 받았음이라. 내가 아직도 너희에게 이를 것이 많으나 지금은 너희가 감당하지 못하리라. 그러나 진리의 성령이 오시면 그가 너희를 모든 진리 가운데로 인도하시리니 그가 스스로 말하지 않고 오직 들은 것을 말하며 장래 일을 너희에게 알리시리라(요16.7-13)

- 이 말씀을 하시고 그들을 향하여 숨을 내쉬며 이르시되 성령을 받으라(요20.22)

15. 기도의 파도타기

지금까지는 너희가 내 이름으로 아무것도 구하지 아니하였으나
구하라 그리하면 받으리니 너희 기쁨이 충만하리라(요16.24)

예수님의 말씀(16)에 대한 제자들의 반응(17-18)이다. 이 반응에 대한 이어지는 말씀(19-24), 이와같이 요한은 계속해서 이 방식을 즐겨 사용한다. 그러나 문제는 십자가를 앞두고서 시작된

예루살렘 입성(12.12-) 때부터 살펴보아도 제자들의 반응이 이제껏 의문과 영적 무지 일색이라는 점이다. 특별히 이때부터 십자가의 죽음이 집중적으로 선언되고 있는데도, 공생애의 마지막 부분임에도 제자들의 언행이 그렇다는 데 문제의 심각성이 있다. 그럼에도 주님은 계속해서 말씀하신다.

그러나 주님의 죽으심과 부활하심을 통해서 이러한 흐름은 일거에 역전된다(22a). 허물과 죄로 죽었던 나를 십자가의 보혈로 씻어 정결케 하시는 구속하심만이 인생의 모든 근심을 중지시킬 수 있기 때문이다. 주님만이 이 일을 성취하신다. 이 일에 인생이 한 일이란 아무것도 없다. 인간이 근심으로부터 기쁨으로 옮겨가는 일을 위해 지불한 대가는 전무(全無)하다. 오직 주님만이 예루살렘 입성에 즈음하여 더욱 근심과 긴장으로 치닫는 제자들의 삶을 기쁨과 희망으로 돌려놓으실 수 있다 : "너희 기쁨을 빼앗을 자가 없으리라."(22b)

참으로 놀라운 약속이 주어진다. 여기 '그 날에는'(23a) 주님이 부활하신 이후의 날이다. 그 날은 영원한 생명의 기쁨과 행복이 시작될 날이다. 그날이 오면 제자들은 지금까지의 우문(愚問)을 반복하지 않을 것이다(23a). 그날이 오면 오직 부활의 기쁨이 기도를 통해서 날마다 재현될 것이다. 단순한 기도 응답의 약속만이 아니다. 부활하심을 통하여 근심이 물러가고 기쁨이 온 것은 전적으로 주님께서 하신 일이다. 그런데 기도는 내가 구하는 것 아닌가. 문제는 그 기도를 통해서 "너희 기쁨이 충만하리라"(24b) 약속하신다는 데 있다.

정리하면, 기쁨은 하나님이 하신다(20,22). 그러나 23-24절의 기쁨은 주의 이름으로 기도하는 나도 여기에 참여한다. 놀랍지 않은가. 주님이 이루신 기쁨을 나의 기도를 통해서도 맛본다는 것, 이것은 기적이다. 주님은 여기까지 우리를 이끄신다. 그렇다면 기도는 단순히 나의 욕망과 필요를 채우는 수단이 아니라는 뜻을 포함한다. 주님의 부활하심을 통하여 이루어진 영생과 구원에서의 기쁨을 주님께 구하는 나의 기도를 통해서 누리도록 하신다. 이것이 기도다. 기도는 단순히 이 세상을 살아가는 데 필요한 기름을 넣는 주유소가 아니다.

기도는 주님이 이루신 일의 눈높이에서 세상을 보며, 나를 보며, 주님을 보는 거룩한 행위이다. 거기까지 나를 인도하고 싶어하시는 주님을 만난다. 슬픔이 기쁨으로 변하는 그 일의 중심에 주님이 서 계신다. 제자들은 여전히 근심에 쌓여 있다. 주님은 이 문제를 해결하시기 위해 '조금 있으면' 십자가를 지실 것이며, 또 '조금 있으면' 근심이 변하여 기쁨이 된 영원한 기쁨과 구원을 노래하는 '공동체'를 이루실 것이다.

"그 날에는"의 바로 그 날은 이미 와 있다. 주님은 이 기쁨을 나의 기도를 통해서 지금도 체험하며, 누리며 살아가기를 기대하신다. 이 기도 앞에만 서면 난 행복하다. 주님이 이루신 기쁨을 기도의 파도타기를 통해서 언제나, 어느 때나, 어디에서나 다시 맛볼 수 있다는 이 축복을 누구에게도 빼앗기고 싶지 않기에 더 그렇다. 기도 속에서 익어가는 기쁨의 열매를 거두기 위해 다시 기도의 무릎을 깊게 꿇어야 할 때, 그때가 바로 지금이다.

16. 믿음의 평안대로에도 환난의 뺄셈은 있다.

이것을 너희에게 이르는 것은 너희로 내 안에서 평안을 누리게 하려 함이라 세상에서는 너희가 환난을 당하나 담대하라 내가 세상을 이기었노라(요16.33)

◎ 환난과 평안(요16.25-33)

A 예수님 말씀 1(12) : 지금은 너희가 감당하지 못하리라.

(계속되는 설교)

A' 예수님 말씀 2(27) : 너희가 나를 … 믿었으므로

B 제자들1(30) : 우리가 지금에야 … 믿사옵나이다.

A" 예수님 말씀 3(31) : 이제는 너희가 믿느냐.

⇨ 33절 : 내 안에서 평안을 … 세상에서는 환난을

성도에게도 환난은 있다. 더 적극적으로 말하면, 예수를 믿는 믿음 때문에 나도 환난을 만날 것이라고 주님은 말씀한다.

그러나 이 환난은 유한하다. 환난은 그리스도인들의 최종 종점이 아니다. 환난은 하나의 정거장, 혹은 지나가는 소낙비와 같다. 1년 동안 비 오는 경우는 없다. 비가 오다 맑기도 하고, 그러다가 바람도 불고, 또 가뭄이 들거나, 태풍이 휘몰아치기도 하고, 또 언제 그랬냐는 듯이 푸른 하늘의 청청함이 계속 이어진다.

불과 조금 전인 '지금은'(12)까지도 제자들은 예수님의 말씀 -지금은 '다락방 설교' 중이다(요13-16장)- 을 듣고는 있으나 믿지 않았다.

하지만 설교가 마쳐지는 부분에 이르러 마침내 제자들은 "우리가 지금에야 … 아나이다 … 믿사옵나이다."(30)라고 고백하기 시작한다. 이때 예수님은 저들의 신앙고백을 일단 받으시고, 그리고 나서 이 믿음의 고백 이후가 어떻게 또다시 이어지게 될 것인가(32-33)를 말씀하시는 것으로 긴 설교를 마무리하신다.

마침내 믿음 밖에 있던 제자들의 긴 방황(13.22,36,37, 14.5,8,22, 16.17-18)이 끝나고 저들의 마음 밭에 믿음의 씨앗이 자라기 시작한다. 하지만 30절의 믿음 이후임에도 불구하고 이 믿음은 불완전하다(32).

그렇다면 이후의 신앙을 어떻게 유지할 것인가? 휘청거릴 수밖에 없는 노출된 신앙생활 속에서 건강한 영적 균형(자존감)을 유지한다는 것은 결코 만만한 일이 아니잖은가. 그래서 오늘 묵상이 압권이다. 이처럼 언행이 일치하지 못한 믿음이지만 주님은 그럼에도 결국 '평안'이 이루어질 것을 약속하심으로 30절의 믿음을 격려하신다.

과연 누가 평안을 누릴 수 있는가? 30절을 믿는 성령 안에 살아가는 자다. 앞에서는 기도하는 자가(22-24), 25절에서도 "때가 이르면", 즉 성령이 오시면 "너희가 내 이름으로 구할 것이요"(26a)처럼 기도함으로써 환난 가운데서도 기쁨을 빼앗기지 않을 것을 말씀한다. 이처럼 주님은 환난을 기도로 이겨내도록 하신다. 이는 이어지는 17장에서 더 분명해진다.

환난은 승리를 주시기 위한 예비고사와 같다. 그렇다면 환난은 또 다른 이름의 축복의 사인(sign)이다. 나로부터 나오는 무엇으로 이것을 이겨내는 것이 아니라 주께서 주시는 것으로부터, 말씀으로부터 환난의 해법이 주어진다는 게 얼마나 큰 복인가. 그리스도 안에도 환난은 있으나, 주님은 이 환난을 이기게 하시며, 그것을 만날 때마다 담대하라 하시니 얼마나 다행인가.

주님이 먼저 이기신 그 길을 나 홀로가 아닌 주님과 함께, 성령으로 더불어 가고 있음이 참 좋다. 오늘부터는 환난만을 보지 않기로 하자. 환난과 함께하시는 주님을 보며, 성령님의 도우심을 받아 살아가 보자. 환난에서 주님이 보이니 안심이다.

17. 세상에 속하지 않은 자로 산다는 것은?

내가 세상에 속하지 아니함 같이
그들도 세상에 속하지 아니하였사옵나이다(요17.16)

여기 '그들'은 제자들인데 이들은 다름 아닌 원래 하나님 아버지의 것이었다. 그런데 세상 중에서 아들(예수님)에게 주신 사람들이다(6a,9). 그리고 이들의 정체(identity)는 "세상에 속하지 아니함"이다. 문제는 오늘 묵상(16)이 말하는 사실 때문에 '그들'(제자들)에게 무슨 일이 일어났다는 점이다. 14절이 그 이유를 좀 더 분명히 드러내 준다.

그러니까 16절 때문에 세상이 제자들을 미워하였다. 좀 더 올라가면 세상이 제자들을 미워하게 된 원인은 예수님이 아버지의 말씀을 제자들에게 주었기 때문이다. 결국 세상과 제자들 사이에는 불가불 건널 수 없는 하나의 강이 존재한다. 그게 말씀이다. 그렇다면 결국 말씀이 제자들이 세상에 속하지 아니함을 드러내 주는 바로미터(barometer)라는 얘기가 된다. 제자들의 정체가 예수님 쪽이냐, 아니면 세상 편인가의 핵심 키워드는 이렇듯 하나님의 말씀이다.

그럼에도 불구하고 우리(제자)는 세상에 속하지 않았으나 세상 속에서 산다. 이게 성도의 정체다. 주님은 세상으로부터 믿는 사람들만을 골라내어 그들만의 공동체를 따로 세우시지 않으셨다. 말씀을 받은 제자들을 세상 속으로 보내셨다. 그렇다면 제자는 세상과 분리된 자가 아니라 세상과 구별된 자다. 세상과 구별됨의 가장 강력한 메시지가 그리스도인들의 모임인 교회다. 예수를 믿는다 함은 세상에서 살지 않고 천국으로 데려가시기 위함이 아니다(15a). 오히려 악에 물들지 않고(15b), 진리 안에서 거룩하게 사는 것이다(17,19). 세상 속에서의 거룩한 자로 부르심을 입은 자가 바로 성도인 나의 정체이다.

따라서 죄와 짝하여 세상에 완전히 동화되어 버린 것도 문제지만, 죄를 멀리한답시고 세상과 분리되어 말씀과 교회라는 높은 성 안에 자신을 가두어 두고서 세상과 단절(분리)된 것을 신앙이라, 거룩함이라 생각하는 것도 문제다. 세상이 악하기에 악에 빠지지 않게 보전하시기를 기도하신(11b,12a,15) 주님을, 동시에 바로 그 세상에 제자들을 보내신(18) 주님을 생각한다. 세상은 나의 삶의 무대요, 하나님이 나에게 맡기신 사명(소명, 달란트, 미션)을 성취해야 할 땅이다. 신앙은 생각과 마음과 영혼 안에서만 이루어지지 않는다.

하지만 세상은 여전히 위협적이다. 사탄은 지금도 활동하고 있기 때문이다(12b). 그래서 말씀과 기도가 필요하고, 거룩이 우선이다. 사명은 훨씬 그 이후의 문제다(21.15-). 내 속사람, 내 신분이 변화되지 않으면 사명을 제대로 감당할 수 없다. 그래서 주님은 제자들의 심령의 밭, 영혼의 거룩을 먼저 세상의 악으로부터 구분시키는 것, 이것이 성도의 능력이며, 세상에 보냄 받은 자의 모습임을 일깨우셨던 것이다.

세상에 대한 내 시각을 되돌아보는 말씀이다. 세상이 나를 좋아하지 않고 오히려 미워하지만 그러나 세상 속으로 파송하시면서 이 세상을 변화시키기를 기대하시는 주님의 마음에 주님 드리신 기도에 아멘으로 응답하면서 또한 나를 그 기도대로 헌신하는 자리에 세우고자 한다. 이 주님의 기도가 나를 통해서 성취되기를 기대하신다는 사실은 내가 세상 속에서 어떻게 살아야 할 것인가를 결정한다. 나의 뭘 보시고 이처럼 기대하시는지 부끄럽고, 황송하지만 나를 위해 이처럼 기도해 주셨다면 이 기도대로 살도록 하시는 분도 주님이시기에 기도 이후를 소망으로 바라본다.

18. 진리로 거룩하게!

그들을 진리로 거룩하게 하옵소서 아버지의 말씀은 진리니이다(요17.17)

십자가를 앞에 두고 예수님이 하나님께 드린 목자의 기도(祈禱)가 요한복음 17장이다. 이 기도에는 진리라는 씨앗을 통해 거룩이라는 열매가 제자들을 향한 예수님의 마음과 꿈으로 피어나고 있고, 이를 기도에 담아 하나님 아버지께 아뢰고 있음에서 제자들을 향한 주님의 마음을 읽어보게 된다. 이는 제자들을 말씀으로 거룩하게 하시는 하나님을 알 턱이 없는 빌라도 같은 조연은 "진리가 무엇이냐?"(요18.38)라고 말할 수밖에 없는 영역이다. 이것이 짧은 이 한 절 말씀에 들어있는 영적 밀도다. 이 말씀을 묵상의 다리를 통해 몇 가지로 생각해 본다.

첫째, 하나님의 말씀이 진리이다. 진리는 설명되어서 얻을 수 있거나, 인간이 땀을 흘림으로써 터득해가는 과정의 결과로 주어지거나, 계속해서 노력하는 것만큼 보충되고 발전하는 것이거나, 혹은 누가 "이것이 진리다"라고 해서 그게 진리가 되는 그런 것이 아니다. 유일한 진리는 하나님의 말씀이다. 동시에 육신을 입은 예수 그리스도가 진리이다(요14.6). 비극적인 것은 상대주의가 진리인 것처럼 행세하는 이 시대는 귀와 마음과 머리를 진리의 말씀으로부터 오는 거룩과 분리시켜 버렸다는 점이다.

둘째, 하나님의 말씀으로 거룩하게 된다. 이 말씀이 확고하게 자리하면, 말하자면 상대주의와 같은 다른 유사품에 거룩을 의존하지 않게 된다. 거룩의 주(主)가 하나님이신데 하나님이 아닌 다른 곳(것)에서 거룩을 구한다면 그것은 자신이 노력해서 거룩에 이를 수 있다고 생각하는 것과 다를 바 없다. 이것이 지금 예수님의 기도를 주목하는 이유다.

셋째, 주님은 당신의 제자들이 하나님 아버지의 말씀으로 거룩하기를 기도하신다. 하나님의 거룩은 이처럼 우리에게로 온다. 거룩은 땅에서 만들어지는 게 아니다. 이는 바울에게서도 정확하게 일치되는 말씀이기도 하다 : "하나님의 말씀과 기도로 거룩하여짐이라."(딤전4.5)

거룩의 키(주도권)는 하나님께 있기 때문에 하나님이 거룩케 하시기를 기도할 것을 말씀한다. 이 말씀을 믿고 신뢰한다면 "내가 나를 거룩하게 한다. 그래서 노력하는 것만큼 거룩에 도달할 수 있다."는 그릇된 이해를 버리고, 즉 거룩에 대한 자기 몸부림을 내려놓고 말씀과 기도에 의존하게 된다. 이것이 진리가 주는 영적 자유함이라는 선물이다(요8.32).

동양종교와 기독교 진리가 근본적으로 다른 것은 이것이다. 진리로 거룩하게 하는 기독교 복음은 인간의 노력, 땀, 수고, 고행, 참선, 교육, 도덕, 윤리, 선행, 양심, 학습, 훈련 등 이런 것들로부터 거룩이 만들어질 수 있다는 것을 근본적으로 부인한다는 점이다. 하지만 세속종교는 인간이 신이 될 수 있다고 가르친다.

하지만 만일 이 땅의 것을 통해서 인간이 거룩을 이룰 수 있다면 하나님 없이도 하나님의 거룩에 이를 수 있다는 얘기가 된다. 거룩의 주인이 하나님이신데 하나님 없이 이를 수 있는 거룩이 과연 가능한가. 만일 이것이 가능하다면 이는 필시 하나님으로부터 오는 거룩이 아니다. 거룩의 주(主)는 오직 하나님 한 분이시기에 그렇다.

예수를 믿는다 함은 세상에 살지 않고 천국으로 데려가시기 위함이 아니다(15a). 오히려 악에 물들지 않고(15a), 진리 안에서 거룩하게 사는 것인데 이는 하나님만이 주실 수 있다(17,19). 때문에 주께서도 기도하고 계시지 않는가. 주님의 기도를 따라 오직 하나님으로부터, 동시에 오직 하나님의 말씀이 나를 거룩케 함을 믿고 주의 마음과 심령을 따라 조용히 무릎 꿇어야 할 이유가 여기에 있다.

| 2부 |

역사서

•

•

•

사 도 행 전

1. 성령이 오셨네!

베드로가 이르되 너희가 회개하여
각각 예수 그리스도의 이름으로 세례를 받고 죄 사함을 받으라
그리하면 성령의 선물을 받으리니(행2.38)

사도행전 2장은 성령강림장이다. 예수님은 부활 후 승천하사 하나님 우편에 앉으시고(막16.19), 마침내 약속하신 '또 다른 보혜사'(요14.16)이신 성령님이 오셨다.

이에 대해 베드로는 아직 성령님 밖에 있는 '너희'(14,22,23,33,36)라 칭하는 '그들'(경건한 유대인들, 유대인과 유대교에 들어온 사람들, 유대인과 예루살렘에 사는 모든 사람들, 이스라엘 사람들, 형제들, 이스라엘 온 집 ; 5,10,14,22,29,36)을 향해 삼위일체 하나님 밖에 있는 이유들에 대해 비교적 긴 역사적인 오순절 설교(14-36)를 한다.

그러자 앞에서 불신과 조롱으로 비아냥거리던 '그들'(너희)이 베드로의 설교에 즉각적이면서도 매우 의미 있는 반응을 보인다 : "그들이 이 말을 듣고 마음에 찔려 베드로와 다른 사도들에게 물어 이르되 형제들아 우리가 어찌할꼬 하거늘"(37)

아이러니한 것은 불과 50일 전(행1.3, 2.1 참조)까지도 육신을 입고 이 땅에 오신 성자 예수님이 이루신 복음행전에서는 불신으로 똘똘 뭉쳐있더니 사도행전으로 넘어오자 제자들은 물론 유대인들 역시 복음의 능력과 영광 앞에 하나 둘 죄의 옷을 벗는 일들이 이곳 저곳에서 일어나고 있음이다.

그 연장선에 오늘 묵상 38절이 있다. 이렇듯 38절은 베드로의 설교에 대한 너희(그들)의 반응인 동시에 그 반응에 대한 베드로의 코멘트다. 베드로가 이처럼 성령님에 대해 이야기할 수 있는 것은 이미 120명의 성도들과 자신이 성령님이 임하기 전에 38절처럼 언행했기 때문이다.

때문에 다른 사람들에게 성령님이 오실 때도 역시 38절의 언행이 동일하게 이어져야 한다는 사실을 선언하고 있는 것이다. 후에 베드로는 이방인에게도 성령님이 오셨을 때 "이 사람들이 우리와 같이 성령을 받았"(행10.47a)다는 증언에서도 이를 분명히 한다.

마침내 120명(오순절 성령강림의 공동체에 있었던 사람들)에 들지 않았던 2장의 사람들(너희 & 그들)도 베드로의 설교를 통해서 '우리'(32) 안에 든 <성령공동체>의 증인이 된다. 지금 베드로의 설교는 말씀을 통해 성령님께로 가는 길을 따라나선 사람들은 모두가 다 이처럼 성령행전의 '증인공동체' 에 속하게 될 것을 말한다.

성령님은 특정 120명에게만 제한적으로 역사하시는 분이 아니시다. 하나님은 지금도 말씀을 통해 시공을 초월하여 이러한 '선물'(38)을 값없는 은혜로 주시기를 기뻐하신다. 한 구절 말씀에 회개와 세례, 그리고 선물이 같이 들어있는 이유가 여기에 있다.

성령님이 임하시는 것은 하나님의 선물이다. 선물은 값을 지불하고 받는 게 아니다. 그러므로 성령은 회개나 세례라는 값을 지불한 대가로 얻는 게 아니다.

만일 회개(세례)라는 또 하나의 공로와 행위를 지불해야만 성령님이 오신다면 "성령의 선물을"(성령을 선물로) 받는다는 것은 거짓이다. 성령님의 임하심은 38절의 행위에 의해 얻게 되는 것이 아니라 은혜로 얻는 선물인 이유가 여기에 있다. 성령님은 우리(나) 안에 그렇게 임하셨다.

2. 성령을 보여주는 교회를 꿈꾼다.

하나님을 찬미하며 또 온 백성에게 칭송을 받으니
주께서 구원 받는 사람을 날마다 더하게 하시니라(행2.47)

◎ 성령강림, 그 이후(행2.14-47)

① 베드로의 설교(14-36) : 성령님의 오심

② 3천 명 회개 · 세례(37-41) : 성령님께로 감

③ 공동체적 코이노니아(42-47) : 성령공동체의 모습

마침내 약속하신 성령님이 오셨다(1.1-8, 2.1-4). 이에 베드로는 구약의 성취로 오신 성령님과 예수님을 증거한다(①). 재미난 것은 그다음이다. 사도 베드로는 이 현장에 있는 "천하 각국으로부터 와서 예루살렘에 머물러 있"는 '경건한 유대인'(5,9-11)과 예루살렘에 사는 모든 이스라엘 사람들(14,22,36)에게도 "성령의 선물을 받으리니"(38b)라는, 즉 이미 성령강림의 은혜 안에 있는 120명의 모인 무리와 동일하신 바로 그 성령을 저들도 받는, 그러니까 다른 말로 하면 저들 역시 성령님께로 가는 길이 있음을 보여주고 있음이다.

하지만 이 길은 저들 스스로의 힘으로 통과하면서 만들어 가는 길이 아니다. 주님께서 성령님으로 더불어 이미 열어 놓으

신 길, 베드로는 지금 성령님께로 가는 그 길을 설명하고 있는 것이다(②). 실은 이런 접근(표현)이 마치 성령님을 받는 방법(비결)으로 전달될까 봐 걱정스럽지 않을 수 없다. 그래서 성령의 선물을 받은 자인가를 무엇으로 알 수 있는가? 그게 오늘 묵상 단락(③)이 전하고자 하는 메시지다.

성령행전의 사람들은 이렇게 산다(③). 이것이 교회의 본질이다. 이제 사람들은 '다락'(1.13)에서 나와서 함께 지내며 모든 것을 서로 나누어 쓰고, 재산을 팔아 각자의 필요에 따라 나누어 주면서 살아간다. 삶의 무대는 이웃이며, 또한 교회와 집이다. 기쁨과 진실한 마음으로 집마다 돌아가면서 모여서 함께 애찬(愛餐)을 나누었다. 성령 그 이후의 삶이 아름답기만 하다. 이것은 자발적인 헌신과 섬김이며 성령 안에 살아가는 강력한 증거인 셈이다.

더 놀라운 것은 성도들끼리의 모임은 세상으로부터 분리된 또 하나의 집단이 아니라 '온 백성'에게 칭찬을 받는 공동체라는 점이다. 교회는 세상과 다른 공동체다. 그러면서도 교회는 본질에 있어서는 "하나님을 찬미하며"(47a) 든든히 세워져 가야 하는 전혀 다른 공동체다. 이렇듯 성령님이 함께 하는 교회라고 한다면 세상의 시선으로부터 분리되어 있지 않은 공동체여야 한다(47). 교회는 언제나 이 두 사이의 긴장 속에 성령님을 드러낸다.

생명은 자란다. 교회도 동일하다. 예수님(1.1) ⇨ 사도들(1.2)

⇨ 120명(1.15) ⇨ 3천 명(2.41) ⇨ "주께서 구원 받는 사람을 날마다 더하게 하시니라."(47b)로 하나님의 나라는 지속적으로 성장한다. 위로 하나님을 향해("하나님을 찬미하며"), 아래로 세상을 향해("또 온 백성에게 칭송을 받으니") 생명의 역사를 왕성하게 이루어 간다. 성령이 역사하시기 때문이다.

위로부터 오시는 성령님을 향해 건강하게 나아간 공동체는 성령강림 이후의 모습이 그 진위를 증거해 준다. 사도행전 교회가 이를 보증하고 있지 않은가. 내게 오신 성령님이 나를 통해서도 바르게 증거되어야 하고, 성령공동체인 교회를 통해서도 바르게 증거되어야 한다. 오늘 나는 다시 새롭게 바로 그 교회를 꿈꾼다. 주여, 불쌍히 여겨 주옵소서!

3. 베드로를 듣다!

그러므로 너희가 회개하고 돌이켜 너희 죄 없이 함을 받으라
이같이 하면 새롭게 되는 날이 주 앞에서부터 이를 것이요(행3.19)

사도행전 3장은 앉은뱅이 치유(1-10, A)와 이어지는 베드로의 설교다(11-26, B). 놀라운 것은 백성들의 관심이 기적에만 있는 점

이다. 하지만 베드로는 앉은뱅이 이야기만으로, 더 중요한 것은 이를 기회 삼아 은근히 자신을 뽐내고 과시하는 것으로 그의 설교를 채우지 않았다. 만일 베드로가 한국 사람이었다면 교회를 개척하든지, 올림픽 체조경기장을 빌려 치유집회를 하든지, 기독교 TV에 출연하든지, 기적을 기록한 책을 출판했을 것이다. 단, 이 기적이 "우리 개인의 권능과 경건으로 이 사람을 걷게 한 것"(12b)이라고 생각했다면 말이다.

하지만 그는 오직 이 큰 일을 이루신 예수님이 누구신가를 설교로 채운다(B). 그러니까 '그 이름' 예수님을 "너희가 알지 못하여서 그리하였으며"(17a), 그래서 결국 이런 무지(無知)에 따른 죄 때문에 예수님을 배척하고 죽였다(13b-15a)는 언행을 했다고 고발한다. 문제는 무지(無知)가 무죄(無罪) 사유가 될 수 없다. 절묘한 것은 '그러나'(18a)다 : "그러나 하나님이 모든 선지자의 입을 통하여 … 미리 알게 하신 것을 이와 같이, 하나님이 죽은 자 가운데서 그를 살리셨으니"(18,15b)

그럼 그것의 한 증거가 무엇인가? 이것이 부정할 수 없는 앉은뱅이의 기적이다. 그래서 '그러므로 …'(19-)다. 그는 다시 오늘 묵상하는 19절에서도 사도행전 2장 38절처럼 초청(Calling)한다 : "너희가 회개하여 각각 예수 그리스도의 이름으로 세례를 받고 죄 사함을 받으라 그리하면 성령을 선물로 받으리니" 즉, 이렇게 하면 성령을 선물로 받는 '새롭게 되는 날'이 주 앞으로부터 이를 것임을, 그러니까 백성들도 앉은뱅이처럼 되는 길이 있다고 말한다. 그게 뭔가? 십자가에서 죽으시고 부활하신 그리스도다. 그래서 '그러므로' 다(19). 놀랍지 않은가.

사람들은 앉은뱅이를 주목하지만 베드로는 그에게서 예수님을 본다. 이게 다르다. 앉은뱅이가 일어나 걷게 된 것만이 기적(A)은 아니다. 오늘 A를 본 '모든 백성'(9)이 이 구원과 은혜의 복음 앞에 나아오는 것이 지금도 여전히 유효한 기적이다. '그러므로'(19)는 주님 다시 오실 때까지 모든 인류에게 변함없이 유효한 하나님의 사랑이다. 이 사랑이 오늘 내게도 찾아왔다. 은혜의 입구도 주님이요, 은혜의 출구도 오직 주님이시다. 오늘도 베드로를 따라 이 은혜의 나들목을 오가는 기적의 나들이를 하고 있는 중이다. 행복하다.

4. 유일한 구원자, 예수 그리스도

다른 이로써는 구원을 받을 수 없나니
천하 사람 중에 구원을 받을 만한 다른 이름을
우리에게 주신 일이 없음이라 하였더라(행4.12)

◎ 설교 vs 핍박(행3.11-4.22)

A 베드로의 설교(복음 전파, 3:11-26)

B 유대교의 핍박(거짓 종교가들, 1-4)

A' 베드로의 설교(5-12)

B' 유대교의 핍박(13-22)

베드로의 설교(A)에 대한 사람들의 반응, 즉 제사장들과 성전 맡은 자와 사두개인들의 조직적인 방해와 핍박이 이어진다(B). 사람들은 이제 앉은뱅이가 걷고 뛰는 '사실'도 믿지 않는다. 오히려 사도들을 옥(獄)에 가둔다. 마침내 '증인'으로서의 고난이 시작된다. 이것이 복음을 따라 사는 사람들이 만나는 코스다. 하지만 여기에 대한 베드로의 응답(A')은 복음과 함께 받게 되는 고난 앞에 어떠한 모습으로 서야 할 것인가를 생각하게 한다.

믿음으로 산다는 것은 종종 사도들처럼 죄인 취급 당하는 것을 요구할 때도 있다. 예수님 안에서는 고난이 선택이 아니라 필수이기에 그렇다. 그걸 알면서도 고난이 온다 싶으면 분노하기 쉽고, 같이 비난하기 쉽고, 억울하다고 호소하기 쉽다. 하지만 사도들은 고난 속에서도 이를 예수 그리스도를 전하는 기회로 삼는 것을 놓치지 않는 영적 깊이가 있었다. 고난에도 영성이 있다. 세상이 십자가를 이길 수 없는 이유가 여기에 있다.

베드로는 복음 증거의 기회를 놓치지 않는다. 예수님을 버리면서까지 자기 목숨을 구걸했던 지극히 인간적인 사람에서 이제는 어떤 환경 속에서도 예수 그리스도를 전하는 자가 되었다. 무엇이 그를 이처럼 변하게 만들었을까. 바로 성령님이시다(8). 베드로는 성령의 임하심이라는 은혜(선물)를 오로지 예수님을 전하는 기회로만 반응한다(10-12).

베드로의 설교(A')에는 진실이 주는 힘이 넘친다. 베드로의 확신은 성령님의 은총의 빛 아래서 이루어진 것을 경험한 사실에 기초한 것이기에 생명이 있다. 생명과도 바꿀 수 있는 진리 안에 있기에 오히려 목숨을 걸 수 있다는 것이 행복하다 싶다. 이것이 성령 안에서 설교하고 있는 베드로의 진정한 모습이다.

베드로는 앉은뱅이가 구원을 받는 그 일에 통로로 쓰인다. 하지만 그는 그것을 자기를 높이는 리스트로 사용하지 않는다. 베드로는 자신을 위해 앉은뱅이를 수단으로 취급하지 않았다. 베드로는 앉은뱅이가 예수의 이름을 믿었고, 오직 예수님께서 이 기적의 주체이시며, 그의 믿음 역시 자기 확신에서 비롯된 것이 아니라 예수님으로부터 온 믿음을 통해서 구원을 받았다고 하는 진리를 그대로 읽어내고 있고, 이처럼 볼 수 있는 건강한 영성(시각)을 소유하였다.

따라서 예수 이름 외에는 구원의 이름이 있을 수 없다는, 그렇기 때문에 지금 종교 지도자라 하는 자들이 진실로 알고 들어야 할 사실은 예수 그리스도의 복음뿐이라는 확신에 찬 메시지를 선포(설교)할 수 있었다.

5. 고넬료행전

고넬료가 주목하여 보고 두려워 이르되
주여 무슨 일이니이까 천사가 이르되 네 기도와 구제가
하나님 앞에 상달되어 기억하신 바가 되었으니(행10.4)

- 고넬료처럼 사는가?
- 고넬료처럼 믿는가?
- 고넬료처럼 사명을 받는가?
- 고넬료처럼 하나님을 만나는가?
- 고넬료처럼 즉시 행하는가?

고넬료는 가이사랴에 주둔한 이달리야 부대라는 로마 군대의 백부장이다. 그는 공무를 맡아 가이사랴에 파견되어 온 로마 군인이다. 중요한 것은 그가 '이방인'(非유대인, 헬라인)으로서 피정복국가의 신을 신앙하고 있었다는 점이다. 그는 군인으로서 용감했을 뿐만 아니라 하나님을 믿는 신앙에서도 누구보다 용감했다. 무엇보다 '이방인' 으로서 말이다.

그는 경건하여 온 집으로 더불어 하나님을 경외하였다. 이는 백성들을 많이 구제(약1.27)한 것과 하나님께 항상 기도하는 것으로 나타나고 있다. 바로 이 부분이 하나님의 특별하신 간섭하심을 맛보는 원인이 된다. 즉 기도하고 있는 중에 환상 가운데 음성을 듣게 된 것이 그것이다(3,6,30-32).

정리하면 하나님은 고넬료를 '알고' 계셨다. 기도의 시간을 갖고 있기까지 어떻게 살았느냐를 '보고' 계셨다(4). 그는 균형 잡힌 하나님의 사람이다. 먼저 내적 강건(경건)인 하나님 사랑이다. 기도의 사람에서 그렇다(2-3). 특별히 그의 기도는 정기(규칙)적이었다. 남아 있는 조각(자투리) 시간에 기도한 것이 아니다. 그는 '항상' 기도하는 사람이었다(2).

또한 외적 강건(경건)인 이웃 사랑이다. 그는 영육(靈肉)이 아울러 강건한 사람이었다(마6.33, 요삼1.3 참조). 이렇듯 하나님은 고넬료에게, 고넬료는 하나님께 서로 집중한다. 이 얼마나 아름다운 만남인가! 마침내 하나님은 고넬료를 찾아오셨다(2). 하나님은 당신의 일을 진행시키기 위해서 '한 사람'을 찾아오신다. 이로 보건대 하나님은 이 땅을 살아가는 당신의 사람들의 삶을 받으시고, 또 기억하신다. 이것이 하나님의 은총이 임하는 통로다.

인생은 무엇으로 심든지 그대로 거둔다(갈6.7). 나는 땅에서 살지만 하나님은 하늘에서 이 모든 것을 다 보고 계신다. 내가 무엇으로, 어떻게 사느냐가 하나님의 섭리를 이루는 것과 전혀 무관한 것이 아님을 새롭게 묵상해 본다. 인통(人通)하면 신통(神通)한다는 생각도 든다. 하지만 고넬료는 뭔가를 기대하고 열심히 심은 게 아니다. 그저 하나님 앞에서 경건한 사람으로 살아가고 있었을 뿐이다. 그런 그를 하나님께서 뜻하신 목적을 이루시기 위해 부르시고 계신다. 그의 기도와 구제 역시 뭔가를 하나님께 얻어내고, 자신의 꿈을 이루기 위한 수단으로 행해지지 않았다. 신앙의 순수성에 대해서 생각해 보게 하는 대목이다.

나는 하나님께 지금 어떤 사람으로 평가되고 있고, 하나님이 나를 만나실 때 무슨 말씀부터 하실까. 나를 경건한 사람이라 불러 주실까. 고넬료처럼 하나님이 기도와 구제를 다 알고 기억하실 만큼 차 있을까. 나는 하나님께 어떤 사람으로 기억되고 있을까. 하나님이 나를 찾아오심이라는 복된 만남을, 혹시 나의 못남과 죄와 허물이 이를 방해하고 있는 것은 아닐까.

6. 바울행전

내가 달려갈 길과 주 예수께 받은 사명
곧 하나님의 은혜의 복음을 증언하는 일을 마치려 함에는
나의 생명조차 조금도 귀한 것으로 여기지 아니하노라(행20.24)

◎ 에베소교회 장로들에게(17-38) : 기억하라!

- 에베소행전(17-21) : 회고
- 셀프 클리닉(22-27) : 전망①
- 교회 클리닉(28-32) : 전망②
- 목회철학(33-35) : 모본

○ 예루살렘행전(36-38) : 출발

사도행전 9장 1-19절에서 바울은 예수님께 부르심을 받는 장면을 소상하게 소개한다. 놀라운 것은 그가 하나님으로부터 받은 은혜들(소명, 기도자, 선택, 전도자, 성령충만)이다. 하지만 바울은 이런 은혜를 받을 만한 아무런 조건(자격, 노력, 선행, 행실, 수고, 행위)이 없었다. 오히려 철저하고 사악하리만큼 반(Anti) 그리스도적이었을 때였다. 이처럼 우리도 종종 하나님께 은혜를 받으려면 나로부터의 어떤 그럴 듯한 조건들이 있어야 한다고 생각한다. 그러나 바울에게 조건이 있었다면 오히려 정 반대다.

이 부분이 흔히 착각을 일으키는 대목이다. 태초에 에덴동산에서 하나님의 모든 꿈을 산산조각낸 아담(창3.8), 하나님의 섭리와 은혜를 '자기 의'로 밖에 설명하지 못한 욥(욥40.1- , 42.1-9 참조), 유부녀인 밧세바를 얻기 위해 완전범죄로 위장하면서 십계명을 다 범했기에 율법에 따라 돌 맞아 죽어야 할 다윗(삼하 12.1-), 사명과 소명을 의도적으로 버린 선지자 요나(욘3.1), 제자의 '제'자도 모르는 어부였던 초보 베드로(막1.16), 아무 공로나 일함이 없는 집에서 죽어가는 백부장의 하인(마8.6), 현장에서 간음하다 잡힌 여인(요8.10-11), 그리고 바울까지, 이들이 하나님께로부터 온 은혜를 받기 위해 한 일은 없다. 이렇듯 우리가 생각하는 행위론적 조건들을 조건으로 요구하지 않으셨다. 오직 은혜의 선물일 뿐이다.

바울은 주님이 찾아오심으로 거듭나고, 회개하고, 신앙을 선물로 받아 의롭다 하심을 얻은 자로서 지금 이 순간까지 전도자의 소명을 따라 살아왔다. 그리고 마침내 그는 아나니아를 통해 주님께로부터 받은 사명(행9.15-16)을 성취하기 위해 사지(死地) 예루살렘으로 올라가는 길목에서 일사각오의 심정으로 고별설교를 하고 있다(행20.17-35).

오늘도 주님의 뒤를 따라 바울의 후예가 되어 "은혜의 복음을 증언하는" 예수께 받은 사명을 위해 달려가는 중이다. 되돌아갈 순 없다. 중간에 멈출 수도 없다. 마쳐야만 한다. 이를 위해 생명도 내놓아야 한다. 성령충만하면 돌에 맞아 죽을 일밖에 없어도 사명이 목숨보다 소중하다. 소명자는 가던 길을 멈추지 않는다.

내 안에 깊은 기도가 있다. "주님! 목사로 부르셨으니, 목사로 살다가, 목사로 은퇴하고, 목사로 죽게 하옵소서!" 아직 바울을 따르기에는 종종걸음이지만 1980년 여름에 나를 목사로 부르신 이후 한 번도 이 길을 후회해 보거나, 그만두고 싶은 생각을 해 본 적이 없다. 오직 은혜로 달려가는 길이다. 은혜의 복음을 받았고, 맡았으니까. 바울이 들려주는 설교를 듣고 묵상하면서 오직 은혜가 견인해 가는 소명의 길이기를 오늘 묵상에 담아 주님께 올려드린다. 바울의 고백이 나의 노래와 간증이 되기까지, 죽음이 이를 멈추게 할 때까지...

7. 벨릭스 총독 구하기

이것으로 말미암아 나도 하나님과 사람에 대하여
항상 양심에 거리낌이 없기를 힘쓰나이다(행24.16)

◎ **예루살렘행전**(행21.17-)

- 보라 이제 나는 성령에 매여 예루살렘으로 가는데 …(20.22)
- 예루살렘에 이르니 …(21.17)
- 주께서 … 이르시되 … 로마에서도 증언하여야 하리라(23.11)
  - ⇨ 벨릭스 총독에게 한 설교(24.10-21)
- 바울이 이르되 … 내가 가이사께 상소하노라(25.10-11)

사도행전 24장 중 바울이 예루살렘에 머무는 동안 일어난 일들 가운데 -이는 로마행전의 씨앗이다.- 벨릭스 총독에게 한 설교(24.10-21)에 들어있는 말씀이다. 바울은 더둘로의 고소장이 얼마나 사실과 다른 허구인가에 초점을 맞추면서 설교를 시작한다(11-13). 예루살렘에 올라온 12일 만에 더둘로가 덮어씌운 죄목들이 발생했다고 믿을 수 있는 사람이 있을까. 내가 옳다면 말뿐만 아니라 태도에서도 흠이 없이 지혜로워야 한다.

그러면서 진리 문제로 들어가 구약과 그것의 소망인 메시야, 그리고 부활신앙에 대한 자신의 입장을 변론한다(14-15). 여기서 바울은 '저희'와 자신이 섬기는 하나님을 향한 신앙과, 구약 성경을 믿는 믿음과, 장차 기다리는 소망이 다를 바 없다고 선언한다. 이는 소위 바리새인 딜레마인데, 저들은 바울을 죽이겠다고 모였으나(21.28 ⇨ 22.30 ⇨ 24.1) 바울은 지금 자신과 바리새인들이 같다고 말하고 있기 때문이다.

하지만 가장 중요하게 다른 것은 오직 하나, 예수 그리스도의 복음("죽은 자의 부활")에 대한 것은 달랐다. 그럼 모든 게 다 다른 것이다. 바울이 이를 모르고 있는 게 아니다. 그런데 이것 하나 자신들과 일치되지 않는다고 자신을 지금 여기까지 고소해 왔다는 식으로 저들을 압박한다(21). 이처럼 바울은 사실(상식, 11-13), 진리(성경, 14-15), 그리고 이 둘을 오늘 묵상에서 "하나님과 사람에 대하여 항상 양심에 거리낌이 없기"(16)를 힘쓰는 자신을 당당하게 증인의 자리에 세운다.

한편 설교를 들어도 사람이 바뀌지 않는다는 것을 아쉽지만 인정해야 할 것 같다. 벨릭스는 바울의 설교를 듣기 이전부터 복음에 대하여 지금 바울이 한 설교보다 더 많은 것들을 알고 있었다(22a).

그리고 설교를 들었고(10-21), 거기에다 수일 후에 또 들었으며(24-25), 또한 더 자주 불러 같이 이야기하고(26), 더더욱 2년이나 바울 곁에 있었다(27). 하지만 주께로 돌아온 역사를 기술하기를 즐기던 누가의 그런 입장 표명은 유감스럽게도 벨릭스에게는 나타나고 있지 않다.

다시금 설교에 대해서 고민한다. 이 대목에서 [씨 뿌리는 비유](눅8.4-15)가 생각난다. 벨릭스의 '마음밭'을 묵상해 본다. 그럼에도 불구하고 그에게 씨를 뿌리는 일은 포기되지 않는다. 주님은 지금 벨릭스, 그보다 더한 사람에게도 씨 뿌리는 일을 계속하신다.

나 역시 이렇게 살아야 되지 않을까 싶다. 그런 벨릭스인 줄 알면서도 기회만 있으면 복음을 증거한 바울의 모습, 이게 내 마음을 사로잡는다. 벨릭스를 위한 걱정도 필요하지만 그렇다고 나를 돌아보는 일 또한 멈출 수 없는 소중한 숙제다.

| 3부 |

바울서신

로 마 서

1. 오늘, 이신칭의(以信稱義)가 내게로 왔다.

이제는 율법 외에 하나님의 한 의가 나타났으니
율법과 선지자들에게 증거를 받은 것이라
곧 예수 그리스도를 믿음으로 말미암아
모든 믿는 자에게 미치는 하나님의 의니 차별이 없느니라(롬3.21-22)

◎ 로마서 1-3장

A 오직 의인은 믿음으로 말미암아 살리라(1.17)

X 의인은 없나니 하나도 없다(3.10)

B 이제는 율법 외에 하나님의 한 의가 나타났으니(3.21)

로마서는 "오직 의인은 믿음으로 말미암아 살리라."(롬1.17)는 이신칭의(以信稱義)의 복음이다. 이를 1-16장으로 확대하면 "오직 의인은 믿음으로 말미암아"(교리)가 1-11장이고, 그 믿음으로 "살리라"(생활)가 12-16장이다. 믿음으로만이 복음대로 하나님의 자녀답게 살 수 있다는 얘기다. 율법으로는 안 된다, 그러니까 로마서의 중심적인 전환 구절 가운데 중요한 한 절인 3장 21절에서 "이제는 율법 외에"로 선언되고 있는 것도 이 이유 때문이다.

죄를 지어서 죄인이 아니라 죄인이기에 죄를 범하는, -그래서 죄가 가득한 인류다.- "의인은 없나니 하나도 없"(롬3.10)는 인간 죄의 보편성(롬1.18-3.20)에 뒤범벅이 된 채 처참하게 일그러진 인류에게 소망이란 찾을 길이 없다. 율법은 오히려 이 인류로 하여금 죄 아래 있음을 더욱 분명하게 밝히고 선언할 뿐이다. 그럼 이렇게 절망이고 끝인가?

이것이 로마서 3장 21절의 절묘함이다. 율법으로는 죄가 죄로 드러나고, 그 죄인에게는 아무 소망이 없음에 절망하게 한다. 그래서 하나님은 '이제는'이다. 그리고 '율법 외에'다. 그럼 그것이 무엇인가? 그 누구에게도 차별이 없는 "하나님의 한 의"이신 예수 그리스도다. 하나님은 율법의 행위가 아닌 예수 그리스도를 믿는 믿음을 의롭다 인정해 주시는 은혜, 즉 이신칭의(以信稱義)의 은혜의 복음을 통해 죄의 보편성(롬1.18-3.20)을 무력하게 하시기로 작정하신 것이다. 이것이야말로 구원이 은혜이고, 은혜의 복음인 이유다.

하지만 바울은 여기서 뭔가 고민하는 듯하다. 이 복음의 기원이 그것이다. 구약의 또 다른 이름이랄 수 있는 견고한 이름인 '율법'이 아니라면 도대체 그것은 어디서, 누구로부터, 언제, 왜 그렇게 와야 하는가에 대한 대답을 해야 할 시점이기에 그렇다. 보통의 경우에 이 질문은 자연스럽게 따라올 만하다 : "이 '율법 외'이면서 동시에 '하나님의 한 의'이신 예수 그리스도와 그의 복음은 어느 날 갑자기 신약교회와 그의 제자들이 만들어낸 교리인가?"

여기에 대한 바울의 대답은 단호하다 : "아니다." 그럼 무엇인가? 이 그리스도의 복음은 "율법과 선지자들의 증거를 받은 것이"다. 그런 차원에서 예수님의 말씀을 기억할 필요가 있다 : "내가 율법이나 선지자를 폐하러 온 줄로 생각하지 말라 폐하러 온 것이 아니요 완전하게 하려 함이라. 진실로 너희에게 이르노니 천지가 없어지기 전에는 율법의 일점 일획도 결코 없어지지 아니하고 다 이루리라."(마5.17-18).

그렇기 때문에 율법과는 달리 예수 그리스도의 의(義)의 복음, "곧 예수 그리스도를 믿음으로 말미암아 모든 믿는 자에게 미치는 하나님의 의니 차별이 없"(롬3.22)다. 더 이상 유대인이나 헬라인(이방인)의 구별이 없다. 복음은 모든 인류에게 주시는 하나님의 사랑의 완결이기에 그렇다. 이것이 "이제는 율법 외에"가 갖는 놀라운 복음의 능력이며, 은혜이며, 영광이다. 오늘, "이제는 율법 외에 하나님의 한 의(義)"인 은혜의 복음이 내게로 왔다.

2. 아브라함스럽게!

아브라함이 바랄 수 없는 중에 바라고 믿었으니
이는 네 후손이 이같으리라 하신 말씀대로
많은 민족의 조상이 되게 하려 하심이라(롬4.18)

로마서 4장에서 바울이 전하고자 하는 핵심 메시지 라인은 아브라함이 의롭다 하심을 얻게 된 것은 행위(1-3), 할례(9-12), 율법(13-17)으로 말미암은 게 아니라 하나님의 언약(약속)을 믿음으로 말미암은(18-23) 칭의(稱義)로 통찰하는 부분이다. 이 점에 있어서 창세기 15장 6절은 신약과 동일한 구약의 복음이라 할 수 있다. 따라서 <이신칭의(以信稱義)의 복음>은 바울에 의해 로마서에서 비로소 교리화 되고 있는 것이 아니라 이미 창세기의 아브라함 생애가 이를 드러내 주고 있다고 보는 것이 맞다.

좀 더 정리하면, 아브라함의 할례(창17.1-21)와 이삭을 바친 행위와 순종(창22.1-19)을 하나님이 보신 후에 그를 의롭다 여기신 것이 아니라는 얘기다. 오히려 그 반대로 이것들은 칭의(창15.6) 이후에 위치하고 있다. 만일 그렇지 않다면 칭의(稱義, 창15.6)가 창세기 22장 이후의 결과로 기록되고 선포되어 있어야 맞다. 따라서 아브라함의 생애를 구원신학(救援神學)적 틀에서 조명한 바울의 통찰은 눈부실 만큼 아름답다.

오늘 묵상은 그가 믿음으로 얻게 된 칭의 이후를, 즉 칭의에서 -"네 자손이 이와 같으리라."(A, 창15.5b; 롬4.18b)- 100세에 약속의 아들 이삭을 낳기까지 -"아브라함이 바랄 수 없는 중에 바라고 믿었으니"(B, 롬4.18a)- 25년(창12.4, 16.3, 21.5 참조)이라는 시간을 어떻게 믿음 안에 담아냈는가를 생생하게 증언하고 있다.

이렇게 볼 수 있는 이유는 "그가 100세나 되어 자기 몸이 죽은 것 같고 사라의 태가 죽은 것 같음을 알고도 믿음이 약하여지지 아니하고"(C, 롬4.19)로 이어지는 로마서 4장 19-22절 내용과 일치하고 있다는 점에서 더 그렇다. 결국 아브라함은 A(창15.5b; 롬4.18b)에서 C(롬4.19)까지를 오직 B(롬4.18a)로 달려온 것이다.

이것이 믿음으로 산다는 신앙을 보이게 설명한 것이다. 이렇듯 믿음으로 산 아브라함의 보이는 신앙 그 내면에는 이미 아무도 흔들 수 없는 칭의(稱義)라는 보이지 않는 견고한 토대(뿌리, 하나님의 선언)가 있는 것이다. 더 놀라운 것은 아브라함스러움이 우리의 몫도 된다는 점이다 : "기록된 것은 아브라함만 위한 것이 아니요 … 우리도 위함이니 …"(롬4.23-24)

그럼 나에게도 "아브라함이 바랄 수 없는 중에 바라고 믿었"(롬4.18a)던 것처럼 그 믿음이 있는가? 또한 그 '믿음다움'으로 살고 있는가? 동시에 그 믿음은 나 역시도 은혜로 받은 칭의(稱義)에 기초하고 있는가? 아브라함처럼 한결같이 품고 달려온 25년짜리 "바랄 수 없는 중에 바라고" 믿은 그 믿음이 있는지 묵상 앞에 서 본다. 하나님은 바울을 통해 나도 그렇게 심고 거둘 수 있다 하신다. 전적(全的)인 그분의 은혜다! 비록 아브라함과 어깨를 나란히 할 만큼 그렇게 동등하지는 않을지라도 그와 동일한 칭의의 은총 안에 있으니 이 묵상 앞에 서 있는 게 그리 낯설지만은 않다. 감사하다.

3. 칭의(稱義)의 파도타기

예수는 우리가 범죄한 것 때문에 내줌이 되고
또한 우리를 의롭다 하시기 위하여 살아나셨느니라(롬4.25)

◎ 칭의의 복음_"믿음으로 산다!"

- 로마복음 : 이신칭의(1.17)
- 그리스도 : 이제는 율법 외에 하나님의 한 의가 나타났으니 (3.21a)
- 아브라함 : 이신칭의의 증거(4장)

A 예수의 죽음(25a) : 우리의 범죄(犯罪) 때문에

B 예수의 부활(25b) : 우리의 칭의(稱義) 위하여

바울은 로마서 4장(아브라함 예증)에서, 아브라함의 칭의는 그의

행위로 말미암아 된 것이 아님을 창세기와 그대로 일치시킨다 : 칭의(창15.6) ⇨ 언약(창17.1-8) ⇨ 할례(창17.23-24) ⇨ 모리아행전(창22.1-19) 그러니까 할례(율법), 모리아산(순종)이라는 행위가 아브라함의 칭의의 원인이 아니다는 얘기다.

오히려 선(先) 칭의, 후(後) 행위로 이어지고 있음이 인상적이다. 이렇듯 아브라함의 칭의는 로마서 4장 역시 행위(1-3)나 할례(10-12)나 율법(13-17)으로 말미암은 것이 아니라 하나님이 그의 믿음을 의로 여기신 것을 분명히 한다(18-22).

그런 후에 아브라함에게서 '우리'로 칭의의 파도를 타기 시작한다(23-25). 이 부분, 즉 아브라함의 칭의와 우리의 연속성을 선언하는 부분이 절묘하다 : "아브라함만 위한 것이 아니요, 의로 여기심을 받을 우리도 위함이니…."(23b-24a)

그럼 '칭의공동체'의 일원으로 등장시키는 '우리'는 "예수 우리 주를 죽은 자 가운데서 살리신 이를 믿는 자"(24b)다. 결국 아브라함과 우리가 같은 믿음의 동질성의 기초 위에 서 있는 언약 백성들이라고 말함으로써 칭의의 은혜가 아브라함은 물론 예수 그리스도를 통해 우리에게까지 유효함을 온 천하에 선포하고 있는 것이다.

만일 우리가 행하는 원인(행위)이 칭의를 낳는다면 그리스도는 물론 그의 죽으심과 부활은 무의미하다. 혹 전자가 옳다면 물에 빠진 내가 내 머리를 잡아 올리면 물에서 건져져야 맞다. 하지만 그런 일은 결코 일어나지 않는다. 죄인은 죄인을 구원할 수 없기 때문이다. 이것이 내 죄를 위해 주님이 죽으신 이유다. 그리고 주님이 다시 살아나심으로 내 죄가 용서되었고 비로소 '의롭다하심'(칭의)의 은혜 안에 있을 수 있게 된 이유다.

내 죄 값으로 내가 죽어야 하는데 주님이 대신 죽으시고 부활하셨다. 비로소 그 은혜로 말미암아 내가 의롭다 함을 얻게 되었다. 아브라함도 모리아산 순종(행위)이 원인이 되어 칭의라는 결과가 주어진 것이 아니듯 모든 인류는 다 우리 주 예수 그리스도의 십자가 은혜로 의롭다 하심을 받았다.

예수님만이 우리를 의롭다 하시는 분이시다. 주님이 나의 의롭다 함을 위해 생명을 주셨듯이 나도 주를 위해 내 생명을 드리는 것, 이것이 주의 부활에 동참하는 길이다.

주님처럼 죽고 사는 것, 이 거룩하고 영광스러운 부담이 이 말씀을 통해 내게로 왔다. "말씀이 가사 되고 고난이 곡조 되어 부활의 꽃망울을 터트리라!"는 사순절의 인사처럼 내 삶 역시 주님의 꽃이 되기를 기대하고 기도한다.

4. 내게 사랑이 오다.

우리가 아직 죄인 되었을 때에
그리스도께서 우리를 위하여 죽으심으로
하나님께서 우리에 대한 자기의 사랑을 확증하셨느니라(롬5.8)

'우리'는 누구인가? 5장이 "그러므로 우리가"로 시작되고 있기에 4장까지 확장해서 '우리'를 살펴볼 필요가 있다. 4장에서 바울은 아브라함을 예로 들어 칭의신학(稱義神學)이 인간의 행위로가 아닌 하나님의 은혜에 의한 의롭다 하심이었음을 분명히 한다.

그런데 여기서 주목해야 할 부분이 있다 : "그에게 의로 여기셨다 기록된 것은 아브라함만 위한 것이 아니요 의로 여기심을 받을 우리도 위함이니 …"(4.22-23a) 칭의의 은혜는 아브라함에서 우리까지다.

아브라함의 칭의됨이 우리까지 효력이 있다는 이 주제는 결국 '우리 공동체'로까지 구속신학(救贖神學)이 확장되고 있다는 뜻이다. 이것이 4장에서 5장 11절까지의 단락 안에 든 '우리', 즉 하나님의 은혜로 말미암아 믿음으로 주어진 '칭의공동체'의 일원으로서 우리의 위치다. 이처럼 하나님의 사랑이 우리까지 칭의의 은혜 앞에 서 있게 했다는 것이 얼마나 큰 기적인가를 생각하게 된다.

한편, 그럼에도 불구하고 그리스도께서 상대해 준 우리는 어떤 존재였는가?(8) "아직 죄인 되었을 때에"다(8). 그때에도 우리로 대우해 주셨다. 바로 그런 존재였을 때 "그리스도께서 우리를 위하여 죽으"셨다(8; 6,10 참조). 이 뿐이 아니다. "그리스도께서 우리를 위해 죽으심으로 하나님께서 우리에 대한 자기의 사랑을 확증하셨"다(8b).

성경을 읽어가다 보면 "아직 죄인 되었을 때에" 하나님이 찾아오시는 때(사람)를 심심찮게 만난다. 먼저, 구약에서 보면 에덴동산의 모든 계획과 꿈을 송두리째 말아먹어 버린 아담을 찾아오신다(창3.8-21).

또한, 신약에서 보면 예수 믿는 자를 잡아 결박하고 박해하려는 살기등등(殺氣騰騰)한 사울이었을 때 그를 찾아오신다(행9.1-19).

물론 성령충만하고, 말씀과 기도와 성찬의 은혜 안에 있고, 예배자와 전도자로 설 때도 하나님이 찾아오신다. 하지만 그럴 때만이 아니라 앞서 구약과 신약에서 대표적인 예를 찾아본 바로 그런 죄인이었을 때에도 하나님은 탕자와 같은 인생을 맞아 주신다.

내게 아무런 의(義)도, 선행과 공로도, 내놓을 만한 아무런 자격과 조건도 없는 그때에 하나님은 그런 나를 위해 독생자(獨生子) 예수 그리스도를 십자가의 죽음에 내놓으셨다. 이것이 나를 향한 하나님의 사랑이다. 이런 은혜와 사랑을 받았으니 나도 주를 위해 목숨까지 내어 놓는 게 당연하다. 바울이 고백했듯이 이제 내가 육체 가운데 사는 이유가 있다 : "나를 사랑하사 나를 위하여 자기 자신을 버리신 하나님의 아들을 믿는 믿음 안에서 사는 것이라."(갈2.20b)

오늘 새벽에도 천둥번개 길을 헤치고 하나님 앞에 조용히 나아가 무릎을 꿇었다. 나를 위해 사는 것도 아니고, 나 하나 행복하고 의미 있는 인생되자고 목사 하는 것도 아님을 다시 주님께 말씀드렸다. 나를 위해 구하지 않음을, 주님처럼 낮은 곳에 목회의 마음을 두겠음을, 주님의 마음으로 교회와 성도와 사역을 품고 주님 뒤를 따라가겠음을 깊은 호흡으로 토했다.

내가 얼마나 겉멋이 들었는지, 내가 얼마나 나에게 속한 것에 마음이 가 있는지, 버렸다고 생각했지만 얼마나 세속적인 목회를 품고 있는 자인가를 비로소 더 보게 하셨다. 그래, 난 여전히 '아직 죄인 되었을 때'를 살아가고 있구나! 오늘도...

5. 아담 vs 그리스도

그러므로 한 사람으로 말미암아 죄가 세상에 들어오고
죄로 말미암아 사망이 들어왔나니
이와 같이 모든 사람이 죄를 지었으므로
사망이 모든 사람에게 이르렀느니라(롬5.12)

◎ 대표의 원리(롬5.12-21)

- 아담 : 죄가 세상에 들어오고
  - ⇨ 죄 : 사망이 들어왔나니
  - ⇨ 심판 : 모든 사람에게 이르렀느니라

아담과 그리스도가 온 인류의 대표자로 일컬어지는 대표의 원리(5.12-21, 고전15.22,45-49)는 "아담은 오실 자의 모형이라."(5.14b)는 말씀과 맥을 같이 한다. 이것은 아담의 죄가 나를 포함하여 온 인류의 죄가 되는 뿌리가 된다(5.12). 한편 죄, 불순종, 죽음(사망), 심판은 오실 자의 모형인 첫 사람 아담 언어다. 반대로 은혜, 칭의, 순종, 생명은 아담에게 이미 예고된 오실 자이신 그리스도 언어다.

첫째 아담(Adam) 곧 첫 사람 아담은 이처럼 원죄(原罪)의 DNA를 온 인류에게 퍼트린 셈이고, 둘째 아담인 그리스도(Christ)는 아담으로 말미암아 본질상 진노하심 아래 있던 인류(1.18-3.20, 엡

2.1-3)로 하여금 하나님과의 화평(5.1)을 누리는 복락원에로의 길을 새롭게 여셨다. 이것은 율법의 행위에 있지 않고 그리스도의 십자가의 은혜를 통한 칭의에 있음을 '아담 그림'(아담 언어)이 갖는 절묘함이다.

"그러므로 한 사람으로 말미암아 죄가 세상에 들어오고 죄로 말미암아 사망이 들어왔나니"(12a)에 고발된 아담의 범죄와 죄악은 온 인류를 실패와 심판(사망, 멸망)으로 이어지게 한 인류 최대의 사건이었다. 이렇게 해서 요한의 코멘트처럼 "빛이 어둠에 비치되 어둠이 깨닫지 못하더라."(요1.5)는, 즉 온 인류는 영적 어두움이라는 깊은 잠을 자고 있는 상태에 빠진 것이다.

이제 12b절의 의미가 좀 더 밝혀진 셈이다 : "이와 같이 모든 사람이 죄를 지었으므로 사망이 모든 사람에게 이르렀느니라." 에덴동산에서 하나님으로부터 주어진 명령을 불순종한 아담의 죄(창3.1-19)가 아담 한 사람의 죄와 죽음(심판)으로 끝난 것이 아니다는 뜻이다. 마침내 온 인류에게 사망이 왕노릇하게 되었다. 결국 아담의 후손에게는 소망은 없고 절망과 탄식이 있을 뿐이다. 이것이 인류에게 그리스도(둘째 아담)가 필요하고, 예수님만이 유일한 산 소망이 되는 이유다.

아담을 보면 절망이다. 마치 내가 나를 보며 아무런 희망 없음에 절규하듯이... 나 역시 그 죄에 오염되어 살 소망이 끝난, 그래서 이미 죽은 자로 살고 있을 뿐이니까. 결국 삶이라는 게 살아 있는 것 같으나 이미(already) 사망선고를 받아 죽은 자로서 단지 아직(not yet) 잠깐 남은 시한부 인생을 연명하고 있는 것에 불과하기에 그렇다. 아담을 탓하고, 그를 정죄한다고 해결될 문제가 아니다.

그럼 살 소망의 길은 없단 말인가? 이 부분이 오직 유일한 소망인 예수 그리스도가 서는 자리다. 아담은 오실 자, 즉 예수 그리스도의 예표이니까. 아담의 절망 끝이 예수 그리스도의 희망 시작이다. 그리스도, 그 이름만이 유일한 소망이니까. 다시금 아담의 절망고리를 끊고, 그리스도의 희망고리를 붙든다. 살아야 하니까. 살 수 있으니까. 산다 하시니까. 살리시니까. 그리스도만이 소망이니까!

6. 바울 필살기

너희 지체를 의의 무기로 하나님께 드리라(롬6.13b)

◎ 새 생활

- 지체_불의의 무기로 죄에게 내주지 말고
- 지체_의(義)의 무기로 하나님께 드리라.
- 지체(the parts of your body, NIV)

왜 바울은 "너희 지체를 의의 무기로 하나님께 드리라."(롬6.13b)는 말씀을, 즉 다른 번역본으로 읽으면 "대신 여러분은, 온 마음을 다하고 온 시간을 들여 하나님의 길에 헌신하십시오."(롬6.13b, [The Message:신약])라는 복음을 로마교회에게 쓰고 있는가? 이미 그 이유를 설명한 6절이 압권이다.

역시 [The Message:신약]으로 읽어보자 : "너무도 분명하지 않습니까? 우리 옛 삶은 그리스도와 함께 십자가에 못 박혔습니다. 죄의 삶, 그 비참한 삶에 종지부를 찍은 것입니다. 이제 우리는 더 이상 죄에 이리저리 휘둘리지 않습니다!"

이를 다시 로마서 6장과 연속적이게 읽어보자 : "죄에 대하여 죽은 자"이므로 죄에 거하거나 죄 가운데 살아서는 안 된다(2,11). 다시 말하면 "죄가 죽을 몸을 지배하지 못하게 하여 몸의 사욕에 순종하지 말"(12)아야 한다. 이것이 지체를 불의의 무기가 아닌 "의(義)의 무기로 하나님께 드리"는 길이다(13). 참으로 숨 막히는 죄(罪)와의 혈투다. 이렇듯 내 지체를 불의의 무기로 죄에게 내주지 않는 일은 만만한 싸움이 아니다.

우리의 의로움이 행위로부터가 아닌 "율법 외에 하나님의 한 의"(롬3.21a)인 예수 그리스도의 십자가의 은혜로 말미암아 값없이 주어졌다. 마침내 "하나님과 화평을 누리"(롬5.1)는 새 생활을 살게 된 것이다. 이미 죄에 대하여 죽은 자로서 말이다.

이렇듯 불의의 병기는 폐기되었고, 의의 무기로 새롭게 되었는데 왜 이렇게도 그리 사는 것은 어렵고 힘들고 버거울까? 이 풀리지 않는 부조리(한계)를 어떻게 받아들여야 할까? 여전히 좀 답답하다.

내가 원하는 바 선은 행하지 아니하고
도리어 원하지 아니하는 바 악을 행하는도다.
그러므로 내가 한 법을 깨달았노니
곧 선을 행하기 원하는 나에게
악이 함께 있는 것이로다(롬7.19,21)

로마로 향하던 복음의 화살이 7장에서 자신의 심장으로 U턴하는 바울에게서 동질감을 느끼는 건 또 무슨 이유일까. 바울은 하나님의 계시의 통로로 쓰임 받아 로마서를 기록하고 있는 바로 그때에도 -이미 다메섹의 소명을 통과한 이후다.- 죄의 법과 싸우고 있는 자신을 고발하고 있음이 인상적이면서도 아찔하다. 이게 나의 실존이니까. 무너지고 자빠질 것을 뻔히 알면서도 육체의 소욕(갈5.19-21) 앞에 무기력하게 무너지는 나를 어찌할까. 나를 보면 왜 희망이 없을까.

이제 반세기가 넘도록 이렇게도 많은 날들을 구원의 십자가와 복음 앞에 서는 은혜를 받았는데... 뻔뻔하고 부끄럽고 황송하지만 염치 불구하고, 만신창이된 날 다시 부둥켜안고 하나님 아버지 앞에 무릎을 꿇는다.

7. DEATH vs ETERNAL LIFE

죄의 삯은 사망이요 하나님의 은사는
그리스도 예수 우리 주 안에 있는 영생이니라(롬6.23)

오늘 묵상은 로마서 6장 15절에 대한 이어지는 대답의 결론이다. 피터슨(E H. Peterson)의 [메시지 신약](The Message: The New Testament) 로마서 6장 15절은 이렇게 되어 있다 : "그런데, 그 옛 폭군에게서 벗어났다고 해서 우리가 옛날처럼 마음대로 살아도 좋다는 뜻입니까? 하나님의 자유 가운데 자유롭게 되었다고 해서, 이제 무엇이든 마음 내키는 대로 해도 좋다는 것입니까? 그렇지 않습니다." 그럼, 왜 그렇지 않은가? 이게 16-23절이 얘기하려는 메시지다.

여전히 죄의 종이 되어 살아간다면 어떻게 될까? 죄가 지불해야 할 마지막 삯은 사망이다. 즉, 은혜 아래 있기 이전 옛날처럼 무엇이든 마음 내키는대로 산다면 그 마지막이 사망이다는 것을 명심해야 한다. 죄와 의, 사단과 하나님, 그 사이에 중간지대는 없다. 예를 들어서, 결혼한 것 같기도 하고, 하지 않은 것 같기도 한 그런 경우는 없다. 또 대한민국에 있는 것 같기도 하고, 시드니에 있는 것 같기도 한 그런 것은 없다. 의의 종인 것 같기도 하고, 죄의 종인 것 같기도 한 그런 것은 없다는 뜻이다. 이렇듯 바울은 사망이냐, 아니면 영생이냐가 있을 뿐이라 선언하고 있다.

내가 어떻게 사느냐, 그러니까 내 행위가 깨끗하냐 더러우냐에 따라 '의'(義; 영생)에 있다가, 그러다가 또 '죄'(罪; 사망)에 있다가 하는 게 가능할까. 그러니까 영적으로 컨디션이 좋을 때는 -이 경우 대부분이 행위가 그런대로 되고 있거나 특별한 죄를 범하고 있지 않은 상태일 때를 자칭할 때가 많다- 구원받은 것 같다가, 죄가 발견되거나 하나님과의 관계가 일시적으로 불편해지면 구원이 중지(유보, 보류, 취소)된다고 생각하는 것은 오늘 묵상에 비춰볼 때 아주 얕은 꼼수다.

이처럼 "구원을 받았다, 칭의 안에 있다. 성화의 은총을 누리며 산다."고 할 때 중요한 것은 그것이 나로부터, 이 땅으로부터 시작되는 것이 아니라는 점이다. 이것들은 철저히 하늘로부터 임한다. 하나님의 사건이요, 하나님의 경륜이요, 하나님의 섭리요, 하나님의 예정이다. 그것이 어느 날 아무런 공로 없이 은혜로 내게 주어지는 것이고, 그것을 내가 알게 되는 것일 뿐이다. 때문에 바울은 영생이 하나님의 은사(선물)라고 말한다.

정말 우리가 이 은혜 아래에 있다면 우리는 하나님의 값없이 주시는 은혜의 선물인 영생을 받았고, 받아가고 있고, 받을 것이다(요5.24 참조). 그래서 오늘 묵상이 위대하다. 얼마나 가슴 벅찬 고백이며, 선포인가. 정말 할렐루야고, 아멘이다. 이 선물을 값없이 은혜로 받은 자로서 예수 믿는 것 아닌가 : "하나님께서 거저 주시는 선물은 주 예수 그리스도 안에 있는 영원한 생명입니다." 이 피 묻은 복음을 들고 무한하신 사랑의 아버지께로 달려 간다. 이미 구원이라는 은혜의 선물을 받은 자로서, 아직 남아있는 의의 종의 길을 당당하게 걸어가는 이유, 분명하고도 황홀하다.

8. 정죄는 끝났다(1).

그러므로 이제 그리스도 예수 안에 있는 자에게는
결코 정죄함이 없나니 이는 그리스도 예수 안에 있는
생명의 성령의 법이 죄와 사망의 법에서 너를 해방하였음이라(롬8.1-2)

◎ 정죄 끝!(8.1-4) : 예수 안에 있는 자에게는 결코 정죄함이 없다(1).

① 예수 안에 있는 생명의 성령의 법이
죄의 법에서 해방하였기 때문(2)

② 예수 안에 있는 생명의 성령의 법이
사망의 법에서 해방하였기 때문(2)

'이제' 율법(정죄의 관계)의 지배인 7장과 성령의 법(그리스도 안에서 하나님과의 새로운 관계)의 지배인 8장은 근본적으로 구별된다. '그러므로' 정죄함(죄가 있는 것으로 판정함)이 없다. 그리스도 예수 안에 있는 자들에게 죄(6장)와 율법(7장)의 정죄는 물러갔기 때문이다. "그러므로 이제" 정죄함이 없다(1). 이는 무엇 때문인가?(2)

율법 안에 있는 자에게는 정죄함이 있다. 이것이 로마서를 쓰고 있는 바울('나', 7.7-)의 간증이었다. 그러나 그리스도 안에 있는 자에게는 결코 정죄함이 없다. 그렇기 때문에 "그러므로 이제"다.

마침내 7장의 율법의 지배가 주는 곤고(困苦)함으로부터 해방되었다. 분명한 것은 이것이다 : 율법은 '죄와 사망의 법'에서 인간을 구할 수 없다. 그럼 사망으로 끝인가? 아니다. 하나님은 이 죄의 문제를 해결하시기 위해 성육신하신 독생자 아들을 통해 인간의 죄 값을 담당시키셨다.

이것이 "이제는 율법 외에 하나님의 한 의가 나타났으니"(3.21a)인 복음이다. 마침내 이제 율법으로는 할 수 없으나(7장), 율법의 요구인 거룩한 삶을 살 수 있는 새로운 길이 열렸다. 이 놀라운 복음이 위대한 로마서 8장이다.

이 일은 성령님(생명의 성령의 법)이 하신다. 우리에게 7장의 모순을 율법이 계속해서 고발해 올 때 승리케 하시는 분은 성령님이시다. "그러므로 이제 … 생명의 성령의 법이 죄와 사망의 법에서"(1-2) 우리를 해방하였다.

이처럼 우리의 현재의 승리(1-)는 이미 시작된 미래의 영광(18-)이라는 성화의 축복을 바라보게 한다. 이 일을 성령님께서 이루신다.

정리하면, '죄와 사망의 법'(2) 아래 있는 하나님의 심판의 대상인 인류의 해답은 율법일 수 없다. 이것이 7장까지의 결론이다. 하나님께서는 예수 그리스도의 십자가를 통해서 죄와 사망의 굴레에서 생명의 성령의 법으로 그리스도 예수 안에 있는 자들을 해방시키셨다. 성령님이 하신 것이다.

이로써 "이러므로 우리가 영의 새로운 것으로 섬길 것이요."(7.6b)에서 희미하게 보았던 성령님 서곡(序曲)이 마침내 성화(그리스도 예수 안에 있는 생명의 성령의 법이 지배하는 새로운 삶)의 전면에 등장한다.

죄와 사망의 법을 영원한 과거로 돌리시고 생명의 성령의 법이 현재가 되게 하신 성령님을 찬양한다. 성령 안에 이루어질 거룩 앞에 나를 세워주시니 감사할 뿐이다. 성령님과 함께 시작하고 진행되고 있는 성화가 즐겁다. 성령님을 더 의지해야겠다. 내 안에 시작된 성령시대가 잘 뿌리를 내리고 자라 열매 맺게 되는 새로운 삶을 온 몸과 마음으로 기대해 본다.

9. 정죄는 끝났다(2).

율법이 육신으로 말미암아 연약하여 할 수 없는 그것을
하나님은 하시나니 곧 죄로 말미암아 자기 아들을
죄 있는 육신의 모양으로 보내어 육신에 죄를 정하사,
육신을 따르지 않고 그 영을 따라 행하는
우리에게 율법의 요구가 이루어지게 하려 하심이니라(롬8.3-4)

◎ 정죄는 없다(1-4) : "그러므로 정죄함이 결코 없나니"(1)

- 이유 1(2, for) : 죄와 사망의 법에서 해방
- 이유 2(3, for) : 하나님은 … 정하사
- 목적(4, so that) : 율법의 요구를 이루기

마침내 "그러므로 이제" 그리스도 안에 있는 자들에게 "정죄는 없다."(1)는 이 영광의 복음 앞에 서 있다. 그 첫 번째 이유는 2절 때문이다. 그리고 두 번째 이유에서 결코 우리가 할 수 없는 이 일을 그럼 누가 이루셨는가?(3)가 밝히 드러난다. 그렇다면 왜 하셨는가?(4) 마침내 '정죄는 없다'는 로마복음의 목적이 찬란하게 드러나는 순간이다. 이를 위해 바울은 계속에서 율법과 육신을 주목한다.

결국 율법은 '정죄 없음'의 문제를 해결할 수 없다(3a). 육신을 가진 죄인은 율법에 복종할 수 없기 때문이다. 과연 육신이

어떠하기에 그렇단 말인가. 육신은 죄와 유혹에 민감하고, 그 결과 하나님을 떠나 세상과 짝하게 하는 부패한 인간의 본성이다. 그렇기 때문에 이 육신은 거룩하신 하나님의 율법이 아무리 명령해도 이를 순종할 능력이 없다. 죄인이요 죄 아래 있는 육신이 우리를 무능하게 할 뿐만 아니라 율법에 복종할 수 없도록 한 것이다.

그래서 하나님은 친히 -율법이 어찌할 수 없는- 이 죄의 문제를 예수 그리스도 안에서, 그분을 통해 해결하셨다(3b; 3.21 참조). 곧 예수 그리스도가 육신을 입고 이 땅에 오게 하사 율법을 완전히 순종하게 하심으로 율법의 요구를 만족시키신 것이다.

그 결과 우리에게 율법의 요구가 이루어졌다(4). 마침내 성령의 능력에 의해 순종할 수 있는 새로운 존재가 된 것이다. 그래서 율법을 지키며 살 수 있음은 물론이고 그리 살아야 할 이유와 목적도 달라졌다. 결국 율법이 해결하지 못한 죄, 바로 그 죄의 짐이 우리를 계속 정죄할 수 없게 된 것이다. 하나님께서 그리스도 안에서 성령의 법으로 율법(죄와 사망의 법)에서 자유케 하셨기 때문이다. 성령께서 우리 안에 행하심으로 율법의 요구를 이루며 살게 된 것이다.

[거지 왕자]라는 동화는 그의 신분은 왕자이지만 수준은 거지로서 겪는 에피소드다. 이를 통해 얻는 교훈은 우리가 정죄함의 올무에서 해방되지 못한 것은 왕자(구원 받은 자)답지 못한 수준에 매여 아무도 흔들 수 없는 신분을 망각하는 무지함이

다. 그러나 하나님은 우리의 수준과 우리의 정죄 없음을 연결하지 않으신다. 하나님은 우리가 '정죄 없음'에 있게 되었을지라도 결코 우리가 완전할 수 없음을 아시기 때문이다.

가정부가 어느 날 주인의 아들과 결혼하여 아내가 되면 그녀가 하는 일만을 놓고 볼 때 가정부일 때나 아내일 때나 겉으로 보기에는 다를 바 없다. 하지만 더 이상 그녀의 일이 어쩔 수 없이 해야 하는 의무가 아니다. 이제는 기쁨과 감격과 자원함과 즐거움으로 그 일을 할 것이다. 우리가 성령 안에서 '정죄 없음'을 따라 율법의 요구를 이루어지게 하는 삶 역시 그러하다. '정죄 없음'은 내 수준이 만든 게 아니다. 이 영광스럽고 찬란한 복음의 깃발이 로마서 8장이다.

10. 영의 생각을 하는 사람(1)

육신을 따르는 자는 육신의 일을,
영을 따르는 자는 영의 일을 생각하나니
육신의 생각은 사망이요 영의 생각은 생명과 평안이니라(롬8.5-6)

◎ 육신의 생각 vs 영의 생각

A 육신을 계속해서 따라 사는 사람은 육신의 일을 생각한다.

B 성령님을 계속해서 따라 사는 사람은 성령님의 일을 생각한다.

A' 육신(악한 사람)의 생각은 사망이다.

B' 성령님의 주관하심을 받는 생각은 영원한 생명이다.

B" 성령님의 주관하심을 받는 생각은 평안이다.

바울은 앞서 '정죄는 없다!'(1-4)는 복음을 선언하면서, 육신을 가진 죄인인 인간은 하나님의 율법이 아무리 명령을 해도 율법을 복종할 수 없게 되었다는 점을 강조했다(3). 하지만 예수님의 십자가 순종으로 말미암아 우리가 율법에 순종하며 살 수 있는 새로운 존재가 되었음 또한 웅변적으로 증거했다(4). 한편 바울은 육신이라는 주제를 다른 주제 전개와 함께 좀 더 심화시키는데, 이게 오늘 묵상이다.

결국 육신의 무능력함, 혹은 무가치함을 더욱 강조함으로써 육신을 따르는 일(갈5.19-21 참조)을 멈추지 않을 때 그 결과가 무엇인가를 보여준다. 육신을 계속해서 따라 사는 사람은 육신의 일을 생각한다(5). 마침내 그 결과의 마지막은 사망이다(6). 왜 그런가? 육신의 생각은 틀림없이 하나님의 뜻을 떠난 생각, 즉 자기중심적이고 세상적이어서 동기에서부터 하나님과 원수가 되었기에 그것이 행동으로 이어지는 것은 시간문제이기 때문이다.

그렇기 때문에 육신이 아닌 성령의 생각을 따라 행하는 성령의 사람으로 살아가기를 명하시는 것이다. 성령님을 계속해서 따라 사는 사람은 성령님의 일을 생각한다(5). 그래서 영원한 생명과 평안에 거한다(6). 성령을 따른다는 것은 쉽게 말하면 성령님의 뜻에 우리의 생각을 일치시키는 것이다. 성령의 사람은 생각의 주체가 성령이다.

여기서 중요한 단어가 바로 '생각'이다. 육신을 따르는 자는 육신의 생각이 그를 통제하지만 성령을 따라 살아가는 성령의 사람은 다름 아닌 "영을 따르는 자는 영의 일을 생각하나니"(5b)라는 말씀처럼 성령이 우리의 생각을 통제(control)한다는 점이다. 이렇듯 성령의 사람은 생각까지도 성령이 주도권(지배권)을 갖고 도우신다.

놀라운 것은 생각이, 생각에서부터 차이가 난다는 사실이다. 이렇듯 다르게 사는 자로 부르심을 받은 자, 그가 성령님 안에 살아가는 자다. 비록 "육체의 소욕은 성령을 거스리고 성령의 소욕은 육체를 거스리"(갈5.17a)지만, 그래서 바울이 그랬듯 이 두 소욕이 서로 싸우지만(롬7.7-), 그러나 성령의 생각이라는 거룩한 땅을 밟고 살아가는 성령의 사람은 '사망'과 완전히 분리된 영원한 생명과 평안을 받은 자로 살아가도록 그렇게 인도하심을 받은 자다(6).

내가 성령 안에 거하려고 애쓰고 노력하는 것이 아니다. 성령님이 친히 내 안에 내주(內住)하심으로 '이미' 시작된 현재(성화)와 '아직'인 미래(영화)의 부활에 이르기까지 하나님을 기쁘시게 하며 사는 "온전한 사람을 이루어 그리스도의 장성한 분량이 충만한 데까지"(엡4.13) 이르게 될 존재로 부름 받은 것이다. 성령은 우리 안의 생각에서부터 사망이 아닌 생명의 방향으로 우리를 이끌어 가신다. 이것이 성령 안에서의 새 생활이다.

11. 영의 생각을 하는 사람(2)

육신의 생각은 하나님과 원수가 되나니
이는 하나님의 법에 굴복하지 아니할 뿐 아니라 할 수도 없음이라
육신에 있는 자들은 하나님을 기쁘시게 할 수 없느니라(롬8.7-8)

◎ 육신의 생각 = 육신에 있는 자(7-8)

- ○ 하나님과 원수가 되고 만다.
  - ⇨ 하나님의 법에 계속해서 복종하지 않고 있기 때문이다.
  - ⇨ 하나님의 법에 복종할 수 없기 때문이다.
- ○ 하나님을 기쁘시게 할 수 없다(현재).

바울은 계속해서 영의 생각을 하는 사람(5-11)에 대한 주제를 다루면서 오늘 묵상에서는 그와 대조되는 육의 생각을 하는 사람을 좀 더 깊게 다룬다. 육적인 사람은 하나님의 법에 계속해서 복종하지 않고, 또 복종할 수도 없기 때문에 하나님과 원수가 되고 만다(7). 결국 하나님을 기쁘시게 할 수 없다

(8). 바울은 육신의 전적인 무능(한계)과 상태를 줄기차게 호소함으로써 결국 영을 따르는 자(영의 생각을 하는 자)만이 성령 안에서의 새 생활에 참여할 수 있음을 거듭 강조한다.

문제는 육신의 생각이 사망인 이유다. 생각해 보라. 우리는 보통 행동화된 행위라는 결과를 놓고 사망(죽음)의 유무를 알거나 말하는데 익숙하다. 그렇다면 어떻게 생각이 사망이 된다는 것인가? 무엇보다 육신의 생각은 하나님의 뜻과 대립적이다. 앞서 살펴보았듯이 육신의 일(갈5.19-21 참조)은 하나님의 나라와 달리 자기중심적이고, 정욕적이고, 파괴적이다.

왜냐하면 성령의 지배권이 아닌 마귀의 휘하에 있기 때문이다. 마귀는 육신을 따르는 자의 마음과 생각을 자극함으로써 인간의 부패하고 타락한 마음이 이에 동조하기에 이른다. 그래서 결국 생각을 넘어 행동으로까지 육신을 따르는 죄의 악순환(cycle)을 밟게 되고, 마침내 사망에 이르게 한다.

이것은 결과적으로 하나님의 뜻과 대립함으로써 하나님과 원수가 되고, 하나님을 기쁘시게 할 수 없는 영적 부도상태에 이르게 되는 것이다.

우리가 흔히 넘어지는 '생각쯤이야 …'라며 악한 생각, 육신의 생각을 대수롭지 않게 방치할 때가 많다. 하지만 생각이 결국 행동으로 옮겨간다. 그래서 성령 안에 살아가는 자는 생각까지도 성령님의 인도하심을 받아야 한다. 성령은 우리의 생각을 생명과 평안으로 인도하시는 분이시다(6b).

정리하면, 성령의 생각의 결과가 생명과 평안인 이유는 이것이 하나님의 뜻과 일치하기 때문이고(7), 하나님을 기쁘시게 하기 때문이다(8).

육신은 단지 고깃덩어리가 아니다. 육신의 일과 생각은 우리를 파멸(사망)로 인도할 수도 있는 파괴력은 물론 하나님과 원수가 되게 하는 악의 축이다. 이런 상태에 머물러 있는 자가 어찌 하나님을 기쁘시게 할 수 있겠는가. 그래서 주님도 산상수훈에서 행동보다 생각을 더 많이 점검할 것을 말씀하고 계심을 깨닫게 된다(마5.28 참조).

우리 안에 일하시는 성령은 거룩한 영이시다. 그렇기 때문에 성령을 좇아 생각하지 않게 되는 순간 우리 안에서 성령의 생각과 육신의 생각이 정면으로 충돌하기 시작한다. 성령의 생각에 민감해야 하는 이유가 여기에 있다.

바울은 계속해서 성령의 사람은 행동화된 죄만이 아닌 생각 안에 시작되는 죄까지 점검하기를 기대한다. 생각이 달라지면 삶의 방향도 달라진다. 다시금 성령 안에서의 새 생각이 나를 주장하게 되기를 성령님께 간구한다.

12. 성령의 사람입니까?

만일 너희 속에 하나님의 영이 거하시면
너희가 육신에 있지 아니하고 영에 있나니
누구든지 그리스도의 영이 없으면 그리스도의 사람이 아니라(롬8.9)

◎ 성령의 사람

- 너희는 너희가 하나님의 성전인 것과 하나님의 성령이 너희 안에 계시는 것을 알지 못하느냐(고전3.16)
- 이 사람들은 분열을 일으키는 자며 육에 속한 자며 성령이 없는 자니라(유1.19)

예수 그리스도를 믿는 믿음의 사람은 곧 성령의 사람이다. 이렇게 말할 수 있는 이유는 성령님이 계속해서 내주하시는 사람은 육신의 지배를 받는 것이 아니라 성령님의 지배를 받으며 사는 사람이기에 그렇다. 그렇기 때문에 바울은 누구든지 그리스도의 영이 없으면 그리스도의 사람이 아니다는 점을 분명히 선언하고 있는 것이다.

다시 말하면 육신을 좇는 자, 즉 육신의 지배를 받는 사람은 하나님의 법에 계속해서 복종하지 않고, 또 복종할 수도 없기 때문에 점차 하나님과 원수가 되는 쪽으로 굳어지고 만다(7). 결국 하나님을 기쁘시게 할 수 없고(8), 그 결과 마지막은 사망이다(6). 성령님이 내주하시는 사람이 아니기 때문이다(9a).

이와 관련하여 바울이 전하는 복음은 한결같다 : "그러므로 내가 너희에게 알리노니 하나님의 영으로 말하는 자는 누구든지 예수를 저주할 자라 하지 아니하고 또 성령으로 아니하고는 누구든지 예수를 주시라 할 수 없느니라."(고전12.3) 성령이 그 사람 안에 내주하셔야만 하나님의 사람인 것, 무엇과도 바꿀 수 없는 복음의 핵심이다.

사실 바울 역시 다메섹 이전, 그러니까 아직 거듭나지 않았을 때에 "비록 우리가 그리스도도 육신을 따라 알았"(고후5.16b)다고 고백한 적이 있다. 결국 바울이 하나님의 영 안에 있지 않았던 때가 있었음을 고백한 것이다. 그러니 그가 하는 생각, 동시에 생각을 따라 행한 것, 이 모든 것들이 하나님의 영의 생각을 하는 사람일 수 없었던 것 아닌가.

하지만 문제는 성령이 우리 안에 거하시면 그는 육신에 있지 않은, 즉 육신의 생각으로부터 완전히 분리되어 있어야 하는데 실상은 그렇지 않다는 데 있다. 그런 의미에서 성경은 소위 완전주의(Perfectionism), 그러니까 성령의 사람은 육신의 생각으로부터 자유롭다는 입장에 동의하지 않는다. 성령 안에 있어도 인간은 근본적으로 죄인이기 때문이고(요일1.6-2.1), 성령을 따라 행하는 사람임에도 불구하고 육체의 소욕으로부터 자유롭지 못하기 때문이다(갈5.16-26).

바울이 로마서를 기록하고 있는 계시(영감)의 채널로 쓰임 받고 있는 지금도 이 부분으로부터 자유롭지 못함을 고백하고 있음이 흥미롭다(7.14-25). 다메섹 이후에 성령 안에 있고 거듭난 바울이 그러할진대 하물며 우리('나')겠는가.

성경은 우리의 그리스도인 됨의 영광이 우리의 노력이나 땀과 같은 공로에 의해 얻게 되는 것이라고 말하지 않는다. 그렇잖고 하나님의 영이 우리 안게 거하시게 되도록 어떤 행위가 필요하다면 결국 성령마저도 인간의 어떠함에 의해 움직이는 분이 된다. 그렇다면 성령이 아닌 인간이 주도권을 잡고 있다는 뜻 아닌가. 하지만 이런 일은 불가능하다. 성령 안에 있는 자는 이미 이런 생각의 지배로부터 자유롭게 되었기 때문에 더욱 그렇다.

13. 성령 안에서의 새 생활

또 그리스도께서 너희 안에 계시면 몸은 죄로 말미암아 죽은 것이나
영은 의로 말미암아 살아 있는 것이니라.
예수를 죽은 자 가운데서 살리신 이의 영이 너희 안에 거하시면
그리스도 예수를 죽은 자 가운데서 살리신 이가 너희 안에 거하시는
그의 영으로 말미암아 너희 죽을 몸도 살리시리라(롬8.10-11)

내가 나고, 내가 나니까 내 손에게 "손을 위로 올려라!" 그

러면 올라가고, 내 발에게 "걸어서 집으로 가라!" 그러면 걸어가고, 이렇게 뭐든 명하면 그대로 다 된다. 그런데 병든 내 몸의 장기를 향해 "너 빨리 기능을 회복해라!" 혹은 '죽을 몸'을 향해 "너 죽지 말고 살아나라!" 그러면 회복되고, 또 '살 몸'으로 되어야 하는데 그렇게 되지 않는다. 이상하지 않은가? 내가 나고, 내가 나의 주인이니까 내 마음대로 되어야 하는데 내가 나를 어찌할 수 없다. 종종 이런 생각을 하며 실망스럽게 나를 바라보곤 한다. 과연 뭐가 문제일까?

이렇게 된 인간의 상태를 성경은 죄(罪)에서 찾는다. 인간은 하나님의 금하신 선악(善惡)을 알게 하는 나무의 실과를 먹고 죄인으로 죽음을 선고받았다(창2.17). 아담은 하나님이 금하신 것을 알면서도 자신을 향해 "선악과를 먹으라!"고 명하여 그대로 했다. 하지만 문제는, 그렇게 해서 죄인이 되었기에 죄인(罪人)인 자신이 다시 자신에게 "죄인이 아니었던 때로 돌아가라!" 그렇게 명해도, 그렇게 말하는 자신의 몸이 자신의 말을 듣지 않는다는 것이다.

죄인은 죄인을 구원할 수 없다. 그래서 이런 타락한 죄인이 "그 손을 들어 생명나무 열매도 따먹고 영생할까"(창3.22b) 봐 그러지 못하도록 하나님은 에덴동산에서 그를 추방하시고 죄의 값을 치르게 하셨다. 이것이 내가 나임에도 그 나인 내 몸이 내 말을 듣지 않게 된 이유다. 인간(죄인)은 인간(죄인)을 살리지 못한다.

성경은 이런 인간을 향해 이미 사망을 선언했다 : "한번 죽는 것은 사람에게 정해진 것이요 그 후에는 심판이 있으리니." (히9.27) 그런데 동일한 성경이 죽음에서 생명으로 인간이 타락 이전의 모습으로 회복될 길을 말씀한다. "너희 안에 거하시는 그의 영"이, 즉 "예수를 죽은 자 가운데서 살리신 이의 영"이 내 안에 거하시면 이미 사망한 내 "죽을 몸도 살리시리라!" 선언하신다(11). 이렇듯 내가 나를 살리는 게 아니라 내 안에 계신 그리스도께서 살리신다(10). 죄인은 죄인을, 죄인은 자신을 결코 구원할 수 없다.

이것이 복음(福音)이다. 놀랍지 않은가. '죽을 몸'을 '살 몸'으로 새롭게 하시는 성령님이 내 안에 들어오심으로서 시작된 성령 안에서의 새 생활(구원), 이에 대해서 성경은 아주 명쾌하게 답을 말씀한다. 이 말씀이 오늘도 나를 생명으로 견인함을 인해 내 생명이신 주님을 찬양한다.

- 이는 그를 믿는 자마다 영생을 얻게 하려 하심이니라. 하나님이 세상을 이처럼 사랑하사 독생자를 주셨으니 이는 그를 믿는 자마다 멸망하지 않고 영생을 얻게 하려 하심이라(요3.15-16)

- 내가 진실로 진실로 너희에게 이르노니 내 말을 듣고 또 나 보내신 이를 믿는 자는 영생을 얻었고 심판에 이르지 아니하나니 사망에서 생명으로 옮겼느니라(요5.24)

○ 진실로 진실로 너희에게 이르노니 믿는 자는 영생을 가졌나니(요 6.47)

14. 육신대로(肉身大路)라면 꽝!

그러므로 형제들아 우리가 빚진 자로되
육신에게 져서 육신대로 살 것이 아니니라(롬8.12)

◎ 육신을 따르는 자(롬8.5-10)

A 육신의 일을 생각한다(5).

B 육신의 일을 생각하는 것의 결과는 사망이다(6).

C 육신의 생각은 하나님과 원수가 된다(7a).

D 육신의 생각은 하나님의 법에 굴복하지 않는다(7b).

E 하나님을 기쁘시게 할 수 없다(8).

F 하나님의 영이 내주하시는 사람이 아니다(9a).

G 그리스도의 사람이 아니다(9b).

우리는 왜 빚진 자인가? 8장 전체와의 관계에서는 '죄와 사망의 법'에서 해방 받았기 때문이다. 누가 이 일을 이루셨는가? 예수 안에 있는 '생명의 성령의 법', 그러니까 성령님이 이 일을 이루셨다(2). 그래서 우리는 빚진 자들이다. 때문에 다시 육신을 따라 사는 옛 생활로 돌아갈 순 없다. 그리고 바로 앞 절과의 관계에서는 육신을 따르는 자로 이미 죽은 몸이었던 자를 하나님이 살리셨기 때문이다. 즉, "육신을 따르지 않고 그 영을 따라 행하는 우리"(4a)가 되는 일에 아무런 공로가 없는 전적 무능력자에서 살아난 자가 되어 보니, 이 일에 아무 값을 치른 게 없음을 알게 된 것이다. 그래서 빚진 자다.

따라서 다시 "육신에게 져서 육신대로 살 것이 아니니"(12b)라 선언하신다. 이것이 성령 안에서의 새 생활이다. 한편으로 힘도 되고 감격스럽지만 다른 한편으로는 참 씁쓸하다. 왜냐? 성령 안에서, 성령을 따라 살아도 육신을 따르는 일에 언제나 자유롭지 못하다는 점에서 그렇다. 아, 이를 어찌할까. 로마서를 쓰고 있는 바울에게서마저 그랬다면 하물며 허물투성이이고 죄 많은 나일까(롬7.14-24 참조).

이렇듯 나 역시 늘 "육신에게 져서" 바울처럼 탄식할 때가 많다. 육신을 따르는 자에서 성령님을 따라 행하는 자로 세워지는 것은 해도 해도 만만찮은 50년이 더 묵은 죄인인데, 어찌 된 게 은혜에서 죄로 넘어가는 것은 한순간이다. 이때 찾아오는 좌절감이랄까, 죄책감이랄까, 영적 침체의 늪은 생각보다 깊고 오래 간다 : "오호라 나는 곤고한 사람이로다 이 사망의 몸에서 누가 나를 건져내랴."(롬7.24)

성령님은 지금 로마서 8장을 통해서 성령 안에서의 새 생활을 위해 반드시 넘어서야 할 것이 바로 '육신을 따르는 자'로서의 죄행(罪行)임을 말씀하신다. 성령 안에, 성령을 따라 살아가는 자에게는 이런 게 없으니까. 그럼 아직도 중간지대라는 교차로에서 어정쩡하게 물타기를 하고 있는 나는 도대체 누구인가? 여전히 죄가 내 안에 또아리처럼 터를 잡고 있음을 본다. 이 불편하고, 불행하고, 불법이고, 불가사의한 적과의 동침을 어찌할까. 정말 어찌할까...

15. DIE vs LIVE

너희가 육신대로 살면 반드시 죽을 것이로되
영으로써 몸의 행실을 죽이면 살리니(롬8.13)

주님, 이 '육신덩어리'의 탄식을 품고 무릎을 꿇습니다.
말씀 앞에 더는 그냥 지나칠 수 없어서 용기를 냈습니다.
육은 엉뚱하게 펄펄 살아있고...
영혼의 창고를 열었으나 무기력하기 짝이 없고...
꺼낸 것마다 살 소망이 없는 죽은 씨앗만 잡힙니다.
이런 몰골이라 고개를 들 수 없을 만큼 부끄럽습니다.

오늘은 좀 더 텅 빈 내 영혼을 들춰내야겠다 싶어...
내 안에 이미 죽어버린 소명, 꿈, 소망도 다시 꺼냈습니다.
황송하고 부끄럽지만 다시 살려내야겠다 싶은 마음입니다.
"육신대로 살면 반드시 죽을 것이로되"라는 말씀 앞에...

영은 죽어가고 있어도 그걸 느끼지도 못하는...
그런 자각도 없는 가난한 내 영의 실상을 보았습니다.
다만 있다면 알량하게도,
더 육체의 든든함을 붙들려는 텅 빈 영혼의 가난함이...
곧 썩어 없어질 육체를 내려놓는 것도 못하는 불신이...
어리석은 영혼의 바싹 마름도 보았습니다.
육체는 죽고 영은 살 것을 알면서도,
영은 죽어가도 육을 그럴듯하게 살리고 싶은...
또아리 틀고 살고 있는 죄의 몰골을 어찌하오리까.
말씀 읽고, 찬송하고, 기도하고, 예배하는 시간엔...
하나님의 영 안에 나 있음을 보고 또 느낍니다.
하지만 내 영혼은 그리도 무능한 것임을 고백합니다.
그래요, 하나님 아버지!
내겐 아무런 소망 없음을 인정하겠습니다.
오십일년짜리 묵은 죄인(罪人)이잖아요!
드릴 게 이것밖에 없음이 시리도록 아픕니다.

그럼에도 불구하고 오직 나의 희망은 주님이십니다.
이 가증스럽고 뻔뻔한 고백을 용서하시옵소서.
"영으로써 몸의 행실을 죽이면 살리니"만이 희망입니다.
내가 나이기에, 손에게 명령하면 알아듣습니다.
발도, 입도, 귀도, 눈도, 손도, 목도, 코도...
그런데 육신대로 살지 말라 명령하면 말을 듣지 않네요.
그것만이 아닙니다...
성령으로서 몸의 행실을 죽이라고 명령해도 그러네요.
내가 나인데 내가 나를 가장 힘들게 합니다.
이 부조리한 나를 어찌해야 할지...
로마서 7장에 토해낸 바울의 탄식과 절망을 느낍니다.
살아갈수록 주님께 짐만 되는 인생을 어찌하오리까.
이 질긴 영육(靈肉)의 망가짐을 진정 어찌하오리까.
탕자의 부서진 육체의 몰골처럼...
탕자의 바닥난 영혼의 용량처럼...
그럼에도 주님은 이 모습 이대로 날 받으시겠지요.
나보다 나를 더 사랑하시는 주님이심이 희망입니다.
언제나 이 육신의 장막으로부터 자유 할까요?
언제나 가볍디가벼운 영혼의 무게가 채워질까요?
언제나 육이 영에게 유익할까요?
언제나 영이 육에게 덕스러울까요?
과연 그날이 이 육의 장막에서 내게 있을까요?

주께 받은 것은 새 통장으로 갈아입어야 하는데...

주께 드릴 것은 텅 빈 잔고를 향해 달려가고 있으니...

"이 사망의 몸에서 누가 나를 건져내"(롬7.24b) 줄지...

무거운 죄 보따리와 가벼운 인생보고서에 무릎 꿇습니다.

철들 때도 이미 지났는데...

주여, 이 죄인을 불쌍히 여기소서!

주여, 이 죄인을 용서하시옵소서!

주여, 이제 성령으로 내 몸의 행실을 죽이게 하옵소서!

주여, 이제 성령으로 살게 하옵소서!

주여, 성령만이 이 영육(靈肉)의 소망이게 하옵소서!

주여, 성령으로 내 안에 충만하게 임하시옵소서!

주여, 성령 안에서 새 생활의 길을 열어주옵소서!

16. 수준 vs 신분

무릇 하나님의 영으로 인도함을 받는 사람은 곧 하나님의 아들이라(롬8.14)

◎ 공동상속자

- 하나님의 아들(14) : 하나님의 영으로 인도함 받는 자

○ 양자(15) : 하나님을 아바 아버지라 부름

○ 하나님의 자녀(16) : 성령이 증거

○ 자녀(후사, 17) : 先 고난, 後 영광

우리가 하나님의 자녀가 되는 일에 하나님이 작정하신 기준, 즉 전적인 은혜의 선물로서의 구원은 생각만 해도 감사할 것뿐이다. 만일 다음과 같은 다른 기준들을 요구하셨다면 어찌 되었을까? 예를 들어보자. 공부, 재산, 직업, 선행, 나라, 혈통, 후원금, 금메달, 성적, 미모, 몸무게, 키, 자격증, 건강, 훈련, 교육, 양심, 도덕, 윤리, 정성, 행위, 국가, 인상, 헌금, 첫인상, 외모, 부모, 병력, 청렴도, 노력, 율법 등등... 혹시 하나님이 이런저런 자격과 조건을 요구하셨다면 아마 영원히 하나님의 자녀 되기는 불가능했을 것이다.

설령 어떤 기준에 도달해서 자녀가 되었더라도 그 수준을 유지하지 못할 때는 자격이 취소되었다가, 다시 노력해서 조건을 충족하면 자녀가 되었다가, 이렇듯 시소게임 하듯 양자를 오가는 끊임없는 긴장의 연속으로 살아가게 될 것이다. 하나님의 자녀가 되는 구원이 이처럼 인간의 행위와 노력으로 얻어지는 것이라면 말이다.

하지만 "하나님의 영으로 인도함을 받는 사람"이 우리에게 주어진 구원의 길이다. 주도권이 인간이 만들어가는 조건에 있지 않고 하나님의 손에 있다. 사실 하나님의 구원은 우리의 도덕과 윤리적 수준이 결정하는 것이 아니다. '아직'(not yet) 개차반처럼 살아가는 수준이지만 '이미'(already) 구원 받은 하나님의 자녀일 수 있다. 마치 거지왕자처럼 그의 신분은 '이미' 왕자임에도 그의 수준은 '아직' 거지이듯이... 때문에 그가 손을 씻어야 할 물을 벌컥벌컥 마셔도, 식탁의 법도를 무시하고 밥을 먹어도, 입은 옷은 왕자의 의관이지만 하는 짓이 노예처럼이어도, 말하자면 그의 수준이 어떠할지라도 그것이 그의 신분을 결코 취소시키지 못한다. 이것이 우리의 구원이다.

때문에 비록 바울의 실존적 고백처럼 우리의 현재 삶이 마치 바울의 로마서 7장처럼이라 할지라도 그럼에도 우리는 "하나님의 영으로 인도함을 받은 사람"이다. 그를 가리켜 바울은 "하나님의 아들"이라 부른다. 왜 그런가? "그리스도 예수 안에 있는 생명의 성령의 법이 죄와 사망의 법에서"(롬8.2) 나를 해방하였기 때문이다. 그래서 수준에서는 아직 이루어야 할 숙제가 산적해 있지만 신분에서는 "그리스도 예수 안에 있는 자"(롬8.1)이기에 더 이상 육신대로 인도함을 받는 자가 아니고 "영으로써 몸의 행실을 죽이"(롬8.13b)며 산다.

놀랍지 않은가. 그렇기 때문에 비록 지금의 내 삶의 모습에서 거지의 수준이 여기저기에 나타난다 할지라도 영적 자유함 안에서 넉넉하게 감당할 수 있다. 왜냐하면 내 목표는 왕자의 신분을 온전히 이루어가는 것이기에 그렇다. 내 하늘 아버지의 자녀답게 사는 것이, 나를 그렇게 지으신 분을 기쁘게 하는 삶이기에 그렇다. 오늘도 이 일을 주도하시는 바로 그 '하나님의 영'이 인도해 가시는 삶의 여정을 기대하고 또 꿈꾼다. 내 수준이 아닌 내 신분이 하나님의 아들 됨의 영광을 결정하니까. 이것이 아무도 흔들 수 없는 나의 구원이니까.

17. "ABBA, FATHER!"

너희는 다시 무서워하는 종의 영을 받지 아니하고
양자의 영을 받았으므로
우리가 아빠 아버지라고 부르짖느니라(롬8.15)

"하나님의 영으로 인도함을 받는 사람"(하나님의 아들, 8.14), 즉 성령 안에 사는 자는 하나님을 'Abba, Father'라 부르는 건 자연스럽다. 왜냐하면 이미 지배받는 영의 근본적인 전환이 일어났기 때문이다 : "다시 무서워하는 종의 영을 받지 아니하고 양자의 영을 받았으므로."(8.15a) 그렇다. 그럼 누가 하나님의 아들인가? '죄와 사망'의 법이 아닌 '생명의 성령'의 법 안에 있는 아들 됨의 은총을 받은 자, 곧 그가 하나님의 자녀다

(8.2,14). 그 증거는 하나님을 '아빠, 아버지!' 로 부르는 것에서 드러난다(8.15). 종(노예)으로 사는 것이 아니라 상속자인 아들로서 당당하게 말이다.

가끔 이런 생각을 하면서 혼자 웃을 때가 있다. 먼저, 지금껏 아들 녀석들 중 "아빠보다 더 돈 잘 벌고, 큰 집에 살고, 좋은 차 타는 저 집에 가서 아들할 꺼야"라고 말하는 놈이 없어서 다행이고 고맙다. 또한, 가끔 엉덩이에 불이 나도록 회초리를 손에 들어도 "나 이제 이런 집에서 살지 않을 거야. 나 집 나간다. 안녕!"이라고 말하는 녀석들이 없어서 감사하다.

오히려 그 반대다. 내가 생각해도 그 정도로 회초리가 필요한 건 아니었다 싶은 때에도 내 앞에 무릎을 꿇고 "아빠, 잘못했어요. 다시는 안 그럴게요!"라며 서럽게 눈물 떨구다가 내 가슴에 얼굴을 비비며 안기곤 한다. 내가 봐도 아빠답지 못한 부끄러움 투성이인데 그럼에도 '아빠!' 로 불러준다. 이렇듯 그 무엇이 부자(父子) 사이를 끊어낼 수 있겠는가.

이럴 때는 더욱 진하게 하나님 아버지를 시리도록 그리워하며 그분 앞에 나아가곤 한다. 하나님은 지금껏 한 번도 나를 가슴 밖으로 내치지 않으셨다는 은혜 때문에... 내가 아들이라 불리울 아무런 자격이 없는 불순종에 텀벙 빠져 허우적거릴 때에도 그분은 사랑의 팔을 벌리사 거지와 같은 나를 안아주셨다. 그분이 나의 주이시며 나의 'Abba, Father!' 이신 하나님이시다.

내가 못났든 잘났든 '아빠, 아버지' 되신다는 단 하나의 이

유만으로도 난 그분 앞으로 나아가는 것이 일상이다. 오늘도 하나님은 당신을 'Abba'라 부를 수 있는 자리에 서 계신다. 독생자 예수님만이 부를 수 있는 하나님 아버지를 나도 부를 수 있음이 얼마나 감사한 행복인가. 나를 예수님처럼 하나님을 아버지로 부를 수 있도록 입양시켜 주신 주님을 찬양한다.

그렇다. 우리 모두는 이처럼 하나님을 아버지라 부를 수 있는 양자의 영을 받았다. 하나님은 지금도 "전도의 미련한 것으로 믿는 자들을 구원하시기를 기뻐"(고전 1.21b) 하시는 분이다. 양자됨의 이 기쁨이 성령 안에서 더 부요해지기를 소망한다.

18. 그리스도와 함께 한 공동상속자

성령이 친히 우리의 영과 더불어
우리가 하나님의 자녀인 것을 증언하시나니
자녀이면 또한 상속자 곧 하나님의 상속자요
그리스도와 함께 한 상속자니 우리가 그와 함께 영광을 받기 위하여
고난도 함께 받아야 할 것이니라(롬8.16-17)

성령 안에 있는 성도의 영광은 참으로 크고 찬란하다. 왜냐하면 '생명의 성령'의 법 안에 있는 아들 됨의 은총을 받은 하

나님의 자녀이기 때문이다(2,16). 그것은 성령님께서 친히 우리 안에서 우리가 하나님의 자녀임을 증언하심으로 확증된다(16). 하나님 쪽에서의 사건인 것이다. 인간의 행위가 결코 설 자리가 없다는 얘기다. 더 놀랍고 놀라운 것은 그리스도와 함께 한 "공동상속자"로 부르셨다는 점이다(17). 이런 영광을 우리에게 값없이 은혜의 선물로 주셨다.

그런데 오늘 묵상 마지막이 이렇게 되어 있다 : "우리가 그와 함께 영광을 받기 위하여 고난도 함께 받아야 될 것이니라."(17b) 이 부분이 갑작스럽기도 하고, 이어지는 말씀과 잘 어울리지 않는 전환인 듯해서 더 어렵다.

그렇다면 바울이 '나'(I) 언어를 통해 자전적인 고백(7,7-25)을 하였던 7장의 고난과, 그리고 성령 안에 양자의 영을 받은 하나님의 자녀로 살아가면서 만나는 8장의 고난은 또 무엇인가? 이 질문 때문에 '고난' 단락으로 넘어가는 부분이 어렵다는 얘기다.

헬라어 성경(신약성경의 원어)에 7장 7-13은 과거시제이지만 14절 이하는 현재시제로 되어 있다. 그렇다면 바울이 7장을 쓰고 있는 바로 그때라는 뜻이다. 즉, 다메섹에서 주님을 만난 이후에, 이미 사도로 부르심을 받아 로마서의 계시를 기록하는 영감의 통로로 쓰임 받고 있는 바로 지금 그때의 바울이 7장 후반부에 기록된 그 모습이라는 것이다.

그렇다면 로마서를 쓰고 있는 시간(현재)에 바울에게도 고난은 아직 끝나지 않은 숙제인 셈이다. 성화(聖化)를 살아가고 있음에도, 성령님이 내주(內住)하심을 경험하며 살아도, 양자(養子)의 영을 받아 하나님의 자녀로 삼위일체 하나님이 보증을 하고 계심이라는 바로 그 안에 살아가는 은총을 누리고 있는 그 우리(나)에게도 역시 '고난'이 있다는 선언이다.

이렇듯 성령 안에 살아도 고난대로(苦難大路)를 통과해야 한다는 '바울선언'이 공감되어야만 진정한 영적 자유함 안에서 성령님과의 고난의 파도타기를 넉넉히 감당해 갈 수 있다.

나 역시도 할 수만 있다면 고난 없는 영광만을 원하는 부분이 조금이라도 없다고 말할 수 없음이 부끄럽고, 황송하다. 하지만 바울은 성령 안에 살아도 선(先) 고난 후(後) 영광이라는 흔들 수 없는 인생교향곡이 내(우리) 몫이라 하시니 안심이다.

정답 없는 길을 걸어가는 것이 아니라 이미 받아 놓은 진리를 '아멘'으로 응답하며 가고 있고, 또 가게 하시고, 갈 수 있다 하시니 감사하고... 언젠가 내 주님 앞에 서는 날을 믿고 바라보기에, 나를 예수님과 공동상속자로 맞아주실 벅찬 기대를 가슴에 품고 오늘도 이 말씀 앞에 무릎을 꿇는다. 고난은 영광의 씨앗이니까.

19. 고난은 영광의 또 다른 이름이다.

생각하건대 현재의 고난은 장차
우리에게 나타날 영광과 비교할 수 없도다(롬8.18)

○ 보옵소서 내게 큰 고통을 더하신 것은 내게 평안을 주려 하심이라 주께서 내 영혼을 사랑하사 멸망의 구덩이에서 건지셨고 내 모든 죄를 주의 등 뒤에 던지셨나이다(사38.17)

○ 의를 위하여 박해를 받은 자는 복이 있나니 천국이 그들의 것임이라. 나로 말미암아 너희를 욕하고 박해하고 거짓으로 너희를 거슬러 모든 악한 말을 할 때에는 너희에게 복이 있나니, 기뻐하고 즐거워하라 하늘에서 너희의 상이 큼이라 너희 전에 있던 선지자들도 이같이 박해하였느니라(마5.10-12)

○ 그리스도가 이런 고난을 받고 자기의 영광에 들어가야 할 것이 아니냐 하시고, 이에 모세와 모든 선지자의 글로 시작하여 모든 성경에 쓴 바 자기에 관한 것을 자세히 설명하시니라. 이에 그들의 마음을 열어 성경을 깨닫게 하시고, 또 이르시되 이같이 그리스도가 고난을 받고 제삼일에 죽은 자 가운데서 살아날 것과(눅24.26-27,45-46)

○ 우리가 환난 당하는 것도 너희가 위로와 구원을 받게 하려는 것

이요 우리가 위로를 받는 것도 너희가 위로를 받게 하려는 것이니 이 위로가 너희 속에 역사하여 우리가 받는 것 같은 고난을 너희도 견디게 하느니라. 너희를 위한 우리의 소망이 견고함은 너희가 고난에 참여하는 자가 된 것 같이 위로에도 그러할 줄을 앎이라(고후1.6-7)

○ 그러므로 너희가 견디고 있는 모든 박해와 환난 중에서 너희 인내와 믿음으로 말미암아 하나님의 여러 교회에서 우리가 친히 자랑하노라. 이는 하나님의 공의로운 심판의 표요 너희로 하여금 하나님의 나라에 합당한 자로 여김을 받게 하려 함이니 그 나라를 위하여 너희가 또한 고난을 받느니라(살후1.4-5)

○ 그러므로 만물이 그를 위하고 또한 그로 말미암은 이가 많은 아들들을 이끌어 영광에 들어가게 하시는 일에 그들의 구원의 창시자를 고난을 통하여 온전하게 하심이 합당하도다. 그가 시험을 받아 고난을 당하셨은즉 시험 받는 자들을 능히 도우실 수 있느니라(히2.10,18)

○ 그가 아들이시면서도 받으신 고난으로 순종함을 배워서, 온전하게 되셨은즉 자기에게 순종하는 모든 자에게 영원한 구원의 근원이 되시고(히5.8-9)

○ 부당하게 고난을 받아도 하나님을 생각함으로 슬픔을 참으면 이는 아름다우나, 죄가 있어 매를 맞고 참으면 무슨 칭찬이 있으

리요 그러나 선을 행함으로 고난을 받고 참으면 이는 하나님 앞에 아름다우니라. 이를 위하여 너희가 부르심을 받았으니 그리스도도 너희를 위하여 고난을 받으사 너희에게 본을 끼쳐 그 자취를 따라오게 하려 하셨느니라(벧전2.19-21)

- 사랑하는 자들아 너희를 연단하려고 오는 불 시험을 이상한 일 당하는 것 같이 이상히 여기지 말고, 오히려 너희가 그리스도의 고난에 참여하는 것으로 즐거워하라 이는 그의 영광을 나타내실 때에 너희로 즐거워하고 기뻐하게 하려 함이라. 너희가 그리스도의 이름으로 치욕을 당하면 복 있는 자로다 영광의 영 곧 하나님의 영이 너희 위에 계심이라. 너희 중에 누구든지 살인이나 도둑질이나 악행이나 남의 일을 간섭하는 자로 고난을 받지 말려니와, 만일 그리스도인으로 고난을 받으면 부끄러워하지 말고 도리어 그 이름으로 하나님께 영광을 돌리라. 그러므로 하나님의 뜻대로 고난을 받는 자들은 또한 선을 행하는 가운데에 그 영혼을 미쁘신 창조주께 의탁할지어다(벧전4.12-16,19)

- 모든 은혜의 하나님 곧 그리스도 안에서 너희를 부르사 자기의 영원한 영광에 들어가게 하신 이가 잠깐 고난을 당한 너희를 친히 온전하게 하시며 굳건하게 하시며 강하게 하시며 터를 견고하게 하시리라(벧전5.10)

- 너는 장차 받을 고난을 두려워하지 말라 볼지어다 마귀가 장차 너희 가운데에서 몇 사람을 옥에 던져 시험을 받게 하리니 너희가

십 일 동안 환난을 받으리라 네가 죽도록 충성하라 그리하면 내가 생명의 관을 네게 주리라(계2.10)

20. 피조물을 보라!

피조물이 고대하는 바는 하나님의 아들들이 나타나는 것이니
피조물이 허무한 데 굴복하는 것은 자기 뜻이 아니요
오직 굴복하게 하시는 이로 말미암음이라(롬8.19-20)

◎ 피조물의 상태와 소망(8.19-22)

소망 1 하나님의 아들들이 나타남을 고대(19)

상태 1 허무한 데 굴복(20)

상태 2 썩어짐의 종노릇(21a)

소망 2 하나님의 자녀들의 영광의 자유에 동참(21b)

상태 3 함께 탄식하며 함께 고통(22)

하나님의 자녀인 우리는 선(현재) 고난, 후(장차) 영광이다. 놀랍지 않은가! 더 놀라운 것은 이 둘 모두(고난과 영광)를 그리스도와 함께 공동으로 상속받는다는 점이다.

그런데 오늘 묵상 19절 이하에서 주제의 흐름이 피조물의 의

인화(인격체)된 표현과 교차되면서 좀 더 큰 그림으로 확장되고 있다. 문제는 왜 갑자기 피조물(자연계)인가?

바울은 놀랍게도 자연계(피조물, 19-22)와 인간(우리, 18,23-25)을 같은 주제 안에서, 그것도 전혀 어울리지 않는 문맥처럼 보이는 단락 안에서 이 둘을 절묘하게 통합한다. 피조물의 장래 소망(19,21b)에 비해 그의 현재 상태(20,21a,22)는 인간의 범죄와 타락의 영향하에 있다(창3.17-19, 4.10-15 참조).

그렇다면 자연계의 미래, 즉 피조물의 장래 소망(19,21b) 역시 장차 나타날 인간의 구원과 영광의 영향하에 있는 것 아닌가. 결국 바울은 하나님의 구원 계획이 인간만을 위한 것이 아닌 자연 만물까지 포함하고 있다는 것을 독특한 바울 언어에 담아내고 있다. 이것이 피조물의 현재 상태(20,21a,22) 단락이 갖는 의미이다.

피조물이 고대하는 것과(19), 피조물의 상태(20) 사이의 극과 극을 달리는 모습이 애처롭다. 원하기는 하지만 그것을 이룰 능력은 없는 실상이 보여서 그렇다. 자연계의 비참한 운명이 나(인간)의 허물과 죄와 무관하지 않다는 걸 알았기에 더 그러는 것일까.

앞에서 참고 구절로 들었듯이 아담의 범죄는 피조 세계의 탄식을 가져왔고, 그것이 점차 확대되고 있음을 증거로 보면서(창3.17-19, 4.10-15) 지구가 <창조 질서의 회복>과 반대로 가는 것 역시 인간의 죄악에 따른 과도한 욕망과 탐욕(개발, 환경파괴, 공해 등)이 결국 자연계마저 탄식하며 죽어가는 악순환을 낳은 게 아닌가 싶다.

이런 맥락에서 아담의 죄가 후손(우리)과 땅(자연계)에 동일하게 확장되었고, 그 결과 역시 동일한 탄식 아래에 처해있다는 바울의 시각은 숨이 막힐 듯한 통찰이다. 이 절망의 상태, 즉 피조물이 허무한 데 굴복하며 휘청거리면서도 그것으로부터 해방되고 싶어 피조물마저도 공동상속자인 예수 그리스도와 우리(성도)들이 나타나는 것을 고대하고 있음이 예사롭지 않다.

결국 자연계의 현재 운명이 인간(아담)의 범죄에 의해서였듯이 피조물의 미래 운명 역시 우리(성도)의 구원에 의해서 결정된다. 하나님의 구원계획은 이처럼 포괄적이며 우주적이다. 그러므로 진정(온전, 완전)한 하나님의 구원에 참여하기 위해서는 지구촌을 바라보는 하나님의 시각을 소유하는 것까지 포함되어야 한다.

우리는 탄식의 한 축인 환경문제(창조질서의 회복)를 단지 세상에 맡겨놓을 수 없는 신학적 이유가 분명하다는 것을 인식해야 할 필요가 있다. 피조물을 향한 하나님 아버지의 마음! 그래, 나 또한 피조물의 탄식을 낳는 탐욕을 줄이는 작은 일에 좀 더 참여하는 것에서 하나님의 마음을 느껴봐야겠다.

21. 피조물에게도 소망은 있다.

그 바라는 것은 피조물도 썩어짐의 종노릇 한 데서 해방되어
하나님의 자녀들의 영광의 자유에 이르는 것이니라(롬8.21)

피조물의 상태와 소망에 대한 단락을 오늘 묵상에서 한 번 더 대하게 된다. 피조물과 인간의 과거와 현재와 미래가 공동 운명체처럼 연동되어 있음이 신비스럽다. 피조물 역시 창세기의 창조의 영광을 타락이라는 죄로 말미암아 잃어버리게 되었다. 그래서 그것의 상태는 '썩어짐의 종노릇'으로부터 결코 자유(해방)하지 못하고 있다. 그렇다면 희망은 없다는 것인가?

그래서 '해방'이다. 그 죄의 속박과 결박으로부터 해방을 피조물도 바라고 있다. 온 지구촌이 인간의 죄로 말미암은 썩어짐의 종노릇 때문에 탄식으로 신음하고 있고 또 신음할수록 다시 종노릇의 신음 이전 상태, 즉 아담의 타락이 있기 이전의 창조의 영광이라는 자유에 이르는 것을 고대한다. 그런데 이 자유의 골(goal)은 놀랍게도 "하나님의 자녀들의 영광의 자유에 이르는 것이"(21b)다.

그렇다면 하나님의 자녀들의 영광의 자유가 회복되는 것을 통해 피조물 역시 종노릇을 끝내고 자유의 찬가를 부르는 자리에 서게 된다는 것 아닌가. 이처럼 피조물은 철저하게 하나님

의 자녀들과 공동운명이다. 한편, 종노릇에서 자유에 이르는 이 일련의 흐름(순서)은 피조물이 독자적으로 혹은 스스로의 능력과 노력으로 얻어(만들어)지는 것은 아니다. 피조물은 이미 이 능력과 힘을 상실했다.

만일 그렇지 않고 썩어짐의 종노릇(21a)에서 하나님의 자녀들의 영광의 자유에 동참(21b)이라는 것이 피조물의 어떤 노력과 수고를 통해서 가능하다면 피조물과 인간의 과거와 현재와 미래가 유기적으로 연동되어 있다는 것은 거짓말이 된다. 동시에 인간의 구원, 즉 "하나님의 자녀들의 영광의 자유에 이르는 것"이 마침내 썩어짐의 종노릇으로부터 피조물을 해방하게 된다는 것 역시 허구가 된다.

이처럼 피조물은 철저하게 인간의 구원에 의존적일 수밖에 없다. 다시 얘기하면, 곧 '육신대로'(육신의 생각)가 아닌 하나님의 영의 지배 안에 주어지는 "하나님의 자녀들의 영광의 자유에 이르는 것"에 의해 따라오(주어지)게 되는 해방인 것이다.

피조물의 소리 없는 흐느낌과 종노릇에 따른 탄식을 듣고 있는가? 동시에 그것으로부터 해방되어야 할 피조물인 것을 믿고 있는가? 피조물 역시 궁극적으로는 다시 아담(인간)의 죄로 인한 타락 이전의 상태로 해방되어 "하나님의 자녀들의 영광의 자유에 이르는 것"을 앙망하고 있음을 아는가? 하나님은 인간만이 아닌, 그렇다고 피조물만이 아닌 이 둘 다의 해방과 영광의 자유를 기대하신다. 놀랍지 않은가.

피조물을 향하신 하나님 아버지의 마음을 깃털만큼이라도 헤아릴 수 있다면 세상을 보는 눈이 조금은 달라질 텐데… 피조물은 썩어짐의 종노릇이라는 고통(탄식)으로 끝인가? 아니다. 결코 그렇지 않다. 우리(하나님의 자녀들)가 영광의 자유에 이르는 것을 통해 피조물 역시 썩어짐의 종노릇으로부터 해방되는 영광을 얻게 된다. 내가 어떤 존재로 회복되느냐가 피조물의 소망이 자라고 꽃피우게 된다는 것, 참 신기하고 놀라운 일이다.

22. 우리의 탄식에도 뜻이 있다.

피조물이 다 이제까지 함께 탄식하며 함께 고통을 겪고 있는 것을
우리가 아느니라 그뿐 아니라 또한 우리 곧 성령의 처음 익은
열매를 받은 우리까지도 속으로 탄식하여 양자 될 것
곧 우리 몸의 속량을 기다리느니라(롬8.22-23)

피조물의 상태와 소망(8.19-22) 단락의 마지막 세 번째 묵상이다. 피조물의 상태는 허무한 데 굴복하고(A, 20), 썩어짐의 종노릇하고 있고(B, 21a), 함께 탄식하며 함께 고통(C, 22)하는 상태다. 아담의 타락이 가져온 비극적 결과다. 그럼에도 불구하고 피조물은 하나님의 아들들이 나타남을 고대하고(D, 19), 하나님의 자

녀들의 영광의 자유에 동참하기를 소망하고 있다(E, 21b). 결국 이런 소망은 있으나 여전히 탄식의 상태에 있는 피조물이다.

그렇다면 피조물은 탄식(ABC)으로 끝인가? 아니다. 결코 그렇지 않다. 하나님의 아들들이 나타나는 것을 고대하고(D, 19), 우리(하나님의 자녀들)가 영광의 자유에 이르는 것을 통해 피조물 역시 썩어짐의 종노릇으로부터 해방되는 우리처럼 영광의 자유에 이르는 소망을 성취하는 것까지다(E). 이처럼 탄식을 넘어 소망이 이루어지는 것까지가 피조물의 회복이다. 이것이 피조물의 탄식과 소망이 절묘하게 만나는 대목이다.

하지만 문제는 피조물만 그러는 게 아니다. "그뿐 아니라 … 우리까지도 속으로 탄식"(23)한다는 점이다. 놀랍지 않은가. 그렇다면 왜 성령 안에 있는 우리(하나님의 자녀)도 피조물처럼 장차 이루어질 영광을 바라고 탄식하는 것일까? 궁극적 미래는 하나님의 양자 됨의 영광이지만 왜 현재는 탄식인가 하는 점이다.

그것은 성령 안에 살아가는 하나님의 자녀일지라도 그 현재는 고난을 동반하기 때문이다. 무엇보다 하나님의 자녀답게 살아보려고 거룩한 생활을 추구할 때 어김없이 따라오는 것은 고난이다. 미래의 영광은 현재의 고난을 먹고 자라기 때문이다.

사실 성도의 실존은 이미 "성령의 처음 익은 열매를 받은 우리"(23)다. 즉, 우리는 이미 성령 안에서 새 생활을 시작한, 그래서 성령의 도우심을 받아 아직은 탄식의 지배를 받지 않을 수 없지만 이미 장차 이루어질 영광의 열매를 이루어가며(맛보며) 살 수 있는 하나님의 은혜 안에 있게 되었다.

그럼에도 불구하고 우리가 얻게 될 영광은 현재의 고난과 분리되어 종말론적인 순간에 일시에 이루어지는 그런 저 너머의 세계가 아니다. 여전히 피조물인 우리의 육체는 영광을 이루어 가는 성화의 긴 과정에 있기에 궁극적으로 이루어질 영화로운 영광에 이르도록 무수한 시련과 고통이 주는 탄식으로부터 결코 자유로울 수 없다. 이처럼 영광은 현재의 고난이 주는 탄식을 먹고 자란다고 볼 수 있다.

바울신학이 위대하고 놀라운 것은 우리가 당하는 고난과 탄식을 단순한 시련이나 위기로만 보고 있지 않음이다. 더 이상 육신의 지배를 받지 않는 성령 안에 새로운 생활을 하는 자로 부름 받아 살아가는 하늘의 사람이라면 영광의 또 다른 이름인 고난을 통과해 가는 것은 당연하다.

그리고 그 과정에서 만나는 것은 탄식이다. 이것들이 없다면 하늘에 속한 사람이 아니라 세상과 짝하여 살아가는 세상 사람이다.

내 안에 여전히 출렁거리고 있는 탄식의 실체가 무엇인지, 누구를 위한, 그리고 무엇을 위한 탄식인지, 주어(主語)가 여전히 '나' 로 말미암아 시작되고 진행형인 탄식이 대부분이라는 점을 부인할 길이 없다.

이만큼 믿음의 여정을 달려왔으면 주와 복음을 위한 탄식의 멜로디도 이중주처럼 연주될 만도 하건만... 언제쯤 나의 탄식은 작아지고, 장차 나타날 영광으로 가득한 탄식협주곡이 될까. 그날이 올까.

23. 소망으로 기다리라!

우리가 소망으로 구원을 얻었으매 보이는 소망이 소망이 아니니
보는 것을 누가 바라리요 만일 우리가 보지 못하는 것을 바라면
참음으로 기다릴지니라(롬8.24-25)

피터슨(E H. Peterson)이 [메시지 신약](The Message: The New Testament) 로마서 8장 22-25절을 사역(私譯)하면서 창조세계의 고통을 해산의 고통으로, 동시에 우리 내면의 탄식 또한 해산을 앞둔 임신부의 산통(産痛) 비유를 끌어온 것은 매우 절묘하다. 둘 다 각각 '기다림'의 이미지가 생생하게 살아나고 있음에서 그렇다.

이 생각을 따라 오늘 묵상을 피터슨(E H. Peterson)의 메시지로 읽어보면 더 인상적이다 : "우리는 그러한 기다림 중에서 오히려 커져 갑니다. 물론 우리는, 우리를 커지게 하는 그것을 아직 눈으로 볼 수는 없습니다. 그러나 기다림이 길어질수록 우리는 더욱 커져 가며, 우리의 기대 또한 더욱 기쁨으로 충만해집니다."

선(先) 고난, 후(後) 영광이라는 이중주(롬8.17b-18)는 이처럼 피조물과 우리 안에 더 크고 놀라운 영광으로 기다리게 하는 실체가 되어간다. 물론 그 영광은 아직 시각적으로 보이지는 않는다. 마치 임산부의 불러오는 배만 보일 뿐 아직 그 생명은 눈에 보이지 않는 것처럼! 하지만 아무도 그 안에 생명이 있음을 의심치 않는 것처럼 다가올 우리의 영광 역시 그렇다.

우리의 소망은 이렇듯 보이지 않고, 또한 보지 못하는 것을 바라는 것이다. 그렇다면 기다려야 한다. 우리가 믿음으로 얻은 구원이 그렇다. 여전히 현재를 살아가는 날 동안엔 고난이 끊이질 않는다. 하지만 이것을 참음으로 기다리는 것은 고난 너머에서 기다리고 있는 미래의 영광 역시 의심할 수 없는 실제이기 때문이다. 이처럼 믿음으로 구원을 얻었고, 이를 소망으로 기다린다면 그 미래의 구원은 불현듯 현재가 되어 우리 앞에 설 것이다. 마치 임산부의 출산이 가까울수록 고통도 커지지만 그러나 생명을 품에 안을 날이 더 가까이 오는 것처럼!

그럼에도 불구하고 참음으로 기다리지 못하는 이유는 선(先) 고난, 후(後) 영광이라는 하나님의 법칙, 즉 고난마저도 영광의 씨앗이라는 고난 이후의 영광에 대한 소망과 믿음과 신뢰와 오래 참음이 부족하기 때문이다. 다시 말하면, 이 모든 것을 주관하시는 하나님에 대한 믿음과 소망과 사랑이 좁쌀처럼 작기 때문이다. 아니, 하나님보다 현재의 고난과 아픔과 눈물이 더 커 보이기 때문이다.

바울은 성령 안에서 새 생활을 다루는 로마서 8장에서 우리의 구원은 기다림이라는 아직 남아있는 미완(未完)의 길을 걸어가는 삶이라고 통찰한다. 육신을 따르지 않고, 육신의 생각을 뛰어넘고, 육신대로 살지 않고, 오히려 반대로 성령의 생각을 따라 행하는 하나님 아버지의 아들이요 상속자인 우리! 우리도 미래의 영광을 이미 약속받았지만 그럼에도 아직 현재의 고난을 먹고 자란다고 선언한다. 그렇다면 여전히 우리의 삶과 공존하는 현재의 고난 역시 영광의 또 다른 이름이 아니겠는가.

24. 성령의 탄식소리가 들리는가?

이와 같이 성령도 우리의 연약함을 도우시나니 우리는 마땅히
기도할 바를 알지 못하나 오직 성령이 말할 수 없는 탄식으로
우리를 위하여 친히 간구하시느니라(롬8.26)

◎ 3자의 탄식(로마서 8장)

① 자연의 탄식(A) : 피조물이 다 이제까지 함께 탄식하며(22a)

② 성도의 탄식(B) : 그뿐 아니라 … 우리까지도 속으로 탄식하여(23)

③ 성령의 탄식(C) : 말할 수 없는 탄식으로 우리를 위하여(26b)

앞서 피조물(A)과 우리(B)의 탄식에 이어, 놀랍게도 오늘 묵상에서는 성령(C)이 탄식하고 있다. 한편, 하나님의 구원을 열망하는 우리의 탄식에 대해 성령님이 모른 척하시는 게 아니라 '이와 같이'에서 알 수 있듯이 오히려 친히 깊은 탄식으로 성도를 품어주신다. 따라서 우리의 탄식은 공허한 메아리가 아니며, 우리의 탄식은 그냥 향방 없이 토해내는 탄식타령 또한 아니다. 성령께서 친히 탄식하는 우리와 당신을 긴밀한 연관을 맺어주심으로써 우리가 탄식이라는 외딴섬에 홀로 있지 않다는 것을 실제로 경험하게 하신다.

이렇듯 우리가 탄식하고 있는 순간에도 -이처럼 연약하고 고통스러움 중에 있을 때도- 성령은 실제적으로 우리를 도우시는 분이시다. 죄와 현재의 고난에 눈멀어서 "마땅히 기도할 바를 알지 못하"고, 그래서 탄식으로 휘청거리고 있을 때 성령은 그런 우리를 버려두지 않으시고 찾아오신다. 그럼 연약한 우리를 책망하시기 위해서인가? 아니다.

죄(罪)와 현재의 고난이 너무 크고 감당하기 어렵다고 생각한 나머지 그만 기도하기를 잊어버리기까지 한, 기도를 잃어버린, 그래서 기도 밖을 방황으로 행군하는 연약하디 연약한 우리를 버려두지 않으시는 성령님을 만난다. 사실 많은 경우에 현재의 고난을 하나님께 맡기는 기도를 하지 않는 경우가 더 많다고 볼 수 있다. 진정으로 우리가 무엇을 구해야 할 것인가에 대해 무지하기 때문이다.

요즘 부쩍 아들 놈들이 서로 으르렁거린다. 계속해서 경고를 줬고, 최근에도 엄마에게 회초리를 맞았음에도 또다시 별것 아닌 일로 큰소리가 오갔다. 드디어 아빠인 내가 개입을 했다. 회초리를 찾아들고 큰놈 방에 두 놈을 밀어 넣고서 방문을 닫았다. 잠시 마음을 진정하고 무릎을 꿇게 하고 몇 마디를 시작하는데 그만 뜨거운 게 가슴을 타고 올라왔다.

눈물이 났다. 이제껏 가끔 채찍을 들었지만 이러기는 흔치 않았는데... 아마도 이런 얘기를 한 것 때문이었을 것이다 : "이 놈들아, 아빠가 너희들에게 원하는 게 뭐냐? 형제간에 사이 좋게 지내기를 그렇게도 말했건만... 그러면서 양손으로 한 놈씩을 끌어안고 같이 울다가, 기도해 주고 방을 나왔다.

아들들의 화목치 못함을 두고 탄식 아닌 탄식을 하면서 탄식이 무엇인지 희미하게나마 경험해 보았다. 어쩌면 성령님은 나의 아들답지 못함을 인해 탄식하실 때 내가 며칠 전 맛 본 그 마음이셨을 것이다.

성령은 오늘 이 순간에도 나를 위해 말할 수 없는 탄식으로 친히 간구(기도)하신다. 나보다 나의 허물과 죄악을 더 아파하시는 분, 현재의 고난에 휘청거리는 나를 나보다 더 탄식하시는 분, 동시에 그런 나를 위해 친히 기도와 간구를 하시는 분이 내가 사랑하고 사모하는 성령님이시다. 이 따스한 성령님 앞에 내 모습 이대로 나아간다. 성령이여, 이 악하고 약한 나를 받으시옵소서!

25. 내 기도를 도우시는 성령

마음을 살피시는 이가 성령의 생각을 아시나니
이는 성령이 하나님의 뜻대로 성도를 위하여 간구하심이니라(롬8.27)

성령으로 사는 새 생활의 은혜 안에 살아도 우리의 기도는 불완전할 수 있다. 무슨 말인가? 성령께서 도와주지 않으면 우리의 기도는 많은 경우 잘못된 간구를 계속하고 있을 수 있다는 점에서 그렇다. 사실 우리는 하나님의 뜻에 맞는 기도도 하지만 반대로 우리 자신의 기대와 필요를 따라 하나님께 기도하고 있는 경우가 많다.

그래서 우리 자신보다 우리를 더 잘 아시는 성령이 하나님의 뜻에 합당하게 우리의 기도를 이끌어 가시고, 더 풍성한 기도로 인도하시는 분이심을 믿어야 한다. 따라서 불완전한 자신을 신뢰하지 않고 우리의 기도를 도우시는 성령을 신뢰하고 믿는 믿음이 있다면 우리가 잘못 기도할 수 있는 가능성까지도 자유로울 수 있다. 왜냐하면 나의 약점까지도 기쁘신 뜻대로 인도해 가시는 성령이시기에 그렇다.

간혹 하나님의 전능하심과 섭리를 믿는 성령의 사람, 즉 성령으로 사는 건강한 신앙을 소유한 분들에게서 다음 몇 가지 고민을 만나게 된다. 먼저, 하나님이 다 알아서 하시는데 우리가 꼭 기도해야 하는가에 대한 고민이다. 실패하지 않으려면 시도하지 않으면 된다는 말처럼 기도하지 않으면 그릇된 기도를 할 확률도 없으니 얼마나 안정적인가. 그러나 정말 그런가. 때문에 우리의 불완전함을 아시는 하나님께서 그럼에도 우리가 기도하면 성령이 그 기도를 오류로부터 보호하시며 선한 쪽으로 인도하실 것이라 약속하고 계시는 것이다.

또한, 하나님의 뜻을 우리가 알 수 없는데 어떻게 이것이 하나님의 뜻이라며 기도할 수 있겠는가라는 고민이다. 따라서 지금 이것이 유익하고 저것이 무익한지를 알 수 없다는 경우다. 하지만 하나님은 말씀 안에, 그리고 인격적인 교제 안에서 당신의 뜻을 밝히 보이신다. 그럼에도 기도에 자신 없어 하는 것은 결국 기도에 대한 무지와 오해 때문이다.

다른 하나는, 무엇보다도 기도 응답의 확신(믿음)이 없기 때문이다. 기도는 불완전하면서도 죄인인 자신을 신뢰하고 하는 것이 아니다. 오히려 완전하신 성령을 의지하고서 그분 앞에 온전한 믿음과 전적인 신뢰로 나아가는 것이다. 결국 기도의 주도권이 내가 아닌 성령님이심을 믿고 신뢰한다면 우리는 성령의 무한한 기도의 자원에 참여하는 은혜를 얻게 된다.

이처럼 우리의 기도가 자신의 유익(이익)을 구하는 초보적 수준을 넘어설 때 비로소 성령이 원하시는 기도에 참여할 수 있고, 그렇게 될 때 우리는 무엇이든 원하는 것을 구할 수 있다. 기도하는 나 마저도 성령이 주관하시며 인도해 가시기 때문이다.

내 기도는 강력한 기도라는 생각만큼이나 위험한 것은 나 같은 자의 기도를 들으시겠는가라는 불신앙이다. 성령은 하나님의 뜻대로 기도하도록 우리를 인도하시는 분이시다. 기도에 대한 오해가 곧 성령에 대한 무지와 오해와 같은 의미인 이유가 여기에 있다.

기도의 응답이 왜 없는지, 왜 그리 늦는지, 정말 하나님이 내 기도를 들으시는지에 대해 낭비할 시간이 있다면 오히려 성령님과 교제하는 풍성한 삶을 사는 데 에너지를 쓰는 게 훨씬 더 유익하다. 성령은 내 기도의 깊이와 넓이는 물론 건강한 기도와 바른 기도를 이끌어가는 분이시기에 그렇다.

성령은 지금 이 시간도 이런 기도의 용량과 밀도를 따라 기도하는 내가 되도록 친히 나를 위하여 간구하시는 분이시다. 성령님은 기도를 통해서도 나를 도우시는 분이심을 찬양한다.

26. 하나님을 확신하며 산다는 것은?

우리가 알거니와 하나님을 사랑하는 자
곧 그의 뜻대로 부르심을 입은 자들에게는
모든 것이 합력하여 선을 이루느니라(롬8.28)

마침내 하나님을 사랑하는 우리에게, 바로 그의 인생행로에 일어나는 모든 일이, 결국에는 선한 것을 이루는 데 쓰인다는 확신을 갖고 사는 자리에 서게 되었다. 놀랍지 않은가. 성령 안에서 이뤄가는 새 생활이 이런 삶이라니 말이다. 나를 이끄시는 분, 나를 사랑하시는 분, 아니 내가 사랑한다 고백하며 사는 분이 나의 모든 인생사 전부를 선(善)하게 이끌어 가시기에 그렇다. 이것이 그분 안에서 누리는 새 생활의 영광이요 은혜다.

"모든 것이 합력하여 선을 이루느니라."(28b) 정말이지 놀랍고도 흥미롭게 하는 아멘이다. 바울은 이제까지 전한 로마복음(롬1.17-8.27)에 들어 있는 신앙의 모든 여정들, 그리고 그것이 만들어내는 파편들까지를 포함한 모든 것이 다 합력하여 선을 이룬다고 말한다. 그러니까 좋은 것과 나쁜 것, 희망적인 것과 절망적인 것, 승리의 기억들과 실패의 기억들, 인간적인 것과 신앙적인 것, 형통과 불통, 기쁨과 슬픔, 맑음과 흐림, 이런 모든 것들이 그분 안에서 이신칭의(以信稱義)의 신앙을 통해 합력하여 선을 이룬다는 뜻이다. 이점은 우리로 하여금 신앙 세계의 광활(창대)함을 보게 한다.

사실 바로 앞 27절 이전에 기술된 말씀들 가운데 얼마나 많은 실패와 넘어짐, 그리고 좌절, 하나님과 원수 됨, 죄, 율법의 고발들이 있었는가. 그런데 이런 것까지도 마침내 합력하여 선을 이룬다 하시니 황홀할 뿐이다. 우리는 너무 쉽게 이런 것들이 없는 것을 축복이라고 말하고, 그것이 나타날 때에는 신앙의 균형을 잃어버리고서 휘청거린다.

종종 내가 좋아야 하나님도 좋을 것이라는 착각을 바른 생각이라 믿을 때가 있다. 내가 좋으면 하나님도 좋고, 그러니까 나의 상태에 따라 하나님도 흐렸다가 맑았다 한다는 뜻이다. 그러나 28절에 비추어 보면 꼭 그렇지만은 않은 것 같다. 내가 볼 때 전혀 아닌 것 -실패와 좌절, 죄의 비참함- 들 속에서도 하나님은 아주 멋진 이야기를 만들어 내시곤 한다. 유대와 이방을, 사망과 생명을, 남자와 여자가, 남편과 아내가, 부모와 자녀가, 늦은 비와 이른 비가, 봄과 가을이, 여름과 겨울이 합력하게 하사 하나님은 선을 이루신다. 사실 옛날에 좋았던 것이 지금은 반대로 슬픈 것으로 변한 것이 있고, 옛날엔 생각조차 싫었던 것이 지금은 오히려 소중한 추억과 감사로 변한 것들이 얼마나 많은가?

따라서 하나님의 시각에서 나를 이해하고, 너를 이해하고, 세상을 이해하고, 구원을 이해해야만 모든 것이 합력하여 선을 이루는 것을 맛보게 된다. 하나님은 아무 소망이 없었던 나, 이미 본질상 진노하심 아래 놓여있던 나, 허물과 죄로 죽었던 나를 그 은혜로 말미암아 믿음으로 의롭다 하시는 구원을 이루셨다. 이것이 합력하여 이룬 선(善)의 절정이다.

나는 나의 모든 것이 합력하여 선을 이루게 하신 하나님의 작품이라는 사실을 믿으며 살고 있는가? 동시에 그렇게 설명하고 경험되어진 삶인가? 강렬한 말씀 앞에 서서 촘촘히 던지는 묵상의 부스러기들이다. 오늘 여기까지도 하나님께서 이처럼 합력하여 선을 이루셨다면, 앞으로의 인생후반전 역시 하나님의 합력하시는 은혜 속에 있음을 믿는 믿음! 그래, 이렇게 살자. 감사해요, 하나님!!

27. 아무도 흔들 수 없는 나의 구원

하나님이 미리 아신 자들을 또한
그 아들의 형상을 본받게 하기 위하여 미리 정하셨으니
이는 그로 많은 형제 중에서 맏아들이 되게 하려 하심이니라(롬8.29)

◎ 구원의 서정(29-30)

① 예지

② 예정

③ 부르심(소명)

④ 칭의

⑤ 영화

피터슨(E H. Peterson)의 [메시지 신약](The Message: The New Testament)으로 오늘 묵상 말씀을 읽어본다 : "하나님은 처음부터 자신이 하실 일을 분명히 아셨습니다. 처음부터 하나님은 그분을 사랑하는 사람들의 삶을 그분 아들의 삶을 본떠 빚으시려고 결정해 두셨습니다. 그분의 아들은 그분께서 회복시키신 인류의 맨 앞줄에 서 계십니다. 그분을 바라볼 때 우리는, 우리 삶이 본래 어떤 모습이었어야 하는지 깨닫게 됩니다."

오늘 묵상은 하나님이 우리를 구원하시는 단계(서정)를 말씀하시는 데 중요한 것은 하나님이 작정하신 이 구원 계획은 수정되거나 취소되지 않고 영원토록 불변하다는 점이다. 또한 인간의 어떤 형편과 상황이라는 조건이 하나님의 구원 계획에 아무런 영향력을 주지 않는다. 그래서 이를 가리켜 '무조건적 선택'이라 부른다. 우리를 구원하시는 이는 오직 하나님이시다. 만일 인간의 조건(선행, 도덕, 윤리, 노력, 학습, 행위 등)이 구원을 가져오는 일에 필요하다면 결국 하나님의 구원도 사람의 어떠함에 의해 좌우된다는 뜻이 된다.

하지만 인간에게 이런 권리와 권한을 준 적이 없다. 만일 그렇지 않고 인간이 자신의 구원을 위해 할 수 있고, 해야 하는 공로가 있고 또 필요하다면 하나님은 그 인간에게 끌려다니는 분이 되고 만다. 물에 빠진 사람이 자기 머리를 자기 손으로 들어 올린다고 해서 물에서 건져지는 것은 아니다. 이처럼 죄인은 죄인인 자신을 구원할 수 없다. 인간이 하나님 없이 스스로의 노력과 땀과 애씀과 훈련과 학습을 통해 구원에 이를 수 있다면 처음부터 하나님은 불필요할 뿐이다. 이렇듯 인간은 스스로의 힘으로 구원에 이를 수 있는 그런 존재가 아니다.

구원을 이야기할 때 '예지 & 예정'은 이런 의미다. 예지("미리 아신")는 구원의 대상을 처음부터 미리 아셨다는 의미이고, 예정("미리 정하셨으니")은 구원의 대상인 그분을 사랑하는 사람들을 또한 맏아들(예수님)의 형상을 본떠 빚으시려고 결정해 두셨다는 의미다. 이를 가리켜 무조건적 선택, 불가항력적 은혜, 값없이 주신 선물, 구원을 위해서 전적으로 무능력한 인간, 오직 은혜로 말미암아 얻은 구원 등으로 표현한다.

만일 그렇지 않고 구원의 조건이 내게 달려있다면 어떤 날은 구원을 받았다가, 어느 순간엔 구원이 취소되었다가, 말하자면 이처럼 구원과 심판 사이를 날마다 오가며 살고 있는 셈이다. 구원을 얻게 하는 것도 나고, 구원을 잃게 하는 것도 나라면 하나님은 필요 없는 것이잖은가. 내가 만든 구원, 내가 유지하는 구원, 결국 내가 나의 구원을 결정한다면 그 구원은 어디서 맛보고 누릴 것인가? 가보지도 않은 그곳을 언제 만들었단 말인가? 하나님 없는 구원도 있단 말인가? 난 오늘 29절의 거대한 하나님 앞에 이렇게 서 있다.

28. 하나님이 하셨다!

또 미리 정하신 그들을 또한 부르시고 부르신
그들을 또한 의롭다 하시고 의롭다 하신 그들을
또한 영화롭게 하셨느니라(롬8.30)

◎ 구원의 서정(29-30)

① 예지

② 예정

③ 부르심(소명)

중생 ⇨ 회개 ⇨ 신앙

④ 칭의

성화 ⇨ 성도의 견인

⑤ 영화

생명의 성령의 법, 성령을 좇는 자, 영의 일, 영의 생각, 하나님의 영으로 인도함을 받음, 하나님의 자녀, 공동상속자로 이어지는 로마서 8장의 성도를 향한 선언들! 놀라운 것은 이 사람이 성령 안에서 살아가는 더 이상 정죄가 없는 새 사람인데 그럼에도 불구하고 "우리가 그와 함께 영광을 받기 위하여 고난도 함께 받아야 할 것이"(롬8.17b)라는, 그러니까 아직(not yet) '현재의 고난' 안에 있으나 이미(already) 장차 나타날 '장래의 영광' 가운데로 부르심을 입은 자가 성령이 주시는 생명에 참여한 자다.

한편 성령은 이 현재와 장차 사이에 탄식하는 연약한 성도를 도우시며, 결국 합력하여 선을 이루사 예정 가운데 부르신 것에서부터 영화(영광)롭게 되는 구원의 완성에 이르는 모든 삶을 인도하시는 분이심을 선포한다. 따라서 하나님이 작정(예정)하시고, 그리스도께서 성취하시고, 성령께서 끝까지 이를 이루시는, 삼위일체 하나님의 놀라운 구원사역을 찬양하지 않을 수 없다.

하나님의 구원이 놀라운 그분의 은혜인 이유는 구원에로의 부르심에 알량한 인간의 노력(공로, 선행, 도덕, 양심, 행위)이 들어갈 여지가 전무하다는 점이다. 사실 하나님의 구원이라는 서정(Ordo), 즉 부르심(소명) ⇨ 중생 ⇨ 회개 ⇨ 신앙 ⇨ 칭의까지는 시간적으로 말하면 -우리가 받은 영생이라는 면에서 볼 때- 순간적이다.

더 놀라운 것은 순서(서정)로 볼 때 '회개'의 위치다. 회개한 자가 거듭나고, 믿음을 가지게 되어, 의롭게 된다면 어찌 될까? 그렇다면 회개라는 인간의 행위적 공로가 구원을 가져온다는 의미가 된다. 그래서 성경(복음)은 구원을 설명할 때 그리스도의 십자가를 통해 은혜로 구원을 얻은 거듭난 자만이 회개에 이를 수 있다고 선언한다. 회개가 또 하나의 공로가 될 수 있기 때문이다.

오늘 묵상은 그렇기 때문에 칭의에서 영화에 이르는 이 영광스러운 구원의 길에도 현재의 고난, 탄식, 연약함이 있지만 하나님은 이 영광(영화)에 이르기까지 우리를 지키시며 보호하시며 인도하시며 거기에 이르도록 도우시는 분이시라 선언한다. 이처럼 놀라운 하나님의 구원 안에는 그분의 열심이 들어있다.

나를 부르신 이가 나를 영화롭게 하시는 것까지 변함없는 사랑으로 인도하시겠다 하시니 안심이고, 감사고, 그야말로 영광이다. 이 크나큰 은혜를 값없이 선물로 받았으니... 이처럼 놀라운 구원 안에 들어왔어도 '현재의 고난'이 훈장처럼 따라올 것이라 하시니... 이렇듯 장차 우리에게 나타날 영광 안에 들어있는 현재의 고난, 이 둘이 결국 부르심에서부터 영광에 이르기까지 우리의 모습을 비춰주는 거울이다.

나를 부르신 하나님께서 동일하게 너를 부르셨다. 이 부르심이 장차 우리에게 나타날 하나님의 영광까지 이루실 것을 확신한다. 불과 50년 전까지만 해도 한국전쟁의 폐허에서 세계 민족 중 가장 가난하고 못사는 나라의 메달권에 있던 대한민국! 하지만 복음과 교회와 하나님이 유일한 희망이었던 나라! 그 나라가 이제 세계선교 2위 국가이자 세계 10대 교역국으로 세계 속의 대한민국이 된 것은 하나님의 부르심에서 시작된 은혜요 축복이요 영광이다. 이 영광이 온 열방 위에!

29. 나의 보호자이신 하나님

그런즉 이 일에 대하여 우리가 무슨 말 하리요
만일 하나님이 우리를 위하시면 누가 우리를 대적하리요(롬8.31)

마침내 기쁨의 송가가 그 절정을 향해 멜로디를 뿜어내기 시작하는 입구다. "그런즉 이 일에 대하여"는 로마서 8장에서 선포한 모든 은혜에 대해 인간은 전적으로 무능력하다는 것을 보여주는 것이라 할 수 있다. 그럼 '이 일'은 어떤 것들인가? 정리해 보자.

A '이 일' : 성령, 새 생활의 은혜를 이루시다!(롬8.1-31)

다시 정죄함이 없는 은혜
성령 안에 살아가는 은혜
영의 생각을 하는 자로 변화를 받은 은혜
몸의 행실을 죽이는 자로 변화를 받은 은혜
장차 누릴 영광을 바라보는 은혜
고난 중에도 낙심하지 않도록 확실한 보증을 주신 은혜

하지만 성령 안에서 살아도 문제는 여전하다. 이게 어려운 부분이다. 앞에서 바울은 성령 안에 새 생활이라는 은총행전에 붙들린 인생임에도 불구하고 우리가 감당해야 할 삶의 여정은 그리 녹록하지 않음을 여러 채널을 통해 강조했었다. 그렇다면 성령은 문제 자체를 없게 하시는 분이 아니라 당면한 문제를 어떻게, 무엇으로, 누가 이기는가를 알리시며 도전하시며 깨우치시는 분이심을 알게 된다. 그럼 지금 우리가 당면한 것은 무엇인가? 그것들 중 대표적인 것들을 정리하면 다음과 같다.

B 그럼에도 여전히 당면한 일들

"너희가 육신대로 살면 반드시 죽을 것이로되"(13a)

"우리가 그와 함께 영광을 받기 위하여 고난도 함께 받아야 할 것이니라."(17b)

"우리까지도 속으로 탄식하여 양자될 것 곧 우리 몸의 속량을 기다리느니라."(23b)

"이와 같이 성령도 우리의 연약함을 도우시나니"(26a)

이렇듯 주도권이 하나님께 있다는 것은 비록 새로운 발견은 아니지만 여전히 놀라운 사실이다. 하나님을 능가할 자가 없다는 바울의 탄성이 들리는 듯하다. 이처럼 '이 일'(A)과 '대적' 하는 자를 포함해 끊임없이 도전해 오는 당면한 일들(B) 사이에 서 있는 우리에게 하나님은 어떤 분이신가? 이것이 오늘 묵상에서 전달하고자 하는 바울의 마음이다.

A와 B 사이에 있는 우리에게 하나님은 어떤 분이신가? 이 관계를 생각할 때 우리는 A와 B 사이에서 단연코 담대하게 나아갈 수 있다. 이 두 사이에 끼어 있는 연약한 존재들임에도 불구하고 하나님은 우리를 위하시는 분이시다. 하나님은 대적자로부터 우리를 보호하시는 보호자이시다. 이 보호자 되시는 하나님이 우리를 대적자로부터 지키신다. 이것이 성령 안에 이루어져 가는 구원이다.

30. 하나님의 구원은 천수답(天水畓)과 같다.

자기 아들을 아끼지 아니하시고 우리 모든 사람을 위하여 내주신 이가 어찌 그 아들과 함께 모든 것을 우리에게 주시지 아니하겠느냐(롬8.32)

◎ 하나님을 아는 지식(롬8.31-33) : 구원과 관련하여

① 보호자(31) : 아무도 대적할 수 없다.

② 공급자(32) : 모든 것을 공급하신다.

③ 변호자(33) : 아무도 고발할 수 없다.

하나님의 섭리와 경륜(롬8.29)이 우리를 "또한 부르시고 … 의롭다 하시고 … 영화롭게"(롬8.30) 하신 구원으로 나타나기까지 하나님 편에서 인간 구원을 향한 일 하심은 전적으로 하나님의 열심이다. 그래서 인간의 구원은 하나님의 값없이 주시는 선물로 이해되어진다. 즉, 하나님의 구원은 인간의 아무런 공로 없이 이루어진(주어진) 불가항력적인 하나님의 은혜에 의해 주어진 것이다.

이처럼 우리를 구원하신 하나님께서 이미 시작된 구원(부르심), 그러나 아직 완성되지 않은 구원(영화) 사이에 있는 당신의 백성들을 그냥 방치하실 리 없다. 구원은 대적자요 고발자인 사탄의 지배권으로부터 하나님의 통치와 다스림 안으로 옮겨 놓은 사건이기 때문이다.

마치 엄마가 아이를 출산하고, 아이의 필요를 공급하고 보호하는 것처럼 하나님은 구원 받았고, 받아가고 있고, 받을 당신의 백성들을 보호하시며, 공급하시며, 변호하신다.

구원은 자동적으로 완성되지 않는다. 하나님은 우리를 구원하시기 위해 이미 "자기 아들을 아끼지 아니하시고 우리 모든 사람을 위해 내주신 이"(32a)이시다. 이처럼 하나밖에 없는 독생자(獨生子)를 주신 분이 우리에게 구원을 주시지 않을 리 없고, 우리를 보호하실 뿐만 아니라 하나님의 구원이 우리 안에 풍성한 삶이 되도록 하기 위해 모든 것을 우리에게 주시지 않을 수 없다(32b).

우리 안에 이루어진 하나님의 구원은 하나님의 보호하심이 모자라서 사탄이 빼앗아 갈 수 있는 것도 아니고, 또한 하나님으로부터 오는 은혜가 부족하거나 약하게 공급되어서 결과적으로 취소되거나 구원에 이르지 못하게 되는 일이 일어나는 게 아니다. 하나님은 무한하신 은혜와 사랑을 따라 우리의 필요를 공급하시는 분이시다. 아들이신 성자 예수님을 아끼지 않으신 성부 하나님께서 당신의 자녀인 우리에게 무엇을 아끼시겠는가?

하나님의 구원은 하나님으로부터 오는 무한한 자원의 공급에서 더 분명하게 드러난다. 그럼에도 불구하고 자신의 구원을 위해 하나님으로부터 오는 공급이 아닌 자기 확신, 공로, 선행, 양심, 도덕, 학습, 행위, 율법과 같은 자기 의(義)를 내세우고 있다면 그는 자신의 구원을 자신의 힘으로 이룰 수 있다고 생각하는 사람일 뿐이다.

인간은 인간을 구원할 수 없다. 하나님은 구원에로의 부르심에서부터 구원이 이루어진 영화로움까지 모든 것을 공급하시는 분이시다. 그 은혜가 오늘의 나를 견인해 가고 있다.

31. 나는 흔들려도 하나님은 견고하다.

누가 능히 하나님께서 택하신 자들을 고발하리요
의롭다 하신 이는 하나님이시니 누가 정죄하리요
죽으실 뿐 아니라 다시 살아나신 이는 그리스도 예수시니
그는 하나님 우편에 계신 자요
우리를 위하여 간구하시는 자시니라(롬8.33-34)

◎ 하나님을 아는 지식(롬8.31-33) : 구원과 관련하여

① 보호자(31) : 아무도 대적할 수 없다.

② 공급자(32) : 모든 것을 공급하신다.

③ 변호자(33) : 아무도 고발할 수 없다.

◎ 그리스도를 아는 지식(롬8.34) : 구원해 주신 은혜

로마서 8장이 절묘한 것은 우리의 새 생활을 늘 새롭게 견인하시는 성령님을 주제로 다루면서, 삼위일체 하나님의 구원사역을 통크게 그려주고 있다는 점이다. 하나님은 우리의 구원과 관련하여 보호자(31)요 공급자(32)이실 뿐만 아니라, 우리의 구원을 흔들어 놓는 마귀의 각종 고발로부터 우리를 변호하시는 변호자이시다(33).

사탄은 우리가 범죄하여 연약해져 있을 때를 놓치지 않고

움직인다. “의롭다 하신 이는 하나님”이심에도 불구하고, 죄에 미끄러져 완전히 실패하여 다시 일어나지 못하도록 끊임없이 우리를 비난한다. 성령 안에 새롭게 된 존재임에도 불구하고 우리는 죄에 노출될 뿐만 아니라 죄의 자리로 추락함으로써 성령을 근심케 하는 일이 일어나곤 한다. 성령이 연약해서 그러는 게 아니라 우리의 연약함이 늘 성령 안에서의 생활과 범죄하여 연약한 모습 사이를 오가게 한다.

이때 우리는 구원의 확신이 흔들리거나 약해져서 불안과 영적 압박을 느낄 수 있다. 하지만 어떤 면에서 볼 때 -근본적으로는 죄의 상태에 놓여 있지만- 결과적으로 드러나는 이런 모습은 정상적인 반응이라 할 수 있다. 하지만 마귀는 이런 상태에 있는 우리를 돕기 위해 일하지 않는다. 반대로 우리를 참소하고, 비난하고, 송사하고, 고발하기 위해 우리를 공격한다.

이런 죄와 영적 연약한 상태에 처해 있을 때에 마귀는 우리의 알량한 자존심을 다음과 같이 건드리거나 충동질 한다 : “너 그런 상태로 예배한다고 교회 가는 것, 그거 좀 가증한 것 아니니? 너 헌금으로 하나님의 환심을 사려고 하는데 그런 예물은 받지 않으신다고 했잖아? 너 배우자와 자녀와 그렇게 대판 싸우고서도 다락방(소그룹, 셀, 속회)에 가는 거, 좀 낯 뜨겁지 않니?”

이때 하나님은 어떤 분이신가? 그리스도 안에서 이루신 하나님의 구원을 보증하시고, 성령 안에서 더 견고하게 세워지도록 우리를 마귀의 고발로부터 지키시며 보호하신다. 비록 나는 약하지만 하나님은 강하시며, 나는 성령 안에 있음에도 흔들리지만 하나님은 그런 나를 신뢰하지 않고 하나님을 더 바라보며 신뢰할 것을 요구하신다.

그뿐 아니라 그리스도께서 베풀어 주신 네 가지 은혜(죽으심, 부활하심, 승천하심, 중보하심)가 우리를 정죄하는 모든 사슬로부터 자유케 한다. 우리는 그리스도의 은혜에 호소하는 자로 부르심을 받았다. 이것이 구원과 구원 이후를 끌고 가는 은혜의 부요함이다. 성부 하나님은 구원을 작정(계획)하시고, 성자 예수님은 구원을 성취(실행)하시고, 보혜사 성령님은 우리의 구원을 견인(보장)하신다. 그렇다면 사탄의 계략은 이미 실패한 미래를 향해 가고 있을 뿐이다.

32. 하나님의 사랑을 끊을 수 있다고?

누가 우리를 그리스도의 사랑에서 끊으리요
환난이나 곤고나 박해나 기근이나 적신이나 위험이나 칼이랴(롬8:35)

◎ 하나님의 사랑을 끊으려는 7가지의 실제적 가능성

① 환난(trouble) : 외부에서 오는 고난과 고생

② 곤고(hardship) : 역경과 난관

③ 박해(persecution) : 핍박

④ 기근(famine) : 자연재해에 따른 배고픔과 기아

⑤ 적신(nakedness) : 헐벗음(절망적 몸부림), 노숙

⑥ 위험(danger) : 죽음의 위기와 위협

⑦ 칼(sword) : 전쟁과 고통에 따른 순교적 상황

바울은 우리와 하나님 사이가 끊을 수 없는 사랑으로 연결되어 있는데, 그럼에도 이 사랑의 관계를 끊어버리기 위해 오늘 묵상에 나열된 7가지가 실제로 우리 삶 안으로 밀려 들어올 수 있음을 의심치 않는다.

하지만 이것들이 실제 상황이라 할지라도, 그럼에도 불구하고 우리를 하나님의 사랑에서 끊을 수 있는 것은 아무것도 없다고 선언한다. 실로 놀라운 자전적 고백(경험, 확신)에 기초한 간증이라 하지 않을 수 없다(고후11.23- 참조).

바울이 언급한 하나님의 사랑을 끊으려는 7가지의 실제적 가능성을 잘 들여다보면, 불신자와 불의한 세상으로부터 오는 시험들이 있고(①②③), 의식주의 시험들이 있으며(④⑤), 생사를 건 죽음의 위험들이 있다(⑥⑦).

이것들은 손으로 잡을 수는 없지만 실제로 활동하는 실체들이다. 이것은 실전이다. 세상은 우리가 하나님의 사랑으로 더 충만해지는 것을 결코 그대로 놔두지 않는다. 그래서 영적

전쟁(靈的戰爭)이라 하지 않는가.

바울이 쓴 이 서신이 로마교회에 전달되어 공동체가 이 부분을 읽을 때 어쩌면 청중은 이 7가지가 하나씩 언급될 때마다 무엇이 로마교회를 위협하며, 성도들의 삶을 지금 하나님으로부터 분리하고 있는지, 이를 말씀하시는 성령님의 임재 앞에 떨리는 모습으로 섰을 것이다.

주님은 그때와 동일한 마음과 태도를 오늘 묵상 앞에 선 우리에게도 기대하신다. 그렇다면 무엇이 나와 하나님의 사랑의 관계를 흔들리게 만들고 있는지 주께서 깨닫게 하시기를 구한다.

인생은 연습도 없고, AS도 없고, 후진기어도 없으며, 쓰다가 틀리면 지우개로 지울 수 있는 게 아니다. 때문에, 바로 지금 이 순간이 하나님께 받은 선물이요 최상으로 살아야 할 주께 받은 달란트다.

아무것도 이를 방해하거나, 멈추게 할 수 없다는 말씀을 신뢰함으로 우리에게 주어진 생 앞에 더 당당하게 서 보자. 주님이 함께하시니까! 아멘이다.

33. 고난은 끝나지만 승리는 영원하다.

기록된 바 우리가 종일 주를 위하여 죽임을 당하게 되며
도살 당할 양 같이 여김을 받았나이다 함과 같으니라
그러나 이 모든 일에 우리를 사랑하시는 이로 말미암아
우리가 넉넉히 이기느리라(롬8.36-37)

오늘 묵상 36절은 구약 시편 44편 22절을 인용한 말씀이다. 이 말씀은 로마서 8장 앞 단락과 연속적인데, 앞에서 바울은 우리를 그리스도의 사랑에서 끊을 수 있는 것은 아무것도 없음에도 불구하고 하나님의 사랑을 끊으려는 7가지의 실제적 가능성을 간과하지 않았었다(롬8.35). 그런 후 36절 시편 말씀이다. 그렇다면 이런 가능성들은 비단 로마교회만의 문제가 아니라 이미 구약의 성도들에게서부터 지금 로마교회까지 끊임없이 대면해 왔던 실전이었다는 점을 염두에 둔 인용이라고 할 수 있다.

로마교회가 그랬다면 지금 우리 역시 이 문제로부터 자유하지 못한다. 세상은 할 수만 있다면 우리를 그리스도의 사랑에서 끊으려고 발버둥 친다. 하지만 아무리 우리가 36절의 환경들에 포위된다 할지라도 그러나 그것과 비교할 수 없는 우리를 사랑하시는 하나님으로 말미암아 넉넉히 승리할 수밖에 없다. 이처럼 비록 현실은 고난일지라도 이미 예고된 승리를 향해

가고 있는 과정일 뿐인 것이다.

생각해 보면 우리의 과거는 "허물과 죄로 죽었던 … 전에는 우리도 다 그 가운데서 우리 육체의 욕심을 따라 지내며 육체와 마음의 원하는 것을 하여 다른 이들과 같이 본질상 진노의 자녀이었"(엡2.1,3)었다. 이런 비참한 우리의 과거가 마침내 예수님의 말씀을 "듣고 또 나 보내신 이를 믿는 자"로 부르심을 받은 은혜의 현재로 역전되었다. 동시에 이 현재는 "영생을 얻었고 … 사망에서 생명으로 옮"(요5.24)긴 바 되어 마침내 "허물로 죽은 우리를 그리스도와 함께 살(너희는 은혜로 구원을 받은 것이라)"(엡2.5)려주신 은혜 안에 있는 현재다.

그렇다면 현재대로의 연속인 "심판에 이르지 아니하나니"(요5.24b)에 약속된 미래는 어떻겠는가? 놀랍지 않은가? 이렇듯 하나님의 자녀에게 결코 패배란 있을 수 없다(37). 왜 이처럼 확신할 수 있는가? "이 모든 일에 우리를 사랑하시는 이로 말미암아 우리가 넉넉히 이기"는 자로 이미 보증(확증)하시고 선언(선포)하셨기 때문이다. 이것이 하나님께서 작정하시고, 그리스도께서 이루시고, 성령님께서 보증하시는 우리 안에 이루어진 구원이요, 그 구원의 은혜 안에 살아가는 성도의 새 생활이다.

천지 가운데 우리 주 예수 그리스도 안에 있는 하나님의 사랑에서 끊어낼 자가 없음은 물론이고, 우리를 사랑하시는 이이신 하나님은 우리로 하여금 넉넉하게 승리하도록 이끄시는 분이시다. 그럼에도 불구하고 우리의 현재와 그것의 연속인 미래는 고난스러울 수 있다(이게 복음의 역설이다). 하지만 우리의 궁극적(종말론적) 미래는 지금 맛보고, 느끼고, 누리고, 통과해 가는 삶과는 비교할 수 없이 영광스러울 것이다. 이 하나님의 은혜와 우리의 믿음이 로마서의 후예로 살아가는 자들의 삶을 견인해 간다. 진실로 진실로 아멘이다!

34. 한량없는 은혜, 갚을 길 없는 은혜

내가 확신하노니 사망이나 생명이나 천사들이나 권세자들이나
현재 일이나 장래 일이나 능력이나 높음이나 깊음이나
다른 어떤 피조물이라도 우리를 우리 주 그리스도 예수 안에 있는
하나님의 사랑에서 끊을 수 없으리라(롬8.38-39)

◎ 하나님의 사랑을 끊으려는 10가지의 실제적 존재

① 사망(death) : 죽은 것, 사망의 위기

② 생명(life) : 산 것, 생명의 재난

③ 천사들(angels) : 초인간적 존재

④ 권세자들(demons) : 악마적인 것, 악한 정사(엡6.12, 골2.15)

⑤ 현재 일(the present) : 시간(현재)

⑥ 장래 일(the future) : 시간(미래)

⑦ 능력(powers) : 과학

⑧ 높음(height) : 공간(하늘)

⑨ 깊음(depth) : 공간(땅과 음부)

⑩ 다른 어떤 피조물(anything else in all creation) : 피조계의 모든 것

이신칭의(以信稱義)의 은혜 안에 살아도(롬1.17), 이제는 율법이 아닌 하나님의 한 의(義)인 예수 그리스도 안에서 하나님과 화평을 누리며 살아도(롬3.21, 5.1), 더 이상 정죄가 없는 성령 안에 새 생활로 부르심을 받았어도(롬8.1-) 우리를 두렵게 하는 영의 세계와 현세의 존재들이 항복하고 무력해 진 게 아니다. 장엄한 로마서 8장의 봉우리가 주는 교훈이다.

주께서 이미 말씀하셨듯이 "거짓 그리스도들과 거짓 선지자들이 일어나서 이적과 기사를 행하여 할 수만 있으면 택하신 자들을 미혹하려"(막13.22)고, 또한 베드로 사도가 예고했던 것처럼 "대적 마귀가 우는 사자 같이 두루 다니며 삼킬 자를 찾"(벧전5.8)고 있지 않은가.

어디 그뿐인가? 로마서 8장을 읽어오면서 안으로는 육신의 생각, 현재의 고난, 우리의 연약함이 끊이지 않는다는 점을 확인했다. 동시에 밖으로는 대적, 고발, 정죄, 사랑을 끊으려는 무수한 유무형의 힘과 존재들이 우리를 정면으로 대항해 왔다.

성령 안에 살아도, 그리스도 안에서 새 생활의 열쇠인 성령의 지배권 안에 있어도 이렇다 하신다. 더 놀라운 것은 하나님의 사랑을 끊으려는 10가지 실제적 존재들이 총체적으로 활동하

고 있음에도 불구하고 하나님의 사랑으로부터 우리를 제거할 수 있는 것은 없다는 점이다.

비로소 로마서의 최고봉에 섰다. 그렇다면 도대체 우리가 얼마나 대단한 존재이기에 이처럼 하나님이 피조세계의 모든 것들로부터 그리스도인들을 끊어지지 않도록 하시는가 말이다.

다시 생각해 보면 우리가 대단한 존재여서가 아니다. "육체의 욕심을 따라 지내며 육체와 마음의 원하는 것을 하여 다른 이들과 같이 본질상 진노의 자녀이었"(엡2.3)는데 "하나님이 우리를 사랑하신 그 큰 사랑을 인하여 허물로 죽은 우리를 그리스도와 함께 살리셨"(엡2.5a)기 때문이다.

하나님의 사랑에서 끊어지지 않도록 삼위일체 하나님이 우리를 견인하시고, 영화롭게 하실 값 없이 주신 은혜가 크고도 위대하기에 그렇다. 이 한량없는 은혜, 갚을 길 없는 은혜가 내게로 왔다. 이 은혜와 사랑에 난 무엇으로 보답하며 살아야 할까?

35. 주동설(主動說)하다.

이는 만물이 주에게서 나오고 주로 말미암고
주에게로 돌아감이라(롬11.36a)

◎ 로마서(1-16장) : 이신칭의(以信稱義)

A 믿음으로 말미암아(1-11장)

B 살리라(12-16장)

로마서는 "오직 의인은 믿음으로 말미암아 살리라!"(롬1.17b, 합2.4 참조)의 복음이다. "믿음으로 말미암아"(A)가 1-11장에서 설명되고, "살리라"(B)가 이어지는 12-16장에 위치한다. 이렇듯 로마서는 "A는 B이다."의 구조다. 결코 그 반대는 아니다. 그러니까 B 하는 것 봐서 A 해 주겠다가 아니라는 뜻이다. 만일 그렇지 않고, "B 하면 A다"로 되어 있다면 이신칭의(以信稱義)의 복음(A)은 행위(B)의 결과라는 얘기가 되고 만다.

그래서 바울은 집요할 정도로 이 믿음의 스케치에 담아 구원의 복음을 전반부 11장에 걸쳐서 써온 것이다. 이것이 "율법 외에 하나님의 한 의"(롬3.21)인 예수 그리스도를 통해 행위로서의 구원이 아닌, 오직 은혜로 말미암은 하나님의 구원 역사다. 또한 아담(롬5.12-21)에서 구원의 완성인 마지막 영화(롬8.29-30)까지, 그래서 마침내 하나님과 화평(롬5.1)을 누리게 되었고, 비로소 더 이상 정죄가 없는 성령 안에서의 새 생활이 이뤄졌기에 아무도 흔들 수 없는 구원의 완성을 찬란하게 선포한 것이 아니겠는가(롬8.1-39).

한편 1-8장에서 이방인이 긍휼을 입었다면 은혜의 하나님께서 이제 이스라엘도 긍휼을 얻게 하심, 이것이 이스라엘의 구원(9-11장)을 포함한 하나님의 구원신학(1-11장)이 품고 있는 '구원 비밀'의 결론이다. 마침내 하나님의 영광이 찬송 된다(롬11.33-36). 여기까지가 로마서 11장의 마지막 절인 36절이 갖는 위치다. 바울은 결국 주님을 자랑하는 것으로 전반부를 마무리한다 : "이는 만물이 주에게서 나오고 주로 말미암고 주에게로 돌아감이라."(36a) 왜 이 찬양인가? 구원은 율법(행위)으로 말미암은 것이 아닌 하나님께서 그리스도를 통해 이루신 전적인 은혜이기 때문이다.

이렇듯 모든 만물이 주님에게서 "나오고 … 말미암고 … 돌아감"이기에 세상은 지동설(地動說)이 아닌 하나님의 주권에 의해 다스려지는 주동설(主動說)이라고 할 수 있겠다. 이 찬양을 안고서 이러한 구원을 이루신 주님을 위해 "산다"(B)로 이어지는 게 후반부(12-16장)다.

나는 주님이 우주 만물의 근원이심을 믿는다. 나는 주님으로 말미암아 지금도 유지되고 다스려짐을 믿는다. 나는 마지막이 있다 하신 주님의 말씀대로 영원한 영광의 주에게로 돌아감을 믿는다. 이 은혜 안에 나 있음을 알고 믿고 확신하기에 로마서를 통해 하루 종일 이 묵상을 품고 끙끙거려 본다.

◎ 모든 만물 다스리시는(Kevin Prosch)

모든 만물 다스리시는 예수는 주
어둠에서 빛을 창조하신 예수는 주
영원히 우리와 거하시는 예수는 주
그 이름 부를 때 능력 주시는 예수는 주
주의 능력 보이소서 주의 능력 보이소서 오 하나님
열방의 소망이 되시는 주님 예수는 주
우릴 구원하신 능력의 하나님 예수는 주
십자가 바라볼 때 만족 주는 예수는 주
우리를 주의 자녀 삼으시는 예수는 주
주의 능력 보이소서 주의 능력 보이소서 오 하나님

36. 희비(喜悲)의 교차로에 서다!

즐거워하는 자들과 함께 즐거워하고 우는 자들과 함께 울라(롬12.15)

어떻게 사는 것이 로마서가 말하는 오직 의인은 믿음으로(1-11장) 말미암아 산다(12-16장)는 말씀대로인 '구원신앙' 일까? 단순하게 말하면 '믿음으로', 동시에 '산다'는 것은 이 둘 다를 균형 있게 품고 성장(성숙)해 가는 것이다. 믿음(구원)은 믿는다(고백)는 물론이고 신앙하다(삶)로 그것이 정확하고 정직하게 드러나고 열매로 나타나게 되어 있기 때문에 더 그렇다. 그렇지 않고 어느 한쪽으로 기울거나, 한 면만을 강조하다 보면 자신의 강점을 더 강화시켜서 부족한 부분을 채울 수 있다고 보거나, 하나님이 내 강점을 보시고 약점 정도는 눈감아 주실 것이라는 <내가 복음> 즉 '제5복음서'로 빠져버릴 가능성이 크다.

희비(喜悲)의 교차로에서 그때그때 즐거워하고 또한 울 수 있는 유연성이야말로 복음의 능력이다. 바울은 로마서의 실천편(12-16장)에 이런 '신앙하다'를 구체적으로 소개한다. 결국 구원받은 자가 실천편대로 살 수 있다는 얘기다. 십자가의 복음이 그 사람을 하나님의 은혜 안으로 부르셨기 때문이다.

오늘 묵상에서 말하고자 하는 메시지, 그리스도인의 생활은 이처럼 둘 다를 요구한다. 즐거워하는 자들과 함께만도 아니고, 동시에 우는 자들과 함께만도 아니다.

진정한 제자요 진실한 그리스도인은 무엇으로 알 수 있을까. 그중 하나가 그 사람 곁에 있는 사람을 보는 것이다. 나보다 더 가진 자들, 내게 도움이 될 만한 자들, 힘이나 권력을 가지고 있는 자들과 같은 상향적(上向的) 인간관계만 있는가? 그런 사고방식이니까 자녀들에게도 그런 유형의 친구들만 사귀라고 일그러진 정보를 주입한다. 그러니 당장 보기에 먹음직하고 유익할 것 같은 쪽으로 심각한 쏠림현상이 발생한다. 이들에게서는 늘 경쟁과 욕망과 탐욕이 느껴진다.

다른 하나는 내가 도와줘야 할 자들, 섬겨야 할 자들, 그래서 우리 주님으로부터 받은 바 은혜와 축복을 또 다른 사람에게 흐르게 하는 통로로 사는 하향적(下向的) 인간관계를 가지고 있는 사람들이 있다. 그 사람 곁에는 늘 예수님이 말씀하신 가난한 자들이 함께 더불어 살아간다. 이들에게는 늘 웃음과 희망과 행복이 느껴진다.

나와 가족의 울타리를 넘어 함께 즐거워할 사람이 있는가? 이익이 되면 악수를 하고 해가 되면 얼굴을 돌리는 그런 이기적인 세속의 모습이 아닌, 그냥 주님의 마음으로 품을 때 함께 울어 줄 그런 사람이 있는가? 한때 "공부해서 남 주자!"는 슬로건을 가슴에 품고 나와 싸웠던 때가 있었다. 내게 주신 것은 그것이 무엇이든 그것을 통해 주와 복음을 더 밝고 영광스럽게 드러내고 증거하며 살게 하려고 잠시 맡겨주신 것이라는 청지기적 소명을 내 안에 조금씩 키워가던 때가 있었다.

내 영혼의 창고에서 이를 다시 꺼내게 하신 주님을 찬양한다. 더 빛바래기 전에, 더 맛을 잃기 전에 주님 받으실만한 예물이 되어 위로 주님께, 아래로 이웃에게 흐르고 흐르는 은혜의 강수가 되기를! 내 삶으로 증거하고 증명하는 복음이기를!

37. 그리스도인다움을 세상에 증거하라.

할 수 있거든 너희로서는 모든 사람과 더불어 화목하라(롬12.18)

◎ 하나님이 기뻐하시는 삶(롬12.14-21) : 이웃

- 박해하는 자를 … 축복하고 저주하지 말라(14)
- 아무에게도 악을 악으로 갚지 말고(17a)
  - ⇨ 모든 사람 앞에서 선한 일을 도모하라(17b)
  - ⇨ 모든 사람과 더불어 화목하라(18)
- 친히 원수를 갚지 말고 하나님의 진노하심에 맡기라(19a)
- 원수가 주리거든 먹이고 목마르거든 마시게 하라(20a)
- 악에게 지지 말고 선으로 악을 이기라(21)

로마교회가 상대하며 살아가는 교회 밖 '이웃' 환경은 박해하는 자들(14), 악(17a,21), 원수(19-20)에게 겹겹이 둘러 쌓여있다. 동시에 여러 지체가 한 몸을 이룬 신앙공동체(교회) 안에서 각각 다른 은사를 따라 섬기는 교회 안 '영적 예배' 환경은 하나님의 은혜와 사랑으로 세워지고 있다. 이런 온도 차를 실제 삶에서 늘 경험하며 살아야 할 로마교회 성도들에게 바울은 하나님이 기뻐하시는 거룩한 산 제사로 드리는 몸(삶)이 구체적으로 어떤 것이어야 하는지에 대해 세상이 감히 범접할 수 없는 거룩

한 차원의 삶을 제시한다.

복음으로 살아가는 성도의 삶의 두 축은 교회(신앙공동체)와 세상(이웃)이다. 결국 오늘 묵상은 세상 속에서 어떻게 살아가는 것이 구원 받은 하나님의 자녀인 우리가 우리 몸을 하나님이 기뻐하시는 거룩한 산 제물로 드리는 것인가에 주목한다. 신앙은 생각으로만, 머리로만, 마음으로만, 영의 세계에서만 이루어지는 것인가? 아니다. 그래서 이신칭의(以信稱義)의 복음으로 말미암아 믿음으로 구원을 받은 자(1-11장)는 이제 그의 몸으로 이를 증거하고, 실현해야 한다(12-16장). 이것이 로마서 12장 이후가 갖는 절묘한 위치다.

때문에 만일 박해하는 자를 저주하고, 악을 악으로 갚고, 원수에게 친히 보복하고, 이렇듯 마치 구약의 방식처럼 "눈은 눈으로, 이는 이로 갚으라"(마5.38; 레24.20, 신19.21)는 것처럼 지금도 그렇게 해야 한다면 과연 이신칭의(以信稱義)의 복음으로 살아가는 성도는 누구인지 되묻지 않을 수 없다. 보나 마나 이웃(세상)과는 적대적 관계에 놓이게 되고, 결국 악이 선을 이기게 되어 악에게 지는 결과 밖에 얻을 게 없다. 이러고도 로마교회이며, 구원 받은 하나님의 자녀일 수 있을까?

그래서 바울은, -성도는 두 지평(하나님 vs 세상)을 딛고 살아가기에- 결국 세상(박해하는 자, 악, 원수) 역시 지금 로마교회 자신들처럼 언젠가 복음과 주 예수의 구원의 은총 앞에 서야 할 대상이라는 점을 잊지 않기를 간곡하게 부탁하고 있다.

따라서 비록 박해를 당하거나 원수가 악으로 덤벼들어도, 선으로 악을 이기는 길만이 모든 사람으로 더불어 화목하라는 복음을 지켜낼 수 있다(마5.38-48 참조). 세상(이웃)을 변화시켜야 할 소명, 이것이 화목의 복음이다. 이 위대한 소명을 들고 세상 앞에 선다.

38. 로마인 vs 그리스도인

밤이 깊고 낮이 가까웠으니 그러므로 우리가
어둠의 일을 벗고 빛의 갑옷을 입자(롬13.12)

◎ 구원신앙 : 종말과의 관계에서(롬13.11-14)

A 잘 때(밤) : 로마인

- 정욕을 위하여 육신의 일을 도모하지 말라
- 어둠의 일 : 방탕-술 취함-음란-호색-다툼-시기

B 깰 때(낮) : 그리스도인

- 이 시기를 알거니와 … 벌써 되었으니 … 가까웠으니
- 빛의 갑옷 : 단정히 행하고 … 그리스도로 옷 입고

구원 받은 로마교회의 그리스도인(1-11장; A)이 들어야 할 주옥

같은 생활복음(12-16장; B)이 -"오직 의인은 믿음(A)으로 말미암아 살리라(B)."- 하나둘 전달되는 중이다. 무엇보다 바울은 구원의 때가 가까워졌음을 놓치지 않는다. 밤이 깊으면 새벽이 가까운 것처럼 로마의 죄의 밤이 어둡고 깊을수록 구원의 빛의 아침은 그만큼 가까이 와 있기 때문이다. 바울은 이 둘을 교차해 가면서 로마인(A)과 다른 삶을 살도록 부르심을 입은 그리스도인들(B)의 차원 높은 '살리라!'(삶)를 당당하게 제시한다.

구원받은 성도는 무엇으로 사는가? 구원신앙을 따라 살아가는 성도(B)는 더 이상 로마의 영적 어두움(A)처럼 살아서는 안 된다고 바울은 거듭 권면한다. 이 둘은 결코 공존할 수 없다. "자다가 깰 때가 벌써 되었"(11)다. 즉 우리의 구원이 처음 믿을 때보다 더 가까이 왔기 때문이다. 그렇기 때문에 바울은 로마의 심판의 오늘(밤; A)을 보지 말고, 구원의 완성인 천국(낮; B)을 보라고 말하는 것이다. 이것은 "단정히 행하고 … 오직 주 예수 그리스도로 옷 입고"(13a,14a) 살 때에만 가능하다.

그리스도인은 소속(신분, 정체)을 분명히 해야 한다. 아니, 이미 그렇게 사는 자다. 그리스도인으로 살아가면서, 동시에 이곳(로마교회)에서 저곳(천국)을 경험하며 사는 그리스도인(B)은 여전히 어둠의 자식들에 불과한 로마인(A)처럼 살아서는 안 된다. "낮에와 같이 단정히 행하고"(13a) 살아야 하는 자로 부르심을 받았기 때문이다. 로마의 어둠을 밝힐 자는 오직 그리스도인이기 때문이다.

어두울수록 조그만 빛의 조각도 그 위력이 대단하다. 태양 앞에 아무리 밝은 전구라도 맥을 추지 못하지만 밤엔 1W짜리 전구도, 심지어 스위치를 알리는 점(點)에 불과한 시그널도 활동하기에 불편하지 않을 만큼 빛을 발하는 걸 본다. 그렇다면 하물며 이 어두운 세상에 빛으로 부름 받은 그리스도인일까. 로마를 깨어나게 한 것이 복음의 빛이었듯 우리 시대의 어두움을 몰아낼 수 있는 유일한 길이 있다면 그것은 참 빛이신 그리스도요, 또한 복음의 빛이다. 동시에 이 빛은 '세상의 빛'으로 부름 받고 보냄 받은 우리 자신이다.

39. -벗고 & +입고

오직 주 예수 그리스도로 옷 입고 정욕을 위하여
육신의 일을 도모하지 말라(롬13.14)

로마서의 시대적 배경은 로마가 세계를 지배하던 때이고, 이스라엘은 여전히 로마의 식민지이던 시대다. 그런 의미에서 로마서 13장이 말하는 '위에 있는 권세들'(권세를 다스리는 자, 다스리는 자들, 하나님의 사역자, 하나님의 일꾼; 1-7)로 통칭되는 정치적 차원에서의 윤리

또한 성도들에게 요구되는 의무라는 점을 주목할 필요가 있다.

그렇다면 이런 세상을 무대 삼은 자로서 구원받은 성도는 무엇으로 사는가? 이것이 이어지는 단락(롬13.8-14)에서 말하려는 메시지의 배경이다. 바울은 로마에 발을 딛고 살아가지만 로마인처럼 살지 않고 그리스도인으로 살기를 권면한다. 그런 의미에서 구원신앙을 따라 살아가는 성도는 더 이상 로마의 영적 어두움(12-13), 즉 "정욕을 위한 육신의 일"(어둠의 일, 12,14)과 함께 공존하는 그늘이어서는 안 된다.

밤이 깊고, 즉 밤이 거의 끝났다(11). 그 이유는 우리의 구원이 처음 믿을 때보다 더 가까이 오고 있기 때문이다. 멀게는 주님의 재림이 점점 더 임박하다는 뜻이고, 가깝게는 로마가 복음의 빛을 받아 점차 깨어나고 있다는 영적 신호가 바울의 통찰 안에 걸려들고 있기 때문이다. 바울은 로마의 오늘(밤)을 보지 말고, 구원의 완성인 이미 시작된 천국(낮)을 보라고 말한다. 이것은 "오직 주 예수 그리스도로 옷 입고."(14a) 살 때에만 가능하다.

그러므로 지금은 다르게 살 때다. 실재하지만 보이지 않는 천국을 맛보며 사는 사람은 로마의 사람들처럼(13), 그러니까 "정욕을 위하여 육신의 일을 도모하"(14b)며 살지 않는다. 그는 로마의 그리스도인답게(14), "낮에와 같이 단정해 행하"(13a)며 산다. 이렇듯 천국 시민은 종말론적 소망을 가지고 사는 사람이다(11-14). 그는 이 세상에서도 보이지 않는 하나님의 통치를 보이는 국가를 통해서 받으며 살 뿐만 아니라 진짜 소망은 주님의 재림으로 완성된다는 것을 믿으며 산다. 바로 그가 구원 받은 사람이다. 구원 받기 위해서 그처럼 사는 것이 아니라 구원 받았기 때문에 이처럼 산다. 겉으로는 율법이 성취되는 것처럼 보이지만 내면으로는 사랑의 법을 꽃피우며 산다(롬13.8-10).

내 안에도 '-벗고' & '+입자'(12,14)라는 영적(靈的) 방정식이 비록 삶의 자리가 로마(세상)의 한복판일지라도 구원 받은 자답게 살아가는 것으로 성취(완성)되기를 소망한다. 어두움의 일을 벗어버림은 잘 진행되고 있나? 또 입고 있는 빛의 갑옷은 사명(기능)을 다 하며, 여전히 깨끗한가? 지금은 영적 전쟁 중이다. 그렇다면 나는 누가 보아도 빛 가운데 사는 사람으로 드러나야 한다. 지금은 13절의 옷을 입고 있으면 큰일 난다. 그렇다면 나는 명목상의 신분은 그리스도인일지 모르지만 실상은 로마인으로 살아가고 있는 자다.

로마의 원형경기장에서 사자의 밥이 되어 죽어가던 우리 신앙의 선배들(순교자들)은 자신의 목숨을 향해 달려오는 사자 앞에서도 하늘을 향해 두 손을 들고 영광의 하나님을 바라보았다. 세계를 지배한 로마는 이 무명의 그리스도인들을 바라보며 마침내 무너지고, 영원할 것 같았던 박해시대가 막을 내린다. 우리 시대가 이 세상에 던져야 할 메시지는 빛(그리스도)의 복음이다. 그리스도(빛)의 갑옷을 입어야만 시대의 어두움으로부터 해방될 수 있다. 교회가 입어야 할 옷은 오직 그리스도의 옷이다. 교회의 희망은 오직 그리스도 복음의 옷이다. 세상에 보여줘야 할 옷이 있다면 그리스도의 옷이다. 교회는 오직 그리스도만을 나타내야 한다. 그리스도만이 희망이다. 교회만이 희망이다.

40. 복음은 너와 나를 우리가 되게 한다.

우리 중에 누구든지 자기를 위하여 사는 자가 없고
자기를 위하여 죽는 자도 없도다
우리가 살아도 주를 위하여 살고 죽어도 주를 위하여 죽나니
그러므로 사나 죽으나 우리가 주의 것이로다(롬14.7-8)

◎ 우리 메시지(롬14.1-9) : 먹는 문제

A 어떤 사람은 모든 것을 먹을 만한 믿음이 있다(2a).

B 믿음이 연약한 자는 채소만 먹어야 한다고 생각한다(2b).

- A는 B를 업신여기지 말라(3a).
- B는 A를 판단하지 말라(3b).
  - A도 그 음식에 대해 하나님께 감사하기 때문에 그렇게 한다(6a).
  - B도 주님을 위해 그렇게 하고 하나님께 감사를 드린다(6b).

⇨ '우리' (7-9)

로마서 14장, 오늘 묵상 단락에서 중요한 단어(연결고리) 중 하나가 '우리'다. 바울은 이 우리 중에서 '믿음이 연약한 자'(1, B)들의 언행을 구체적인 예(음식, 절기)로 들면서, 그리스도인의 공동체가 이 문제에 걸려 그만 서로 이전투구(泥田鬪狗)하는 소모전에 휩싸이지 않기를 권면한다. 왜냐하면 이 둘(A, B) 모두가 다 '우리' 공동체의 일원이기 때문이다(7-8).

그렇다면 이 둘이 공히 '우리'인 이유는 무엇인가? 믿음이 연약한 자가 모든 것을 먹지 않고 채소만 먹어야 한다고 생각하는 것 역시 주님을 위해 그렇게 하기 때문이다(2b,6b,). 또한 모든 것을 먹을 만한 믿음이 있는 자도 그 음식에 대해 하나님께 감사하기 때문에 그렇게 한다(2a,6a). 따라서 서로 업신여기거나 판단하지 않는 상호 존중이 건강한 '우리 공동체'의 핵심이다. 진리 문제가 아닌 이상 '우리' 됨의 관계와 하나 됨까지를 헐 이유가 없기 때문이다.

이제 '우리'의 삶이 좀 더 분명해졌다 : "이런 문제에 있어서 자기 마음대로 행동해도 괜찮은 사람은 아무도 없습니다. 우리는 서로에게가 아니라, 하나님께 답변할 책임이 있습니다. 우리는 태어나서 죽을 때까지 우리가 행한 모든 것에 대해, 그분이 물으시면 답변할 책임이 있습니다. 예수께서 사시고, 죽으시고, 다시 살아나신 이유가 이것입니다. 삶과 죽음의 전 영역에 걸쳐 우리의 주인이 되셔서, 서로가 서로에게 행하는 소소한 폭정으로부터 우리를 자유롭게 만드시기 위함이었습니다."(E H.

Peterson)의 [메시지 신약](The Message: The New Testament), (롬14.7-9)

틀린 게 아니라 다른 것 때문에 '우리 공동체'까지 허무는 것은 복음이 가르치는 삶이 아니다. 그러므로 나와 다른 사람을 용납하고, 품고, 기다려주고, 사랑하고, 더불어 함께 공존(공생, 상생)하는 것은 이 둘(A, B) 다의 주인이신 주님을 섬기는 자의 기초 영성이다. 생사(生死)의 목적이 주를 위한 것이라는 이 영광스런 자리에 초대를 받았다. 누가 말인가? 우리(A, B) 모두 같이다.

서로 사랑하고, 서로 섬기는 것은 구호만으로 주어진 명령이 아니다. 고양이 꼬리를 서로 묶었다고 하나인가? 아니다. 바울은 자신을 포함한 A와 B 모두를 '우리' 언어에 담아서 하나님께 드린다. 로마교회가 서로 다른 둘이 만나 하나를 이루어 더불어 주께 우리로 드려지는 것처럼, 이것은 지금 나와 우리에게도 여전히 유효한 거룩한 미션이요 소명이다.

Peterson)의 [메시지 신약](The Message: The New Testament), (롬14.7-9)

1. 고린도교회여, 일어나라!

내 말과 내 전도함이 설득력 있는 지혜의 말로 하지 아니하고
다만 성령의 나타나심과 능력으로 하여
너희 믿음이 사람의 지혜에 있지 아니하고
다만 하나님의 능력에 있게 하려 하였노라(고전2.4-5)

◎ 바울복음 : 설교 & 전도

A 설득력 있는 지혜의 말 ⇨ 믿음이 사람의 지혜에 있다.

B 성령의 나타나심과 능력 ⇨ 믿음이 하나님의 능력에 있다.

고린도교회, "예수 안에서 거룩하여지고 성도라 부르심을 받은 자들"(고전1.2a)이 모였으나 이 교회가 보여주는 실존은 비유컨대 -영적으로 볼 때- '걸어 다니는 종합병원'이라고 할 만큼 만성병에 걸려 육신의 냄새와 자랑소리가 난무하는 만신창이 상태다. 이처럼 심각하게 망가져 가는 분쟁병동(4색당파) 같은 교회를 바라보는 바울의 심정이 어떠했을까?

그래서 하나님의 지혜의 현현인 <십자가의 도>(예수 그리스도와 그가 십자가에 못 박히신 것, 고전1.18,23, 2.2)가 고린도교회를 치유하고 회복

케 하는 하나님의 능력임을 선포하고 있는 것이다. 이제 고린도교회는 세상(사람)의 지혜인 '설득력 있는 지혜의 말'에 기초한 믿음을 버려야 할 때다. 이제껏 사람(세상)의 지혜에 의존한 결과가 한 지붕 네 가족이라는 분쟁을 가져왔다는 점에서 바울이 전하는 해법은 눈부실 만큼 절묘하다.

사실 세상의 초등학문이 준 '설득력 있는 지혜의 말'로 따지자면 바울을 능가할 사람이 있을까. 동시에 이에 기초해서 사람의 지혜로 가동해 낸 '하면 된다!' 식의 적극적인 사고방식 스타일 같은 소위 땅으로부터 만들어진 믿음을 양산해 낼 조건을 바울처럼 갖춘 사람이 흔치 않은 시절이다. 그럼에도 바울은 철저하다시피 이런 인본적인 것들을 분토와 같이 버린다.

그는 오직 '성령의 나타나심과 능력'에 기초해서 고린도교회의 믿음이 하나님의 능력에 있게 하려 하는 일에 자신을 던진다. 이것이 '십자가의 도'에 붙잡힌 사람이 보여주는 모습이다. 어찌 거룩한 하늘의 것을 죄로 물든 이 땅의 것으로 만들어낼 수 있단 말인가.

십자가의 복음을 나의 말의 어떠함으로 더 풍성하게 드러낼 수 있다고 생각했던 죄를 본다. 하늘 복음까지도 내가 말하고자 하는 땅의 것을 스케치 삼아 결국 내가 만들고자 하는 바벨탑을 만들어 내고 있는 건 아닌가.

예수 그리스도와 십자가마저도 사람의 귀에 듣기 좋은 말로 설명해 버렸던, 그러니 하늘 아버지께서 요구하시는 '성령의 나타나심과 능력'(4b)은 온데간데없고, 성도들의 믿음이 하나님의 능력에 있는 것이 아니라 나의 말에 길들여지는 것이 아닌가 하는 생각이 몹시 나를 흔들어댄다.

주님이 서실 자리에 자신이 드러나는 것을 그토록 철저하게 거부하며 살았던 바울을 생각한다. 그는 주인과 종을 구분(구별, 분리)할 줄 알았고, 또한 청중들에게도 그것을 잘 분별하도록 하는 일에 실패하지 않기를 민감하게 살폈다.

바울은 주님과 복음을 자신의 능력의 유무에 따라 좌우되지 않도록 하는, 그러니까 복음이 능력인지 복음을 전하는 자신이 능력인가에 대해 혼돈하지 않았고, 또한 이런 소용돌이(유혹)로부터 철저하리만큼 자신과 교회를 지키고 있었다.

더 쉬운 말로 하면, 바울은 복음을 사유화(私有化)하지 않았다. 오직 주님이 능력이고 복음의 주(主)이신데 마치 내가 명하고, 확신하고, 선포하는 것이 능력을 만들어내는 출구인 줄 착각하며 살아오지는 않았는지 나를 돌아본다.

바울마저도 복음과 주님의 영광 뒤에 숨어있었다면 하물며 나이겠는가. 오늘 따라 더 "내 말과 내 전도함이"로 시작되는 말씀이 '내 묵상과 설교함이'로 보이고 읽혀진다. 오, 주여!

2. 하나님의 지혜 vs 세상의 지혜

오직 하나님이 성령으로 이것을 우리에게 보이셨으니
성령은 모든 것 곧 하나님의 깊은 것까지도 통달하시느니라(고전2.10)

◎ 세 종류의 사람(고전2.6-3.3)

① 우리_신령한 자(온전한 자, 장성한 자; 고전2.6-13,15-16) : 하나님의 지혜

② 너희_육신에 속한 자(그리스도 안에서 어린아이; 고전3.1-3) : 세상의 지혜

③ 그_육에 속한 자(자연인; 고전2.14)

◎ [Q & A] 오늘 묵상에 '이것을'은 무엇을 의미하는가?

- 세상의 지혜가 아님, 이 세상에서 없어질 통치자들의 지혜도 아님(6)
- 은밀한 가운데 있는 하나님의 지혜, 감추어졌던 지혜(7a)
- 하나님이 우리의 영광을 위하여 만세 전에 미리 정하신 것(7b)
- 이 세대의 통치자들이 한 사람도 알지 못하였음(8a)
- 하나님이 자기를 사랑하는 자들을 위하여 예비하신 모든 것 (9a, 사64.4)
- 하나님이 성령으로 우리에게 보이심(10a)

왜 갑자기 지혜 논쟁인가? 바울은 고린도교회가 겪고 있는 분쟁(사색당파; 고전1.12)의 근본 원인이 하나님의 지혜(①)가 아닌 사

람의 지혜(②)에 의존한 결과라고 해석한다(고전1.10-2.5). 결국 하나님의 지혜 밖에 있는 자들, 즉 사람의 지혜를 의존하는 자들은 하나님이 성령으로 우리에게 보이신 그리스도의 십자가의 도에 나타난 하나님의 능력과 지혜를 이해할 수 없다. 그렇다면 지금 고린도교회를 혼란(분쟁, 분열, 파당)으로 몰아넣은 자들이 누구인가는 자명하다.

그래서 오늘 묵상 10절이다. 이들은 바로 하나님이 성령으로 우리에게 보이신 '이것을'(위 Q & A)과는 아무런 상관이 없는 자들이다. 얼마나 놀라운 바울의 변증인가? 우리의 지혜는 하나님께서 성령으로부터 은혜로 주신 것이고 그것이 우리에게 알려진 것이라는 바울의 지혜신학(10)은, 그만큼 너희(분파주의자, 육신에 속한 자, 그리스도 안에서 어린아이; 고전3.1b-3)가 앞세우는 지혜가 얼마나 헛된 이 세상에서 만들어진 사유의 산물에 불과한 것인가를 극적으로 보여준다.

우리의 지혜엔 다름 아닌 성령님이 중심에 좌정해 계신다. 하나님이 성령으로 '이것을'(십자가의 도인 구원자 주 그리스도 예수) 우리에게 보이셨다. 이렇듯 놀랍게도 지혜에는 삼위일체 하나님이 함께하시고 또 함께 일하신다. 또한 진정한 지혜는 위로부터 온다. 이는 세상이 만들어내는 세상의 지혜가 알 수 없는 것이다. 이것이 세상의 지혜와 하나님의 지혜인 그리스도의 십자가를 동선에 놓으려는 고린도교회의 분파주의자들의 죄악이다.

그렇다, 세상의 지혜로는 하나님이 우리에게 보이신 것을 하나도 알 수 없다. 그러니 그들을 향해 '육신에 속한 자'(고전3.1-3)라 하지 않을 수 없다. 결국 하나님이 우리에게 보이신 '이것을'에 의존하지 않으면 고린도교회 꼴 나는 것이다. 그 결과 신분은 성도(聖徒, 고전1.2)이지만 수준은 '시기와 분쟁'을 토해내는 "육신에 속한 자 곧 그리스도 안에서 어린아이"(성인아이)로 살아가게 된다. 때문에 "오직 하나님이 성령으로 그것을" 나에게 보이시는 은혜 앞에 겸손히 서는 것만이 희망이다. 진정 하나님의 지혜만이 희망이요 아멘이다.

3. 고린도교회 클리닉

사람의 일을 사람의 속에 있는 영 외에 누가 알리요
이와 같이 하나님의 일도 하나님의 영 외에는
아무도 알지 못하느니라(고전2.11)

오늘 묵상은 성령을 통한 하나님의 지혜(⇔ 세상의 지혜), 하나님의 영(⇔ 세상의 영), 그리스도의 마음과 생각이 합력하는 이야기 단락(고전2.10-16)에 들어 있다. 문제는 왜 바울이 고린도전서를 집필하면서 하나님의 영을 통한 하나님의 지혜의 깨달음이라는 다소 무겁고 어려운 주제를 들고 나오느냐 하는 점이다.

일차적으로는 '…에 관하여'(고전7.1,25, 8.1, 12.1, 16,1,12)에서 알 수 있듯이 고린도교회가 바울에게 물은 질문들에 대한 대답이다. 이만큼 고린도교회는 심각한 영적(靈的) 중병에 걸려 있었다. 다른 가능성인데, 더 큰 문제는 아마도 집필의 직접적 동기인 "너희 가운데 분쟁이 있다."(고전1.11-12, 11.18-19 참조)는 소식과 별개가 아닌 것 같다.

정리하면, 받아 든 질문("…에 관하여")에 열거된 문제들을 볼 때 "예수 안에서 거룩하여지고 성도로 부르심을 받은 자들"(고전1.2a)인 고린도교회임에도 불구하고 당면한 현실은 결국 분쟁(파당)과 휘말려 있다면, 어떻게든 신앙과 삶의 불일치를 다시 복음으로 클리닉해야 할 필요를 절감했기 때문이지 않나 싶다.

바울은 오늘 묵상에서 사람의 예를 먼저 든 후에 "이와 같이 하나님의 영 외에는 아무도 하나님의 생각을 알지 못합니다."(11b, 새번역)라고 분명하게 선을 긋는다. 그러니까 고린도교회가 소용돌이 속에 처하게 된 토론의 주제들이 사람에게 기원한 것인가, 아니면 하나님께 기원을 둔 것인가가 핵심 논점이다는 것을 분명히 한 것이다. 여기엔 고린도교회가 하나님의 영으로부터 말미암은 하나님의 지혜공동체라면 작금의 문제에 좌충우돌할 수 있겠는가에 대한 바울 특유의 변증이 들어있는 셈이다.

결국 바울이 계속되는 고린도전서 2장에서 세상의 지혜(6), 세상의 영(12), 사람의 지혜(13), 육에 속한 사람(14)을 언급하는 이유는 작금의 위기가 이처럼 하나님이 아닌 땅에서 가공된 것들로 말미암았다는 진단에 무게를 두고 있기 때문이다. 이는 "형제들아 내가 신령한 자들을 대함과 같이 너희에게 말할 수 없어서 육신에 속한 자 곧 그리스도 안에서 어린아이들을 대함과 같이 하노라."(고전3.1)는 중간 결론에서 좀 더 분명히 드러난다.

고린도교회는 그리스도의 십자가로 말미암은 피 묻은 복음의 순수성과 열정을 사람의 지혜로 말미암는 헛된 말로 변질시켜가고 있었다. 그러면서도 자신들만큼 지혜롭고도 성령충만한 교회(사람) 있으면 나와보라는 교만과 자만이라는 가면을 쓰고 있었다. 하지만 바울이 누구인가. 사람은 속일 수 있었을지 몰라도 하나님은 그럴 수 없다. 그분은 바울을 통해 고린도교회를 클리닉 하시기 시작하신다.

그런 의미에서 -오늘 묵상을 슬쩍 뒤집어 보면, 하나님의 생각은 하나님의 성령만이 알 수 있다는 것은 완곡하게나마 고린도교회가 토해내는 담론들은 하나님의 성령으로부터 오는 하나님의 생각이 아니다는 메시지다.- 하나님 없는 그들만의 리그라는 바울의 진단은 다른 어떤 것보다 치명적이자 부끄러운 평가다. 이런 바울의 통찰력이 있으니까 고린도교회가 아직 희망의 빛 안에 있는 것 아닐까.

고린도교회의 영적 무게를 하나님이 바울을 통해 달아 보시니 함량 미달이다. 이 기회에 정확한 관찰과 진단을 하고 있음은 회복을 염두에 둔 것 아닌가. 그것만큼 희망이다.

4. 음행으로부터 우리 몸 구하기

몸은 음란을 위하여 있지 않고 오직 주를 위하여 있으며
주는 몸을 위하여 계시느니라(고전6.13b)

◎ 몸은 主를 위하여, 主는 몸을 위하여(고전6.12-20)

- ○ 그리스도의 지체 vs 창녀의 지체
- ○ 주와 합하는 자 vs 창녀와 합하는 자
  - ⇨ 음행하는 자의 몸 : 자기 몸에 죄를 범함
  - ⇨ 성령의 전인 몸 : 하나님께 영광

음행의 문제는 고린도교회에 휘몰아친 소용돌이(분쟁)의 중심축 가운데 하나다(고전5.1-13, 6.12-20). "예수 안에서 거룩하여지고 성도라 부르심을 받은 자들"(고전1.2)이면서 동시에 또한 이러고 있다는 것은 치명적이며 매우 혼돈스러운 딜레마가 아닐 수 없다. 왜 이렇게 무너져 있는가? 무엇이 바울이 세우고 목회했던 교회를 이처럼 변질되게 만들고 있는가?

음행과 관련된 단락과 1세기 고린도교회 시대를 연결해 보면 전혀 어울리는 조합이 아닌, 이 둘은 영육이원론(靈肉二元論)이라는 당시의 사상적 트렌드와 맞물려 있음을 알 수 있다. 다름 아닌 영지주의(靈智主義, Gnosticism)인데 이를 간략하게 정리하면 그

리스어 그노시스(비밀스런 지식을 소유한 사람)에서 붙여진 명칭으로, 육은 무익하고 영은 거룩한 지식을 소유해야 하는(이런 자들만이 고등하고 참이다), 그래서 육이 하는 일은 크게 상관하지 않은 그런 사상이다.

그렇기 때문에 성도라는 이름과 음행하는 자의 양립(병립, 공존, 상존)이라는 두 얼굴의 삶이 가능한 것처럼 포장되었고, 또 실제로 그런 자들이 교회 안에 일정 세력을 얻고 있었다. 지금 고린도교회에 이런 세속적이자 종교적인 모양까지 갖춘 사상이 교회 안에까지 설득력을 가지고 침투해 들어온 것이다. 요즘으로 하면 종교(기독교)를 빙자한 [○천지]와 같은 反기독교적이며 敵그리스도적인 사교집단이 주장하는 사상이 교회로 침투해 들어오는 방식이라고 생각하면 된다.

실로 바울의 고민이 깊을 수밖에 없다. 그래서 영(靈)과 육(肉)에 대한 좀 더 분명한 신학적 입장을 전달할 필요를 느낀 것이다. 이런 배경하에서 볼 때 오늘 묵상 단락은 그리 어렵잖게 읽혀지고 묵상되어질 수 있다. 오늘 묵상 단락에 쓴 바울의 우리 몸에 대한 신학은 우리 몸은 주를 위하여 존재하는 그리스도의 지체요 성령의 전으로서 하나님께 영광을 돌려야 하는 예수 그리스도의 십자가의 피 값으로 산 거룩함에 초점을 맞춘다(13b,15a,19).

따라서 이 거룩한 몸에 창녀를 합하여 그의 지체가 되는 것으로서의 음행은 자기 몸에 죄를 범하는 것임을 분명히 선언한다(18). 더욱 우리의 몸은 삼위일체 하나님과 연결되어 있다. 몸은 주를 위하고(13b), 성령의 전이며(19), 하나님께 영광(20)을 돌리도록 요구되고 있음에서 그렇다. 우리의 몸과 주님이 이처럼 신비한 연합의 관계임이 눈부시다(13b). 허물과 죄로 죽었던 소망 없던 나를 당신의 십자가 피 값으로 산 것이 되게 하신 주님! 이제 나를 위해 살려는 악하고 추한 욕망을 내려놓으라 하신다. 한 번뿐인 인생이기에 더 그렇다.

5. 이 몸의 소망 무엔가

너희 몸은 너희가 하나님께로부터 받은 바
너희 가운데 계신 성령의 전인 줄을 알지 못하느냐
너희는 너희 자신의 것이 아니라 값으로 산 것이 되었으니
그런즉 너희 몸으로 하나님께 영광을 돌리라(고전6.19-20)

피터슨(E H. Peterson)의 [메시지 신약](The Message: The New Testament)으로 오늘 묵상을 읽으면 더 말씀이 생생하게 느껴진다 : "여러분은 여러분의 몸이, 성령께서 거하시는 거룩한 곳임을 알지 못합니까? 여러분은 하나님께서 엄청난 대가를 치르고 사신 여러분의 몸을 함부로 굴리면서 제멋대로 살아서는

안 된다는 것을 모릅니까? 여러분의 몸은 여러분의 영적인 부분에 속해 있는 소유물이 아닙니다. 그 모든 것의 주인은 하나님이십니다. 그러니 여러분의 몸 안에서, 여러분의 몸을 통해, 사람들이 하나님을 볼 수 있게 하십시오."

탈도 많고 말도 많지만 그럼에도 하나님의 눈엔 "예수 안에서 거룩하여지고 성도라 부르심을 입은 자들"인 고린도교회는 음행의 문제로 휘청거리는 중이다(고전5.1-15, 6.12-20). 바울은 이 문제를 클리닉 함에 있어서 교회가 위기에 봉착한 근본적인 원인에 초점을 맞춘다. 즉, 성윤리가 자유를 오해한 나머지 방종으로 흐르게 된 것에 주목한다(12). 그렇다면 이 죄악의 고리를 끊어내는 것이 해법인데, 이를 위해 그리스도와 우리 몸의 관계를 소상하게 설명하면서 좁혀 들어온다. 여기서 핵심은 '몸'이다.

절묘한 것은 음행의 핵심이 "자기 몸에 죄를 범하"는 것이라는 통찰이다(18). 이것은 우리 몸과 그리스도, 이 둘의 관계를 알 때 더 분명하게 드러난다. 결국 바울은 음행의 문제를 윤리의 문제가 아닌 신학적(神學的) 문제로 읽어내고 있다. 음행은 분명 사람과 사람 사이의 몸에서 벌어지는 행위이자 죄악이다. 하지만 우리 몸이 '그리스도의 지체'(15)요, '성령의 전'(19)이라는 점에서 결국 음행은 하나님과 분리해 생각할 수 없다는 것이다.

우리 몸(육신)이 어떻기에 바울은 이런 신학적 묵상을 하는 것일까? 우리의 몸을 하나님께서는 예수 그리스도를 십자가에서 희생하게 하시는 엄청난 값을 지불하고서 육신의 지배로부터 자유케 하셨기 때문이다(20a).

그런 몸을 다시 그분의 값 지불을 무의미하게 만드는 죄에 오염되게 만든다? 과연 그럴 수 있단 말인가? 이것이 "값으로 산 것이 되었"(20a)다는 선언의 의미다.

내 몸이지만 내 것이 아닌 성령의 전으로서 소유권이 주인(주님)에게 이전되었다. 비로소 이 몸으로서도 "하나님께 영광을 돌리"(20b)게 된 것이다.

사실 고린도교회는 물론이고 당시 1세기를 혼미스럽게 한 사상 중 하나가 영지주의(Gnosticism)라는 이단이다. 이들은 육(肉)은 아무렇게나 살아도 상관없고 영(靈)만 거룩하면 된다는 이원론에 기초한 자들인데 아마도 고린도교회 역시 이러한 거짓 사상에 오염이 된 것으로 보인다.

하지만 성경은 보이지 않는 영혼을 담고 있는 그릇이 육체요, -그래서 우리 몸은 '성령의 전'이다.- 영과 육을 분리해서 생각하지 않는다. 예수 그리스도도 육체를 입고 이 땅에 오셨지 않는가.

그래서 더 적극적으로 로마서는 이신칭의(以信稱義, 1-11장)의 은혜로 하나님의 구원에 이른 자는 12장 이후에서 자신의 "몸을 하나님이 기뻐하시는 거룩한 산 제물로 드리"(롬12.1)며 살라 말씀한다. 우리는 마음만으로, 생각만으로, 말만으로 '믿음으로 산다'고 할 수 없다. 이를 가능하게 하는 몸이 중요한 이유가 여기에 있다. '산다'는 건 몸이니까.

6. 복음만이 희망이다.

만일 복음을 전하지 아니하면 내게 화가 있을 것이로다(고전9.16b)

고린도전서 9장은 바울 자신의 사도성과, 사도적 권리가 주어져 있음에도 그것의 권리포기(權利抛棄)에 대한 진솔한 자기 고백이다. 아마도 고린도교회 안에 바울의 선교비에 대한 갑론을박이 있었던 모양이다. 그래서 바울은 이 기회에 돈(재정, 생활비)에 대한 자신의 입장을 비교적 소상하게 밝힌다. 오늘 묵상은 이 전후 문맥 안에 들어있다. 그렇다면 복음을 전하는 사명과 돈은 무슨 상관이 있다는 것인가? 이게 오늘 텍스트(고린도교회)의 상황이다.

복음을 전하는 직분을 감당하는 것은 월급을 받는 것과 같은 그런 보상이거나 생계의 수단으로 수행되는 것이 아니다(16-17). 그럼 무엇인가? 복음을 전하는 것은 마치 부득불 지고 가야 할 십자가 같은 사명이다. 이렇듯 "만일 복음을 전하지 아니하면 내게 화가 있을 것이로다."는 말씀은 소명(자)으로서의 전도이기에 멈추지 않는 것이다.

이 거룩한 부담 앞에 떨고 있는 바울에게 마녀사냥 하듯 덮어씌운 '돈 이야기'는 견디기 쉽지 않은 상처였을 것이다. 하지만 사도는 사도직을 수행하는 것은 부를 축적하는 것이 아니라 반대로 화를 면하는 것임을 분명히 한다. 그러니까 돈은 고사하고 화나 당하지 않았으면 좋겠다는 역설적 코멘트인 셈이다. 이런 비열한 비난에도 불구하고 영적 무게중심을 잃지 않는, 이런 형편에서도 복음을 변증(변호) 하는 일에 집중하는 바울의 영적 자존감을 보라! 이것들로부터 자유하지 않다면 감히 토해낼 수 없는 자신감이 아닌가. 누가 뭐라 해도 그는 복음을 전하는 사명을 약화시키지 않았다. 이게 바울의 영적(靈的) 실력이다.

목사는 부자로 살고자 응답하는 직업도 아니고, 목사로 살면 부자가 되는 것도 아니다. 30년 넘게 복음을 섬기는 사역을 감당해 오면서 가장 비참하고, 가슴으로 통곡하는 때는 목사를 월급쟁이로 취급하는 것 같은 사람을 만날 때다. 하지만 오늘 묵상은 그런 형편에서도 내가 붙들어야 할 것은 사람의 비난이 아니라 하나님의 소명이다. 그럼에도 복음을 전해야 한다는 사명(소명)에 나를 드리지 않으면 화가 있을 것이라는 원색적 복음이다. 이처럼 복음만이 희망임을 믿는다면 나도 바울처럼 흔들리지 않을 것이다.

바울처럼 복음 전파만이 유일한 소망이요 비전이라면 사람들이 이러쿵저러쿵하는 게 무슨 대수일까. 다 뭔가 해결하지 못한 열등감이 있기 때문에 붉으락푸르락하는 것 아닐까. 조그만 태클이 들어와도 나를 변호하기 바쁘고, 싫은 소리를 듣는 것도 불편한 것은 아직 고수가 아니기 때문이다. 주님과 복음 때문에 이런저런 소리를 듣는다는 걸 영광으로 안다면 바울처럼 훌훌 털고 깃털처럼 가벼운 영혼의 소유자로 승부하며 살아갈 수 있을 것이다.

지금 내게 중요한 것은 내가 무슨 소리를 듣느냐가 아니다. 지금 내게 더 중요한 것은 내가 주의 복음을 위해 전적으로 헌신하고 있는가이다. 내게 없는 것은 돈이 아니라 주의 복음을 위해 나를 전적으로 드릴 그런 소명과 믿음의 자세가 없음이다. 바울의 고린도선언 같은 영적 기백이 있다면 눈썹 하나 끄떡하지 않고 복음대로(福音大路)를 소명으로 불태우며 달려갈 수 있다. 지도자로의 영적 기백을 바울에게서 배운다. 세상은 문제를 가져오지만 바울은 해답을 전해준다. 지금 내가 할 일은 "복음만이 희망이다!"는 해답에 응답하는 것이다. 진실로 아멘이다.

7. 성찬상 앞에서

너희가 이 떡을 먹으며 이 잔을 마실 때마다
주의 죽으심을 그가 오실 때까지 전하는 것이니라(고전11.26)

◎ 성찬상 앞에 나아갈 때마다 드리는 기도

주님이 나를 위해 몸을 주셔서 제 몸이 주의 것이 되었습니다.

이제 나도 주님을 위해 이 몸을 드리며 살겠습니다.

이제 나도 이웃과 교회와 성도들을 위해 이 몸을 드리며 살겠습니다.

주님이 나를 위해 피를 주셔서 제가 새로운 삶을 살게 되었습니다.

이제 나도 주님을 위해 내 생명을 드리며 살겠습니다.

이제 나도 이웃과 교회와 성도들을 위해 내 생명을 드리며 살겠습니다.

주여, 나의 몸과 생명이 필요하시다면 기꺼이 드리리이다.

주님, 오늘 또다시 성찬상 앞에 섰나이다.

주님, 이 죄인을 불쌍히 여겨 주옵소서.

주여, 제게도 주님의 뒤를 따를 수 있도록 도와주옵소서.

주여, 저도 주님처럼 살겠습니다.

처음엔 겁 없이 이처럼 기도드리곤 했다. 하지만 갈수록 성찬상 앞에, 무엇보다 이 기도와 함께 설 때 솔직히 더 겁난다. 그래서 성찬은 늘 나의 못남과 주님의 은혜가 만나는 교차로이기도 하다. 이것이 성찬상 앞에 나를 겸손하게 내려놓게 되는 이유다.

성찬식은 주의 임재 앞에 나아가는 날이다. 하나님은 은혜의 통로인 말씀과 기도와 동일한 성찬을 교회에게 주셨다. 따라서 성찬은 의식으로만 행해지는 예배의 한 순서가 아니다. 그래서도 안 되고 그렇게 취급해도 안 된다. 성찬은 하늘의 양식으로 살아감을, 내가 사는 것이 떡이나 빵으로가 아니라 예수 그리스도의 살과 피로 주신 은혜로 살아감을 고백하고 확인하는 은혜의 한 방편이다.

내가 내 살과 피를 주님께, 그리고 교회와 이웃에게 주님처럼 주는 삶이 무엇일까? 바울은 그리스도의 십자가의 복음을 주님 다시 오시는 날까지 전하는 것에 초점을 맞춘다. 내 살과 피를 나를 위해 살지 않고 나를 위해 십자가에서 죽으신 주님을 위해 사용하는 것, 십자가의 복음을 전하는 일에 사용하는 것, 즉 소유권은 물론 사용권이 하나님께 있는 인생이 주님의 살과 피를 먹고 마실 수 있는 자라 하신다. 그렇다면 나를 위해, 내 몸을 위해 사는 자라면 그런 나는 성찬상 앞에 설 수 없다는 뜻이 된다.

지금까지 성찬은 족히 수백 번 이상 참여한 것 같다. 그러면 그만큼 더 주님의 영광을 위해 내 몸과 피를 드려가는 중이어야 하는데... 어느 순간부터 이제는 나를 위해서도 살 궁리를 찾고 있는 것 같아 아찔하다. 어느 순간 키가 크는 게 멈추듯 주님 닮기도 멈춰버렸고, 이젠 주님의 살과 피를 나 위해 사용하기에 좋은 명분과 구실을 찾고 있으니...

이런 교묘한 만성적 죄와 허물을 그대로 안고 다시 주의 성찬 앞에 나아가기 위해 예배 앞으로 나아간다. 이런 나를 오늘도 주님은 변함없는 성찬으로 맞아 주시겠지. 이렇듯 성찬상은 나를 주님 앞에 세우는 또 하나의 은혜임을 찬양한다. 성찬은 주님이 내게 오시는 거룩한 임재의 통로이다. 성찬은 주님처럼 살겠다는 거룩한 응답의 고백이다.

8. 성령교향곡

우리가 유대인이나 헬라인이나 종이나 자유인이나
다 한 성령으로 세례를 받아 한 몸이 되었고
또 한 성령을 마시게 하셨느니라(고전12.13)

핵심이자 중심은 성령, 즉 성령 안에서 시작된 새 생활에 대한 간증이다. 짧은 한 구절 안에 성령님이 임하신 이전과 이후가 극적으로 오버랩(OL) 되고 있다. 하나는 성령이 임하시기 전후의 대인(代人) 관계이고, 다른 하나는 성령으로 더불어 주와 하나 되기 전후의 대신(代神) 관계이다. 하지만 이 둘은 성령 안에서 유기적으로 하나가 된다는 게 특징이다. 하나의 몸에 서로 다른 많은 지체가 정교한 조화를 이루듯이 "한 성령으로 세례를 받아 한 몸이 되었고 또 한 성령을 마시"면서 산다는 것이 그렇다. 이처럼 성령은 통일성과 하나 됨을 유지하면서 "서로 다르지만 하나"를 이루며 사는 삶이 가능하도록 역사하신다.

하지만 성령이 오시기 전까지는, 즉 한 성령이 행하지 않았을 유대인과 헬라인이었을 때에는 서로 다를 뿐 아니라 서로가 서로에게 틀린 오답(誤答)이었다. 이것은 종이나 자유인도 마찬가지다. 소위 관심을 보일 접점이 없었다. 서로를 향해 긍정적이고, 관계적이고, 이해적이고, 수용적이고, 친화적이지 않았다는 뜻이다. 왜냐하면 같은 성령의 지배가 아닌 모든 기준이 나 자신이고, 나에게 유익하면 옳지만 반대로 나에게 불이익이면 가차 없이 등을 돌리는, 그렇게 나를 지킬 수밖에 다른 길이 없다고 생각하며 살았기 때문이다.

이것은 사람과의 관계에서만 그런 게 아니다. 돌이켜 보면, 우리는 허물과 죄로 죽었던 그리스도 밖의 저주받은 인생에서 은혜로 말미암아 구원을 받고 성령이 지배하는 사람이 되어 비로소 주와 한몸이 되었다. 그런데 더 놀라운 은혜는 중단되지 않고 계속 이어진다. [the MESSAGE](E H. Peterson)의 오늘 묵상 통찰처럼 성령님은 이 관계를 유지하고 또 계속해서 더 풍성하게 살아있도록 하기 위해 "하나의 같은 샘 -그분의 영- 을 마시고 새 힘을 얻어 살아"가도록 우리 안에서 한결같이 역사하신다는 점이다.

가끔 산을 보며 놀라는 것은 산(몸)은 그 안에 크고 작은 나무(지체)들로 공존하며 조화롭게 살아가는 것을 보면서다. 이들은 한 번도 싸우거나 서로가 서로에게 쓸데 없다고 아우성치지 않고, 공생과 상생으로 함께 어우러져 돌보며 자연스럽게 큰 숲을 이룬다. 마치 같은 성령이 행하시는 사람처럼 조물주(造物主)의 창조 질서대로 소통하며 살아가기 때문이다.

성령 안에서의 삶이 그러하다. 성령님께 완전히 지배를 받는 사람은 성령의 생각을 따르기 때문에, 계속해서 같은 성령을 통해 공급을 받으며 살아가기 때문에, "다 한 성령으로 세례를 받아 한 몸이 되었고 또 한 성령을 마시게 하셨"기에 합력하여 선(善)을 이루며 산다. 한 성령 안에 있을 때 갈등과 싸움, 상처와 고통, 절망과 탄식이 설 자리가 없는 이유가 여기에 있다. 성령교향곡이 읽혀지고, 보여지고, 들려져 감사하다. 이젠 내 삶으로 연주할 차례다.

9. 몸이 다시 사는 것을 믿사오며

그러므로 내 사랑하는 형제들아 견실하며 흔들리지 말고
항상 주의 일에 더욱 힘쓰는 자들이 되라
이는 너희 수고가 주 안에서 헛되지 않은 줄 앎이라(고전15.58)

예수님의 공생애와 십자가 고난, 그리고 부활하심까지의 시간이 대략 AD 33-35년을 전후한다. 그리고 다시 한 세대(30년)가 지나기 훨씬 전에 사도행전의 연속인 고린도전서가 기록되는 것으로 보는 게 일반적 시각이다. 이 배경을 고린도전서 15장(부활장)과 연결해 보면, 고린도전서의 첫 독자들 대부분은 예수님의 공생애와 부활과 승천으로 이어지는 예수님의 생애 거의 전반을 다 같이 동선에서 경험했던 사람들이다(고전15.6 참조).

이처럼 부활의 증인들이 살아있는 때와 고린도전서의 기록시기가 불가분의 관계에 있다는 통찰이 필요한 이유가 있다면, 이런 시간적 상황이 허구(거짓 증언)로 기록되어 공개되기에는 거의 불가능하다는 것을 강조하기 위함이다. 불과 몇십 년 전의 일을, 그것도 그 시대의 사람들이 거의 살아있는 때에 예수님의 부활을 말한다는 것은 사실이 아니고는 있을 수 없는 일이다. 예수님의 부활이 오늘 우리에게도 사실(사건)이자 동시에 신앙인 이유가 여기에 있다(고전15.11).

그리스도의 부활이 고린도전서의 첫 독자들에게 "승리를 주시는"(57, 현재형) 것이었다면 이 승리를 오늘 우리도 가지고 살아가고 있다는 점은 놀라운 은혜다. 그러므로 우리 역시 오늘 묵상을 고린도교회처럼 부활신앙으로 살아가는 자들에게 주시는 동일한 말씀으로 받을 수 있다. 미래의 승리를 지금 현재에서도 누릴 수 있는 길이 제시된다. 이를 위해 바울은 다음 3가지를 고린도교회에 요청하고 있다(58).

첫째, 견고하며 흔들리지 말라. 바울은 당시 反부활론자들이 있다(고전15.12,35)는 사실을 상기시키면서 저들의 거짓된 사상에 흔들리지 않고 부활신앙의 뿌리를 견고하게 내릴 것을 요구한다. 죽음은 끝이 아닌 전혀 새로운 시작이다. 사망(죽음)이란 천국이라는 이름의 본향(本鄕)으로 이민을 가는 것이다. 또한 하나님 나라를 유업으로 받기 위한 본향 찾기다. 왜냐하면 나그네로 지내는 이 땅이 우리의 소망이 아니기 때문이다.

둘째, 주의 일에 더욱 힘쓰는 자들이 되라. 그리스도 안에서 우리의 바라는 것이 이생뿐이 아니기에 그렇다. 미래의 부활의 영광된 새 생명(생활)을 믿는다면 현재의 삶을 무의미하게 사는 것은 상상도 할 수 없는 일이다. 때문에 우리에게 지금도 승리를 주시는 주님과의 일치를 경험하는 삶을 누리며 사는 것, 이를 더욱 힘쓰는 것, 더없이 중요한 부활신앙이다.

셋째, 너희 수고가 주 안에서 헛되지 않은 줄을 안다. 왜냐하면 부활은 반드시 있기 때문이다(고전15.53). 지금(현재) 내가 해야 할 일은 이미 이기게 하신 하나님께 감사하고(57), 그리고 그 감사의 그릇 안에 58절이라는 결코 헛되지 않은 삶의 열매를 담아내는 일이다.

장례식에서 말씀을 전할 때 부활신앙과 소망을 더 새롭게 마음 안에 담아낼 때가 많다. 주 안에서 헛되지 않은 삶과 죽음, 죽음과 부활, 부활과 영원한 삶을 믿고 확신하는 자는 흔들리지 않고 주를 위한 삶을 살아간다. 역설적이게도 죽음은 영원한 삶의 시작이다. 이 시작을 부활이 아닌 무엇으로 시작할 수 있겠는가.

부활은 초대교회(고린도교회)가 만들어낸 신화(소설, 픽션)가 아니다. 한두 사람은, 한두 해는 속일 수 있다. 그러나 시대와 역사를 속일 순 없다. 마치 1988년 서울올림픽을 지금 이야기하면 많은 사람들이 그 역사적 현장에 있었기에 사실만을 이야기할 수밖에 없는 이치와 같다. 이 마음과 믿음으로 다시 주님 말씀 앞에 선다(요11.25-26).

고 린 도 후 서

1. 고난비타민

우리는 우리 자신이 사형 선고를 받은 줄 알았으니
이는 우리로 자기를 의지하지 말고
오직 죽은 자를 다시 살리시는 하나님만 의지하게 하심이라(고후1.9)

바울은 고린도후서를 문안과 위로를 전하는 단락(고전1.1-11)으로 시작하면서 자신과 자기 곁의 사람들을 '우리'(1a; 3-11)로, 고린도교회와 성도들을 '너희'(1b; 6-8,11)로 각각 칭한다. 그리고 이 둘 사이를 핵심단어인 '고난'(환난)과 위로로 묶으면서 전하고자 하는, 그러니까 "우리의 고난과 환난이 너희에게 …" 무엇인가? 라는 메시지를 꺼낸다.

사실 고난으로 말하자면 우리의 고난만큼 크고 센 것은 없지 않을까라는 생각을 바울은 부연한다(고후1.8-10). 바울을 포함한 '우리'의 환난은 "살 소망까지 끊어지고 … 사형 선고를 받은 … 이같이 큰 사망에서"라는 불가항력적(不可抗力的)인 생사를 넘나드는 것이었다. 하지만 바울은 이것을 통해 중요한 영적 교훈을 얻었고, 이를 저희도 누리게 되기를 바라는 마음에서 고난에 대한 간증을 나누고 있다.

그것은 환난은 “우리로 자기를 의지하지 말고 … 하나님만을 의지하”(9b)라는 하나님의 고난방정식이라는 교훈이다. 바울에 의하면 고난은 고난 당하는 성도들을 파괴하고, 실패하게 하고, 하나님의 사랑에서 끊어지게 하려는 것이 아니다. 오히려 하나님을 더 신뢰하고 그분께로 가까이 나아가게 하는 또 다른 은혜의 통로가 된다. 그렇다면 고난이야말로 정말 놀라운 복음이 아닌가.

어찌 되었건 성도(聖徒)는 고난과 위로, 그 사이를 넘나 들면서 살아가는 자다. 하나님 안에 있다고 해서 고난이 면제되거나 없어지는 것이 아니다. ‘우리’ 메시지의 대표자라 할 수 있는 바울마저도 생명을 건 고난의 중심부를 통과하며 살았다. 그러니 ‘너희’ 멜로디의 한 음표와 같은 삶을 살아가는 나 역시 포기할 수 없는 고난행전이 아니겠는가.

바울이 우리와 너희를 동일시함으로 신뢰하고 있는 것처럼 오늘 고린도후서의 독자된 우리 역시 고난과 위로라는 전혀 어울리지 않는 삶의 이중주를 사랑하게 되고, 이를 아름다운 영혼의 시각에서 품을 수 있는 용량의 사람으로 살게 하시니 감사할 뿐이다. 바울은 이 비밀을 넉넉하게 이해하고 소화시킬 수 있는 고린도교회이기에 인사를 나누자마자 너희를 향해 “찬송하리로다!”(고후1.3a)로 서신을 시작한다. 이것은 지금 이 말씀을 묵상하는 독자인 나의 삶이라는 가락에서도 “찬송하리로다!”는 멜로디가 울려 퍼지게 되기를 소망하기 때문이 아니겠는가.

고난이 없기를 구하는 것이 얼마나 어리석고 무지한 수준인지 알 것 같다. 바울처럼 살아도 고난행전의 연속이었다면 하물며 우리랴! 하나님은 고난을 통해서 우리의 신앙의 질과 수준을 고결하고 영광스럽게 만들어 가신다. 마치 불이 순금을 만들 듯이 고난은 성도의 영혼을 흠잡을 것 없는 차원으로 이끈다. 우리의 신앙 선배들은 고난의 파도 앞에서도 늘 이처럼 찬양했다. "고요한 바다로" 이 찬송이 오늘 우리 영혼의 멜로디가 되어 삶으로 연주되는 찬양이 되길 빈다(찬송가 373장 2절) : "큰 물결 일어나 나 쉬지 못하나 이 풍랑으로 인하여 더 빨리 갑니다."

2. 근심클리닉

항상 우리를 그리스도 안에서 이기게 하시고
우리로 말미암아 각처에서 그리스도를 아는 냄새를 나타내시는
하나님께 감사하노라(고후2.14)

◎ 바울의 사도권 논쟁 : 고린도교회와의 갈등

A 근심 : 디도를 만나지 못함으로(2.13)

X 해법 1 : 하나님(先 해결, 後 위로)

해법 2 : 바울(2.14)

B 위로 : 디도가 옴으로(7.6)

고린도후서 2장을 읽어보면, '근심하게 한 자'(5a)로부터 시작된 고린도교회의 혼란이 바울 자신의 근심(1-4)은 물론이고 "하나님의 말씀을 혼잡하게"(17a) 하는 쪽으로까지 확장되었음을 알 수 있다. 이렇게 되어서는 사탄의 사악한 전략에 말려드는 것이다(11). 이 긴장(근심)은 바울 자신에 대한 반대와 비난(사도권 논쟁)이 거세지고 있음 때문인 것이 문제다.

다시 정리하면, 바울이 앓는 사랑의 열병은 고린도교회를 클리닉하기 위한 고린도전서를 보내 놓고, 그럼에도 그 이후에 들려오는 꼬리에 꼬리를 무는 해결되지 않는 고린도교회의 문제에 따른 근심 때문이다. 이것은 "심령이 편치 못하여"(13) 하는 것으로까지 확장되기는 하지만 그렇다고 파국 쪽으로 흐르지는 않는다는 점이 조금은 다행스럽다. 이 대목에서 바울은 곧바로 영적(靈的) 균형을 잡는다. 이게 14절이 갖는 위대함이다. 결국 사탄에게 속아 그 녀석 좋은 일을 해 줄 수는 없다는 것을 알고 있었기 때문이다(11).

이런 심각한 영적 딜레마, 즉 영적침체(靈的沈滯)를 반전시킴으로써 "항상 … 감사하노라!"의 신앙으로 우뚝 설 수 있게 되는 것은 다음 두 가지 때문이다. 첫째, "우리를 그리스도 안에서 이기게 하시는"(14a) 하나님 때문이다. 승리는 하나님께로부터 온다는 이 지극히 평범한 진리가 바울을 다시 깨어나게 한다(12-13 ⇨ 14).

둘째, "우리로 말미암아 각처에서 그리스도를 아는 냄새를 나타내시는 하나님"(14b) 때문이다. 그는 영적침체라는 파도가 엄습해 오는 자리에서 하나님 앞에 자기가 누구인가에 대한 분명한 자기 정체성(self-identity)을 새롭게 발견한다. 이처럼 휘청거릴 때마저도 그리스도의 향기를 풍겨야 할 자로 부르심을 받은 자라는 거룩한 신분을 포기하지 않았다.

고린도교회 앞에서는 고통과 눈물이 마를 날이 없었는데 하나님 앞에 서고 보니 "항상 … 감사" 할 수밖에 없는 자신을 발견한다. 달라진 것은 없다. 여전히 자신을 둘러싼 삶의 모든 환경(근심)은 그대로였다. 물론 디도를 만나지 못함과 디도의 옴 사이에서 정작 바울은 몰랐으나 하나님이 일하고 계셨기 때문이지만 말이다. 그런 고통의 때에도 하늘을 바라보기 시작하자 하나님이 영적(靈的) 시야에 들어오기 시작했고, 진정한 영적회복(靈的回復)은 이렇듯 자가발전(自家發電)이 아니라 하나님께로부터 온다는 걸 경험한 시간이기도 했다.

7장에서 근심이 해결되기까지 바울이 지불한 대가는 실로 엄청나다. 시련과 고통은 뼈에까지 전달되었지만 바울은 넘어지지 않았다. "그리스도 안에서 이기게 하시"는 하나님을 전적으로 신뢰하며 고난을 정면으로 돌파해 왔기 때문이다. 오히려 그는 이런 절망의 창고 안에서도 감사의 향기를 하늘 향해 쏘아 올린다. 이보다 더 멋지고 소망 넘치는 '근심클리닉'이 또 있을까? 그럼 우리 역시 바울처럼 근심을 통과해 가야 하지 않을까.

3. 바울의 낙심정복기

우리가 주목하는 것은 보이는 것이 아니요 보이지 않는 것이니 보이는 것은 잠깐이요 보이지 않는 것은 영원함이라(고후4.18)

믿음으로 살아도 낙심은 있는가? 낙심이라는 불청객이자 영적 고질병은 치료될 수 있는가? 누가 낙심에 이르는 병을 고치는가? 낙심은 하나님이 고치신다는 것을 알고, 믿고, 확신하며 살아가는가? 낙심으로부터 승리하면 그 너머엔 무엇이 기다리고 있는가? 누가 낙심으로부터 승리하는가? 하나님은 낙심하는 자들을 도우시는 분이신가? 낙심은 영원토록 우리를 지배하는가? 낙심은 불치병인가? 이를 위해 오늘 묵상은 고린도후서 4.16-18절을 통으로 봐야 할 필요가 있다.

놀랍게도 바울은 낙심을 부정하거나, 감추거나, 무시하거나, 회피하거나, 별것 아니라고 간과하지 않는다. 이 문제 앞에 당당하게 정면승부를 한다. 다름 아닌 낙심하지 아니할 이유를 분명히 밝히면서 이를 극복할 대답을 통해 낙심을 정복한다. 사실 바울의 메시지는 어찌 보면 참 단순하다 : "잠시 받는 환난"이라는 보이는 것은 "지극히 크고 영원한 영광"이라는 보이지 않는 것에 비하면 '잠깐'이다. 즉 보이는 환난은 잠깐이고 보이지 않는 영광은 영원하다. 찰나와 영원을 아는 자라면 결코 낙심에 허우적거리지 않을 것이다.

중요한 것은 낙심을 이기는 '믿음'(13)이 일시적 고난과 고통을 넉넉히 통과해 가게 만든다는 점이다. 믿음은 이처럼 보이지 않는 하나님의 세계를 보는 눈이다(18, 히11.1 참조). 동시에 믿음은 이처럼 환난에서 영광을 보는 눈이다(17-18). 바울이 낙심하지 않는 이유는 영원한 영광을 볼 수 있는 살아있는 믿음을 주께로부터 받았기 때문이다. 그렇다면 문제는 결국 우리에게 낙심을 이기는 믿음이 있느냐 없느냐다.

분명 낙심은 겉 사람을 낡아지게 하는 면이 없지 않을 것이다. 바울이 "낙심하지 아니하"(고후4.1,8,16)는 이라는 주제를 계속해서 다루는 걸 보면 생각보다 낙심이라는 녀석은 힘센 파트너임에 틀림없다. 낙심은 보이지 않는 영원한 것을 보지 못하게 하고, 보지 않아도 되는 잠깐인 환난만을 보도록 한다. 이 경우에 그는 낙심의 종으로 추락한 것이다.

하지만 바울은 낙심에 넋 놓고 있을 이유가 없음을 분명히 한다. 만일 우리가 낙심(잠시 받는 환난) 앞에 정면승부를 할 수 있다면 낙심에 물든 겉 사람은 사라지고 날로 새로워지는 속 사람을 경험하게 될 것이다. 잠시 받는 낙심을 보이는 것대로 오랫동안 붙들고 있지 않고, 보이지 않는 영광의 영원함을 믿음의 눈으로 본다면 속 사람은 날로 새로워지는 것을 날마다 경험하게 될 것임을 믿어야 한다.

사람들은 보통 낙심이라는 문제에 직면하기도 전에 겁을 먹고 스스로 무너지곤 한다. 싸워보지도 않고, 생각해 보지도 않고 그만 낙심에게 무릎을 꿇어 버리는 것이다. 왜냐하면 낙심을 하나님의 시각에서 바라보고 읽어낼 '믿음'(고후4.13)이 없기 때문이다. 오늘 말씀이 히브리서 11.1절 말씀과 겹치는 이유가 여기에 있다. 보이지 않는 것을 믿음의 눈으로 보고 있다면 낙심은 더 이상 우리를 지배하지 못할 것이다. 다시금 <바울의 낙심정복기>를 믿음으로 바라본다.

4. NOW IS THE TIME, NOW IS THE DAY

이르시되 내가 은혜 베풀 때에
너에게 듣고 구원의 날에 너를 도왔다 하셨으니 보라
지금은 은혜 받을 만한 때요 보라 지금은 구원의 날이로다(고후6.2)

고린도교회가 해야 할 일은 은혜를 헛되이(낭비) 하지 않는 것인데 그러려면 '지금'이 은혜의 때(날)인 것을 말씀하시는 주님 앞으로 나아가야만 한다(고후6.1 ⇨ 2). 이를 위해 바울은 이사야 49장 8a절을 절묘하게 묵상해 낸다. 이를 피터슨(E H. Peterson)의 [메시지 신약](The Message: The New Testament), 오늘 묵상 본문으로 읽어보자 : "가장 알맞은 때에, 내가 너의 외치는 소리를 들었다. 네가 나를 필요로 하던 그날에, 내가 너를 도우려고 거기 있었다."

하나님께서 지금 고린도교회를, -놀랍게도- 아니 지금 이 말씀을 묵상하는 우리를 은혜로 초대하기 위해 이를 필요로 하는 우리의 간구를 들으시고 '지금' 도우시려고 이 말씀으로 찾아오셨다고 말씀하신다. 할렐루야다. 이러한 열망이 이스라엘처럼, 바울처럼, 고린도교회처럼, 그렇게 우리에게도 부어주시는 은혜의 강수가 되게 하셔서 감사하다.

문제는 고린도교회로 하여금 '지금의 은혜'를 가로막는 것들이 있다는 점이다. '외모로 자랑하는 자들'(5.12b) -더 올라가면 '어떤 사람'(3.1a)에서 만난다.- 때문에, 또한 '자신을 위하여'(5.15) 살고, 사람은 물론 주님을 '육신을 따라'(5.16) 알 때도 그렇고, 새로운 존재로의 거듭남의 은혜를 잃어버리고 이전 것으로 돌아갈 때(5.17), 결국 하나님과의 화목이 깨지고, 그 결과 하나님의 은혜를 헛되이 낭비하게 되는 것, 이것이 지금의 은혜와 상관없이 되게 하는 것들이다.

바울은 늘 이 은혜의 풍성함을 헛되이 하지 않기 위해 몸부

림쳤다. 은혜는 한 사람이 하나님 앞에서 영적인 기능을 할 수 있도록 해주는 연료와 같은 것임을 누구보다 잘 알고 있었기 때문이다. 사도라는 영광스러운 직분과 더불어 복음의 영광 안에 있다 할지라도, 또한 새 언약의 일꾼으로 부르심을 입었다고 할지라도 그것 자체가 동력(자가발전)이 되어 주께서 맡기신 사명을 완수하게 되는 것은 아니다.

이렇듯 은혜는 과거를 먹고 자라거나, 유지되거나, 풍성해지는 것이 아니다. 은혜의 시계는 늘 '지금'이다. 5장을 성취해야 할 때는 바로 지금이다(2b). 바울은 이 진리를 구약에서 퍼올림(사49.8a)에 있어 고린도교회로 하여금 과거에 매여 있지 않기를 기대하고 있다. 어떤 모습으로 있든지 간에 다시금 하나님의 은혜의 장(場)으로 나아오기만 한다면 바로 그 '지금'은 과거와 다른 은혜로 채워질 수 있음을 선포한다.

그렇기 때문에 바울은 이어지는 고린도후서 6장의 고난마저도 하나님의 은혜 안에서는 풍성한 '지금'(2)일 수 있도록 온몸으로 증거하고 있는 것이다.

하나님은 지금 내가 당신을 필요로 하는 신음소리를 들으시는 분이시면서 동시에 가장 알맞은 때에 이를 도우시려고, -그것이 지금 내가 받아야 할 바로 그 은혜임을 누구보다 아시기에- 오늘 묵상 앞에 나를 세우신다. 지금이야말로 은혜 받을 때요, 하나님께로부터 도움을 받을 날이다. 주여, 저를 불쌍히 여겨주시옵소서!

5. 하나님의 성전다움이라는 거룩함은 구호가 아니라 소명이다.

그런즉 사랑하는 자들아 이 약속을 가진 우리는
하나님을 두려워하는 가운데서 거룩함을 온전히 이루어
육과 영의 온갖 더러운 것에서 자신을 깨끗하게 하자(고후7.1)

◎ 우리 vs 세상(고후6.14-7.1)

A 세상 : 믿지 않는 자

불법, 어둠, 벨리알(사탄), 우상

B 우리 : 약속을 가진 믿는 자

의, 빛, 그리스도, 살아계신 하나님의 성전

바울은 지금 이 불법과 우상이 난무하는 온갖 더러운 것들로 가득 찬 어둠의 세상(A)으로부터 의와 빛 가운데 살아가는 하나님의 성전인 우리(B)는 분리되어야 한다고 말한다. 왜 그런가? "우리는 하나님을 두려워하는 가운데서 거룩함을 온전히 이루어"야 하는 자들이기 때문이다. 하지만 우리는 세상과 분리되었음에도 불구하고 여전히 세상 속에서 살아간다는 점에서 이 말씀은 만만하지 않다.

그렇다면 여기에는 뭔가 더 깊은 비밀한 의미가 들어있을 것이다. 그것이 무엇일까? "육과 영의 온갖 더러운 것"들로 가득한 세상은 그럼에도 불구하고 그리스도의 복음과 구원을 필요로 하는 선교의 장(field)이다. 세상을 떠나 우리끼리만 살 수도 없고, 그렇다고 동화되거나 흡수당할 수도 없는 이 문제를 어찌해야 할까?

그런 의미에서 세상은 늘 이중적이다. 우리는 세상으로부터 부름 받은 하나님의 백성들이다. 동시에 세상으로 보냄 받은 그리스도의 제자들이다. 지금 바울이 명하고 있는, -이것은 바울에게서 나온 사사로운 것이 아닌 하나님의 말씀(고후6.16b-18)이다.- 세상(A)과 멍에를 함께 메는 것은 불법, 어둠, 벨리알(사탄), 우상과 같은 "온갖 더러운 것"에 동화되는 것을 의미한다.

이것은 하나님의 말씀이라는 약속을 가진 자인 우리(B), 즉 "우리는 살아계신 하나님의 성전이라."는 약속의 말씀을 정면으로 거역하는 것이다. 오히려 우리는 "하나님을 두려워하는 가운데서 거룩함을 온전히 이루"는 삶으로 부르심을 받은 자들이다. 따라서 우리(B)는 더 이상 세상(A)과는 다른 자들이 아닌가. 때문에 우리는 의, 빛, 그리스도, 살아계신 하나님의 성전으로 세상 앞에 당당히 서 있어야 한다.

우리는 세상 속에 살아가지만 그러나 세상과 분리되어 살아가야 하는 "살아계신 하나님의 성전"이다. 때문에 하나님의 우리를 향한 계획은 놀랍고도 크다. 여기에 어찌 세상(A)의 냄새가 남아있을 수 있으랴! : "나는 그들의 하나님(아버지)이 되고 그들은 나의 백성(자녀)이 되리라."(고후6.16b,18) 사랑하는 자들인 우리를 향한 약속은 여기까지다. 오늘 묵상에는 우리를 사랑하시는 우리 하나님 아버지의 사랑이 가득히 녹아 있음을 느끼게 된다. 왜 "우리는 하나님을 두려워하는 가운데서 거룩함을 온전히 이루어 육과 영의 온갖 더러운 것에서 자신을 깨끗하게" 해야 하는 자로 부르심을 받아 살아가고 있는지에 대해 조그만 묵상을 주님께 올려드린다.

6. 근심이라고 다 같을까?

하나님의 뜻대로 하는 근심은 후회할 것이 없는
구원에 이르게 하는 회개를 이루는 것이요
세상 근심은 사망을 이루는 것이니라(고후7.10)

◎ 인고신위(人苦神慰, 7.2-16) : 근심은 기쁨의 미래다.

A '환난 … 두려움 … 근심 … 후회' (5,8)

X '위로하시는 하나님' (6)

B '지금 기뻐함 … 기뻐하노라' (9-16)

고린도후서 전반부(1-7장)는 '기쁨' 으로 마무리된다. 시작 분위기가 '환난…고난' (1.1,6,7,8)이었던 것과 7장은 사뭇 다른 색

깔이다. 고린도교회는 "포도원을 허는 작은 여우"(아2.15)와 같은 부화뇌동(附和雷同)하는 자들 때문에 안팎으로 끊임없는 고통 가운데 처해 있었다(2.5a,17, 3.1). 바로 그 때 디도를 통해서(6b), 바울이 디도 편에 보낸 편지를 읽은 고린도교회를 통해서(7) '위로하시는 하나님'(6a)의 은혜가 바울과 고린도교회 온 무리 위에 넘쳐났다. 마침내 하나님은 환난을 기쁨으로 역전시키신 것이다.

바울의 근심과 기쁨은 전적으로 고린도교회의 영적 온도계와 비례하며 움직인다. 그만큼 고린도교회를 온몸으로 품고 있음을 본다. 정리하면, "환난…두려움…근심…후회"(5,8)가 물러가고 '지금 기뻐함'(9-)이라는 코드로 변환된 것은 '위로하시는 하나님'(6) 때문이다. 디도를 통해서 듣게 된 고린도교회의 소식은 바울로 하여금 이제 더 이상 "큰 환난과 애통한 마음이 있어 많은 눈물"(2.4a)을 요구하지 않아도 될 만큼 변화되어 있었던 것이다.

바울이 기뻐하는 것이 눈에 보이는 듯하다. 좀 더 깊이 들어가 보면 그 이유는 고린도교회가 "근심했기 때문이 아니라 그 일로 회개"(9a, 현대인의성경)하였기 때문이다. 즉, 바울로 하여금 후회하게 했던 "편지로 너희를 근심하게 한 것"(8a)이 놀랍게도 회개를 잉태하는 씨앗이 되었다는 사실이다. 사실 바울과 고린도교회가 각각 한 지붕 두 가족처럼 될 뻔했고, 그것이 바울의 근심거리였다. 그런데 고린도교회가 "하나님의 뜻대로 근심하게"(10-11) 됨으로써 회개함에 이르렀는데, 이것은 위로하시는 하나님의 놀라운 은혜 때문이었다.

바울은 놀랍게도 근심마저도 하나님의 손에 들려지면 은혜의 통로가 된다는 것을 체험했고, 그래서 오늘 묵상(10)처럼 고백하게 된 것이다. 이뿐 아니라 고린도교회로 하여금 "하나님의 뜻대로 하는 근심은 … 열심을 일으켰으며, 순결을 변호하게 했으며, 의분을 느끼게 했으며, 심판을 두려워하게 했으며, 사랑을 사모하게 했으며, 열렬히 헌신하게 했으며, 불의를 징벌하게"(11, 새번역) 했다.

하나님이 하시는 일은 놀랍기 그지없다. 어떻게 근심을 통해서 이런 놀라운 일을 이루실 수 있단 말인가. 무엇보다 하나님은 이를 사람을 통해서 하셨다는 것이 가슴을 뛰게 한다(6-7,13-15). 이것이 디도에게서, 고린도교회를 통해, 그리고 바울에게서 배워야 할 신앙의 유산이다.

근심이라고 다 같을까? 하나님의 뜻대로 하는 근심과 세상 근심이 어찌 같겠는가. 바울처럼 근심마저도 하나님의 뜻을 이룰 수 있는 도구로 품을 수 있고, 그리 볼 수 있고, 그렇게 읽어낼 수 있다면 못할 것도 없다. 전혀 어울릴 것 같지 않은 근심과 기쁨마저도 합력하여 선을 이루시는 하나님의 절묘한 영적 공식이 나에게서 증명되고 간증되길 묵상으로 품는다.

7. 자발적 가난을 깨운다.

우리 주 예수 그리스도의 은혜를 너희가 알거니와
부요하신 이로서 너희를 위하여 가난하게 되심은
그의 가난함으로 말미암아 너희를 부요하게 하려 하심이라(고후8.9)

고린도후서 8장은 헌금에 대한 말씀인데, 먼저 마게도냐 교회의 헌금생활(1-5)을 소개한 후에 고린도교회 헌금 프로젝트(6-15)가 이어진다. 고린도교회(이방인)가 예루살렘교회(유대인)로부터 진 영적 빚을 헌금을 통해 갚게 되는 프로젝트가 1년 이상에 걸쳐 진행되고 있을 때다(10, 롬15.25-28). 중요한 것은 이를 위해 바울은 헌금하기라는 어떤 성취의 결과만이 아닌 과정과, 더욱 그 동기가 어떠해야 하는가를 놓치지 않고 있다.

이제 고린도교회는 자신들의 사랑이 얼마나 진실한가를, 말과 혀로만이 아닌 신실함으로 증명해야 할 때가 되었다(8). 무엇을 통해서인가? 헌금을 통해서다. 헌금은 사랑이다(8). 이를 위해 바울은 오늘 묵상에서 주님의 <성육신신학>(9, 빌2.5-11)을 헌금의 원리로 제시한다. 이것은 "주님이 너희를 부요케 하시기 위해 가난하게 되셨고, 그리하여 그 가난함을 통해 너희를 부요하게 하셨다."는 것을 기억하는 것에서 시작된다.

즉, 주님처럼 다른 사람의 부요를 위해 가난해지는 법을 배워

실행하는 것, 그러니까 가난해지는 자리로까지 낮아지는(성육신하는) 것이 헌금하기 안에 들어있는 영적 원리라고 말한다. 주님이 그리 하셨다면 그의 제자인 너희('나')겠는가. 또다시 바울은 일반적인 원리에서가 아닌 성경이 말하는, 그 무엇보다 주님의 공생애에서 헌금의 영성을 끌어내고 있음이 인상적이다(고후6.16b-18 참조).

바울의 헌금 이야기에 우리 주님의 생애가 간증으로 등장하는 것은 좀 의외일 수 있다. 이 주제에 대해 누구보다 자유로운 모델일 수 있는 자신을 진솔하게 담아내도 될만하다. 그런데 예수님을 얘기하는 것은 그분의 삶이 어디로, 누구에게 흐르고 있었는가를 보여줌으로써 헌금이라는 것이 보이는 액수(크기)에 있는 것이라기보다는 내면의 마음과 사랑이 담겨 있는 것이어야 함을 전달하고자 하는 것이라 보여진다.

우리 중에 자신의 부주의와 실수 때문에 가난하게 되는 경우는 흔하다. 하지만 주님처럼 "너희를 위하여 가난하게 되"는, 즉 내가 가난하게 되는 것을 감수하면서까지 다른 사람을 위해 가난하게 되는 소위 '자발적 가난'(적극적 가난)에 참여하는 것은 말처럼 그리 쉬운 일이 아니다. 가족과 자식의 교육(유학, 학업)을 위해 내가 덜 먹고, 덜 쓰고, 덜 놀면서 허리띠를 졸라매는 것은 보통의 부모라면 흔히 그렇게 산다.

하지만 지금 예수님이나 고린도교회는 자기와 자기 가족(자녀)을 위해 '소극적 가난'(인륜적 가난)에 참여하는 것이 아니다. 그래서 예수님과 고린도교회의 자발적 가난은 놀라운 은혜요 복음을 생활에 그대로 옮겨놓은 삶이다. 아마도 바울은 그리스도인이라면 -예수님이 그러셨으니까!- 이런 마음과 신앙을 따라 <아낌없이 주는 나무>처럼 살아야 한다고 말하고 싶은 것 같다.

아내는 ○○로 택배를 보내기 위해 이것저것 상자에 담는다. 아직 바울이 들려주는 복음처럼 '자발적 가난'에까지 참여하면서 나누는 수준은 아니기에 부끄럽고 죄스럽지만 축복의 통로로 살고자 꿈틀거리는 흔적 정도는 끊어지지 않고 살아가고 있는 것 같다. 이 작은 불씨가 죽지 않고 언젠가 나도 '자발적 가난'에 참여할 수 있는 그런 날이 있기를 빈다. 오늘은 내 마음의 뜨락에 자발적 가난이라는 씨앗을 심는 날이다.

8. 기도란 무엇인가?

나에게 이르시기를 내 은혜가 네게 족하도다 이는 내 능력이
약한 데서 온전하여짐이라 하신지라 그러므로 도리어
크게 기뻐함으로 나의 여러 약한 것들에 대하여 자랑하리니
이는 그리스도의 능력이 내게 머물게 하려 함이라(고후12.9)

◎ 바울의 기도(12.1-10)

A 기도 이전(1-7) : 문제알기

B 기도하기(8-9a) : 직면하기

C 기도 이후(9b-10) : 응답하기

문제는 기도를 낳았지만 기도는 그 문제를 해결한다. 바울의 기도는 'NO' 로 응답되었다. 바울이 원하는 것으로 주어지지 않았다는 뜻이다. 그렇다면 이러고도 응답인가? 여기에 대한 대답이 그 사람의 기도에 대한 이해(지식)이며 용량이다. 기도를 단순히 구하는 것, 그러니까 "이것 주세요! 했더니 이것 주셨다."는 간증 밖에 없는 사람은 "이것 주세요! 했더니 저것 주셨다."는 응답이 정작 무엇인지 알지 못한다.

하지만 기도는 구하는 것, 그 이상이다. 기도생활이 풍성해지지 않은 이유는 "구했다. 응답받았다."는 자동판매기식 공식 밖에 없기 때문이다. 그러나 기도는 그 기도 속에 하나님께서 어떻게 나를 간섭하시고, 그 가운데 역사하시는가를 보는 것과 깊은 관계가 있다. 기도를 명하신 하나님께서 그 기도 가운데 어떻게 일하시는가를 보고, 깨닫고, 느끼고, 체험하고, 듣고, 아는 것까지를 기도라 할 수 있다.

때문에 'NO' 라는 하나님의 응답 싸인(sign) 안에 든 하나님의 뜻까지를 주님으로부터 듣고 알게 되는 것, 이것이 기도란 구하는 것 그 이상이라고 말하는 이유다. 결국 'NO!' 앞에서도 "그러므로 내가 기뻐한다."라고 말하는 것, 이것이 기도 생활의 최상급이다. 나 역시 '기도 이후' 가 이처럼 건강하기 위해 하나님의 은혜를 구한다.

사실 기도해도 현실은 그대로일 때가 더 많다. 즉, "약한 것들, 능욕, 궁핍, 핍박, 곤란"이라는 삶의 문제들은 기도 때문에 없어지지는 않는다. 여기까지는 바울이나 우리의 기도가 같다. 하지만 바울은 이 이후, 그러니까 기도 이후가 달랐다. 그럼 바울의 기도가 우리와 다른 것은 무엇인가? 첫째, 그것을 보는 시각이 새롭다. 고통을 더 이상 고통으로만 보지 않는다. 둘째, 그것을 받아들이는 자세가 새롭다. 궁핍과 핍박과 환난을 기쁨으로 받아들인다. 셋째, 그것과 함께하는 태도가 새롭다.

이젠 기도를 새롭게 해야 한다. 더 정확히 말하면, 기도 이후를 새롭게 해야 한다. 나의 환경과 문제만을 해결하려는 기도에서, 비록 문제가 그대로일지라도 기도 이후를 바꾸는 사람으로, 기도가 어떻게 기도 이후의 나를 변화시키는 능력인가를 경험하는 사람으로 서기까지 기도의 주인이신 주님께로 기도의 중심을 옮겨야 한다.

이처럼 기도가 무엇인가를 점점 더 풍성하게 깨닫고, 알아가고, 체험하게 되면 기도는 할수록 더 쉽다. 동시에 내가 할 수 있는 일이란 기도 하는 것밖에는 아무것도 없다는 사실 때문에 기도는 할수록 더 어렵다. 기도는 하나님이 하시는 일을 보는 것이요, 왜 하나님께서 그렇게 일하시는가를 깨닫게 되는 통로다. 기도는 하나님을 통해 나를 보는 것이고, 나를 통해 하나님을 경험하는 것이다. 오 주님, 이런 기도를 드리며 살게 하옵소서.

9. 믿음 안에 있는가?

너희는 믿음 안에 있는가 너희 자신을 시험하고 너희 자신을 확증하라
예수 그리스도께서 너희 안에 계신 줄을 너희가 스스로 알지 못하느냐
그렇지 않으면 너희는 버림 받은 자니라(고후13.5)

바울은 이미 "내가 다시 가면 -내가 전에 죄를 지은 여러 사람의 그 행한 바 더러움과 음란함과 호색함을 회개하지 아니함 때문에(12.21b)- 용서하지 아니하리라."(13.2b)고 최후통첩(最後通牒)을 선언했다. 이렇듯 고린도후서는 재 방문을 앞에 둔 일종의 목회적 권면이다. 사실 고린도교회는 세상과 복음 사이를 들락거리며 여전히 요동치고 있는 만성병에 걸린 상태이다. 그럼에도 불구하고 변함없이 '모든 성도에게'(1.1)로 시작하여 '형제'(13.11a)로 고린도 성도들을 향한 편지를 마무리하고 있는 이유, 13장 5절 안에 희미한 답이 있다.

먼저, 그럼에도 불구하고 너희, 즉 고린도교회와 성도들 안에 주님은 변함없이 함께 계시기 때문이다. 저희는 이 사실(진리)을 잘 아는 자들이다. 이제 그들은 "그리스도께서 너희 안에

계신 줄을" 믿음 안에 있는 것으로 밝히 보여줘야 할 때다. 중간지대는 없다. 남자거나 여자, 남한이거나 북한, 아들이거나 딸이다. 즉, 그리스도께서 우리 안에 계신 것도 같고, 아닌 것도 같고는 없다. 우리가 믿음 안에 있는 것도 같고, 아닌 것도 같고는 없다는 뜻이다. 신앙은 보이지 않지만 신앙인은 보인다. 그리스도는 보이지 않지만 그리스도인은 보인다.

동시에, 여전히 죄와 거룩 사이를 줄타기하는 중에 있음에도 불구하고 고린도교회와 성도들은 '버림받은 자'가 아니라 하나님의 자녀이기 때문이다. 생명은 자란다. 그러므로 고린도교회가 하나님의 자녀라면 마땅히 "예수 안에서 거룩하여지고 성도라 부르심을 받은 자"(고전1.2a)스럽게 믿음 안에 있음을 확증해야 한다. 고린도교회와 성도들은 "의인된 죄인"이라는 공사중에 있는 자신들의 거룩한 정체성을 밝히 드러내야 할 책임이 있기 때문이다.

흥미로운 것은 깊은 인내("사랑은 오래 참고", 고전13.4a) 안에서 토해 내는 바울의 영적 통찰이다. 바울은 완벽(perfect, pass, 100점)을 말하지 않고, 시험(examine, test)이라는 거룩한 과정을 기대하고 있다. 비록 씁쓸하긴 하지만 지금 넘어지고 자빠진 바로 그곳에서 다시 시작하여 우리 안에 거하시는 주님을 믿는 믿음 안에 여전히 서 있음을 드러내 보일 때다.

배 안에 있어도 흔들리는 건 마찬가지다. 예수 안에 있어도 고난과 시련과 믿음 없는 내가 자초한 파도에 늘 흔들리는 건 마찬가지다. 하지만 그때가 내가 믿음 안에 있는가, 그리스도를 내 안에 모신 자인가, 나는 버림받은 자가 아니라 하나님의 자녀인가를 확증할 수 있는 기회의 때다. 지금이 바로 그때다.

10. 축도(祝禱, Benediction)

주 예수 그리스도의 은혜와 하나님의 사랑과 성령의 교통하심이
너희 무리와 함께 있을지어다(고후13.13)

◎ 제사장의 축복(민6.24-26)

여호와는 네게 복을 주시고 너를 지키시기를 원하며
여호와는 그의 얼굴을 네게 비추사 은혜 베푸시기를 원하며
여호와는 그 얼굴을 네게로 향하여 드사 평강 주시기를 원하노라

고린도후서를 쓸 당시 바울은 "힘에 겹도록 심한 고난을 당하여 살 소망까지 끊어"(1.8b)져 버렸을 정도로 환난 가운데 있었다. 외풍(外風)은 여기서 그치지 않고 거짓 설교자(2.17), 거짓 교사(3.1), 거짓 사도들(11.5,13)로부터 전방위 공격까지다.

무엇보다 이미 사도들과 예루살렘 총회로부터 사도성이 입증되었음(행9.28, 15.1-21)에도 불구하고 사도권 논쟁은 수그러들지 않았다(8.6,16-17, 10.1, 13.1-3). 동시에 내적으로는 육체의 가시(12.7-10)

와 싸워 이겨야 하는, 그야말로 처절한 영적 사투(死鬪) 그 중심에 서 있을 즈음이다.

그럼에도 불구하고 그는 사도로서, 예수 그리스도의 복음을 전하는 종으로서, 전도여행을 통해 세워진 1세기 교회들을 위해 자신의 생명을 조금도 귀하게 여기지 않고 목숨을 건 복음 사역에 헌신한다. 이를 위해 때로 엄한 아버지의 마음으로 책망하고 권면하면서도 축도(祝禱, 13.13)에서 보여주듯 따뜻한 어머니의 마음으로 사랑을 토해내면서 말이다. 이것이 끝내 축도에서 토해내는 바울의 심정이다.

구약 제사장의 축복(민6.6-10)에 이어, 신약교회 2천 년 교회사에서 축도의 원형은 오늘 바울의 고린도후서 13장 13절의 축도다. 바울은 주님의 몸 된 교회 위에 삼위일체 하나님이 함께하시기를 빌고 있다. 교회의 주인이신 하나님의 다스림(통치)과 함께하심(보호)과 교통하심(교제)이 교회와 함께 있는 것이야말로 교회의 가장 큰 영광이기에 그렇다.

한편 오늘 현대교회의 예배에서 드려지는 축도 역시 신약 교회사의 전승으로써는 물론 신구약을 관통하는 언약에서 비롯된 것이다.

한 가지, 좀 더 생각해 볼 수 있는 것은 축도의 순서가 성자-성부-성령인 점이다. 이는 성부-성자-성령을 따른 찬송가의 순서와는 좀 다르다는 점에서 특별하다.

이는 어떻게 설명할 수 있을까? 하늘 보좌에서는 하나님의 보좌 우편에 그리스도가 앉으시지만 그럼에도 불구하고 아버지(성부 하나님)는 아들(성자 예수님)을 높인다. 이것이 아들의 영광 안에 들어있는 아버지의 마음이다.

그렇다. 하나님께는 아들이 한 분이다. 그래서 독생자 예수님이다. 그런데 우리를 입양(아들 삼으심, 양자의 영, 롬8.15-16)하사 그리스도와 함께 한 공동상속자로, 즉 아들의 영광을 얻게 하셨다.

부모는 자식이 잘되는 것을 가장 큰 영광과 행복과 기쁨으로 삼는다. 이 역시 우리는 하늘 아버지에게서 배웠다. 하나님 아버지는 아들 예수님을 높이심으로써 영광을 받으신다. 뿐만 아니라 우리를 예수님처럼 앞세우사 높임을 받게 하시기를 기뻐하신다. 그 높임과 영광에 걸맞은 아들 됨, 이것이 축도로 선포되는 여전히 유효한 살아있는 은혜다. 이 축도의 메시지 앞에 날마다 나아가자.

갈 라 디 아 서

1. 이제 내가 사는 것은?

내가 그리스도와 함께 십자가에 못 박혔나니
그런즉 이제는 내가 사는 것이 아니요
오직 내 안에 그리스도께서 사시는 것이라
이제 내가 육체 가운데 사는 것은
나를 사랑하사 나를 위하여 자기 자신을 버리신
하나님의 아들을 믿는 믿음 안에서 사는 것이라(갈2.20)

율법으로부터의 자유(갈2.16-21), 이것은 바울복음의 핵심 가운데 하나다. 율법은 그리스도인에게 구원을 주지 못한다. '그러므로 옛 지배권'(율법)은 죽어 끝이 났고 이제 '새 지배권'(그리스도)을 따라 살아야 한다. 마침내 갈라디아교회에 십자가 복음의 새 깃발이 펄럭인다(20). 이것이 십자가의 지배권 안에 살아가는 자의 거듭난 삶이다.

이 구절을 피터슨(E H. Peterson)의 [메시지 신약](The Message: The New Testament)으로 읽어 본다 : 정말로 나는 그리스도와 함께 십자가에 못 박혔습니다. 이제 내 자아는 더 이상 내 중심이 아닙니다. 나는 더 이상 여러분에게서 좋은 평판을 얻고 싶은 마음이 없습니다. 나는 더 이상 하나님께 좋은 평판을 얻어야 한다는 강박관념이 없습니다. 그리스도께서 내 안에 살고 계십니다. 여러분이 보는 내 삶은 '나의 것'이 아니라, 나를 사랑하시고 나를 위해 자기 목숨을 내어주신 하나님의 아들을 믿는 믿음으로 살아가는 삶입니다. 나는 이 삶을 져버리지 않을 것입니다.

1980년대 초 통기타 반주에 <갈라디아서 2장 20절>이라는 제목으로 소개되기 시작한 가스펠송, 그 덕에 그때부터 오늘 묵상 구절을 조용히 부르다가 자연스럽게 암송할 수 있게 되었고, 지금도 종종 잔잔하게 가슴을 파고 내 영혼을 울리는 찬양이 되었다. 언제나 이 말씀처럼 의롭게 되는 것이 율법으로 말미암지 않음을 생생하게 경험하면서 살아갈 수 있을까? 정말로 언제나 율법의 사람이 되는 것을 포기하고(율법에 대하여 죽고), 나를 위하여 살지 않고 주님을 위해서 살 수 있을까? 이것이 율법의 사람이 아닌 십자가의 복음의 사람으로 사는 길인데...

이 한 절 안에 '나'(I)가 무려 여섯 번이나 나온다. 바울은 갈라디아교회 성도들에게 복음을 전하는 자로서만이 아닌 복음을 살아가는 자로서 자기 자신을 십자가 앞에 세운다. 거룩하신 주님이 내 육체 안에 사신다는 것, 동시에 그 육체 가운데 내가 산다는 것, 그것은 나의 권리포기이며 나를 사랑하시고 나를 위해 자기 목숨을 내어주신 주님을 믿는 믿음 안에서 사는 것을 의미한다. 주께서 나를 위해 자신을 버리셨다면 나도 주님을 위해 그리 살아가는 것이 도리요 이치다.

복음으로 산다는 것은 구호가 아니다. 복음으로 산다는 것은 이 말 그대로 복음으로 사는 것이다. 그리스도를 만난 사람은, 그분의 은혜에 접촉된 사람은, 그리스도 안에 있는 사람은, 그리스도가 임하신 사람은, 복음의 영광의 빛 가운데 거하는 사람은, 그리스도로 충만한 사람은, 이 땅에 사나 하늘에 속한 사람은, 이미 하나님의 아들이요 천국 시민이지만 아직 이 땅과 육체 안에서 사는 사람은, 하나님의 임재 안에 거하는 사람은, 성령의 사람은 언제나 이 주님을 느끼고, 보고, 누리고, 듣고, 알고, 믿고, 따르고, 사랑하고, 섬기고, 드리고, 행하며 그 안에서 사는 자다. 이 은혜의 복음이 오늘도 내게로 왔다.

2. 율법의 저주는 끝났다.

그리스도께서 우리를 위하여 저주를 받은 바 되사
율법의 저주에서 우리를 속량하셨으니 기록된 바
나무에 달린 자마다 저주 아래에 있는 자라 하였음이라(갈3.13)

갈라디아서의 첫 독자들은 불과 얼마 전까지만 해도 유대교의 전통과 관습을 따라 율법의 행위에 익숙했던 사람들이었다.

그러나 그리스도의 죽음과 부활을 통해 전파된 십자가의 복음을 듣고 비로소 믿음으로 의롭다 함을 받는 구원을 -우리 역시 은혜로 구원을 받았다.- 은혜(선물)로 받는다. 문제는 그 다음이다. 예나 지금이나 인간은 이 은혜로 말미암은 구원에 꼭 자신의 어떤 행위를 첨가하고 싶어 한다. 그래서 "아무리 그래도 내가 무엇인가를 더해야 하는 것 아니냐."며 행위(율법)를 더하려고 한다. 이것이 갈리디아서의 씨앗이다.

지금 갈라디아서 3장의 갈리다아교회가 그렇다(1-5). 그래서 바울은 아브라함의 예(6-9)를 통해 이신칭의(以信稱義)의 구원의 복음을 다시 확증한다. 그리고 율법의 본래 기능(10-12)을 10절에서 인용한다 : "이 율법의 말씀을 실행하지 아니하는 자는 저주를 받을 것이라."(신27.26 참조) 이렇게 해서 〈율법의 저주〉에 대해 어리석은 갈라디아교회 성도들을 깨우친다. 그리고 오늘 우리가 묵상하는 예수 그리스도의 구속(대속)을 통한 구원의 복음을 선포함으로써 우리의 구원을 위해 율법과 행위의 역할을 무력화시킨다(13-14).

자, 그렇다면 "무릇 율법 행위에 속한 자는 저주 아래에 있"(10a)고, "하나님 앞에서 아무도 율법으로 말미암아 의롭게 되지 못할 것이 분명하"(11a)고, 또한 "율법은 믿음에서 난 것이 아니"(12a)라는 바울의 선포가 분명한데 다시 이 율법의 저주로 돌아가야 하겠는가. 이것이 오늘 본문이 말하고자 하는 메시지다.

나무에 달린 자는 하나님께 저주를 받았음이니라(신21.23b)

율법을 지킬 능력도 없으니 당연히 모든 인생은 공히 <율법의 저주>의 대상이다. 그런데 예수님께서 그 저주를 친히 담당하심으로써 더 이상 우리가 율법의 저주의 사슬에 묶여지지 않도록 그 저주의 결박을 십자가로 풀어 놓으신 것이다.

마침내 우리(나)의 저주가 끝이 났다. 이것이 그리스도의 대속적 구원인 속량이 가져다준 은혜 아닌가. 율법의 저주마저도 무력하게 하는 분, 그분의 능력이 얼마나 크고 위대한가.

이제는 더 이상 저주가 나(우리)를 주관치 못함을 믿는다. 율법은 더 이상 그리스도의 사람들을 정죄하고, 저주하고, 죄의 법 아래로 끌고 갈 힘이 없어졌다. 십자가의 복음의 능력이 함께 하기에 그렇다. 예수께서 친히 율법의 저주를 담당하셨기 때문이다.

'저주 아래에 있는 자'(13b)가 되시면서까지 우리를 묶고 있는 율법의 저주에서 나를 속량하신 그 은혜를 받았다면 그럼 나는? 나도 주님과 복음과 교회를 위해 나를 드려야 하지 않겠는가.

아직도 주님을 이용해서 뭔가 덕을 보려는 알량한 심보를 믿음이라는 명분에 담아 주를 설득하고 있는 교묘한 가면을 어찌할까. 주를 위해 산다는 것, 요즘 새롭게 나를 뒤흔드는 묵상이다.

3. 다른 복음은 없다!

형제들아 너희가 자유를 위하여 부르심을 입었으나
그러나 그 자유로 육체의 기회를 삼지 말고
오직 사랑으로 서로 종 노릇하라(갈5.13)

바울서신을 읽어가다 보면 1세기 신생(新生) 초대교회가 무엇 때문에 때로 심각하고도 위험한 교리논쟁에 휘말리곤 했는지를 짐작할 수 있다. 그중에 갈라디아교회는 다름 아닌 구원이 율법의 행위로냐, 아니면 하나님의 은혜로 말미암은 믿음으로냐 하는 소위 기독론에 대한 토론이 논쟁의 핵심이라 할 수 있다.

한편 바울의 입장은 매우 분명하다 : "내가 하나님의 은혜를 폐하지 아니하노니 만일 의롭게 되는 것이 율법으로 말미암으면 그리스도께서 헛되이 죽으셨느니라."(갈2.21) 이렇듯 교회는 서서히, 그러나 분명하게 할례, 즉 '율법의 행위'(갈2.16, 3.2,5,10)로 말미암은 유대교의 구원론으로부터 예수 그리스도의 십자가를 통해 믿음으로 얻는 구원의 은혜 안으로 들어온 복음 시대를 살아가고 있는 중이다. 즉, 말하자면 사도행전의 후집회 분위기다.

그런데 이 사이에 '다른 복음'(갈1.6-9), 그러니까 은혜로 말미암아 믿음으로 구원을 받았을지라도 구약(아브라함)으로부터 언약으로 주신 할례를 받아야 한다는, 이처럼 바울복음 외에 다른 복음(유사 복음)이 교회 안에 세력을 얻어가고 있었다. 그렇듯 하지 않은가. 십자가의 복음을 거부하는 것도 아니고, 할례만 받아야 한다는 것도 아닌, 이 둘을 다 해야만 구원을 얻을 수 있다고 하는 요청 앞에 교회는 심각한 영적 혼란에 빠지게 되었던 것이다.

바로 이러한 때에 바울은 갈라디아교회를 어지럽게 하는 유대주의(율법주의) 거짓 교사들이 들고 나온 할례를 축으로 하는 율법으로 말미암은 행위구원에 대해 피를 토하듯 복음을 전한다. 다름 아닌 오직 믿음으로 구원을 얻게 되는 십자가의 복음을 강력하게 선포한다. 바울은 우리가 율법의 억압이 아닌 복음의 자유함으로 부르심을 받았음을 다시 환기시킨다. 그렇다. 오직 진리이신 그리스도만이 우리에게 참 자유함을 주시는 분이시다.

더불어 바울은 이 자유를 '방탕한 삶'(육체의 기회)을 위한 도구로 삼지 않기를, 정말 율법의 정신과 의미를 아는 자라면 율법이 요구하는 이웃사랑을 행하는 일에 사용하라 권면한다(갈 5.14). 그리스도의 십자가의 복음을 은혜로 말미암아 믿음으로 받았다면, 즉 하나님의 구원의 선물을 그렇게 받았다면 이제 주님처럼 자신을 섬기는 자로 이웃에게 던져야 한다. 주님이 당신을 그렇게 세상과 나를 위해 주셨듯이!

오늘 우리 시대에 이 은혜의 복음을 흐리게 하는 21세기 율법(할례)은 어떤 것들이 있을까? 바울이 1세기 성도들을 향해 외친 이 복음을 지금 우리에게 선포한다면 무엇을 가장 가슴 아파하며 회개를 촉구할까? 삶으로 드러내는 복음의 행함(성숙)은 멈춰있고, 구원의 복음에 대한 교리적 지식(확신)에는 견고하게 서 있는, 그래서 구원받았다는 교리는 흔들리지 않지만 그것을 삶으로 토해내는 생활복음은 보이지 않는 것을 통탄하지 않을까.

구원은 내가 지금 상대하고 있는 사람이 누구인가를, 그들과 무엇을 하고 있는가를, 그렇게 살아가고 있음이 복음의 자유함임을 말씀해 주는 묵상 앞에 서 있다. "사랑하는 아들아, 사랑하는 딸아, 너는 구원의 복음이 주는 자유로운 삶으로 부름 받았단다."라고 말씀하시는 주님 앞에 이제는 이 부르심과 소명에 응답하며 살 때다. 정말 그럴 때도 되었다.

4. 성령대로(聖靈大路)의 열매

오직 성령의 열매는 사랑과 희락과 화평과
오래 참음과 자비와 양선과 충성과 온유와 절제니
이같은 것을 금지할 법이 없느니라(갈5.22-23)

◎ 대조되는 두 길(갈5.16-26) : 성령을 따라 행하라!

A 육체의 일(19-21) : 하나님의 나라를 유업으로 받지 못할 것이요

⇔

B 성령의 열매(22-23) : 이같은 것을 금지할 법이 없느니라

① 사랑(Love)

② 희락(Joy)

③ 화평(Peace)

④ 오래 참음(Patience)

⑤ 자비(kindness)

⑥ 양선(Goodness)

⑦ 충성(Faithfulness)

⑧ 온유(Gentleness)

⑨ 절제(Self-Control)

'성령을 따라 행하라!'(B)와 '육체의 욕심'(A)을 이루는 것(갈5.16), 이 둘은 "서로 대적" 관계다. 놀라운 것은 여기에 대한

바울의 명쾌하고 분명한 대답이다 : "그리스도 예수의 사람들은 육체와 함께 그 정욕과 탐심을 십자가에 못 박았느니라." (갈5.24) 이렇듯 성령대로(聖靈大路)의 길은 선명하다.

이처럼 언행(言行) 하는 생활복음(生活福音)적 삶, 즉 일상생활의 영성을 따라 살아가는 것이 결과적으로 성령의 열매로 드러날 때 마침내 '육체의 일'(A)이 물러가고 '성령의 열매'(B)가 나타났다고 말 할 수 있게 된다. 열매는 이처럼 행하는 치열한 과정적 대가는 물론, 그렇게 심고 시작한 결정과 행함 없이 맺어질 수 있는 게 아니다. 보이지 않는 성령이 보이는 열매로 나타나는 것, 이것이 성령을 따라 행하는 삶이고 그것의 결과로 나타나는 열매다.

한편 성령의 열매(The fruit of the Spirit)는 복수가 아닌 '단수'다. 그렇다면 8가지 열매가 따로따로 분리되어 있는 것이 아니라는 뜻이다. 결국 성령의 열매(B)는 여러 가지 다양한 모양과 열매로 보여지지만 이것은 우열(종속, 상하, 차등)의 개념으로 이해하면 안 된다는 의미다. 또한 다른 열매와 상관없이 독립(독자)적으로 맺을 수 있는 게 아니라는 것도 잊어서는 안 된다.

더 놀라운 것은 육체의 일(A)은 육체에 그대로 보이도록 나타나는 행위들이고, 성령의 열매(B)는 보이지 않는 마음과 영혼에 투영되어 성품으로 나타나는 것들이다. 그런데 문제는 이것들(A)을 좇는 사람은 하나님의 나라와 상관이 없다는 점이다(갈5.21b). 다시 말하면 육신을 입고 살아가는 이 땅에서의 현세적 삶(윤리)은 저 땅에서의 영원한 내세적 삶(영생)과 불가분의 관계라는 점이다.

그렇다면 성령의 열매(B)를 맺고 사는 사람은 이미 내세의 삶(하나님의 나라에서 영원히 사는 삶)을 지금 이곳에서부터 맛보고, 알고, 누리고 산다는 뜻이다. 이렇듯 성령 안에 사는 자는 이미 마음에 하나님의 나라가 임한 사람이다 : "하나님의 나라는 너희 안에 있느니라."(눅17.21b) 내가 성령 안에 있음을 내 안에 계신 성령의 성품을 통해 그것이 자라 열매로 드러나기를 소망한다. 오, 성령이여! 이 일을 내게서도 이루시옵소서!

5. 서로 지고 섬길 짐이 보이는가?

너희가 짐을 서로 지라 그리하여 그리스도의 법을 성취하라(갈6.2)

◎ 그리스도의 법(갈6.1–5) : 섬김

- 범죄한 사람에게(1)
- 짐 진 사람에게(2–5)

오늘 묵상이 말하는 그리스도의 법이란 무엇을 두고 하는 말일까? 한 단락인 갈라디아서 6장 1-5절을 잘 읽어(관찰) 보면 '섬김'이다. 그런데 이 섬김은 다시 범죄한 사람에게(1), 그리고 짐 진 사람에게(2-5) 방향이 맞춰져 있다. 즉 이들과 더불어 섬김의 복음으로 살아가는 것, 이것이 그리스도의 법을 성취하라는 말씀에 든 바울의 목회적 권면이다.

더 넓게 보면 그리스도의 법은 '너희'(1,2)와 '우리'(9,10), 그리고 '모든 이'(10)에게 적용되어져야 하고, 전달되어야만 한다. 여기에는 '범죄한 사람'(1)이나 무거운 '짐'(2)을 진 자와 '말씀을 가르치는 자'(6)까지 포함되는데 이처럼 살아가는 것이 성령 안에서 살아가는 복음행전적 삶이다(성령을 위하여 심는 자).

'그리스도의 법'(2b)을 성취하는 길은 이렇듯 섬김이다. 그리고 이는 "너희(갈라디아교회)가 짐을 서로 지라!"(2a)는 섬기는 삶의 법칙 안에서 이루어가야만 한다. 이것이 '신령한 너희'(1a)가 성취해야 할 복음행전의 한 모습이다. 결국 성령 안에서 복음을 통한 건강한 삶을 살아가는 자라면 비록 교회 안에 범죄한 일이 드러나는 성도가 있을지라도 그런 자를 바로잡는 것을 위해 "너희가 짐을 서로 지라!"는 말씀을 따르는 것이 섬김인 것이다.

여기서 한 가지 더 놀라운 바울의 영적 통찰을 살펴보자. 짧은 단락 안에 짐에 대한 상반되는 두 구절의 단어(헬라어를 영어식으로 표기)가 흥미롭다는 점에서 그렇다. 2절의 "너희의 '짐'(baros)을 서로 지라!"(2a)는 말씀과, 5절의 "각각 자기의 '짐'

(phortion)을 질 것임이니라."(5)는 말씀이 조금은 모순처럼 들리기 때문이다. 과연 2절과 5절은 모순인가.

2절은 도움을 받아야만 하는 짐이고, 5절은 주님께서 죄(罪)의 무거운 '짐'(phortion)을 진 사람들을 부르실 때 "수고하고 무거운 '짐' 진 자들아!"(마11.28a)라고 부르는 이 '짐'이 바로 '자기의 짐'(5)이라고 할 때와 같은 단어다.

정리를 해 보자. 먼저, 그리스도인들에게 있어 섬김은 피차 짐을 서로 지는 삶이다(2절). 하지만 다른 하나는 그리스도인에게는 남이 대신 질 수 없는 자신의 짐이 있다(5절). 이 후자의 짐이 바로 죄(罪)의 짐이다. 이것은 아무도 대신해 줄 수 없는 오직 자기 자신이 지고 가야 할 몫이다. 비록 범죄한 일이 드러난 성도를 바로잡아 주기 위해 짐을 서로 나눠 진다고 할지라도 근본적인 죄(罪)의 짐만큼은 누구도 대신해 줄 수 없다는 점, 이것이 신령한 자로서의 섬김에 있을 때 간과하지 않아야 할 부분이다.

"짐을 서로 지라!"는 피차 섬기라는 말씀이 압권이다. 내가 가정에서, 교회에서, 오늘이라는 삶의 자리에서 서로 지고가야 할 짐을 발견하는 것, 회피하지 않는 것, 이를 기쁨과 감사로 피차 감당하라 명하신다. 이것은 의무나 억지로 해야 하는 무거운 짐이 아니라 섬김이라는 복음적 삶으로 나를 불러주신 그리스도의 법을 성취해 가는 삶이다. 내가 무엇이기에 이런 영광스런 삶이 기대되는 섬김의 자리로 초대하실까. 기대가 된다.

6. NO 할례, YES 십자가

할례나 무할례가 아무것도 아니로되
오직 새로 지으심을 받는 것만이 중요하니라(갈6.15)

◎ 바울복음(6.11-17) : 할례인가, 그리스도의 십자가인가

A 할례(육체의 모양을 내려 하는 자들, 육체 자랑) : 아무것도 아니다.

B 새로 지으심을 받는 것(십자가 자랑, 예수의 흔적) : 중요하다

갈라디아교회는 "새로 지으심을 받는"(B) 십자가의 구원을 위협하는 복음의 적대자들(할례주의자들; A)을 상대하고 있는 중이다(11-17). 바울은 교회를 무너뜨리려는 적대자들로부터 갈라디아교회를 지키기 위해(12-13), 동시에 이들로 말미암아 자신 또한 괴로움의 수렁에 더 이상 휘둘림당하지 않기 위해 남은 여력을 다한다(17). 그만큼 갈라디아교회로서는 교회다움을 지키고 유지하기 위한 총체적 상황이 만만치 않았음을 짐작케 한다(12-16).

바울은 친필 사인(sign, 11)을 해 놓고서, 이 편지를 쓰고 있는 지금 이 시간까지 여전히 '너희'(갈라디아교회)에게 할례를 받아야 한다고 말하는 '저희'(유대주의자, 할례주의자, 복음의 적대자들)의 실상을 다시 한 번 고발한다(12-13, 5.2-6,11). 무엇이 '저희'의 출현을 가져왔을까? 저희는 그리스도의 십자가를 인하여 받는 핍박을

두려워한 나머지 구원이 믿음으로만이 아닌 행위로도, 믿음과 행위(할례)에 의한 신인협력구원(神人協力救援)을 교묘하게 주장하게 되었던 것이다.

하지만 이것은 자기 육체를 자랑하는 '다른 복음'일 뿐이다. 유감스럽게도 '저희'는 그리스도 안에서의 진짜 '자랑'이 무엇인지에 대해 무지하다는 점이다. 이것이 이어지는 바울의 자랑이 갖는 절묘함이다. "그리스도의 십자가 외에 결코 자랑할 것이 없"(14a)는 사람으로 구원의 복음 앞에 서 있다면 그는 "육체의 모양을 내려 하는"(12a) 자신의 행위가 얼마나 초라하고 볼품없는 것인가를 모를 리 없다.

바울이 제시하는 복음행전적 삶, 즉 안팎으로 밀려오는 다른 복음으로부터 교회(바울)를 지키는 가치의 기준은 생각보다 매우 간결하고 단순하다. 그것은 '이 규례를 행하는 자'(16a)가 해답이다. 이는 그리스도의 십자가로 말미암아 "새로 지으심을 받은" 자에게 요구되는 복음이며, 할례가 아닌 믿음으로 구원을 받은 자들이 자랑하며 사는 삶이다.

바울은 여기서 더 이상 할례의 흔적을 토론하는 소모전으로부터 괴로움을 당하는 것을 거부한다. 이는 값싼 할례의 흔적을 가지고 육체로 자랑하려는 '저희'를 향한 통렬한 일격이 아닐 수 없다. 바울은 그리스도의 십자가로 말미암은 예수의 흔적을 가진, 그래서 이것만이 유일한 자랑임을 말하면서, 동시에 너희나 저희나 모두가 다 '우리'처럼 "할례나 무할례가 아무것도 아니"(15)라는 점을 깨닫게 되기를 염원하고 있다. 그리스도의 십자가 뒤에 서서 오직 주님만을 높이는 바울, 참 든든해 보인다.

예수를 믿는 구원의 삶에 조금이라도 불편한 점이 있을 때, 바로 그때가 위기이자 기회다. 유감스러운 것은 갈라디아교회가 교회다움과 성도스러움을 훼방하는 일련의 위기를 다시 유대교(할례)로 돌아가는 것에서 찾는 자들이 있었다는 점이다. 이건 아니다. 이럴 때일수록 더 순전한 복음의 은혜를 회복하고 교회를 견실하게 세워가는 일에 힘써야 함에도 말이다.

그렇다면 작금의 한국교회의 위기들 역시 바울처럼 품어야 할 또 하나의 기회가 아닐까.

1. BY GRACE, THROUGH FAITH

너희는 그 은혜에 의하여 믿음으로 말미암아 구원을 받았으니
이것은 너희에게서 난 것이 아니요 하나님의 선물이라 행위에서 난 것이
아니니 이는 누구든지 자랑하지 못하게 함이라(엡2.8-9)

◎ **구원신학**(엡2.1-10)

A 구원받기 이전(1-3) : 허물과 죄로 죽었던

B 구원받은 이후(4-10) : 구원을 받았으니

바울은 허물과 죄로 죽었던 인간 상태를 에베소서 2장 1-3절(A)에서 적나라하게 들추어낸다. 가히 인간 실상에 대한 영적(靈的) MRI(자기공명영상)의 진수라 아니할 수 없다. 이렇게 말할 수 있는 것은 "그때에 너희는 …"(엡2.2)이나, 역시 허물과 죄로 죽었던 "전에는 우리도 …"(엡2.3)나 이들 모두가 다 〈구원받기 이전〉(A)의 처참하고 참담하다 못해 아무런 소망이 없는 상태 "이었더니"에 드러난 인간 정체에 대한 판독 때문이다.

이런 아무 소망 없는 상태(A)인 "허물로 죽은 우리"(엡2.5a)에서 〈구원받은 이후〉(B, 엡2.4-10)라는 전혀 다른 상태(신분, 수준, 실존)

로 전환하게 한 것을 바울은 A의 상태에 있는 인간의 어떠함에서 찾지 않는다. 그럴 수 없기 때문이다. 생각해 보라. 물에 빠진 자가 자신의 손을 써서 자기 머리를 들어 올린다고 해서 사망으로부터 구원될 수 있을까. 그래서 바울은 이를 전적으로 오직 하나님이 하셨다고 선언하고 있는 것이다(엡2.4-7).

이처럼 다리를 놓고 본다면, 에베소서 2장 8-9절에서 하고자 하는 핵심 메시지는 매우 선명하다. 핵심은 그래서 A로부터 B에로의 구원을 받은 것을 위해 인간이 한 일이 전무(全無)하므로 은혜로 받은 구원에 대해 "누구든지 자랑하지 못하"(9b)도록 마침표를 찍는 것이다.

은혜란 쉽게 말하면 값으로 계산할 수 없는 것이다. 따라서 그냥 값없이 받는 것이고, 그렇기 때문에 선물이라는 단어가 은혜를 가장 잘 설명할 수 있을 것 같다. 그래서 바울은 구원을 받은 것에 대해 자랑하지 말아야 하는 이유를 몇 가지로 말하는데 첫째로, "그 은혜에 의하여 믿음으로 말미암아 구원을 받았으니"(8a)로 설명하고 있다. 우리의 구원이 전적인 하나님의 은혜인 이유가 여기에 있다.

둘째로, 우리가 받은 구원을 자랑할 수 없는 이유는 "이것은 너희에게서 난 것이 아니요 하나님의 선물이"(8b)기 때문이다. A에서 B에로의 이동을 위해 인간은 전적으로 무능력(無能力)하다. 셋째로, 구원은 인간의 "행위에서 난 것이 아니"(9a)기에 그렇다. 만일 행위로 말미암는다면 그리스도의 십자가와 인간의 노력이 구원을 위해 협력(協力)한다는 얘기가 된다. 그렇다면 기독교 역시 다른 세속종교처럼 구원은 인간의 힘(노력, 땀, 학습, 도덕, 윤리, 공로, 선행)으로 얻게 되고 만다.

이를 좀 더 얘기 해 보자. 나의 구원에 대해 하지 말아야 할 것은 자랑이다. 그러나 받은 구원에 대해 해야 할 것은 "은혜로, 믿음으로 말미암아 구원을 받았"다고 할 때 바로 이 '믿음'에 대한 성경적 이해와 동의와 고백이다. 여기서 만일 나의 믿음("내가 믿는다!")이 구원을 가져온다면 구원은 내가 믿어서 주어진다는, 그래서 이 경우에 믿음은 구원을 위한 또 하나의 행위가 된다.

정말 그런가? 때문에 정통신학(正統神學)은 구원과 함께 얘기되는 믿음을 하나님의 선물로 보는 일관성을 지난 신약교회 2천 년 역사와 함께 견지해 왔다. 이처럼 구원의 주도권(initiative)은 전적(全的)으로 하나님께 있다. 인간은 오직 은혜로 주시는 하나님의 선물을 아무 공로 없이 받을 뿐이다. 그러기에 자랑이 설 자리가 없다는 것이다.

나는 이 구원을 이루신 하나님을 믿는다. 그리고 이 구원대로(救援大路)를 따라 제자의 길을 걸어가고 있다. 내가 구원을 위해 뭔가를 한다면 난 이 구원을 어떤 때는 받았다(구원의 확신)가 또 어떤 때는 받지 못했다가(구원의 취소나 보류)를 끊임없이 반복하며 살 수밖에 없다. 결국 구원을 내 행위가 끌고 간다면 하나님도 내 손안에 있는 셈 아닌가. 이런 알량한 인간 자존심에 기대어 구원의 교차로에서 서성이고 있다면 난 얼마나 불쌍한 존재인가. 오, 하나님의 은혜로 주신 구원이여!

2. 영적 교차로

이제는 전에 멀리 있던 너희가 그리스도 예수 안에서
그리스도의 피로 가까워졌느니라(엡2.13)

A 그때에(11-12) : 그리스도 밖에 있었고

B 이제는(13-18) : 그리스도 안에서

이제 "나는 하나님의 자녀다!"라는 은혜를 생각한다. 이 은혜의 고백 밖에 있었던 '그때에'(A)에서 이 고백 안에 있는 '이제는'(B)으로 변화(A ⇨ B)된 신분 말이다. 사실 '그때에'(그리스도 밖)는 유감스럽게도 '이제는'(그리스도 안)의 것들을 알지도, 깨닫지도, 믿지도, 생각지도, 누리지도 못했다. 왜 그런가? 죄인(罪人)으로 그리스도 밖에 있었기 때문이다. 때문에 '이제는'이 갖는 풍성한 삶과는 전적으로 분리되어 살았었다.

그러나 "긍휼이 풍성하신 하나님이 우리를 사랑하신 그 큰 사랑을 인하여"(엡2.4) '그때에'(A)만으로 묶어 두기를 원치 않으셨다. 드디어 그리스도의 십자가로 말미암아 '그때에'에서 '이제는'(B)으로의 차원이동이 이루어졌다. 비로소 '이제는'에서 '그때에'를 보게 된 것이다. 결코 '그때에'는 볼 수 없었고, 보이지도 않았던 것을 말이다.

인간은 '그때에'(A)의 절망을 자각하거나, 느끼면서 추락할 뿐이다. 하지만 그것을 해결하거나, 끝내는 것은 전혀 불가능하다. 하나님은 이 문제를 그리스도의 피로 말미암아 해결하는 길을 통해서 일하시기 때문이다. 그러므로 '이제는'(B)이라는 하나님의 은혜를 받은 사람만이 '그때에'(그리스도 밖)의 참상을 회개하고, 그러면서 더욱 낮아지고, 겸손해지고, 그리스도의 십자가를 의지하게 되고, 하나님께만 소망을 두고 살아가게 된다. 이게 B의 은혜다.

나는 A와 B가 철저하게 구별되고 구분되어 있는가? '이제는'(B)이 가난할수록 '그때에'(A)를 동경하게 되는 것 같다. 때문에 '그때에'(그리스도 밖)의 실체가 어떠한가를 철저하게 깨닫는 '이제는'(그리스도 안)의 은혜만큼 옛 생활로부터 자유하게 된다. '그때에'는 아무 소망이 없는 때였다고 고백하는, 바로 그 '이제는'을 살고 싶다(갈2.20). '이제' 다시는 '그때'와는 상관없는 자로 부르심을 받았으니까. 탕자스럽게 멀어졌던 그때를 완전히 내려놓고, 이제는 아들답게 가깝고 친밀한 그분과의 삶을 온전히 살 때도 되었다. 정말이다. 이제는 그럴 때다. 나이가 몇 살인데...

3. 하나님의 작품다움으로 지어져 가고 있는가?

너희도 성령 안에서 하나님이 거하실 처소가 되기 위하여
그리스도 예수 안에서 함께 지어져 가느니라(엡2.22)

◎ '그때' vs '이제'(엡2.1-22)

A 구원 이전(1-3) : "그때에 너희는 … 전에는 우리도"

B 구원 이후(4-10) : "그 은혜에 의하여 믿음으로 말미암아"

A' 구원 이전(11-12) : "너희는 그때에 … 그때에"

B' 구원 이후(13-22) : "이제는 … 그러므로 이제부터 너희는"

에베소서 2장은 '그때'와 '이제'가 절묘하게 대조를 이루면서 '너희'도 '우리' 안에 이루어진 구원(그리스도와의 연합)의 은혜에 참여하게 되었음을 선언한다. 사실 '너희'와 '우리' 모두는 다 허물과 죄 가운데 영적으로 죽었던 사람들이다(1-3, 롬3.9,10,23). 하지만 하나님은 그리스도 예수 안에서 은혜로 구원하시고 너희와 우리, 이 '둘'(14,15,18)을 하나로 만드사, 하나님과 화목하게 하시고, 한 성령 안에서 하나님께 나아가게 하셨다.

이런 비교(대조)를 통해 나의 지난날이 얼마나 더럽고, 추하고, 어둡고, 저주 아래에 있었으며, 사탄의 지배와, 인간의 욕심, 그리고 죄악의 지배 아래서 아무 소망 없이 살아왔었는가

를 비로소 보고, 알고, 깨닫게 되었다. 이 둘 사이가 비교된다는 것은 놀라운 일이다. 그런 너희가 "이제부터 … 너희도 … 지어져 가"고 있는 자로 살도록 부르심을 입은 교회라 하시니 숨이 멈출 것 같은 거룩한 충격이 아닐 수 없다(19-23).

그렇다면 나는 '그 때'와 '이제'가 철저하게 구별되어 있는가? '그 때'에는 나에게 아무런 소망이 없었다. 그러나 아직도 그 때를 벗어나지 못하고 살아가고 있는 부분이 종종 나를 절망하게 만든다. 그럼에도 불구하고 아직 나에게 소망이 남아 있다(유효하다)고 믿고 있는 알량함이 꿈틀거린다는 것을 발견할 때마다 깜짝깜짝 놀란다. 이것이 지금도 '그 때'와의 공존하기(동거하기, 물타기)를 하면서 살아가고 있는 나의 부조리한 삶의 또 다른 단면이다.

'이제부터'는 '그 때에'와 다른 사람이 되게 하신 주님을 위해 살아야 할 때다. '너희'였던 내가 주님의 은혜로 말미암아 '우리' 되는 복을 받아 '하나 됨'(14,15,16)을 이루었는데 다시 옛 사람으로 돌아갈 수는 없다. 이제부터는 아버지께로 나아감을 얻은 은혜를 따라 살아야 하지 않겠는가.

갈 길이 멀다. 그런데 자꾸만 쉬고 싶고, '그 때'를 동경하고, 가끔은 남몰래 세상을 즐기고, '그 때'와 '이제'를 적당하게 줄타기하며 사는 한심한 모습이 이미 잘라버린 줄로 알고 있는 고목('그때') 사이를 비집고 나오려고 한다.

이제는 "주 안에서 성전이 되어 가고 … 예수 안에서 함께 지어져 가"(21-22)야 한다. 구원에 있어서 중간지대는 없다. 구원 받은 것도 같고, 아닌 것도 같은 것은 없다. 마침내 구원과 하나님과 천국에 관한 한 이방인이었던 내게도 "성령 안에서 … 그리스도 예수 안에서 함께" 하나님이 계실 집이 되어가고 있다 하시니 이젠 정신 차릴 때도 되었다.

보이지 않는 내 영혼의 좌소가 성령과 예수 안에서, 함께, 하나님이 거하실 처소가 되기 위하여 지어져 가는 것은 필연이다. 마치 집을 지으면 날마다 그 집의 모양이 잡혀 가는 것처럼 나 또한 하나님의 작품다운 모습으로 지어져 가야 한다.

4. 건강한 교회가 온전한 사람을 세워간다.

우리가 다 하나님의 아들을 믿는 것과
아는 일에 하나가 되어 온전한 사람을 이루어
그리스도의 장성한 분량이 충만한 데까지 이르리니(엡4.13)

교회란 무엇인가?(1-3장, A) 하나님의 교회는 성부의 계획과 성자의 구속과 성령의 보증으로 이루어진다. 이렇게 세워진 주님의 몸 된 교회는(1.23), 동시에 그의 몸의 지체로서 교회답게 살아야 할 사명이 주어진다(4-6장, B). 교회(A)는 교회다움(B)을 통해 그 신비한 정체를 드러내고, 동시에 교회다운 생활공동체(B)는 바른 교회론(A)에 기초할 때 그 건강성을 유지할 수 있다. 이것이 에베소서가 이야기하는 바울의 교회론이다.

오늘 묵상이 들어있는 4장에서는 에베소교회의 교회다움을 위한 사명을 "부르심을 받은 일에 합당하게 행하여 … 성령이 하나 되게 하신 것을 힘써 지키라!"(1,3)는 하나 됨(unity)에로의 부르심에서 찾고 있다. 교회가 하나 됨을 지켜 나가야 하는 것은 하나이신 하나님께로부터 그것이 주어졌기 때문이다(4-6). 또한 이 하나 됨이라는 성도의 연합은 획일화가 아닌 다양성 속에서 성취되어간다(7-12).

다시 정리하면, 이미 주어진 하나 되게 하신 것을 힘써 지켜야 하는 교회의 통일성은 그것으로부터 흘러넘치는 다양한 은사 속에서 풍성해 진다(1-6 ⇨ 7-11). 그리고 통일성과 다양성은 그 뿌리가 같고, 지향하는 목표가 같으며, 마치 새의 두 날개와 같다. 즉, 교회의 하나 됨을 위해 통일성과 다양성이 서로 상호 균형과 존중에 기초할 때 건강한 그리스도의 몸이 세워지게 된다(12).

이제 이루어야 할 것은 온전한 사람이 되어 성숙에 이르는 것이다(13). 교회 안에 다양한 직분을 주신 것은 교회로 하여금 건강하게 자라는 성숙을 위해서다. 성숙은 하나 됨의 결과이자 축복이다. 물론 목표와 본(pattern)은 예수님이다. 다양성과 통일성이 서로 충돌하거나 긴장 관계에 빠지지 않기 위해서는 주님을 믿고 아는 일에 하나가 되고 성숙한 사람이 될 때 가능하다. 이것이 교회다.

생명은 자라게 되어 있다(13,15-16). 통일성(3-6)과 다양성(7-12)이라는 양 날개로 하나 됨을 지켜간다면 교회는 하나 됨의 진정성을 유지할 뿐만 아니라 '자라감'이라는 성숙을 통해 성장의 목표인 "그리스도의 장성한 분량이 충만한 데까지" 이를 수 있다. 이 하나 됨의 복까지 허락해 주시겠다 약속하신 주님을 찬양한다.

한편 오늘 묵상을 바로 전후 문맥과 연동시켜 보면, 각자 부르심의 자리에서 하나 됨이라는 소명을 맡은 자들(11)을 교회에 주신 이유가 있음을 알 수 있다. 그것은 "우리가 다 … 그리스도의 장성한 분량이 충만한 데까지 이르"게 하기 위함이다. 교회는 생명 없는 박제와 같은 전시품이 아니다. 또한 더 이상 '어린아이'로 머물러 있어서도 안 된다. 그래서는 "사람의 속임수와 간사한 유혹에 빠져 온갖 교훈의 풍조에 밀려 요동하"게 될 뿐이다.

그래서 '온전한 사람'을 이루는 영적 성장이 중요하다. 그러려면 그리스도를 믿는 믿음과 그리스도를 아는 지식에서 하나가 되어야 한다. 이렇듯 교회다움은 치열한 영적 대가를 지불해야 지켜지고 풍성해진다.

다시금 교회를 향한 주님의 고결한 목표를 읽게 된다. 이를 위해 사역자(11)를 세우셨다는 말씀이 울림이 된다. 때문에 나의 온전함이 우리와 교회의 온전함(성숙함)과 연결되어 있음을 거룩한 부담으로 품는다.

5. 분노가 죄로 이어지지 않게 하려면?

분을 내어도 죄를 짓지 말며 해가 지도록 분을 품지 말고
마귀에게 틈을 주지 말라(엡4.26-27)

◎ [에베소서 4장]

① 성령이 하나 되게 하신 것을 힘써 … 그에게까지 자랄지라(1-16)

② 이제부터 … 옛 사람을 벗고 … 새 사람을 입으라(17-24)

③ 그런즉 … 말고(버리고) … 하라(25-32)

새 사람이기 때문에 '이제부터는' 다르게 살아야 한다. 그럼 무엇을, 어떻게 해야 하는가. 바울은 새 사람들로 이루어진 교회의 윤리지수에 대해서, 그것도 일상생활에서 어떻게 그것이 나타나야 하는가에 깊은 관심을 갖는다. 아마도 여기에 제시된 목록들이 에베소교회가 하나 됨을 위해 반드시 넘어서야 할 것들이었을 것이다. 또한 하나님의 은혜로 새 사람이 되었다면 최소한 이런 것들 정도는 성숙의 열매로 나타나야 되지 않느냐에 대한 매우 절제된 바울의 충고이겠다 싶다.

그중에 분노가 쌓이면 죄를 짓게 되고, 그래서 결국에는 사탄에게 틈을 보이는 일이 일어난다(26-27). 혈기는 곧바로 마귀, 그러니까 비방자(diabolos)에게 공격할 빌미를 제공하는 것이 되어 이

전투구(泥田鬪狗)가 될 공산이 크다. 분(화, 혈기)내는 것이 죄는 아닐지라도 감정을 조절할 능력이 무기력해지면 예기치 못한 쪽으로 사태가 급반전되는 경우가 많다. 피터슨(E H. Peterson)의 [메시지 신약](The Message: The New Testament)으로 오늘 묵상을 읽어보면 좀 더 분명하다 : "화가 나면 화를 내십시오. 화내는 것 자체는 괜찮습니다. 그러나 화를 연료로 삼아 복수심을 불태워서는 안 될 일입니다. 화난 채로 오래 있지 마십시오. 화난 채로 잠자리에 들지 마십시오. 마귀에게 거점을 내주어서는 안 됩니다."

구원 받은 자의 삶의 양식은 분명히 구별되어야 한다. 하지만 이 옛 사람으로부터의 새로워짐, 그러니까 옛 사람을 벗어버리는 일은 새 사람으로 살아가면서, 그것도 그리스도의 장성한 분량이 충만한 데까지 이르는 성숙의 과정에서 감당해야 할 몫이라는데 그 긴장감이 배가(倍加)된다. 이렇듯 새 사람의 윤리는 어느 날 하루 아침에 완성되는 게 아니다. 그래서 신앙으로 산다는 것은 그만큼 어렵고 힘든 싸움의 연속이다.

영적인 성숙과 순항을 향한 길목에 복병은 언제든 있다. 가장 약한 곳이 터지는 게 물리의 법칙이듯 영적으로 미성숙한 부분이 골머리를 앓게 만드는 것 또한 영적인 법칙이기도 하다. 경건한 삶을 살아보려고 애쓴다 할지라도 마귀(비방자)는 언제나 기회를 노리고 있으며(27), 성령님이 근심하는 최악의 사태도 없으란 법이 없다(30). 새 사람으로 살아보겠다고 결심한 길에도 어려움은 있다는 점, 기억해야 할 목록이다.

새 생활은 하나님과의 관계에서 만으로 제한되지 않는다. 하나님의 은혜로 새 사람이 되었으면 곧바로 인간관계에서 새 생활을 살아야 하는 책임이 주어진다. 교회 안에서의 하나 됨은 세상이라는 무대에서 다른 사람들과 살아가는 삶의 현장에서도 요구되는 부분이다. 성도는 이방인처럼 사는 것을 거부하면서, 동시에 새 사람답게 하나님의 나라의 윤리로 무장해 가야 할 사명이 있다. 나의 윤리지수(EQ), 세상이라는 무대에서 하나님의 말씀을 통해 평가받는다는 점을 잊지 말자.

6. 악한 세대 극복하기

그런즉 너희가 어떻게 행할지를 자세히 주의하여
지혜 없는 자 같이 하지 말고 오직 지혜 있는 자 같이 하여
세월을 아끼라 때가 악하니라(엡5.15-16)

◎ **새 생활**(엡4.17-5.20) : **잠에서 깨어나라!**

A 옛 사람(4.22) : 전에는 어둠이더니(5.8a)

B 새 사람(4.24) : 이제는 주 안에서 빛이라(5.8a)

⇨ 그런즉 1(4.25a)

⇨ 그런즉 2(5.15a)

A' 주의하라! : 지혜 없는 자 같이 하지 말고(5.15a)

B' 아 끼 라! : 지혜 있는 자같이 하여 세월을 아끼라(5.15b-16)

에베소교회를 향한 바울의 명령은 선명하다. "전에는 어둠이더니 이제는 … 빛의 자녀처럼 행하"(5.8)며 사는 삶이어야 함을 명하고 있음에서 더욱 그렇다. 즉 이것은 '옛 사람'(A)을 벗어버리고 '새 사람'(B)을 입은 것인데, 오늘 묵상에서는 전자(前者)를 '주의하라!'(A'), 그리고 후자(後者)에는 '아끼라!'(B')는 명령 메시지에 담겨 전달되고 있다.

이로 보건대 바울은 에베소의 영적 시계(視界)를 깊이 우려하고 있다. 이게 두 명령어(A', B')에 담겨 있고, 또한 "때가 악하니라."는 사도의 영적 통찰력 안에 들어있는 당시의 분위기다. 한편 '그런즉'이라는 단어가 오늘 묵상이 전후 문맥과 연관이 있음을 알려준다. 이것이 악한 세대의 특징들(엡4.25-5.14) 안에 들어있는 에베소의 시대상이다.

이것들을 간략하게 정리해 보자 : ①거짓말(4.25), ②도둑질(4.28), ③모든 악독과 노함과 분냄과 떠드는 것과 비방하는 것(4.31), ④음행과 온갖 더러운 것과 탐욕 곧 우상숭배자(5.3,5), ⑤누추함과 어리석은 말이나 희롱의 말(5.4), ⑥더러운 말, 헛된 말(4.29a, 5.6), ⑦열매(착함, 의로움, 진실함, 5.9) 없는 어둠의 일을 은밀히 행하기(5.11,12).

자, 그럼 악한 세대처럼 산다는 게 무엇인가? 전에 어둠이었던 옛 사람의 자녀처럼 행하는 지혜 없는 자로서 사는 것이다. 그래서 바울은 에베소교회를 향해 이것을 "주의하라!" 명령한다. 자칫 주의하지 않으면 지혜 없는 자가 되어 악한 세대의 특징들을 열매로 거둘 수 있기 때문이다. 에베소교회가 말이다. 참 겁나는 얘기다. 이미 그리스도의 십자가로 말미암아 은혜로 옛 사람을 결박하고 새 사람을 입었음에도 아직 과거로 돌아갈 위기와 가능성이 종결되지 않았다는 점이 영적 긴장감을 고조시킨다.

그래서 바울은 여기서 멈추지 않고 이제 빛의 자녀로서 행하는 지혜로운 자로서 사는 것을 위해 "세월을 아끼라!" 명령한다. 자칫 영적 긴장감과 빛 됨을 놓치면 세상을 무대로 하는 날들의 대부분이 악하게 흘러가 버릴 수 있다. 따라서 시간의 주도권을 어둠에 내어주지 말고 바른 방향으로 유지되도록 사용하는 것이 지혜로운 자의 삶이다.

살아있는 고기는 바닷물에 24시간 담겨있어도 염도(鹽度)의 영향으로부터 자유하다. 살아있기 때문이다. 그러나 호흡이 멈추면 얼마 지나지 않아 바닷물과 같은 염도로 전이되어 버린다. 죽었기 때문이다.

마찬가지로 옛 사람은 죽고 새 사람은 살아 있어야 악한 세대의 특징들에 물드는 일이 일어나지 않는다. 그러지 않고 영적 저항력과 주도권을 잃어버리면 세상과 같은 모습으로 추락하는 것은 일순간이다. 아직 살아있을 때가 희망인 이유가 여기에 있다.

7. 주 안에서, 나는 자녀입니까?

자녀들아 주 안에서 너희 부모에게 순종하라
이것이 옳으니라 네 아버지와 어머니를 공경하라
이것이 약속이 있는 첫 계명이니
이로써 네가 잘되고 땅에서 장수하리라(엡6.1-3)

부모에 대한, 특별히 '주 안에' 거하는 자녀의 의무는 무엇인가? 이중의 명령이 주어지고 있는데 다름 아닌 순종과 공경이다. 그럼 왜 부모님께 순종하고 부모를 공경해야 하는가. 먼저 자식의 마땅한 도리이기 때문이다 : "이것이 옳으니라."(1a)

그렇다. 에베소교회다운 성도들로 이루어진 가정에서 양육을 받은 자녀라면 그는 부모를 향한 하나님의 명령을 자연스럽게 받을 수밖에 없다. 교회로서의 삶과 가정에서의 삶이 분리될 수 없기 때문이다.

또한 하나님은 부모를 공경(순종)하는 자녀에게 선물을 약속하셨다. 하나님이 주시는 복(福)을 받는 비결은 주 안에 있는 자녀로서의 도리를 다하는 것이다(3). 복으로 약속되고 있는 잘됨(A)과 장수(B, 출20:12)라는 두 약속의 연결성(A+B)을 주목한다. 이것은 자녀가 성경적 도리를 다했을 때 결과적으로 주어지는 복이다. 사실 어찌 보면 당연한 것을 했음에도 복이 약속되는 것을 보면 그것이 얼마나 귀중한 것이며, 또 행하기 어려운 약속일까 싶다.

생각해 보면, 이 하나님의 말씀(명령)을 순전한 마음으로 받을 수 있는 자녀라면 그는 이미 '주 안에' 있는 믿음의 자녀다. 사실 자녀가 여기까지 올 수 있도록 부모가 자녀를 주의 교훈과 훈계로 양육하는 것, 그것도 "자녀를 노엽게 하지" 않으면서 그렇게 하는 것이 우리 모든 부모들이 하나님께로부터 받아 놓은 거룩한, 하지만 미완의 숙제다. 부모와 자식 관계가 자동적으로 이 말씀을 전하고 받을 수 있는 게 아니기에 그렇다.

부모의 입장에서 자녀를 좀 더 묵상해 보자. 먼저 자녀는 부모 마음대로, 그래서 부모의 뜻을 이루는 대리인이 아니다. 하나님의 자녀이기 때문에 부모의 뜻(욕망, 욕심, 목표)대로 가 아닌 하나님의 법인 말씀대로 양육되어야 한다. 그래서 저들의 생애에서도 동일한 부모와 가정을 이룸이라는 영광과 축복이 단절없이 이어지도록 말씀으로 잘 양육하여야 한다.

사실 많은 경우 하나님의 말씀대로이기 보다는 부모의 것을 자녀에게 투사하는 경우가 많다. 더 심각한 것은 그것을 하나님의 말씀에 교묘하게 집어 넣어 자녀를 끌고 가는 부모다.

하지만 부모가 하나님의 말씀에 깊이 헌신 되어 있지 않은데 어찌 자녀가 하나님의 말씀이라는 거룩한 권위에 순복하고 들어오겠으며, 설령 부모의 의지대로 따라온다고 하더라고 부모가 제자로 살고 있지 않은데 어찌 자녀가 주님의 제자로 순종하고 들어오겠는가.

부모는 자녀의 순종을 기대하기 전에 먼저 하나님께 헌신하고 살아가고 있음을 전인적으로 보여주며 살아야 한다. 자녀는 부모의 입에서 나오는 말만으로 자라지 않는다.

생각해 보라. 아직 죄에 어느 것 하나 노출되어 있지 않았던 에덴에서도 아담과 하와가 하나님의 말씀(명령)에 불순종하였다면 하물며 타락한 본성과 죄인인 우리와 자녀들이 그러지 않을 거라고 생각하는 것은 거룩을 위장한 바보스런 넌센스다.

부모가 하나님의 말씀과 권위에 순종하고, 하나님을 사랑하는 삶을 일상생활의 영성으로 보여주고, 그것이 자녀들에게 자연스럽게 전달 되어야 그 자녀가 부모의 등 뒤에서 하나님 아버지께 순종하며 공경하는 삶을 보며 배우게 된다. 그리고 오늘 말씀을 부모로서 요구해도 하나님의 말씀으로 받는다. 그렇지 않다면 하나님의 말씀으로 요구해도 사람(부모)의 잔소리로 듣는다.

8. 교회다운 삶에도 영적전쟁(靈的戰爭)은 있다.

끝으로 너희가 주 안에서와 그 힘의 능력으로 강건하여지고
마귀의 간계를 능히 대적하기 위하여
하나님의 전신갑주를 입으라(엡6.10-11)

에베소서는 교회다운(1-3장) 새 생활(4-6장)이라는 그릇에 담겨 있다. 바울은 이 삶의 무대에 초대된 남편과 아내(5.22-33), 부모와 자녀(6.1-4), 종과 상전(6.5-9)으로 이어지는 주제를 통해 건강한 그리스도인의 생활을 비교적 소상하게 전한다.

그리고 이어지는 오늘 묵상 단락에서, 그럼에도 교회는 여전히 영적전쟁(靈的戰爭) 중임을 분명히 한다. 무슨 말인가? 교회다운 생활을 하고 있는 그 순간에도 교회는 사탄과의 영적전쟁이라는 실전 최전선에 서 있다는 것이다. 이것이 지상교회가 쉼없이 대면하는 복음적 상황이다.

그렇다면 이제 이렇게 세워진 교회는 무엇을 해야 하는가? 이것이 결론적으로 사도가 이야기하고자 하는 메시지다. 영적전쟁은 강함을 요구한다. 새 사람으로서 건강한 삶을 위해서는 육신의 건강은 물론이고 영적인 건강이 무엇보다 중요하다. 교회가 영적으로 건강하면 옛 사람으로 회귀하게 만드는 약함을 이기는 것과 함께, 보이지 않는 영적인 전쟁에서도 승리하게

된다. 이를 위해 바울이 내린 처방은 "하나님의 전신갑주를 입으라!"는 명령이다.

그리스도의 몸 된 교회와 이를 통한 새 사람으로서의 빛의 자녀됨이라는 생활은 전쟁으로 지켜진다. 하지만 승리하기 위해서가 아니라 이미 승리한 전쟁이다. 하늘과 땅의 모든 권세를 가지신 승리의 주님께서 세상 끝 날까지 항상 함께 계시기 때문이다(마28.18,20).

이를 위해 바울은 6장에서 여러 영적 무기들을 소개한다(14-18). 동시에 주께서는 "입으라 … 취하라 … 띠고 … 붙이고 … 신고 … 가지라."(11-17) 명하신다. 그리고 기도하라 하신다.

에덴의 동쪽에서부터 하나님이 하신 일에 딴지를 걸던 사탄이 아니던가. 이제 자신의 마지막이 임박하고 있고, 그것과 함께 불순종의 아들들이요 진노의 자녀였던 자신 편의 죽은 자들이(2.1-3) 예수 그리스도의 십자가로 말미암아 구원을 받아 주님의 몸 된 교회를 이루고(1-3장), 이 여세를 몰아 옛 사람과 어두움의 모든 죄를 벗어 버리고 새 사람과 빛의 자녀로 하나님의 영광을 찬양하는 새로운 공동체를 이루었으니(4-6장), 사탄의 최후 발악은 예고된 수순일 수밖에 없다.

결코 과거로 그러니까 "허물과 죄로 죽었던 … 본질상 진노의 자녀이었던"(2.1,3) 옛상태로 다시 돌아갈 수는 없다. 그래서 더 아픈데, 영적 군사로 부르심을 받았음에도 불구하고 무기력하기 그지없는 나의 못남을 자주 대면하기 때문이다.

따라서 여리고의 승리가 곧 아이에서의 승리를 자동적으로 보장하지 못한다는 점을 잊지 않는 것(수6.1-7.26), 이것이 날마다의 전쟁을 하나님 앞에서 치르게 만든다. 전쟁에서 2등이란 없다. 믿음의 방패가 사탄의 공격을 막아낸다는 것을 골똘히 생각해 본다.

적의 불화살을 막을 수 있는 것이 믿음이라는 점을 믿지 못한다면, 또한 말씀의 검으로 적(敵)을 공격하면 된다는 것을 확신하지 못한다면 어찌 될까. 생각만 해도 끔찍하다.

그렇다면 영적 전쟁의 승패는 사탄이 쥐고 있는 것이 아니라 나에게 달렸다. 적은 늘 내부에 있다. 내 안에 아직 남아 있는 불신앙이라는 적이 문제다.

이미 얻은 승리를 나의 죄 때문에 잃어버릴 수는 없는 일이다. 결코 원치 않는, 있어서는 안 될 최악의 시나리오가 나를 엄습해 오지 못하도록 '예수의 좋은 병사'(딤후2.3)로 세워지기 위해 날마다의 훈련을 즐거워하며 살아야겠다. 오늘도 내 안에 끊이지 않는 또 하나의 진행형인 영적전쟁 앞에 선다.

빌 립 보 서

1. 바울처럼 살 순 없을까?

나의 간절한 기대와 소망을 따라
아무 일에든지 부끄러워하지 아니하고
지금도 전과 같이 온전히 담대하여 살든지 죽든지
내 몸에서 그리스도가 존귀하게 되게 하려 하나니(빌1.20)

◎ 옥중서신(빌1.12-26) : 살든지 죽든지

나의 '당한 일'이(나의 매임이, 12a,13,14)

살든지 죽든지(20b)

내가 그 둘 사이에 끼었으니(23a)

빌립보서를 쓰고 있는 지금(현재), 바울은 감옥에 갇혀 있다(12a,13a,14a). 하지만 옥중에 있는 현재는 물론 미래에 대해서도 "살든지 죽든지 … 그 둘 사이에 끼였으니"(20b,23a)에서 보듯 어느 것 하나 확실한 것이 없는 형편임에 틀림없다. 그럼에도 그는 기뻐하고 있고(18b), 동시에 '기대와 소망'이 있다(20a). 놀랍지 않은가? 그럼 도대체 그의 기대와 소망은 무엇이고, 감옥에서조차 기뻐하는 이유는 또 무엇일까?

먼저 '구원', 즉 무죄 석방(無罪釋放)으로 판명될 것이라는 확신이다(18b-19,25, 2.24). 이는 빌립보교회의 중보기도와 성령님의 도우심(19a), 그리고 바울 자신의 간절한 기대와 소망(20a)에 비추어 보면서 그랬다. 이렇듯 그가 살고 싶은 이유까지도 "오직 전과 같이 이제도 온전히 담대하여 살든지 … 그리스도가 존귀히"(20b) 되는 것이다.

둘째로, 그가 사선(死線)을 넘나드는 옥중(獄中)에서조차도 기뻐할 수 있는 이유는 혹 무죄 석방이 되지 않을지라도, 그래서 "살든지 죽든지 내 몸에서 그리스도가 존귀하게 되게"(20b) 하려는 그리스도 중심의 고백적 삶 때문이다. 자신의 존재(삶) 목적과 이유가 오직 그리스도만을 영광스럽게 하는 것이기에 이를 이루기 위해 죽어서 주님을 영광되게 한다면 죽음도 유익하다고, 그래서 죽음마저도 초월하며, 감옥에서도 기뻐할 수 있다고 자신의 심정을 토로한다.

다시 반복되지만 바울은 개인적으로는 고통스런 옥중(獄中)을 "떠나서 그리스도와 함께 있"(23)고 싶으나("죽든지"), 교회(성도)를 위해서는 무죄 석방을 받아 "너희 무리와 함께 거"(25)하고 싶은("살든지")이라는 이 '둘 사이'에 끼어 있다. 하지만 어떤 결과가 주어지더라도 "아무 일에든지 부끄러워하지 아니하고 지금도 전과 같이 온전히 담대하"(20a)기 때문에 어느 것도 문제가 될 수 없다. 자신의 어떠함보다 자신을 통해 "그리스도가 존귀하게 되게 하려"(20b)는 마음과 생각이 삶의 고백 안에 충만히 거하기 때문이다.

자신의 생사(生死, "살든지 죽든지")마저도 오직 주님만이 존귀하게 되는 쪽에 초점을 맞추고 있는 바울 앞에 서 있다. "한번뿐인 인생, 속히 지나가리라. 오직 주와 복음을 위하는 것만이 영원하리라."는 고백 앞에 부끄럽지 않게 살아야 하고 또 죽어야 할 텐데...

2. 나는 너의 미래다.

아무 일에든지 다툼이나 허영으로 하지 말고
오직 겸손한 마음으로 각각 자기보다 남을 낫게 여기고
각각 자기 일을 돌볼뿐더러 또한 각각 다른 사람들의 일을 돌보아
나의 기쁨을 충만하게 하라(빌2.3-4)

빌립보교회는 현재 밖으로는 대적하는 자들 때문에(1.28), 안으로는 하나 됨을 위협하는 분열의 문제에 둘러 쌓여있다(2.1-4). 과연 바울의 교훈대로 밀려오는 안팎의 위험을 밀어내고 더욱 견고하게 세워져 가는 교회가 될 것인가. 이를 위해 바울이 제안하는 해법은 무엇인가. 한편 이 둘(교회 밖 vs 교회 안)이 "그러므로"(2.1a)로 연결되어 있다는 점에서 역시 답은 내부에 있음

을 기대하게 한다.

오늘 묵상의 한 단락인 2장 1절 '다움'의 부요함을 빌립보교회가 지금뿐 아니라 또 계속해서 누리려면 마음을 합하여 하나가 되어야 한다(2.1 ⇨ 2). 그러나 이것은 3-4절이라는 대가를 지불해야만 합력하여 선이 된다. 빌립보교회가 뭔가 심상찮은 내홍(內訌)을 겪고 있는 것은 1절다움은 있으나 이게 2절과는 불일치하는, 그래서 그것이 다툼(이기적인 야심)과 허영(자기가 옳다고 주장하는 공허한 자만심)에 가려 다른 사람들을 그리스도의 마음으로 보는 일(3-4)에 실패하고 있다는 진단에 처하게 되었던 것이다.

따라서 빌립보교회가 하나 됨(연합)의 동기들을 따라 성취해야 할 사명이 있다면 2절을 뒤집어 보면 알 수 있는데 그것은 마음을 합하여 하나 되는 것이다(2). 저들은 외적으로부터 오는 시련도 문제였지만 더 핵심적인 것은 내적인 분열, 즉 하나 됨에 문제를 가지고 있는 공동체임이 뼈아프다(2). 더 심각한 것은 1절을 따라 살아가고 있음에도 실상은 모래알처럼 서로 분열되어 있다는 점이다(2).

결국 하나 됨의 핵심 코드는 겸손함이다(3-4). 자기 일(자기 이익이나 장점들)만이 아닌 다른 사람의 일(남의 이익이나 장점들)까지를 배려하고 돌아볼 수 있는 겸손함, 즉 자기보다 남을 낫게 여기는 마음이 있다면 그는 이미 다툼이나 허영으로부터도 자유 하는 사람일 것이다. 교회의 공동체성이 무너지는 것은 자기를 보는 일에도, 그리고 남을 보는 일에도 실패하기 때문이다. 이렇듯 자기가 남보다 더 우월하다고 생각하는 자만심과 그것이 낳은 이기적인 야망은 다른 사람들과 더불어 살아가는 법을 잃어버리게 만든다.

그리스도의 영광시(빌2.5-11)가 바로 이어지는 말씀이라는 것은 많은 것을 시사한다. 만일 우리가 그리스도처럼 자신을 죽기까지 낮추는, 그래서 더 낮아지는 삶을 살아간다면 문제에 대한 해답을 바로 찾은 것이다. 이는 1-4절을 뒤집어 생각해 보면 예수 그리스도의 삶이 그대로 드러난다는 점에서 그렇다.

그러므로 자기 밖에 모르는 사람은 아직 그리스도의 겸손과 그분의 십자가를 모르는 사람이다. 그런 그가 어찌 다른 사람을 배려하고, 자기를 제쳐 두고, 자신을 잊을 정도로, 자신의 방식을 앞세우지 않고, 자기 이익에 눈멀지 않게 살 수 있겠는가. 나보다 너를 낫게 여기는 것, 이것이 빌립보교회의 해법이다.

바울은 빌립보교회가 자신의 기쁨이기를 소망한다. 그는 지금 다른 어떤 것을 구하지 않고 있다. 빌립보교회가 그리스도의 마음을 품고 살아간다면 교회는 평안 가운데 든든히 서 갈 것이고, 동시에 바울에게도 이것보다 더 풍성한 기쁨이 또 있겠는가? 라고 자신의 마음을 편지에 담아 전달하고 있다. 주님의 마음이 바울을 통해 전달되고 있음이 가슴에 박힌다.

3. 주의 마음을 낮아짐으로 행하리이다.

너희 안에 이 마음을 품으라 곧 그리스도 예수의 마음이니(빌2.5)

◎ 그리스도의 영광시(2.5-11)

A 낮아짐(비하, 6-8) : 뺄셈

⇨ "그러므로"(9)

B 높아짐(승귀, 9-11) : 덧셈

우리가 품어야 할 예수님의 마음은 '낮아짐 속에 높아짐'이 숨 쉬는 마음이다. 하지만 A & B가 자동적으로(automatic) 이루어지는 것은 아니다. 따라서 높아짐을 이루기 위한 목적을 가지고 낮아짐으로 살아보는 것은 잘못이다. 결코 기독교는 그렇지 않다. 만일 놀부의 논리가 신앙의 세계 안에도 통한다면 다음 두 가지 문제가 생긴다.

첫째, 아무리 낮아져도 높아짐이 없을 수 있다는 사실을 망각하게 된다. 따라서 이런 배경 위에서 아무리 낮아짐을 살아도 그것은 이미 순수성을 잃은 것이다. 그 이유는 낮아짐이 높아짐을 얻기 위한 수단(도구, 발판)이 되기 때문이다.

둘째, 삶에서 높아짐이 왔을 때 자기가 낮아졌기 때문이라고 생각한다. 실제로는 놀고 있었으면서 말이다. 더 심각한 문제는 낮아짐과 높아짐의 길이와 간격과 끝을 자기 임의로 조절할 수 있다고 생각하는 것이다. 그래서 낮아짐은 가능한 한 짧고 간단하게, 그러나 높아짐은 최대한 길게 또한 언제까지나 계속되기를 바란다. 이것은 놀부의 논리에 따른 '졸부신앙'이다.

성경은 낮아짐(뺄셈)에서 높아짐(덧셈)으로 나아가는 영적 법칙을 따라 살아갔던 사람들의 승리를 증언한다. 하지만 자기 욕심(성취, 목표, 실현, 만족)을 위한 것이 아니라 이 둘의 주인이신 하나님께 철저히 순종한 결과로서의 높아짐을 은혜로 얻게 되었다. 하나님은 그들을 '낮아짐'으로 부르시고, 그들은 기꺼이 믿음을 따라 부르신 자에 대한 철저한 순종으로 응답한다. 그것은 결코 높아짐을 보상받기 위한 조건적인 낮아짐(순종)이 아니다.

낮은 자로 살아가는 것이 이 땅에서의 내 모습이어야 하는 이유는 이것이 -결과적으로 그렇다는 얘기다.- 높아짐과 분리되지 않는 길이기 때문이다. 만일 높아지기 위해 낮아지는 것이라면 아직 낮아짐(겸손)의 은혜를 오해하고 있는, 그래서 결국은 놀부처럼 되어져 버릴 것이다. 주님을 위해 사는 것과 낮아짐은 비례한다. 이것이 하나님의 영광을 위해 사는 길이며, 낮아짐의 영성이다 : "이 땅에서는 고난도 함께! 그러나 저 땅에서는 영광을!"

하나님은 때가 되면 낮아진 자리에서 다시 높이신다. 그러나 이것은 자동적으로 임하거나, 주어지는 것이 아니다. 오직 그것의 키(key)와 주도권은 항상 하나님이 쥐고 계신다. 그분의 모범은 위대하다. 낮아진 만큼 높아진다. 그러므로 먼저 낮아지는 연습을 해 보자. 때가 되면 주께서 나를 높이실 것을 믿으면서 말이다. 내가 스스로 높아지면 그것은 그만큼 불안하다. 언제 추락할지 모르기 때문이다. 하나님이 높여 주시는 자리가 가장 안전하며 영광스럽다. 주께서 그렇게 쓰시기까지 열심을 품고 주를 섬기며 살아야 할 이유는 이처럼 분명하다.

누구보다 친히 낮아짐의 순종 앞에 서셨기 때문에 그 뒤를 따르는 우리의 낮아짐을 간과하지 않으신다. 낮아짐의 자리에까지 찾아오사 거기가 끝이 아님을 격려하시며, 위로하시는 주님을 느낀다. 비록 힘들고 어렵지만 그곳에도 함께 계시는 주님을 인해 뺄셈도 거뜬하다. 이것이 낮아짐 안에 들어있는 하나님의 일하심이니까.

4. 나는 주님께 잡힌 바 되었을 뿐입니다.

내가 이미 얻었다 함도 아니요 온전히 이루었다 함도 아니라
오직 내가 그리스도 예수께 잡힌 자 된
그것을 잡으려고 달려가노라(빌3.12)

바울이 이 모든 것을 "이미 '얻었다'(온전히 이루었다)"가 아니다라고 고백하는 말은 무슨 의미인가부터 살펴보자. 바울은 지

금 전후 문맥에서 뭔가 주제를 다룸에 있어서 자신도 "이미 얻었다 함도 아니요 온전히 이루었다 함도 아니라"(12a)는 고백에서 시작한다. 헬라어 시제로 보면, '얻었다'(부정과거)는 과거의 어느 한 시점을, 그리고 '이루었다'(현재완료 수동태)는 현재를 기준으로 놓고 볼 때를 가리킨다. 그러니까 다메섹에서 거듭났을 때는 물론 지금 편지를 쓰고 있는 이 순간에도 자신은 완전해진 것이 아니라는, 오직 그리스도께 잡힌 바 되었기 때문에 다만 "내 주 예수 그리스도 예수를 아는 지식"(8a, 푯대)을 붙들려고 달음질 칠 뿐이라고 말한다.

그렇다면 빌립보교회를 어렵게 하는 자들 -이들은 "여러 사람들, 저희"(빌3.18-19)로 지목되고 있다.- 가운데 "이미 '얻었다'(온전히 이루었다)"고 생각하는 자들이 있다는 얘기가 된다. 결국 오늘 묵상의 대립각은 '그리스도 예수를 아는 지식'(그리스도를 믿음으로 하나님께로부터 난 의, 빌3.8-9)이 아닌 다른 것을 통해 이를 얻었다(이루었다)고 생각하는 자들과 바울 자신이다. 저희와 너희(우리)를 분리해 내는 바울의 통찰이 눈부실 만큼 절묘하다.

그러니까 신앙과 삶의 목표인 그리스도를 아는 지식이라는 푯대를 선명하게 드러내는 것을 방해하는 문제는 먼저 유대인들의 다른 복음(신학), 곧 율법주의(유대주의, 빌3.2-4)다. 다른 하나는 이와 대조되는 사상으로서 오직 믿음으로 말미암아 은혜로 얻은 의에 대한 오해에서 비롯된 反율법주의자들(antinomians, 빌3.17-19)이다. 후자는 믿음으로 이미 완전한 자가 되었다고 생각하는 교만한 자들의 입장이다.

전후 문맥을 이쯤 이해해 놓고 보면, 바울이 오늘 묵상에서 고백하는 깊이와 권위의 용량을 조금이나마 짐작해 볼 수 있다. 빌립보서를 쓰고 있는 이 순간의 바울마저도 '이미'(온전히)가 아니라면, 그렇다면 감히 누가 자신의 의(義)와 율법의 의를 주장할 수 있단 말인가. 그리고 하나님의 은혜로 말미암음이 아닌 자신의 의(노력, 땀, 애씀, 훈련, 학습, 도덕, 선행)에 기초한 완전함이 가능한가 말이다.

자기(율법)의 의를 주장하는 사람에게는 교만함이 자리한다. 하나님의 은혜의 선물마저도 자신의 어떠함에 의해 얻을 수 있고, 또 이룰 수 있다고 생각하는 거짓 지식의 위험에 깊이 감염되어 있기 때문이다. 성경은 인간을 그렇게 높이 평가하지 않는다. 바울은 지금 빌립보교회가 이러한 오류에 빠지지 않기를 기대한다. 그러하기에 자신마저도 "아니요 … 아니라 … 달려가노라."라고 고백하고 있는 것이다.

하나님이 은혜로 주신 선물들을 다시 그 은혜로 제어하지 않으면 그 은혜가 자기 공로로 둔갑하는 일은 순식간이다. 그래서 은혜 이후가 이상하게도 악해지고, 자기 주장이 강해지고, 다른 사람들을 존중하고 섬기는 마음에서 점차 멀어지는 것을 쉽게 발견하게 된다. 이것은 은혜를 교묘하게 위장한 모조품일 가능성이 높다. 진정한 은혜의 사람은 오늘 바울의 고백 앞에 더 겸손하게 선다. 하나님의 무한하신 은혜 앞에 자신이 얼마나 보잘 것 없는가를 알기 때문이다.

5. 그리스도 때문에, 그리스도로 말미암아

그는 만물을 자기에게 복종하게 하실 수 있는 자의
역사로 우리의 낮은 몸을 자기 영광의
몸의 형체와 같이 변하게 하시리라(빌3.21)

◎ '그들'은 누구인가?(빌3.17-21)

① 우리(빌1.1a, 3.20-21) : 바울&디모데, 바울 공동체

② 너희(빌1.1b, 3.17) : 빌립보교회

③ 그들(빌3.18-19) : 그리스도의 십자가의 원수

오늘 묵상 말씀을 한 문장으로 하면 "장차 우리 몸을 영광스럽게 바꾸어 주실 분은 예수님이시다."이다. 하지만 빌립보교회 안에는 오늘 묵상 21절을 성취하실 분이 예수님이심을 함께 고백하는 우리(①)와 너희(②), 그리고 다르게 생각하는 그들(③)이 있었다. 이것이 오늘 묵상 21절이 말하려고 하는 것이 무엇인가를 좀 더 분명하게 알기 위해 한 단락(빌3.17-21)을 주목하는 이유다. 오늘 묵상과 대립각을 세우는 '그들'은 오직 믿음으로 말미암아 은혜로 얻은 의(義)를 오해(거부)했다. 그래서 자기 의를 통해 이미 완전한 자가 되었다고 생각하는, 그러기에 바울은 그들을 "그리스도 십자가의 원수로 행하"(18b)는 자들이라 밝히 드러내고 있는 게 이 단락의 흐름이다.

심각한 것은 이미 빌립보교회 안에 이런 이단 사설을 주장하는 여러 거짓말꾼들이 들어와 있다는 점이다. 더 놀라운 것은 이런 목회적 권면이 지금 쓰고 있는 빌립보서가 처음이 아니라는데 있다(빌3.1b,18a). 그럼 도대체 십자가의 원수로 행하는 그들은 누구인가? 바로 '자기 의'(Self-Righteousness)를 주장하면서 자기를 높이는 자들인데, 그들은 이신칭의(以信稱義)를 오해함으로써 '이신칭의 = 성화'를 주장하는 완전주의자들이다. 이들은 이제 완전하게 되었다고 생각하면서 교만의 꼭대기에 올라간 종교적 우월주의자들이다. 하지만 그리스도 없는 완전이 가능하단 말인가? 이를 위해 바울은 그들의(다른 복음) 정체를 드러내면서, 동시에 그리스도께서 "우리의 낮은 몸을 자기 영광의 몸의 형체와 같이 변하게"(21b) 하실 것을 말한다.

이제 왜 바울이 21절을 이야기하는지 좀 알 것 같지 않은가. 우리의 몸을 완전하게 하실 분은 오직 그리스도 예수님이시지 자기 의(義)가 자신을 거룩에 이르도록 하지 않는다. 그렇지 않고 그들처럼 생각하는 것은 그리스도의 십자가의 원수로 행하는 것이다. 왜냐하면 거룩의 주도권이 자신에게 있기 때문에 그리스도는 무용하며, 결국 십자가의 원수가 되는 것이다. 그러므로 '너희'(②)가 따라야 할 대상(공동체)은 '우리'(①)이지 '그들'(③)이 아니라는 점을 '바울 언어'에 담아 전해주고 있다. 이처럼 복음은 십자가의 원수와 성도를 구별하는 유일한 기준이다.

바울마저도 "이미 얻었다 함도 아니요 온전히 이루었다 함도 아니라"(3.12a)는 고백에서 시작한다. 여기 '얻었다'(부정과거)는 과거의 어느 한 시점과, 그리고 '이루었다'(현재완료 수동태)는 현재를 기준으로 놓고 볼 때에도, 그러니까 다메섹에서 거듭났을 때는 물론 지금 빌립보서를 쓰고 있는 이 순간에도 자신은 완전해진 것이 아니라는, 오직 그리스도께 잡힌 바 되었기 때문에 다만 "내 주 예수 그리스도 예수를 아는 지식"(3.8a, 퐂대)을 붙들려고 달음질칠 뿐이라고 말한다. 바울이 그러할진대 하물며 우리(나)는 더욱 그러지 않겠는가.

6. 빌립보행전

너희가 내게 배우고 받고 듣고 본 바를 행하라
그리하면 평강의 하나님이 너희와 함께 계시리라(빌4.9)

◎ 빌립보행전(행16.11-40) : "이 성에서 수일을 유하다가"(12b)

A "안식일에 우리가 기도할 곳이 있을까 하여"(13a)

B "말하는데 … 말을 듣고 있을 때"(14)

C "그와 그 집이 다 세례를 받고"(15a)

A' "우리가 기도하는 곳에 가다가"(16a)

"한밤중에 바울과 실라가 기도하고"(25a)

B' "주의 말씀을 … 모든 사람에게 전하더라."(32)

C' "자기와 그 온 가족이 다 세례를 받은"(33b)

제2차 전도여행은 "마게도냐로 건너와서 우리를 도우라."(행16.6-10)는 환상을 본 바울이 소아시아 선교(제1차 전도여행)에서 유럽 선교에로 부르시는 성령님(예수의 영)께 응답하는 것으로 시작된다. 이렇게 해서 빌립보교회가 세워지는데 놀라운 것은 얼마 되지 않은 짧은 기간에 말씀과 기도와 세례라는 전(全) 은혜의 통로가 빌립보에 부어졌다는 점이다(행16.11-40). 이 일은 빌립보 전도를 다루는 사도행전 안에 분명하게 드러나는데 이는 성령께서 역사하시는 강력한 증거로 나타나는 것임을 주목할 필요가 있다.

지금 빌립보서는 사도행전 끝 부분에 로마에 죄수의 몸으로 들어간 바울이 바로 그 교회를 향해 쓴 옥중서신이다. 이런 선(先) 이해를 기초 삼아 피터슨(E H. Peterson)의 [메시지 신약](The Message : The New Testament)으로 빌립보서 4장 9절을 읽어보자 : "내게서 배운 것과, 여러분이 듣고 보고 깨달은 것을 실천하십시오. 그러면 모든 것을 협력하게 하시는 하나님께서, 그분의 가장 탁월한 조화 속으로 여러분을 끌어들이실 것입니다."

먼저 놀라는 점은, "너희는 내게 배우고 … 행하라!" 부분이다. 이는 아마도 앞서 사도행전 16장의 빌립보 전도를 염두에 둔 것이자, 동시에 '끝으로'(빌4.8a)에서 암시하듯 지금 빌립보서를 마무리하려는 의미인 듯하다. 어찌 보면 그리스도의 복음과 자신을 동일시하는 것처럼 보이지만 -하지만 바울은 그런 교만한 사람이 결코 아니다.- '바울복음'의 기원이 위로부터 주신 바 그것을 가감 없이 전하는 자임을 의미하는 쪽이 더 강하다.

앞서 바울은 "형제들아 너희는 함께 나를 본받으라."(빌3.17a) 라고 얘기했었다. 역사상 이제도 이후에도 바울처럼 말할 수 있는 자는 없다. 이런 확신에 찬 자기고백에 부끄럽지 않은 바울을 오늘 더욱 곰곰이 묵상해 본다.

한 걸음 더 나아가 복음을 받았으면 이제 그대로 행하는 것이 중요하다. 바울 자신이 예수 그리스도를 만난 이후로 로마 감옥에 죄수의 몸이 된 지금까지 그가 일관되게 보여준 바울복음의 변함없는 모습, 목숨까지도 복음을 위해 기꺼이 내놓은 바울의 일사각오, 헌신과 충성, 한 점 부끄러움 없는 주님 앞에서의 일생이었기에 너희는 나에게 배운 바를 행하라고 명한다. 이렇게 말할 수 있는 바울과 이렇게 말해도 되는 빌립보교회, 이 둘의 복음 안에서의 일치와 연합이 아름답기만 하다.

바울은 다시 오늘 묵상에서 "너희는 내게 배운…바를 행하라 그리하면" 평강의 하나님이 너희 빌립보교회와 함께 하실 것이라고 선언한다. 지금까지 배우고, 받고, 듣고, 본 바 그대로 행하면 임마누엘을 눈으로 보며 살 수 있다 하신다. 빌립보교회라고 역시 완전하지 못했다. 하지만 바울은 실망하지 않는다. 이미 배우고 들은 바 복음대로 행하면, 즉 빌립보행전으로 응답하면 평강으로 역사하시는 임마누엘의 은총을 누리게 될 것이기 때문이다.

7. 값싼 성공주의는 가라.

내게 능력 주시는 자 안에서 내가 모든 것을 할 수 있느니라(빌4.13)

◎ I Can Do Everything.

모든 일(11-12)

⇨ 모든 것을 할 수 있다(13).

⇨ 그러나 … 내 괴로움(14)

빌립보서의 직접적인 집필 동기라 할 수 있는 성도들의 선교비에 대한 감사(4.10-20)가 이어진다. 바울은 대부분 자비량 선교(고전9.13-15, 살전2.9)를 원칙으로 삼았으나 빌립보교회에서 보듯이 모든 경우에 그러지는 않았다(4.18).

때문에 일차적으로 빌립보교회가 에바브로디도 편에 보내준 선물(선교비)에 대해 감사하면서도 이 기회에 헌금신학(獻金神學)에 대해 이야기를 해야 할 필요를 느꼈던 것 같다.

한편 오늘 묵상 13절 말씀은 헌금을 이야기하는 문맥(文脈) 안에 들어있다는 점이 중요하다. 이걸 생각하지 않으니까 자기에게 유리한 쪽으로 이 구절을 끌고 가버리는 일들이 자연스럽게 반복되는 것 같다.

자 그럼, 무엇이 바울을 11-12절임에도 살아가도록 했을까. '능력 주시는 자'(4.13)이신 주 예수 그리스도, 그분을 만나고부터 자신의 현실을 보지 않고 이 모든 것을 품고 계신 예수님을 보았기에 그렇다(3.7-8a).

이렇듯 능력 주시는 자 안에 있는 '모든 것'은 반드시 좋은 것만은 아니다. 긍정적 요소(풍부, 배부름)는 물론 부정적 요소(궁핍, 비천, 배고픔)에 처할 줄 아는 것을 포함한 모든 것이다. 많은 경우 오해하듯이 "능력 주시는 자 안에서"는 좋은 것만 있어야 하지 않을까. 놀랍게도 그렇지 않다. 바울이 말하는 '모든 것'은 이 둘 전부를 포함한다. 그는 이를 자신의 힘이나 능력이 아닌 능력 주시는 예수님 안에서 할 수 있다고 말한다.

이것이 바울의 헌금 간증이다. 즉, 헌금(선교비)이 있을 때는 물론이고 이것이 없을 때에도 -그는 헌금에 좌우되어 요동치는 인생이 아니다.- 하나님 안에서 그럼에도 불구하고 변함없이 모든 것을 하고 있음을 고백한다.

또한 보통의 경우 11-12절과 상관없이 내가 결국 이루고 싶은 것을 능력 주시는 자를 통해 할 수 있다고 하는 자기 확신 쪽으로 오늘 묵상을 암송하고 또 좋아하는 경향이 많다.

하지만 11-12절임에도 불구하고 바울은 모든 것을 할 수 있지만 동시에 "그러나 … 내 괴로움"(14)이라고 좀 더 속내를 드러낸다. 무슨 말인가? 13절처럼 살아도 11-12절의 긍정적 요소만 나타나는 게 아니라 부정적 요소와 더불어 진행되는 삶의 자리 역시 능력 주시는 자 안에서 이고, 동시에 '괴로움'과 무관하지 않다. 이게 바울의 실존이다. 아니 이게 13절의 더 깊은 의미들이다.

우리는 능력 주시는 자 안에 있으면 모든 것이 만사형통일 것이라 생각하고, 11-12절과 14절에 둘러싸여 있는 신앙생활이 13절이라는 것을 잊고 지낸다. 아니 원하지 않는지도 모른다. 그냥 모든 것을 할 수 있는 능력만 구한다. 얼마나 심각한 본문에 대한 무지인가. 진정으로 오늘 묵상 말씀을 안다면 이 말씀을 값싼 성공주의로 포장하지 않을 것이다.

1. 아버지 품속에 있는 독생하신 하나님이 나타나셨다.

그는 보이지 아니하는 하나님의 형상이시요
모든 피조물보다 먼저 나신 이시니(골1.15)

◎ 기독론(골1.13-23) : 복음(23b)

A 우리(13-20) : "그가 우리를 …"

B 너희(21-23a) : "전에 … 너희를 이제는 …"

바울은 "골로새에 있는 성도들 곧 그리스도 안에서 신실한 형제들"(2a)에게 문안과 감사를 한 다음, 곧바로 핵심 주제를 담고 있는 기독론(13-20)으로 이동한다. 1세기 교회는 예수님의 부활과 승천, 그리고 사도행전 시대를 지나면서 줄곧 기독론(Christology)에 대한 첨예한 토론이 무성하던 때 였다. 골로새 교회 역시 예수 그리스도에 대한 이해(지식, 믿음)에 비슷한 긴장이 있었던 게 사실이다(골2.4-23 참조).

그래서 바울은 신학(기독론)적 틀 안에서 먼저 예수님이 창조주이심에 대해(13-17), 동시에 그분이 이루신 구원 사역에 대해

(18-23) 기술해 가면서 이 예수님이 '우리'(13-20; A) 공동체를 넘어 마침내 '너희'(21-23a; B) 골로새교회에까지 동일한 분이심을 증거한다. 결국 골로새교회가 그리스도에 대한 오해 때문에 이단의 유혹에 처할 가능성을 차단하기 위해 그리스도에 대한 바른 이해 -"그리스도는 완전한 신이시며 동시에 완전한 인간이시다."- 를 다시금 확고하게 전하고 싶었던 것이다.

그럼 우리(바울 공동체)에게 그러하듯 저희(골로새교회)에게 그리스도는 어떤 분이신가? 먼저 그리스도께서 "육체의 죽음으로 말미암아"(22a) 마침내 "전에 … 너희를"(21, 하나님과 분리)의 상태에서, "이제는 … 너희를 … 너희"(22-23a, 하나님과 화목)의 상태로 당신 앞에 골로새교회를 세우신 분이시다.

이렇게 해서 "그 아들 안에서 우리가 속량 곧 죄 사함을 얻었"(14)던 것처럼 골로새교회 역시 중보적 화해자이신 그리스도의 은혜 안에 있게 되기를 주님처럼 바울도 소원하고 있는 것이다.

그리스도는 육신을 입고 이 땅에 오셔서 하나님과 인류를 화해케 하신 중보자이시자(사람), 동시에 그분은 피조물이 아니라 창세 이전부터 계신 창조주이시다(하나님). 오늘 묵상은 그리스도께서 창조주의 지위를 가진 분이심을 증거하는 단락(13-17)에 속한다. 바울은 그리스도의 두 속성(완전하신 하나님, 완전한 사람)을 골로새교회가 알기를 원하고 있고, 이를 통해 다른 그리스도(다른 복음, 갈1.6-10 참조)가 교회 안에 들어오지 않기를 기대한 것이다.

지금 바울은 기독론의 두 속성을 균형 있게 요구한다. 골로새교회가 어느 하나를 더 강조하거나, 혹은 어느 하나를 무시하게 된다면 그리스도를 아는 바른 지식이 아니라는 점을 보이지 않는 행간에서 강조하고 있는 셈이다.

초대교회로부터 지금 현대교회에 이르기까지 예수님의 양성(인성과 신성) 교리는 늘 오해되고 변형되어 이단이 등장하게 되는 결과를 낳았다.

그리스도가 "보이지 아니하는 하나님의 형상"이라는 말은 육체를 가지고 계시지 않으시기에 보이지 않는 하나님(본체와 속성)이 그리스도를 통해 보이게 되었다는 의미다(요1.18 참조).

또한 "모든 피조물보다 먼저 나신 이" 역시 그리스도가 피조물이 아닌, 이어지는 16-17절과 연결하면 창조주로서 초월적 지위를 가지신 분이심을 의미한다. 이 기독론의 기초 위에 골로새교회와 우리가 견고하게 세워지기를 원하시는 말씀 앞에 서 있음이 감사하다.

2. 사랑으로 새 사람다움 하라!

이 모든 것 위에 사랑을 더하라 이는 온전하게 매는 띠니라(골3.14)

◎ 그리스도인다움(골3.5-17)

A 옛 사람을 벗다(5-9)

B 새 사람을 입다(10-17)

◎ [구조] 새 사람(B, 10-11)이므로 '이 모든 것'(12-13) 위에 사랑(14)을 더하라.

⇨ B3 사랑(14)

⇨ B2 서로 용납하여 피차 용서(13) : 주님처럼

B1 긍휼과 자비와 겸손과 온유와 오래 참음(12) : 옷 입고

골로새서 3장에서는 마침내 교회가 바울을 통해 '땅의 것'(세상)이 아닌 '위의 것'(그리스도)이 진리임을 알고 믿었기에 이제부터 관심을 가져야 할 대목은 그리스도인 '다움'을 유지하는 것임을 분명히 한다. 이것이 골로새교회가 회복해야 할 복음의 메시지다(1-4). 이것은 "땅에 있는 지체를 죽이라 … 옛 사람과 그 행위를 벗어 버리고"라는 메시지와(5-9), 역시 그러므로 예수 그리스도로 "새 사람을 입었으니 … 그리스도의 말씀이 너희 속에 풍성히 거하여" 살아감(12-17)이라는 그리스도인 '다움'과

직결되어 있다.

따라서 오늘 묵상은 새 사람(10-11, B)이므로 '이 모든 것'(12-13, B1,B2) 위에 사랑(14, B3)을 더하라는 말씀의 단락에서 이해되고 묵상 되어야 한다. 골로새는 지금 영적 전쟁 중이다. 거듭남이라는 '이제는'(8)으로 신분과 수준이 이미 이동해 왔기 때문에 "전에 그 가운데 살 때에"(7) 행하던 옛 사람의 모든 행위를 벗어 버리고, 이제는 새 사람답게 살도록 부르심을 받았다.

결국 새 사람의 모든 기초들(B1, B2)을 함께 하나로 묶는 것이 바로 오늘 묵상의 주제인 '사랑'(14, B3)이다. 옛 사람과 새 사람이라는 밀물과 썰물이 쉼 없이 교차하는 골로새라는 무대에서 그리스도인답게 살아가는 것, 사실 이것은 머리속에서나 말만으로 되어지는 게 아니다. 신앙은 삶이라는 구체적 무대에서 연주되어지는 행위론적 부분을 간과할 순 없기 때문이다.

문제는 사랑이다. 주께서 우리가 옛 사람이었을 때 용납하고 용서해 주셨던 것처럼 우리도 아직 영적 교차로(옛 사람 vs 새 사람)에서 다시 옛으로 돌아가려는 -마치 이스라엘이 광야에서 다시 '애굽으로 돌아가자!' 고 했던 것처럼- 자들에게 주님처럼 사랑으로 대하는 것, 이것이 그가 이미 새 사람으로 서 있음에 대한 흔들 수 없는 증거다. 그가 이 과정(다리)을 지나 새 사람이 되었듯이 이들 역시 사랑의 묘약을 따라 그리될 것을 기대하는 바울의 목양적 마음을 읽게 된다.

사랑은 마치 누룩(yeast)처럼 '이 모든 것'(12-13, B1,B2)에 영향을 주는 신비한 에너지다. 보이지는 않지만 사랑으로 되어지는 것이냐 아니냐는 볼 수 있다. 마치 나무의 뿌리는 보이지 않지만 그것으로부터 나무가 나무로서의 모든 것을 감당해 내듯 사랑이 새 사람 안에 역사하면 그가 하나님으로 말미암아 새 사람이 된 것을 증거해 준다. 하나님 당신이 사랑이시기에 그 사랑이 새 사람을 통해 또 다른 사람에게 전해지기를, 이처럼 하나님은 사랑을 고리 삼아 새 사람과 또 다른 새 사람을 하나로 연결하신다.

3. 골로새주식회사

무슨 일을 하든지 마음을 다하여 주께 하듯 하고
사람에게 하듯 하지 말라(골3.23)

골로새교회다움 혹은 골로새교회스러움은 이미 주께로부터 받은 복음의 영광을 개인적인 삶의 자리에서(골3.5-17), 뿐만 아니라 자신이 속한 공동체(사회) 안에서 그것을 삶으로 드러내야 할 책임과 함께 성취된다. 오늘 묵상은 그리스도인의 직장생활, 즉 노사관계 중에서 육신의 상전들 아래에 위치한 종(노동자,

피고용주)에게 주신 말씀 안에 들어있다.

한 가지 좀 더 엄밀하게 말하자면, 지금 바울이 언급하고 있는 직장생활은 종들(3.22) ⇨ 육신의 상전(3.22, 4.1) ⇨ 하늘에 상전(4.1)이라는 경사도에서 알 수 있듯이 비(非) 기독교사회의 노사관계가 아닌 복음에 기초한, 우리의 진정한 상전이신 하늘 아버지를 섬기는 공동체 안에서의 영적 하이라키(hierarchy)를 전제한 관계 안에서의 계급사회 영성이다. 이는 피차(종들 vs 상전들) 모두에게 해당되는 말씀이라는 점을 주목할 필요가 있다.

오늘 묵상이 들어있는 직장공동체(골3.22-4.1)에 대한 말씀을 피터슨(E H. Peterson)의 [메시지 신약](The Message: The New Testament) 텍스트로 읽어보자

: "종으로 있는 여러분, 이 세상 주인이 시키는 대로 따르십시오. 어물쩍 넘기지 마십시오. 최선을 다하십시오. 여러분의 진짜 주인이신 하나님께 하듯 마음을 다해 일하고, 유산을 상속받을 때 충분히 보상을 받게 되리라고 확신하십시오. 여러분이 섬기는 궁극적인 주인은 그리스도이심을 명심하십시오. 눈가림으로 일하는 굼뜬 종은 그 책임을 지게 될 것입니다. 예수를 따르는 사람이라고 해서 일을 잘못해도 묵과되는 것은 아닙니다. 그리고 주인 된 여러분, 종을 사려 깊게 대하십시오. 그들을 공정하게 대우하십시오. 여러분도 주인을, 곧 하늘에 계신 하나님을 섬기고 있음을 한시도 잊지 마십시오."

일상생활의 영성, 그 빛나는 현장이 직장이다. 예를 들자면,

바울은 지금 ㈜골로새그룹 323부 부장으로 일하는 김부장이, 그가 하는 부장의 일을 주님께 하듯 하라고 말한다. 주님께 하듯 하는 일은 소위 교회에서만 유효한 것이 아니라는 뜻이다. 하나님께 하듯 하는 것은 교회 안에서만이 아닌 직장 안에서도 동일하게 요구되고 있다. 이것이 바울의 영성이다.

언제부턴가 "주께 하듯"이라는 복음이 교회 안에서만, 소위 내수용으로만 사용되고 있는 것은 아닌가 싶은 위기감을 느낀다. 이젠 이런 이분법(이원론)적인 신앙을 버릴 때도 되었다.

세상에 속한 자가 아닌 세상으로 보냄 받은 제자로 직장생활을 함에도 불구하고 인정받는 일꾼으로서의 제자(일터 사도)는 고사하고 괄호 밖의 별동부대(외딴섬)로 취급받고 있다면, 결국 교회의 신앙 좋은 성도로 교회 안의 제자만을 양산한 것인지도 모른다는 깊은 내면의 울림 앞에 서지 않을 수 없다.

내가 상전이라 해도 내용은 마찬가지다. 종들에게 하늘 아버지를 보여주고, 증거하는 일에 실패하고 있다면 내가 몸담고 있는 일터는 세상과 한통속인 회칠한 무덤과도 같은 곳일 수 있다. 나 역시 내가 서 있는 곳에서, 내가 만나는 사람들에게서 하나님을 알리고 보여주는 종으로서의 소명자다. 그렇게 살아야 한다. 지금!

4. 기도의 용량을 넓히십시오.

기도를 계속하고 기도에 감사함으로 깨어 있으라.
또한 우리를 위하여 기도하되 하나님이 전도할 문을 우리에게 열어 주사
그리스도의 비밀을 말하게 하시기를 구하라
내가 이 일 때문에 매임을 당하였노라(골4.2-3)

◎ 샌드위치 기도(4.1-6) : "… 계속하고 … 감사함으로 깨어 있으라."

A 노사관계(3.22-4.1) : 직장생활

X 기도생활(4.2-4) : 하나님 앞에서

B 외인관계(4.5-6) : 사회생활

바울은 골로새교회 성도들, -이들은 부부(3.18-19), 부모와 자녀(3.20-21), 노사(3.22-4.1) 관계라는 다양한 이름의 그리스도인으로 살아가는 자들이다.- 그들을 향해 메시지를 전달하면서, 동시에 언젠가 이들의 자리에 들어와야 하지만 아직은 외인(4.5-6)인 자들에게 '너희'(골로새교회)가 해야 할 미션을 말하는 그 사이에 오늘 묵상 단락(4.2-4)을 넣어 기도를 요청하고 있다. 그런데 '기도가 왜 이 위치에 들어있을까?'가 궁금하다.

흥미로운 것은 골로새교회를 향해 편지를 쓰고 있는 바울 자신을 우리(바울공동체)에 담아내고 있음이다. 그러니까 "아내들아…남편들아…아비들아…종들아…상전들아"로 이어지

는 각각의 대상 단락처럼 자신을 포함한 바울공동체를 향해서도 하나님의 말씀을 권면하고 있다는 점이다. 동시에 바울은 지금 골로새서를 쓰고 있는 바로 그때에 아직 골로새서를 받는 독자들 밖에 있는 외인들(4.5-6)에게 '전도의 문'을 여는 것이 바울이 하나님께 받은 소명임을 분명히 한다. 결국 자신을 포함한 바울공동체나 골로새교회에 기도가 필요한 것은 교회 안팎을 아우르는 복음 전파에 있다. 이것이 기도 안에 든 바울의 마음이다.

이를 위해 바울은 지금 기도를 부탁하고 있다. 그런 소명의 자리에 서 있는 자신의 상태는 옥중이다(4.18). 그러니까 바울의 영적 상황은 복음을 증거하는 것마저도 자유롭지 못한 상황이었다는 점을 주목할 필요가 있다. 그럼에도 그는 여러 이름을 따라 부름 받은 골로새 교인들(3.18-4.1)이 각자의 부르심 받은 자리를, 동시에 아직 이 은혜의 공동체 밖에 있는 외인들(4.5-6)도 전도의 문을 통해 골로새교회가 받은 바 은혜 안에 들어오기를 구하고 있다. 이를 너희(골로새교회)와 우리(바울공동체)와 나(바울), 이렇게 함께 합력해야 할 것이 바로 기도다.

부르심을 받은 그 자리에서 건강한 공동체를 이루기 위한, 그래서 그 힘과 능력이 교회 밖 외인(外人)들에게까지 복음대로를 따라 흘러가는 소명을 위해 바울이 골로새교회에 부탁하고 있는 것이 기도라는 점, 평범하고 뻔한 해답처럼 보이지만 아니다. 진정 기도가 무엇인가를 생각하지 않을 수 없게 한다는 점에서 우리네 기도의 자리를 돌아보지 않을 수 없다.

바울 자신은 지금 바로 그 복음 때문에 매임을 당한 상태이고, 그럼에도 전도의 문이 열리기를 기도하고 있고, 이를 다시 중보기도의 제목으로 요청하고 있다면 골로새교회가 기도에 품어야 할 것은 무엇이겠는가. 다 잘 먹고, 잘 살고, 결국 이런 유형의 형통과 축복만을 구하는 기도를 요청하는 것일까. 아닐 것이다. 기도의 초점이자 영성은 건강한 성도들로 이루어진 건강한 교회, 바로 그 교회가 기도를 통해 또다시 외인들에게 그리스도의 비밀을 말하게 되는 복음의 영광을 꿈꾸는 것 아니겠는가. 그럼, 나는 지금 무얼 기도하고 있는가?

5. 세상에 그리스도인의 발자국을 남겨라.

외인에게 대해서는 지혜로 행하여 세월을 아끼라(골4.5)

◎ 그리스도인의 새 생활, 그 삶의 무대(3.18-4.6)

① 가정생활(3.18-21)

② 직장생활(3.22-4:1)

③ 사회생활(4.2-6)

골로새서 역시 그리스도의 복음(1-2장)을 따라 부르심을 입은 성도의 생활(3-4장)이라는 바울의 전형적인 서신의 구조를 따른다. 복음을 받은 제자, 바로 그 각각의 사람들에게 골고루 말씀이 주어진다. 어느 유력한 특정인들에게 치우치지 않는 목회의 균형감, 또한 사람들이 듣기에 부담이 되지 않는 좋은 말로 저들의 등이나 긁어주는 감언이설(甘言利說)이 아닌 타협 없는 복음의 권면, 바울에게서 배워야 할 중요한 목회적 영성이다.

이것이 부부관계(3.18-19), 부모와 자녀관계(3.20-21), 노사관계(3.22-4.1), 외인관계(4.2-6)를 명하는 말씀 안에 들어 있는 바울의 통찰이다. 특별히 기도를 명하는 말씀이 非그리스도인들을 바라보는 전도의 마음 안에 들어있음이 놀랍다(4.2-4).

그리고 더 넓게 외인(外人)에게까지 그리스도인들로서 어떠해야 함을 세상의 소금이라는 주님의 말씀을 따라 권면하고 있음이 이 세상을 바라보는 그리스도인들의 자세를 좀 더 깊게 생각하게 만든다(4.5-6).

이를 피터슨(E H. Peterson)의 [메시지 신약](The Message: The New Testament)으로 읽어보면 좀 더 통찰력을 얻을 수 있다 : "교회 밖의 사람들 가운데서 일하며 살아갈 때는 지혜롭게 행십시오. 좋은 기회를 놓치지 마십시오. 모든 기회를 선용하십시오. 말할 때에는 은혜가 넘치게 하십시오. 대화할 때는 다른 사람을 깎아내리거나 제치는 것이 아니라, 그들에게서 가장 좋은 점을 이끌어 내는 것을 목표로 삼으십시오."(골4.5-6)

그리스도인 '다움' 에서 "외인을 향하여서"까지가 복음이 품고 있는 하나의 그림이다. 내가 그리스도인인가? 이것은 선명한 그리스도의 십자가 복음에 비추어 보면 안다(부름 받은 그리스도인). 또한 내가 그리스도인인가? 이것은 그리스도인으로서 외인(外人)들과 무슨 마음을 가지고 어떻게 살아가는가를 보면 안다(보냄 받은 제자). 이 둘은 그리스도의 복음의 빛 안에서 합력하여 선을 이룬다. 이로 보건대 내가 몸담고 살아가는 이 세상(사회)을 향한 주님의 거룩한 부르심을 골로새서를 통해 다시 듣는 셈이다.

역시 교회 밖의 사람들에게 우리 그리스도인들이 잘해야 할 것은 언행(言行)이다. 세상은 우리의 언행을 보고 그리스도를 알게 된다. 즉, 내가 그리스도인답게 살아가는 것이 저들이 우리처럼 그리스도 안으로 들어올 수 있는 통로가 되는 것이다.

세상은 우리들이 그랬듯이 결코 처음부터 그리스도를 바로 보거나, 알거나, 믿거나, 따르게 되지 않는다. 결국 우리의 "… 행하여 … 말을 …"이라는 언행(言行)을 통해서 그리스도를 만나게 된다. 내가 주로 만나는 '교회 밖의 사람들' 에게 나는 어떤 사람인가?

1. 나를 데살로니가교회스럽게!

너희의 믿음의 역사와 사랑의 수고와 우리 주 예수 그리스도에 대한
소망의 인내를 우리 하나님 아버지 앞에서 끊임없이 기억함이니
하나님의 사랑하심을 받은 형제들아 너희를 택하심을 아노라(살전1.3-4)

사도행전 17장 1-9절은 데살로니가교회가 세워질 당시의 상황을 생생하게 증언해 준다. 놀라운 것은 그런 황무지에서 불과 3주일 만에 이런 복음의 편지를 나눌 수 있는 교회가 세워졌다(살전1.1). 이를 바울은 "많은 환난 가운데서도 … 우상을 버리고 하나님께로 돌아와서" 그리스도 안에서 복음을 심었다는 말로 표현한다(살전1.6,9).

바울은 "항상 하나님께 감사하며 기도할 때에"(살전1.2) 이처럼 데살로니가교회가 지불한 것을 오늘 묵상에 담아 하나님께 올려드린다(살전1.3). 누군가를 위해 기도할 때마다 감사할 만한 목록들이 있다는 것은 아름다운 일이다. '하나님' 안에서 바울('우리')과 데살로니가교회('너희')의 관계가 그러했다. 이를 통해 보건대 데살로니가교회는 하나님의 사랑을 받는 자들이고, 더 본질적으로 볼 때에는 하나님의 선택 안에서 진행되는 섭리행전

인 셈이다(4b). 이처럼 데살로니가교회스러울 수 있는 세 가지는 무엇인가?

첫째, 믿음의 역사(役事)다. 주의 복음이 바울을 통해 데살로니가에 "말로 … 능력과 성령과 큰 확신으로"(살전1.5a) 전했을 때에 비록 그것 때문에 데살로니가 성도들은 많은 환난 가운데 처해지기는 했지만, 그럼에도 불구하고 "성령의 기쁨으로 말씀을 받아 … 마게도냐와 아가야 모든 믿는 자의 본이 되었"(살전1.6-7)고, 주의 말씀은 물론이고 "하나님을 향하는 믿음의 소문이 각처에"(살전1.8) 널리 퍼져 나가게 되었다.

둘째, 사랑의 수고(受苦)다. 이것 역시 성도들 사이는 물론 이미 마게도냐까지 확장되었다(살전4.9-10, 3.12 참조). 사랑이 복음 안에서 도도하게 흘러가고 있음이 놀랍다. 주님의 사랑을 받은 자는, 그래서 그것이 얼마나 크고 놀라운 은혜인가를 아는 자는 사랑하지 않고는 살 수 없는 법이다.

셋째, 주 예수 그리스도에 대한 소망의 인내다. 다시 오실 그리스도에 대한 소망은 "많은 환난 가운데서 성령의 기쁨으로"(살전1.6) 하나님의 말씀을 받아들이게 했다. 동시에 재림을 기다릴 수 있는 힘이었으며, 때문에 아무도 흔들 수 없는 소망 앞에 선 데살로니가교회에게는 무수한 환난도 결코 맥을 추지 못했다. 소망은 언제나 오늘이라는 현실이 만들어 놓은 불가능을 보지 않고 꿈이 성취될 내일을 보게 만든다.

나도 걸어 다니는 교회로서 데살로니가교회스럽고 싶다. 믿음이라는 씨앗을 심어 그것이 열매로 이어지는 역사(役事)를, 사랑을 말과 혀로만이 아닌 행함과 진실함에 담아내는 수고의 땀을, 소망이 늘 그렇듯 당장 결과가 나타나지 않는다 해도 실망하거나 포기하지 않고 오래 참고 기다릴 수 있는 인내를 통해서도 주님께 올려드리고 싶다. 이제 내가 응답해 드릴 때다.

2. 이웃에 그리스도인의 발자국을 남겨라.

너희는 우리의 영광이요 기쁨이니라(살전2.20)

◎ 데살로니가교회를 둘러싸고 있는 사람들(2.13-20)

- 너희(데살로니가교회)
- 우리(바울공동체)
- 저희 1(유대에 있는 하나님의 교회들, 2.13-14; 1.8)
- 저희 2(유대주의자, 2.15-16) ⇨ 사단(2.18b)

데살로니가전서 2장에서 교회를 향해 바울은 유모와 아비의 마음으로(7,11), 복음과 함께 목숨을 다해 저들을 사랑으로 목양했다(8). 그랬더니 바울이 늘 하나님께 감사하게 되는 일이 생졌다. 그것은 저들의 눈물겨운 믿음의 반응 때문이다(13). 마침내 데살로니가교회 역시 고난과 더불어 살아가는 1세기 이웃 교회들('저희1', 1.8 참조)처럼 견고한 믿음 위에 서 가게 된 것이다(14). 이런 결과는 유대인들('너희2')과 얼마나 대조되는 것인지 모른다(15-16). 이것이 우리가 너희를 향해 던지는 메시지의 이유다(19-20).

바울의 심장(마음)을 가지고 살고 싶다. 내가 하나님 아버지의 기쁨이요 영광이듯이, 주 앞에서 내가 주님의 몸 된 교회의 소망이요 자랑의 면류관이고 싶다. 동시에 교회와 나의 관계 역시 이처럼 영광이요 기쁨이기를 원한다. 주님이 교회를 사랑하셔서 당신의 목숨까지 드리셨다면 나도 교회를 위해 목숨을 다하는 것이 마땅한 도리다.

가정도 마찬가지다. 부부 사이에, 부모와 자녀 사이가 이렇듯 서로가 서로에게 영광이요 기쁨이요 자랑의 면류관으로 살아가기를 소망한다. 주님이 다시 '강림하실 때'까지 이렇게 살다가, 그ㅁ모습으로 주님 앞에 서고 싶다.

비록 전부는 아닐지라도 하나님은 우리 부모를 통해서 자식들에게 당신을 보여주라 하셨다. 어느 순간(단계)까지 부모는 하나님을 보여주고, 알려주고, 안내하는 하나의 통로다. 부모와 자식 간에 피차에 오늘 묵상이 간증(고백)되어지기를 꿈꾼다.

데살로니가교회가 든든하게 서 가고 있으니 하나님이 하시는 일이 얼마나 멋진지 …. 데살로니가교회는 이방에서 복음의 꽃을 활짝 피운, 그리하여 데살로니가교회發 '믿음의 소문'

이라는 향기가 마게도냐와 아가야를 지나 각처에 퍼지게 만들 정도로 아름다운 복음의 열매를 맺게 되었다(1.8).

이것은 아무런 고난이 없을 때에 그냥 덤으로 얻은 게 아니고 유대주의자들('저희2')을 통한 고난(환난)이라는 '많은 싸움 중'에서 그 값을 지불하고 얻어진 보배이다(2.2,14, 1.6). 때문에 그것만큼 귀하고 복된 간증이고, 동시에 그대로 도전이 되어 편지로 전달 되어지는 것이 아닐까.

세상에 공짜는 없다. 아무런 값을 치르지 않는 것은 그만큼 값어치가 없고, 그래서 쉽게 취급되고, 아무도 감동하지 않고 사라지고 만다.

바울로 대표되는 '우리'와 데살로니가교회와 성도들인 '너희'와 복음을 거부하고 핍박하는 유대인들인 '저희2'가 펼치는 각각의 삶들이 이런저런 모양으로 흔들거리면서 흘러간다. 나는 누구인가. 무엇을 하고 있고, 누구를 위해 살고 있으며, 다른 사람들에게 어떤 영향력을 주며 사는가. 남아있는 인생후반전에 데살로니가교회가 하나의 등불이 된다.

3. 거룩하기 원합니다.

하나님의 뜻은 이것이니 너희의 거룩함이라(살전4.3a)

- 그들을 진리로 거룩하게 하옵소서 아버지의 말씀은 진리니이다. 또 그들을 위하여 내가 나를 거룩하게 하오니 그들도 진리로 거룩함을 얻게 하려 함이니이다(요17.17,19)

- 지금 내가 여러분을 주와 및 그 은혜의 말씀에 부탁하노니 그 말씀이 여러분을 능히 든든히 세우사 거룩하게 하심을 입은 모든 자 가운데 기업이 있게 하시리라(행20.32)

- 이제는 너희 지체를 의에게 종으로 내주어 거룩함에 이르라. 그러나 이제는 너희가 죄로부터 해방되고 하나님께 종이 되어 거룩함에 이르는 열매를 맺었으니 그 마지막은 영생이라(롬6.19b,22)

- 고린도에 있는 하나님의 교회 곧 그리스도 예수 안에서 거룩하여지고 성도라 부르심을 받은 자들과, 믿지 아니하는 남편이 아내로 말미암아 거룩하게 되고 믿지 아니하는 아내가 남편으로 말미암아 거룩하게 되나니 그렇지 아니하면 너희 자녀도 깨끗하지 못하니라 그러나 이제 거룩하니라(고전1.2a, 7.14)

○ 그런즉 사랑하는 자들아 이 약속을 가진 우리는 하나님을 두려워하는 가운데서 거룩함을 온전히 이루어 육과 영의 온갖 더러운 것에서 자신을 깨끗하게 하자(고후7.1)

○ 곧 창세 전에 그리스도 안에서 우리를 택하사 우리로 사랑 안에서 그 앞에 거룩하고 흠이 없게 하시려고, 이는 곧 물로 씻어 말씀으로 깨끗하게 하사 거룩하게 하시고, 자기 앞에 영광스러운 교회를 세우사 … 거룩하고 흠이 없게 하려 하심이라(엡1.4, 5.26-27)

○ 이제는 그의 육체의 죽음으로 말미암아 화목하게 하사 너희를 거룩하고 흠 없고 책망할 것이 없는 자로 그 앞에 세우고자 하셨으니(골1.22)

○ 하나님이 우리를 부르심은 부정하게 하심이 아니요 거룩하게 하심이니, 평강의 하나님이 친히 너희를 온전히 거룩하게 하시고(살전4.7, 5.23a)

○ 하나님의 말씀과 기도로 거룩하여짐이라(딤전4.5)

○ 이 뜻을 따라 예수 그리스도의 몸을 단번에 드리심으로 말미암아 우리가 거룩함을 얻었노라. 모든 사람으로 더불어 화평함과 거룩함을 따르라 이것이 없이는 아무도 주를 보지 못하리라(히10.10, 12.14)

○ 오직 너희를 부르신 거룩한 이처럼 너희도 모든 행실에 거룩한 자가 되라. 기록되었으되 내가 거룩하니 너희도 거룩할지어다 하셨느니라(벧전1.15-16)

4. 주의 재림은 있다.

주께서 호령과 천사장의 소리와 하나님의 나팔 소리로
친히 하늘로부터 강림하시리니 그리스도 안에서 죽은 자들이
먼저 일어나고 그 후에 우리 살아 남은 자들도 그들과 함께
구름 속으로 끌어 올려 공중에서 주를 영접하게 하시리니
그리하여 우리가 항상 주와 함께 있으리라(살전4.16-17)

◎ 재림의 서정(데살로니가전후서)

① 먼저 배교(apostasy)하는 일이 있고(살후2.3a)

② 저 불법의 사람, 곧 멸망의 아들이 나타나…(살후2.3b)

③ 주께서 … 친히 하늘로부터 강림하시리니(살전4.16a)

④ 그리스도 안에서 죽은 자들이 먼저 일어나고(살전4.16b)

⑤ 그 후에 우리 살아 남은 자들도(살전4.17a)

⇨ 다 변화하리니… 우리도 변화되리라.(고전15.51-52)

⑥ (온 성도가) 공중에서 주를 영접하게 하시리니(살전4.17a)

⑦ 그리하여 우리가 항상 주와 함께 있으리라(살전4.17b)

데살로니가교회는 재림신앙에 대해서는 별 문제가 없었다(살전5.1-5). 그런데 사별(死別)한 가족들을 주의 재림 때 다시 만나지 못할지도 모른다는 무지함 때문에 슬퍼하고 있는 성도들이 많았다(살전4.13). 바울은 유독 종말론에 대해서만큼은 어린아이와 같은 데살로니가교회를 향해 책망이 아닌 주의 재림에 대한 바른 신앙을 가르치는 기회로 삼는다.

그래서 바울은 이 기회에 데살로니가전서에서 주의 재림에, 그리고 데살로니가후서에서는 재림의 징조들에 대해서 교회(성도)를 깨우친다. 주님은 가신 모습 그대로 "친히 하늘로부터 강림하"실 것이다(살전4.16a, 행1.9-11 참조). 21세기에 손오공처럼 무슨 구름이냐며 이를 비유나 상징으로 얘기하는 이단(異端)들은 이미 재림주가 영으로 자기(교주)에게 임했다고 얘기하지만 성경은 단호하게 가신 모습 그대로 오실 것이라고 선포한다.

더 중요한 재림의 증거는 -이것이 이단이 이단인 결정적 이유다.- 주님이 재림하시면 "죽은 자들이 먼저 일어나"(살전4.16b)고 이어서 "우리 살아 남은 자들도 … 다 변화하"(살전4.17a, 고전15.51-52)게 된다. 하지만 보라! 재림주라는 자들과 그들을 따르는 자들은 여전히 육체 그대로일 뿐이라는 점을. 한편 그 후에 온 성도가 "공중에서 주를 영접하"(살전4.17a)여 주와 함께 영원토록 거하게 되는 영광에 참여하게 된다(살전4.17b).

따라서 주의 재림 전에 죽었든('자는 자'), 주의 재림을 살아서 맞이하든('살아 남아 있는 자') 모든 성도들은 다 주의 재림의 때에 영광 가운데 주님을 맞이할 것이다. 때문에 데살로니가교회가 이 복음을 듣고 또 믿는다면 이제 해야 할 것은 소망 없는 다른 이들처럼 슬퍼하는 것을 버리고 재림의 소망 안에서 서로 위로하는 일이다(살전4.18). 바른 신앙을 갖게 되면 밝은 소망을 선물로 받게 되고, 그래서 그 소망으로 오늘의 고통과 아픔마저도 넉넉하게 극복하며 살아갈 수 있다. 무릇 주의 재림을 소망하는 자는 이렇게 사는 자다.

5. 하나님의 뜻을 따라 살아가고 있습니까?

항상 기뻐하라 쉬지 말고 기도하라 범사에 감사하라
이것이 그리스도 예수 안에서
너희를 향하신 하나님의 뜻이니라(살전5.16-18)

◎ 종말론적인 삶 1(16-18) : 하나님과의 관계에서

① 항상 기뻐하라(16).

② 쉬지 말고 기도하라(17).

③ 범사에 감사하라(18).

종말을 살아가는 사람들을 향하신 하나님의 뜻은 무엇인

가?(살전5.12-22) 그것은 목회자와의 관계에서(12-13a), 성도(교회)와의 관계에서(13b-15), 그리고 하나님과의 관계에서 각각 드러난다(16-22). 종말을 성공적으로 살아가기 위해서는 하나님의 뜻을 올바로 분별하고, 깨닫고, 알고, 확신하고, 이를 행해야 한다.

종말은 무엇보다 하나님의 뜻대로 살아야 한다(16-22). 이것은 명령이다. 선택사항이 아니라 필수사항이다. 뜻은 이루어져야 가치가 있다. 이루어지지 못한 뜻은 아무 가치가 없다. 하나님의 뜻은 "항상 … 쉬지 말고 … 범사에"(16-18) 이루어져야 한다.

하나님은 당신의 백성('나')들이 어떠한 형편에서도 기뻐하며 살기를 원하신다(①). 기도는 호흡과 같으며(②), 감사는 하나님의 시각에서 접근하고 풀어야 한다(③). 물론 기쁨과 기도 역시 하나님 쪽에서 이해해야만 그 깊이와 비밀을 누리며 살아가게 된다. 역시 믿음이 없이는 불가능한 일들이기에 그렇다.

오늘 묵상은 종말론적 삶을 살아가는 성도에게 주어진 가히 불가능해 보이는 명령이다는 점을, 특별히 하나님과의 관계에서 행해야 할 명령이라는 점을 주목할 필요가 있다. 무슨 말인가? 기쁨과 기도와 감사의 실행 및 그 대상이 하나님과의 관계적인 면에서 명령되고 있다는 얘기다. 물론 이 말은 사람에게는 해당되는 말씀이 아니다는 의미는 아니다. 하지만 성도로 살아가는 길에서 고난을 만나게 된다 할지라도 그것이 하나님과의 관계를 흔들리게 해서는 안 된다는 뜻이다.

지금 데살로니가교회는 밖으로, 바울공동체(바울, 실루아노, 디모데, 살전1.1 참조)가 "이방인에게 말하여 구원받게 함을"(살전2.16a) 금하는 유대인들의 핍박에 노출되어 있다. 동시에 안으로, 데살로니가전서 4장 13절 이하에서 계속 언급하고 있듯이 음란과 죽은 자의 부활과 '때와 시기'(주의 날, 재림)의 문제들로 말미암아 사역자와 성도들 사이에 심각한 갈등이 점차 깊어지고 있는 상황이다.

바로 이러한 때가 하나님과의 관계마저 휘청거릴 수 있는 영적 위기임을 바울이 모를 리 없다. 그래서 그 어떤 형편과 상황에서도 하나님과 '항상' 기쁨의 관계를 유지해야 함을(①), 하나님과의 거룩한 영적 채널(소통)을 '쉬지 말고' 기도로서 유지해야 함을(②), 동시에 영적 평정심을 '범사에' 감사의 통에 담아내야 함(③)을 목양적으로 권면하고 있는 것 아니겠는가.

그야말로 내우외환(內憂外患)이다. 보통 땅이 혼돈에 휩싸이면 보이지 않는 하늘길마저 흔들거리는 게 일반적이다. 하지만 이 때 '하늘대로' 마저 막히거나 불통되게 놔둘 순 없다.

그런 의미에서 하나님의 뜻을 따라 살아가야 하는 종말론적 삶은 단순히 구호가 아니라 하나님의 뜻이 하늘에서와 같이 이 땅에서 이루어지게 하는 선물이요 통로다.

6. 일상생활의 영성으로 살라!

성령을 소멸하지 말며 예언을 멸시하지 말고
범사에 헤아려 좋은 것을 취하고
악은 어떤 모양이라도 버리라(살전5.19-22)

◎ 종말론적인 삶 2(19-22)

① 성령을 소멸치 말라(19)

② 예언을 멸시치 말라(20)

③ 범사에 헤아리라(21)

④ 좋은 것을 취하라(21)

⑤ 악은 어떤 모양이라도 버리라(22)

오늘 묵상은 종말은 무엇보다 하나님의 뜻대로 살아야 한다(16-22)는 단락 안에 들어있다. 놀라운 것은 "종말이다! 종말을 산다!"라고 할 때 그게 무슨 특별한 것으로 드러나는 것이 아니라 그냥 일상이다. 그저 오늘이다. 그래서 종말은 일상생활의 영성이 심기고, 자라고, 꽃피고, 열매 맺어가는 삶의 자리다. 그런 의미에서 종말은 아직(not yet) 오지 않은 미래이지만 이미(already) 우리의 삶의 자리에서 호흡하고 꿈틀거리는 삶의 여정이라 할 수 있다.

그렇다면 바울이 데살로니가교회에게 말하는 종말론적 영성은 무엇인가? 오늘 묵상에서는 다섯 가지로 종말을 사는 삶을 제안한다. 먼저, 아마도 데살로니가교회 안에도 성령의 불을 끄거나(19), 그래서 결과적으로 예언을 멸시하는, 그러니까 "성령의 감동으로 전하는 말"(20, 공동번역)을 멸시하는 그런 소방수들이 있었던 모양이다. 성령님이 하시는 일을 사람의 시각에서 이러쿵저러쿵하기 시작하면 은혜는 소멸되고 차디찬 율법이라는 잣대와 '자기 의'(Self-Righteousness)만이 살아 움직이는 모습으로 교회의 흐름이 꺾이고 만다. 하나님은 성령님이 능력있게 역사하는 교회를 원하신다.

결국 종말론적인 영성에 기초한 건강한 삶을 위협하는 요소가 드러났다. 그것은 성령과 예언(설교)의 영역에서의 영적 권위가 흔들리는 것에서 오는 신앙생활의 혼돈이다. 마치 자기 소견에 옳은 대로 행하는 新사사시대를 떠올리게 된다. 때문에 "베뢰아에 있는 사람들은 … 간절한 마음으로 말씀을 받고 이것이 그러한가 하여 날마다 성경을 상고하"(행17.11)였듯이 '범사에 헤아리라'는 말씀처럼 종말론적 긴장을 따라 사는 것이 요구된다.

성경이 요구하는 지극히 평범하고 일상인 종말론적 영성에 기초한 생활행전이 나의 불신앙과 고집과 나의 경험에 제한되는 어리석음 때문에 결국 성령님이 소멸되는 것으로 나타나지 않기를 원한다. 그래서 언제나 하나님의 기준대로 "모든 것을 시험해 보고 좋은 것은 꼭 붙드십시오. 그리고 악한 일은 어떤 종류이든지 멀리하십시오."(21-22, 공동번역)를 행하면서 살자. 그래야 성령님과 보다 더 친밀한 사귐을 지속할 수 있기 때문이다.

하나님의 사람은 하나님의 영의 지배를 따라 살아간다. 때문에 우리 마음 안에 역사하시는 성령께서 좋은 것과 나쁜 것, 이로운 것과 해로운 것, 창조적인 것과 소비적인 것, 영원한 것과 찰나적인 것, 하나님이 기뻐하시는 것과 슬퍼하시는 것, 하나님의 나라와 세상 나라와 같은 것들을 분별하게 하시며 결국 악이 아닌 선에 서도록 우리를 이끄신다. 종말은 종교적 엑스타시(extasy)가 아니며, 어떤 종교 행위 안으로 들어가는 형식이 아니며, 우리의 평범한 일상의 삶과 분리된 신비의 세상이 결코 아니다. 종말론적 삶은 세상과의 분리가 아니라 세상과의 구별이다.

7. 거룩으로 종말을 사라!

너희를 부르시는 이는 미쁘시니 그가 또한 이루시리라(살전5.24)

◎ 종말론적으로 읽어본 데살로니가전서

① 종말론 교리(4.13-5.5)

② 종말론 생활(5.6-11)

③ 종말을 살아가는 사람들을 향하신 하나님의 뜻(5.12-22)

⇨ ④ "하나님이 … 이루시리라."(5.23-24)

데살로니가교회는 바울의 제2차 전도여행(A.D. 50-52년) 때에 세워졌다. 빌립보에 이어 그곳에서 단지 3주일을 지내는 동안에 헬라인(이방인) 남녀가 그리스도를 믿게 되어 교회가 개척되었다(2.2, 3.1; 행17.1-4,13-16). 하지만 바울은 곧 대적자(유대인)들에 의해 추방되고(1.2-2.16; 행17.5-10), 이어 디모데를 파송하게 된다(3.2). 그러나 디모데가 바울에게 보고한 바에 의하면 데살로니가교회는 주의 재림에 대해서 뭔가 심각한 오해를 하고 있었다(4.11,13-14).

복음과의 짧은 만남 때문이었는지 교회는 영적으로, 교리적으로 큰 혼란 가운데 있었다. 그야말로 내우외환(內憂外患)이다. 이처럼 환난 중에 있었음은 물론이고(3.3-7), 임박한 재림에 대한 그릇된 이해 때문에 일상생활마저 흔들리는 사람들(4.11), 그리고 주의 재림 이전에 먼저 죽은(사별한) 자들의 장래에 대한 그릇된 이해들이 교회를 흔들리게 했다(4.13-18).

이것이 데살로니가전서가 쓰여지게 된 하나의 배경이다. 재림에 대한 바른 복음은 저희를 바르게 깨어나게 할 것이다(①). 그리하여 종말론적인 바른 삶(②), 즉 종말을 살아가는 사람들을 향하신 하나님의 뜻인 성결한 생활을 낳게 될 것이다(③). 그래 놓고서 바울은 이처럼 '마지막에 될 일들'을 알고 믿는 자는 어떻게 살아야 하는가에 대한 최종적인 권위를 "하나님이

… 이루시리라.”(④)는 말씀에 두도록 요구한다.

이렇듯 데살로니가전서처럼 살고 있다면 그는 이미 종말론적인 삶을 사는 자다. 종말은 죽을 때나 맛보는, 주님의 재림 때에나 이루어지는 것이 아니다. 지금 내 삶의 자리에서 보고, 성취하며, 누리며, 그리고 증거하며 살아가야 한다. 이것이 데살로니가교회를 향하신 하나님의 뜻임과 동시에 종말을 살아가는 그리스도인('나')에게 주어진 명령이요 축복이다.

종말은 멀리 있지 않고 가장 가까이 내 곁에 있다. 정말이지 사선(死線) 앞에 서서 숨이 넘어가는 순간에나 “이럴 줄 알았으면 바르게, 다르게 살 걸!” 하지 말고, 지금부터 종말을 연습하며 살아보자.

나를 종말의 영광스러운 자리에 부르시는 하나님이 또한 그 때까지 우리의 영육(靈肉)과 목숨(혼)을 온전히 거룩하게 하시고 흠 없게 보존하실 것을 믿으며 이미 시작되었으나 아직 주의 재림이 예언인 때를 종말답게 살아보자.

1. 선을 행하다가 낙심될 때

형제들아 너희는 선을 행하다가 낙심하지 말라(살후3.13)

바울 사도는 다른 서신에서 오늘 묵상과 비슷한 말씀을 한 번 더 하고 있다 : “우리가 선을 행하되 낙심하지 말지니 포기하지 아니하면 때가 이르매 거두리라.”(갈6.9) 재미난 것은 선을 행하는 것과 낙심하는 것이 절묘한 함수관계가 있음을 짐작케 한다는 점이다. 전혀 연관성이 없어 보이는 이 둘이 한 말씀에서 만난다는 점에서 그렇다.

먼저 사도는 선행이 낙심으로 이어질 수 있음을 기억할 것을 말한다. 그렇다면 왜 선을 행하다가 지치게 될까? 오늘 묵상은 종말을 산다는 것을 오해한 나머지 일상생활의 영성을 잃어버리고서 무위도식(無爲徒食)하는 자들을 엄히 경계(살후3.6-15)하는 단락 안에 들어 있다. 이로 보건대 데살로니가교회 안에는 종말론적 삶을 사는 전혀 다른 두 종류의 사람이 있었던 것 같다.

“선을 행하”는 사람과 “게으르게 행하여 도무지 일하지 아니하고 일을 만들기만 하는 자들”(살후3.11), 이렇게 둘인데 하나님의 명령인 선행(善行)이 선을 행하는 사람에게서 선행의 수혜자로 진행되는 과정에서 낙심하고 지치는 결과를 초래하게 된다. 그래서 바울은 선행이 대상과의 관계에서 영향을 받지 않을 수는 없겠지만 낙심을 넘어 선행 자체를 중단하거나 포기하는 일이 일어나지 않기를 바라고 있는 것이다.

자칫 우리는 선행이라는 소중한 하나님의 계명적 가치를 선행의 수혜자의 태도나 모습 같은 반응에 너무 민감하게 영향을 받을 수 있다. 우리는 좋은 소리 듣기 위해서, 나의 어떤 신앙적 욕구나 필요에 의해서 선을 행하는 것이 아니다. 물론 하나님 앞에서 자신의 자발적 결정에 따른 선을 행함이지만 그것마저도 하나님이 우리에게 명하시고 부탁하신 말씀에 대한 순종적 반응에서 나온 헌신의 차원이 더 강하다.

따라서 겉으로는 사람에게 선을 행하는 것으로 표현 될지라도 중요한 것은 선행은 하나님께 드려지는 것이다. 그렇다면 자신에게 읽혀지고 판단 되어지는 것들에 따라 성급한 결론, 즉 실망과 낙심을 통해 결국 선을 행하는 것을 포기하고 중단해 버린다면 바리새인들처럼 사람에게 보이려고 의를 행하는 것과 다를 바 없다.

더군다나 종말론적인 삶을 살아가는 때가 아닌가. 종말은 두 가지로 정리될 수 있다. 하나는 예수님의 역사적 재림을 통한 종말이고, 다른 하나는 죽음(사망)에 따른 개인적 종말이다. 선을 행한다는 것은 우리의 선행이 전달되는 사람에게도 종말은 언제나 임박해 있다. 나의 선행이 너의 종말을 하나님 앞에서 맞을 수 있도록 해주는 거룩한 통로일 수 있다는 얘기다. 무엇보다 우리가 예수 그리스도의 이름으로, 그리스도인으로 행하게 되는 선행일 경우에는 더더욱 그렇다.

사람은 참 약하다는 생각이 든다. 좋은 일(선행)을 하면서도 그것으로부터 파생되는 것들에 쉽게 노출되고 영향을 받을 수 있다니 말이다. 이타적이어야 할 선행마저도 이기적이고, 자기만족과 성취 수준을 넘어서지 못할 수도 있음이 조금은 씁쓸하다. 나의 선행의 이유와 목적이 하나님을 드러내고 보여주는 것인지 곰곰이 되돌아본다.

1. 오직 그리스도를 통해 은혜가 왔다.

미쁘다 모든 사람이 받을 만한 이 말이여
그리스도 예수께서 죄인을 구원하시려고 세상에 임하셨다 하였도다
죄인 중에 내가 괴수니라(딤전1.15)

◎ 바울 시간표(딤전1.12-17)

A 과거 : "전에는"(13b, 믿지 아니할 때에)

① 비방자요 박해자요 폭행자였으나(13a)

② 알지 못하고 행하였음(13b)

③ 그리스도께서 내게 먼저 일체 오래 참으심(16a)

(15)⇨

B 현재 : "긍휼을 입은 것"(감사, 직분을 맡기심, 주의 은혜)

① 영생 얻은 자들에게 본(16b)

② 하나님께 존귀와 영광이 영원무궁(17)

오늘 묵상은 바울의 자전적 고백 단락에 들어 있다. 바울은 자신을 예로 들어서 자신의 지나온 과거(A)라는 다리를 건너 지금 와 있는 현재(B)에로의 이동에 이르는 지난 세월을 그림을

그리듯 토해 낸다. 자기 자신이 전에 믿지 아니할 때의 언행(A-①②)에 대해, 그럼에도 불구하고 주님께서 자신에게 해 주신 언행(A-③)에 대한 대조를 통해 지금 자신이 어떤 자로 서 있는가를, 그리고 그렇게 하신 그분의 이유들(B-①②)을 간증한다.

그리고 그 사이에 오늘 묵상 15절이 위치한다. 참으로 절묘한 신학적 통찰이다. 그는 과거(A)든 현재(B)든 결코 자신을 주어(主語)로 올려 놓지 않는다. 지금 이러한 신분적이고 존재론적인 차원 이동의 키를 자신이 쥐고 있는 게 아님을 분명히 한다. 그럼 누구인가? 오직 주 예수 그리스도시다.

그는 자신이 고백하듯 과거(A)의 모습에 갇혀 살아가고 있을 바로 그때의 영적 상태는 "그리스도께서 먼저 오래 참으심"(16a, A-③)이었음을 이후에 깨닫게 된다. 물론 "그리스도 예수께서 죄인을 구원하시려고 세상에 임하셨다 하였도다."는 사실을 알고, 깨닫고, 확신하고, 믿어 의심치 않을 때 역시 그렇다. 그러니까 지금 현재(B)라는 다리를 건너와 있는 자신을 위해 바울 자신이 과거에 한 일(공로, 행위)이 없음에 대한 정확한 고백이다. 오히려 "비방자요 박해자요 폭행자"(13a)인 것조차 "알지 못하고 행하였"(13b)을 뿐이다.

다시 정리하면 A에서 B에로의 영적(靈的) 이동을 위해 그가 한 일은 유감스럽게도 13절뿐이었다. 하지만 바울은 여기서 그치지 않고 자신만 그런 게 아니라 '모든 사람'이 받아야 할 진리가 바로 15절 오늘 묵상임을 분명히 한다. 그 죄인 가운데 바울 자신은 괴수라는 피맺힌 고백을 토해 내고 있다. 그렇다. 인간에게는 구원을 받을 만한 그 어떤 자격이나 가능성 같은 조건이 처음부터 없었다. 죄인(罪人)이니까.

이것이 죄인을 구원하시려고 세상에 임하신 그리스도의 성육신이 갖는 신비(비밀)다. 바울과 동일한 자의식(자기 이해, 인식)을 신앙고백으로 올려드리며 산다면 그 사람은 교만할 이유가 없다. 이처럼 값없이 은혜로 얻은 구원에 대한 고백은 그리스도에 대한 분명한 신앙에서 비롯된다. 나의 신앙고백을 돌아봐야 할 이유가 여기에 있다.

2. 기도의 지경을 넓히라.

하나님은 모든 사람이 구원을 받으며
진리를 아는 데에 이르기를 원하시느니라(딤전2.4)

◎ 교회와 중보기도(2.1-8)

- 이슈(1) : 기도
- 대상(2a) : 임금들과 높은 지위에 있는 모든 사람들
- 이유 & 목적(2b-4) : 평안, 구원
- 효과 & 열매(5-8) : 그리스도

바울은 에베소교회를 맡아 목회하는 믿음의 아들 디모데를 목회적으로 권면하기 위해 목회서신 중 하나인 디모데전서를 써서 보낸다. 오늘 묵상 단락(2.1-8)은 교회와 목회에서 특별히 중보기도가 차지하는 목적과 열매라는 관점에서 하나의 큰 그림을 보여준다.

건강한 교회는 기도로 세워진다. 중보기도는 개개인의 평안한 생활을 넘어 다른 사람이 구원을 받게 하는 데 합력한다. 교회를 위한 중보기도가 본질적인 이유가 여기에 있다. 이로써 우리의 기도가 얼마나 개인적이며, 이기적이며, 심리적이며, 나의 필요와 목적을 이루기 위한 수단으로 사용되고 있는가를 돌아보게 된다. 기도는 나를 위한 내향적이기보다 하나님의 나라를 위한 외향적이어야 한다는 바울의 코멘트를 읽을 때 더 그렇다는 얘기다.

교회가 해야 할 유일한 것이 기도는 아닐지라도 "모든 사람을 위하여" 기도하는 것은 기본적인 의무다(1). 그럼에도 기도의 특별한 대상이 있다. "임금들과 높은 지위에 있는 모든 사람"(2a)을 위해 기도하는 것이다. 좀 더 큰 단락(2.1-15)에서 볼 때 오늘 묵상은 예배에 대한 가르침 안에 들어있다. 그렇다면 이것 역시 공예배에서 기도해야 할 대상이다는 의미가 아닌가.

그럼 왜 이처럼 권면할까? 오해하지 않아야 할 것은 이 대상(2a)만을 위한 기도를 말하고 있는 게 아니라는 점이다. 즉 '모든 사람'을 위해 기도하는 중 특별히 밝히고 있는 대상을 위한 기도다. 그럼에도 특정 대상을 언급한 것에는 크게 두 가지의 이유와 목적이 들어있다(2b-4). 첫째, 우리(기도자, 에베소교회)가 "모든 경건과 단정함으로 고요하고 평안한 생활을 하려 함"(2b) 때문이다. 그래서 특별히 지목한 대상(2a)을 위해 중보기도를 해야 한다.

둘째, 기도 대상자를 위해서다. 하나님은 그들을 향해서도 사랑의 마음을 가지고 계시는 분이시다. "임금들과 높은 지위에 있는 모든 사람"(2a)들 역시 하나님의 구원을 받기 원하시기에 그렇다(4a). 베드로 사도 역시 같은 마음이다 : "오직 주께서는 너희를 대하여 오래 참으사 아무도 멸망하지 아니하고 다 회개하기에 이르기를 원하시느니라."(벧후3.9b)

이것이 중보기도를 통해 모든 사람이 "진리를 아는 데에 이르기를 원하시"(4b)는 하나님 아버지의 마음이다. 묵상할수록 우리의 기도가 얼마나 자기 필요와 목적을 위한 수단인가를 부끄러워하게 된다. 하나님을 아는 지식이 자라갈수록 우리 기도의 지경 또한 그와 비례해서 넓어지고 커지는 것임을 새삼 발견한다.

결국 교회의 공적 중보기도를 통해 지금 제안한 대상(2a)을 위해 기도한다면 이로 말미암아 두 가지 이유와 목적(2b-4)이 풍성하게 성취될 것이다. 그럴수록 기도의 근육이 더욱 강화되지 않겠는가. 이 모든 것들이 기도와 연결되어 있음이 놀랍기 그지없다. 기도는 하나님의 마음을 알아가는 것이다. 그리고 그 마음으로 기도자(Prayer)의 자리에 나아가는 것이다.

3. 그대의 삶으로 가르치십시오.

누구든지 네 연소함을 업신여기지 못하게 하고
오직 말과 행실과 사랑과 믿음과 정절에 있어서
믿는 자에게 본이 되어(딤전4.12)

피터슨(E H. Peterson)의 [메시지 신약](The Message: The New Testament)은 오늘 묵상에서도 우리를 실망시키지 않는다 : "아무도 그대가 젊다는 이유로 그대를 얕잡아 보지 못하게 하십시오. 그대의 삶으로 가르치십시오. 그대의 말과 행실과 사랑과 믿음과 성실함으로 믿는 이들을 가르치십시오."

오늘 묵상을 전후한 디모데전서 4장만을 놓고 보더라도 지금 디모데는 안팎으로 심각한 목회적 위기에 처해 있다. 밖으로는 '신앙을 가장한 어리석은 이야기'(망령되고 허탄한 신화; 7a)를 퍼뜨리는 '어떤 사람들'이라는 이단이(1-5), 안으로는 젊은 사역자의 영적 리더십을 흔들어대는 내전이(12), 이런 양곤마에 빠져 있다. 이러한 때에 믿음의 아들 디모데를 바라보는 바울의 심정은 어떠했을까.

바울은 디모데 개인의 어떠함 때문에 사역의 질(質)이 약해지지 않기를 기대한다(12). 그러려면 무엇보다 삶으로 본(model)이 되는 수밖에 없다. 치열한 영적 전쟁에서 이단으로부터 교회를 지키고, 성숙한 신앙인으로 살아가는 일을 격려하려면 높은 영성지수(SQ)를 따라 살아가야 한다. 특별히 지도자(목회자)로서 본이 된다는 것은 안팎의 위기로부터 교회(복음)와 목회(성도)를 지켜내기 위한 탁월한 수준의 삶을 요구한다(12). 그래야 말씀을 읽고 권면하고 가르치는 일에 탄력이 붙고 권위가 서기 때문이다(13).

아무짝에도 쓸모가 없는 잎만 무성한 잡된 이야기(망령되고 허탄한 신화; 7a)가 아닌, 삶과 연동되어 가르쳐야 할 다섯 가지 본(example)을 디모데가 붙들 때 안팎의 영적 공격들로부터 자신은 물론 에베소교회를 지켜내고 보호해 낼 수 있을 것이다. 이 점에서 바울의 디모데 클리닉은 승부사적 모험이 아니라 근원적 기초를 다지는 건강한 접근이다.

먼저, 디모데는 '망령되고 허탄한 신화'(7a)가 아닌 진리의 말(speech)로서 믿는 자의 본이 되어야 한다. 임기응변적이거나 사람을 기쁘게 하는 말이 아닌 복음을 담은 가르침이어야 한다. 둘째로, 디모데는 거짓말로 미혹하는 '어떤 사람들'(1-3)과 같은 말이 아닌 행실(life)로서 믿는 자의 본이 되어야 한다는 덕목과 함께 언행일치로 드러내야 한다.

셋째로, 디모데는 육신의 것을 앞세워 자신의 연소함(나이 어림)을 업신여기는 자들에게 사랑(love)으로서 믿는 자의 본이 되어야 한다. 사랑이 없으면 아무것도 아니기 때문이다. 사실 교활하고 교묘한 방법으로 자신을 어떤 식으로든 밟고 뭉개는 사람들을 사랑으로 대한다는 것이란 삶의 실전에서 불가능에 가깝다. 그럼에도 바울은 이것이 사역적(육체적) 한계를 넘어서는 일임을 알고 있기에 언행(言行) 위에 사랑을 더하는 본을 요구하고 있는 것이다.

넷째로, 디모데는 "어떤 사람들이 믿음에서 떠나 미혹하는 영과 귀신의 가르침을 따르"게 되는 자들에게 참 믿음(faith)으로서 본이 되어야 한다. 사랑은 옳고 그름까지, 진리와 비진리까지를 까막눈으로 물타기 하라는 건 아니다. 그래서 믿음이 본이 되어 믿음의 역사와 증거를 보여줄 필요가 있다.

다섯째로, 디모데는 "혼인을 금하고 어떤 음식물은 먹지 말라"며 창조질서를 어지럽히는 자들에게 순결(purity)로 믿는 이들의 본이 되어야 한다. 언행(言行)이 뒤틀림으로 사랑과 믿음을 찾을 수 없는 영적 혼돈과 어둠의 때에 순전함과 고결함과 정결한 삶이 답이다.

4. 가족처럼 섬기십시오.

늙은이를 꾸짖지 말고 권하되 아버지에게 하듯 하며
젊은이에게는 형제에게 하듯 하고(딤전5.1)

젊은 사역자 디모데(4.12)가 상대해야 하는 성도의 연령층은 매우 다양하다. 예배자로서의 여성도들(2.9-16), 늙은이와 젊은이(5.1), 늙은 여자와 젊은 여자(5.2), 과부들(5.3-16), 장로들(5.17-25), 종들(6.1-2)이다. 특별히 오늘 묵상 단락에 바로 이어지는 과부들은 '일락을 좋아하는' 과부들도 있고(6-7), 어디로 튈지 모르는 럭비공 같은 젊은 과부들도 있고(11-15), 어제나 오늘이나 변함없이 믿음의 모범을 따라 살아가는 과부들 같은 성도들도 있다(3-5,8-10,16). 이들에게 사역자는 어떤 목양적 태도와 자세를 가져야 할까?

노(老) 사도 바울은 젊은 디모데에게 각계각층(各界各層)의 사람들과 바른 목양의 관계를 맺으며 사는 원리들을 가르친다. 나이 든 성도들에게는 부모님께 하듯, 젊은이들에게는 형제와 자매에게 하듯, 이것이 디모데가 풀어가야 할 인간관계의 실타래다. 다양한 계층의 사람들과 함께 사역할 뿐만 아니라 더불어 살아가면서 저들 속에 하나님의 나라의 복음을 심고, 주의 영광을 열매 맺는 아름다운 교회를 이루는 목회자로서 성장하기 위해서 말이다.

놀라운 것은 목회자와 성도의 관계가 '가족언어' 로 설명되고 있다는 점이다(5.1-2). 아무리 세상이 요지경이라 할지라도 교회가 지향해야 할 가치는 가정스러움이다. 이것이 세파의 소용돌이 속에서 교회가 교회될 수 있는 길이다. 사역자는 그가 누구든 하나님의 은혜를 필요로 하는 주의 백성이라는 점을 잊지 말아야 한다. 바울이 디모데에게 부탁하고 있는 것이 바로 이것이다. 목양의 대상을 나의 준비되지 못함과 성숙하지 못한 것때문에 실족케 해서는 안 된다. 이것이 바울 안에 있는 목자의 마음이고, 이것을 지금 디모데에게 전수하고 있는 것이다.

디모데는 바울이 인정하고 그에게 에베소교회를 목회하도록 맡겼듯이 한 사람의 성도로서도 성공적인 신앙인이었다. 그런 그가 에베소교회를 목회하면서 이제는 교회(성도)로 하여금 하나님의 영광과 그분의 뜻을 이루어 드리는 일에 헌신해야 하는 소명을 받았다. 그는 한 사람의 성도로서뿐만 아니라 한 교회의 지도자로서도 하나님의 마음에 합한 사람이 되어야 한다. 어찌 이것이 디모데 한 사람만의 일이겠는가.

마음이 다 같을 수 없듯이 비록 교회일지라도 사람들은 천차만별(千差萬別)이다. 다 된, 다 온전한, 다 성숙한, 다 믿음의 본을 따라 사는, 다 영적인 비밀을 따라 사는 자들이 아니다. 어쩌면 그러기에 목회자가 필요한지도 모른다. 이를 위해 사역자를 부르셨고, 세우셨다 생각하니 눈물이 난다. 멀고도 험한 길이지만 그래도 감당할 만한 것은 디모데가 있고, 그 뒤에 바울이 있고, 그 뒤에 주님이 계시기 때문이다.

바울은 목양적 관계(디모데 vs 에베소교회)가 무엇보다 하나님의 가족인 점을 놓치지 않는다. 이를 피차의 관계 안에서, 즉 성숙한 공동체 안에서 서로 배려하고 존중할 때 서로가 하나님의 가족임을 경험하게 될 것을 알려주고 있다. 따라서 지금 바울의 권면은 단지 사람을 기쁘게 하려는 인간관계를 위한 처세술이 아닌 이유가 여기에 있다. 디모데(목회자)일지라도 나이 많은 남자 성도들을 아버지를 대하듯 말해야 한다는 점, 젊은 남자 성도들은 형제를 대하듯 말해야 한다는 점, 다시 목자의 심정을 돌아보게 하는 말씀이다.

5. 믿음대첩

믿음의 선한 싸움을 싸우라 영생을 취하라
이를 위하여 네가 부르심을 받았고
많은 증인 앞에서 선한 증언을 하였도다(딤전6.12)

◎ 명령(11-14)

○ 피하라! – 이것들을(11a, 6-10)

○ 따르라! – 의와 경건과 믿음과 사랑과 인내와 온유를(11b)

○ 싸우라! – 믿음의 선한 싸움을(12a)

○ 취하라! – 영생을(12a)

○ 지키라! – 명하노니 … 이 명령을(13-14)

세상의 전형적인 방정식 가운데 하나가 맘몬(바알), 즉 돈의 논리(딤전6.6-10)다. 바울은 교회와 디모데를 향한 자신의 마음을 전한다 : "오직 너 하나님의 사람아! … 피하고 … 따르며 … 싸우라 … 취하라!"(딤전6.11-12a) 이것을 요구하는 이유는 분명하다. 그렇지 않으면 세상의 바벨탑이라는 거대한 파도에 휩쓸려 파선해 버리고 말 것이기 때문이다.

디모데는 한 사람의 성도이면서 동시에 사역자, 즉 공인이다(12b). 바울의 진단에 의하면 이미 하나님의 교회에까지 맘몬이라는 악(사탄)의 바이러스가 침투했다. 이제 마지막으로 노리는 표적은 바울의 믿음의 아들 디모데다. 누구보다 이 사실을 잘 알고 있는 바울은 영적 긴장을 잠시도 잃어버리지 않는다.

문제는 다소 소극적인 "피하라!"로 해결되거나, 그렇다고 "따르라!"고 하면 우리 영육이 자동적으로 반응하는 것도 아니다(11). 그래서 영적 전쟁이다(12).

마치 광야교회(행7.38)의 불완전성에도 불구하고 정복전쟁이라는 싸움을 통해 가나안을 취한 것처럼 비록 여전히 부족하고 약하지만 이번에도 죄와 피 흘리기까지 싸워서 취해야 할 자로 부르심을 받았다. 만일 승리하지 않으면 맘몬의 노예가 되어 결국 "파멸과 멸망"(딤전6.9b)으로 끝나버릴 뿐 영생과는 상관없게 되기 때문이다.

내가 부르심을 받은 자리가 믿음의 선한 싸움을 싸우는 믿음대첩까지다. 내가 이미 하나님과 많은 증인들 앞에서 이 믿음행전을 따라 살겠노라고 '아멘!'으로 화답했다. 이렇듯 믿음은 설명되는 것까지가 아니다. 믿음은 구체적인 삶으로 경험되어져야만 한다.

맘몬의 논리처럼 살 것인가, 아니면 우리(바울 & 디모데)처럼 살 것인가. 이 선택은 결국 나의 믿음행전으로 치러야 할 믿음대첩이다. 아무도 이를 대신해 줄 수 없다. 하지만 이미 승리한 싸움을 하고 있다는 것을 어떠한 상황에서도 신뢰할 수 있다면 승전보는 기본이다.

믿음으로 산다는 것은 나는 믿기만 하고, 그러면 싸움은 주님이 해 주시는 그런 게 아니다. 구한말 선교사님들이 이 땅에 왔을 때 땀을 흘리며 운동(테니스)을 하는 걸 양반님들이 보고서 "말세야, 말세! 저런 건 하인들에게 시키면 되지, 저 서양 귀신들 좀 보소!" 그랬다고들 한다.

가나안은 전쟁을 통해 얻어졌음을, 여리고는 가만 앉아 멀리서 믿음으로 바라보기만으로 무너진 게 아님을 기억하면서 다시금 믿음의 신발 끈을 동여맨다. 주여, 나를 도우소서!

6. 부한 자들의 장래

네가 이 세대에서 부한 자들을 명하여
마음을 높이지 말고 정함이 없는 재물에 소망을 두지 말고
오직 우리에게 모든 것을 후히 주사
누리게 하시는 하나님께 두며(딤전6.17)

◎ 에베소교회의 부자들(딤전6.9-10,17-19)

① 부하려 하는 자들(9-10) : 믿음에서 떠나

② 부한 자들(17-19) : 장래에 자기를 위하여 좋은 터를 쌓아

A 재물에 소망 ⇨ ①

B 하나님께 소망 ⇨ 18-19

바울은 디모데전서 6장에서 에베소교회의 두 부류 부자들(① vs ②)에게 디모데를 통해 구체적인 목회지침을 전한다. 먼저 바울은 '부하려 하는 자들'을 에베소교회의 핵심 문제와 분리되어 있지 않음을 이야기하면서(6-10) 이들이 '자족하는 마음'(6), 즉 '족한 줄'(8b)로 아는 경건하게 사는 일에의 실패를 통해 결국 믿음에서 떠나는 결과를 가져왔음을 진단하고 있다. 의식주(衣食住)라는 기본만 해결되면 욕심을 버리고 진리로 더불어 살아가야 한다(8).

아마도 디모데가 목회하던 때에 에베소교회의 성도들 가운

데 할 수만 있다면 부자가 되고 싶어 하는, 그래서 수단과 방법을 가리지 않는, 급기야 '다른 교훈'을 따라가더라도 "모로 가도 서울만 가면 된다."는 거짓된 암몬의 가치관(물질관)에 휩쓸려 떠내려가는 사람들이 있었던 것 같다. 이게 다 현재를 만족하지 못하는 어리석음에서 비롯된다. 이런 헛된 망상이 얼마나 무서운지 "미혹을 받아 믿음에서 떠나"(10b) 인생의 무대를 내려오게 된다.

결국 신앙마저도 돈의 논리에 팔아버린 참으로 가련한 인생들, 소 잃고 외양간 고쳐야 무슨 소용이 있을까. 하나님도 자기 이익에 배치되면 가차 없이 버릴 수 있는 사람들은 디모데가 섬기는 교회에만 있는 게 아니다. 오늘 우리 시대에도 가득하다. 교회를 선택하는 것도, 교회를 옮겨 다니는 것도, 신앙생활을 하는 것도 결국은 자아의 실현에 두고 있는 사람, 그는 이미 맘몬(mammon, 돈)이 신인 악의 뿌리를 자신의 영혼 안에 심고 있는 사람이다.

따라서 교회는 부자들로 하여금 하나님께 소망을 둔 사람들로 가르쳐야 할 사명이 있다(17-19). 이것이 자신들의 장래를 위하여 "좋은 터를 쌓아 참된 생명을 취하는"(19) 비결이다.

아무것도 가지고 갈 수 없기에 하나님이 맡겨 준 재물이 자기 손에 있을 때 "선을 행하고 선한 사업을 많이 하고 나누어 주기를 좋아하며 너그러운 자"(18)로 살아가는 것이 주의 재림(14a)과 종말론적 심판(19)을 행복하게 맞을 수 있는 길이다.

재물에 소망을 두며 살고 있는가?(A) 그럼 그는 재물을 심어 파멸과 멸망을 거둘 것이다(①). 하나님께 소망을 두며 살고 있는가?(B) 그럼 그는 18절을 명하신 하나님의 말씀을 심어 19절을 거둘 것이다(②). 정함이 없는 재물이 결코 "우리에게 모든 것을 후히 주사 누리게" 할 수 없다. 이는 아브라함의 조카 롯의 교훈만으로도 충분하다.

하나님께서 다른 사람들보다 재물을 포함하여 "모든 것을 후히 주사 누리"도록 풍성하게 맡기신 것은 이를 이웃에게 흐르게 하는 축복의 통로로 쓰시고자 함이다(18). 이것이 결과적으로 부한 자들인 "자기를 위하여"라는 장래를 위해 심는 것도 된다 하시니 현재는 물론 장래까지 이어지는 놀라운 은혜가 아닌가. 부자의 장래와 미래, 오늘과 현재가 씨앗이다.

1. 복음은 고난을 영광스럽게 한다.

하나님이 우리를 구원하사 거룩하신 소명으로 부르심은
우리의 행위대로 하심이 아니요
오직 자기의 뜻과 영원 전부터 그리스도 예수 안에서
우리에게 주신 은혜대로 하심이라(딤후1.9)

◎ 고난신학(딤후1.6-14)

A 디모데 : 복음과 함께 고난을 받으라(8b)

X 예수 그리스도 : 이 복음(9-11)

B 바울 : 또 이 고난을 받되 부끄러워하지 아니함은(12a)

오늘 묵상(9)은 본문 자체만으로도 쉽게 이해가 되는 익숙한 복음이다. 그런데 디모데가 감당해야 할 고난(8; A)과 바울 자신이 받은 고난(12; B) 사이에 오늘 묵상 본문인 복음(9-11; X)이 자리하고 있는 구조에서 보면 문맥과 자연스럽지 않아 보인다는 점에서 그 위치가 조금은 낯설고 어렵다. 왜 바울은 디모데에게 고난을 이야기하는 양 날개 안에 '이 복음'(X)을 담아내고 있을까.

먼저 바울과 디모데는 자신들이 공히 복음과 함께 고난을 받는 그것에 -오늘 묵상에서는 이를 "우리의 행위(선행, 공로)대로"라고 압축해 표현한다.- 의해서 구원의 복음이 주어진 것이 아니라는 걸 얘기하고 싶은 것 같다. 그래서 고난에 안팎으로 둘려 싸여 있지만 그럼에도 9절이라는 선명한 복음을 붙들고 있는 것이다.

그러니까 우리가 받는(받을) 고난과 상관없이, -또한 시간적으로 볼 때에도 선(先) 9절, 후(後) 고난이다.- 하나님이 오늘 묵상(9)을 이미 이루셨다는 선언은 구원 이후에 맞게 되는 두려움(7)과 고난(A,B)은 오히려 성령님이 펼치시는 무한한 평안의 세계로 들어가는 도움판임을(14), 이것이 고난 속에 있는 디모데와 그의 사역을 깨어나게 할 복음임을 확신케 한다.

이 정도면 우리 역시 고난을 바라보는 시각을 새롭게 해야 하지 않겠는가. 때문에 이 일을 작정하시고 이루신 하나님과 구주이신 그리스도의 '이 복음'(9-11)이야말로 아무도 흔들 수 없는 가장 강렬한 고난신학(苦難神學)이다. 이렇듯 복음은 고난을 새롭게 재해석해 준다.

고난을 향한 얼마나 놀랍고도 당당한 선포인가! 고난의 멜로디를 밟고 걸어가는 길임에도 불구하고 세상이 넘볼 수 없는 이 당당함, 이 찬란하고 영광스러운 자리에 세움을 입은 것에 대한 무한한 감동, 하지만 이것이 "행위대로 하심이 아니요 오직 … 은혜대로"(9) 이루어진 사명이요 소명이기에 무엇이 두렵고 부끄러울 수 있겠는가. 아, 마치 용광로처럼 모든 불신앙과 인간의 연약함을 다 녹여 버리는 바울의 불타는 열정과 거침없음이 내 심장에까지 흘러오는 것 같다.

고난에 울고 웃는 일희일비(一喜一悲)는 그나마 귀여운 면이 없잖지만 더 놀랍고 한심한 것은 고난이 없기를 바라는 신앙이라는 이름으로 행하는 종교적 열심이다. 이 경우 주님이 말씀하시는 고난과의 정직하고도 당당한 직면(도전)은 없고, 고난을 가볍게 하고 미열처럼 지나가게 하기 위해 오늘 묵상이 들어있는 순전한 복음(9-11; X)과는 상관없는 온갖 것들을 적당하게 섞는 일만 남을 것이다.

이건 고난마저도 내 식으로 비틀어 버리는 악순환의 반복일 뿐이다. 고난이 깊을수록 복음(9)으로 돌아가야 할 이유가 여기에 있다. 고난에 대면하는 것이 그 사람의 영성이자 영적 용량이다. '이 복음'(X)에 나를 비춰본다.

2. 충성된 사람을 찾습니다.

또 네가 많은 증인 앞에서 내게 들은 바를 충성된 사람들에게
부탁하라 그들이 또 다른 사람들을 가르칠 수 있으리라(딤후2.2)

◎ 복음의 4세대(2.1-2) : 또 네가 … 내게 들은 바를 … 부탁하라!

⇨ ④ 또 다른 사람들

⇨ ③ 충성된 사람들

⇨ ② 디모데

① 바울

바울이 꿈꾸는 에베소교회를 섬기는 그리스도인의 사명은 무엇인가? 앞서 1장에서 조심스럽게 격려했던 부끄러움이라는 장애물(1.8a,12a,16b)을 뛰어넘어 -이를 부끄러워할 것이 아니라, 비록 온 교회가 고난을 받고 있는 형편일지라도(1.8)- 지도자 디모데를 중심으로 오히려 '강하고'(2.1), 그래서 복음의 4세대를 펼쳐나가는 역동적인 교회로 견고하게 세워지기를 소망하고 있는 것으로 방향을 잡는다(2.2).

이렇듯 소명자로서 복음과 함께 고난을 받기 위해서 제일 먼저 갖추어야 하는 것은 우선 강해야 한다(2.1). 그러나 신자는 자기 확신이나 의지와 같은 인간적이고 세상적인 것을 통해 강해지는 게 아니다. 신자는 오직 그리스도 예수 안에 있는 은혜

속에서 강해질 수 있다(2.1). "하나님이 우리에게 주신 것은 두려워하는 마음이 아니"(1.7a)기에 강해야 한다.

뿐만 아니라 오늘 묵상에서는 소명자로서 복음과 함께 고난 받는 삶을 살기 위한 두 번째 준비는 복음을 위하여 함께 동고동락(同苦同樂)할 동역자들을 갖는 것임을 분명히 한다. 특별히 복음을 부탁할 수 있는 동역자의 가장 중요한 조건은 충성됨이다. 충성된 사람만이 고난 속에서도 하나님의 사람과 함께 끝까지 복음의 일을 계속할 수 있기 때문이다.

지금은 한가로이 여유를 부릴 때가 아니라 쉼 없는 영적 재생산을 통해 고난을 이기고 승리의 깃발을 휘날려야 할 때이기에 그렇다. 바울이 디모데 자신에게 그랬듯이, 이제 디모데는 충성된 사람들에게 바울처럼 멘토(Mentor)가 되어야 할 차례다(2.2a). 그리하여 저희가 또 다른 사람들을 제자로 세워가야 한다(2.2b). 그야말로 복음의 4세대를 통해 이 모든 난제를 극복함으로 세워진 영광스러운 바로 그 에베소교회를 말이다.

바울은 디모데가 이 영광스러운 사명을 위해서 자신과 충성된 사람들을 연결해 주는 복음의 연결고리, 즉 고난을 이겨내고 영광에 이르는 교회공동체를 위한 축복의 통로가 되어주기를 기대하고 있다. 비록 디모데가 여러 가지 이유 때문에 방황하며 흔들리고 있기는 하지만 그럼에도 이 위대한 꿈을 결코 포기하지 않고 줄기차게 격려하며 여기까지 왔다(1.3-). 이 일은 바울이라고 해서 결코 쉬운 것이 아니었다. 이때는 시기적으로 자신은 다시 로마의 감옥에서 언제 죽을지 모르는 기약 없는 세월을 보내고 있던 시절이었다(4.6-8).

어찌 보면 자기 코가 석 자 아닌가. 그럼에도 눈썹 하나 끄떡하지 않는다. 이게 바울의 영적(靈的) 맷집이다. 그렇다. 희망은 고난주의보 속에서도 사람을 타고 흐른다. 디모데만 자신에게 들은바 복음으로 무장되어 있음이 흔들리지 않는다면 그를 통해 충성된 사람들이 세워지고, 그래서 교회는 다시 영광스럽게 회복되고 부흥될 것을 믿었다. 진실로 사람이 희망이다. 주와 복음과 교회와 성도를 위해 충성된 사람 말이다.

3. 거룩, 피하고 따르라!

또한 너는 청년의 정욕을 피하고
주를 깨끗한 마음으로 부르는 자들과 함께
의와 믿음과 사랑과 화평을 따르라(딤후2.22)

◎ 디모데가 처해 있는 영적 기상도(딤후2.14-26)

- 듣는 자들을 망하게 하는 백해무익(百害無益)한 말다툼(14)
- 경건을 방해하는 망령되고 헛된 말(16)
- "부활이 이미 지나갔다!"며 믿음을 무너뜨리는 거짓 복음(18)

○ 어리석고 무식한 변론에 따른 다툼(23)

오늘 묵상 단락을 전후해 볼 때 디모데의 목회 현장은 말(言)과 입에 관련된 것들이다. 여전히 로마 감옥에 갇힌 자 된 바울을 두고 갑론을박(甲論乙駁)이 있었고(딤후1,8,12), 이것이 디모데가 감당하기엔 버거운 것처럼 보인다. 이런 사악한 말꾼들이 공공연하게 교회 안으로까지 들어와 성도들을 혼란하게 하고 있던 때에 하나님은 "진리의 말씀을 옳게 분별하여 부끄러울 것이 없는 일꾼으로 인정된 자"(15), 깨끗하여 귀히 쓰이는 그릇(20-22), 신실한 종(23-26)들을 찾으시고 또 쓰신다는 권면으로 디모데를 위로하고 격려한다. : 문맥상 오늘 묵상은 접속사("또한")나 '깨끗하다'로 윗절인 21절과 만나고, 다시 이게 '귀히 쓰는 그릇'(귀하게 쓰는 것)인 20절과 만난다. 이를 디모데가 처한 영적 기상도와 연결해서 묵상해 보면 바울이 왜 디모데에게 이런 권면을 하고 있는가를 어렵잖게 감지할 수 있다.

무엇보다 바울은 디모데와 '그들'(14,16,17,18)을 분리 시키고 싶어 한다. 바울은 눈에 보이는 그릇의 이름이 중요한 게 아니라 그릇의 용도(귀하게 쓰는 것 vs 천하게 쓰는 것)가 본질임을 놓치지 않는다. 아무리 금과 은으로 만들어진 그릇이라 할지라도 천하게 쓰이는 것이라면 아무런 가치나 의미가 없다는 것이다. 어쩌면 이게 '그들'의 딜레마일지 모르겠다.

그래서 핵심이 "자기를 깨끗하게 하면 … 주인의 쓰심에 합당하며 모든 선한 일에 준비함이 되리라"(21)에 있다. 그런데 전제가 '이런 것에서'(21a)다. 즉, 앞서 관찰한 말(言)과 관련된 영적 기상도(14,16,18,23)에 잡힌 것들에서 디모데 너 자신을 깨끗하게 하는 것이 무엇보다 더 우선순위에 있다는 것이다.

그렇다면 핵심은 '거룩'이다. 사실 평범하고 당연하기까지 하지만 바울은 이런 진흙탕과 같은 말꾼들의 득세로부터, 디모데가 그들과 결별하는 것을 해법으로 제시하지 않는다. 오히려 바로 '그들'이 버티고 있는 곳이 목회자 디모데가 설 땅이다.

결국 거룩하다는 것은 세상으로부터의 도피이거나 고립(분리)이 아니다. "피하고 … 따르라!"(22)에서 알 수 있듯이 조화와 균형을 요구한다. 주인의 쓰심에 합당한 사람은 이를 분별할 줄 알아야 한다.

이런 혼돈의 땅에도 "주를 깨끗한 마음으로 부르는 자들"이 있고, 그러기에 이들과 함께 거룩을 좇아가야 할 사명이 있는 것이다. 거룩은 주어지는 것이 아니라 만들어지고 지켜지는 것이다.

금 그릇이어도 나를 거룩으로 지켜내지 못하면 꽝이다. 치열한 영적전쟁(靈的戰爭) 속에서 깨끗하게 자신을 지키지 않으면 귀하게 쓰이는 그릇이 될 수 없다. 거룩을 위해 정면으로 싸워야 할 때도 있지만 '피하고'를 선택하고 결정해야 할 때도 있다.

4. 말씀만이 희망이다.

모든 성경은 하나님의 감동으로 된 것으로
교훈과 책망과 바르게 함과 의로 교육하기에 유익하니(딤후3.16)

디모데후서 3장에서 바울은 종말을 이기는 두 대답을 제안한다(10-17). 그중 하나는 주님 자신이고(11b), 다른 어떤 것보다도 말세를 사는 자들에게 주어진 가장 중요한 해답은 기록된 말씀인 성경이다(14-17). 종말에 대한 바른 대답이 성경에 있다. 누구보다 바울은 이를 알았고, 또 확신하고 있다. 이것이 성경 주제가 3장 뒤를 잇는 이유다.

이렇듯 교회와 신앙을 어지럽히는 악한 자들이 더욱더 사악해질수록 바울의 희망은 결코 중단되지 않는다. 성경에 대한 흔들 수 없는 확신 때문이다. 어쩌면 바울이 목회서신을 쓰고 있는 이 시간까지, 얼마 남지 않은 자신의 생애 전체를 오직 한 길로 승부해 올 수 있었던 힘은 말씀에 있었는지도 모른다. 그랬기에 이 동일한 축복이 디모데에게서 뿌리 내리고 또 열매 맺기를 원하고 있는 것 아닐까.

'말세에 고통하는 때'(1)를 '그러나'(14a)로 반전시키는 일이 너무도 쉽고도 자연스러우며, 또한 확신에 차 있다. 이것이 세상이 일으키는 거대한 종말론적 현상(1-9)을 역류하여 십자가의 길을 걷는 자의 삶이다. 디모데로 하여금 어려서부터 알았고 배운 성경, 바로 이 진리를 따라 계속해서 생활하기를 명하는 바울에게서 성경을 사랑하는 그의 불타는 마음을 읽을 수 있다.

바울의 성경관을 새번역으로 정리해 본다. 먼저 "성경은 그리스도 예수 안에서 믿음을 통하여 구원을 얻는 지혜를"(15b) 준다. 둘째, "모든 성경은 하나님의 영감으로 된 것이"(16a)다. 이 말의 원어적인 뜻은 "하나님이 불어 넣었다."인데 이는 성경의 원저자(原著者)가 하나님이심을 나타내 주는 성경의 중요한 자증(自證, 벧후1.20-21) 가운데 하나다. 셋째, 그래서 성경은 "진리를 가르치고 잘못을 책망하고 허물을 고쳐주고 의로 교육하는 일에 유익한 책"(16b)이다. 넷째, 이 책으로 "하나님의 사람이 모든 선한 일을 하기에 합당하도록 완전히 준비되는 것"(17)이다.

이처럼 성경은 혼탁한 말세의 흐름 앞에 당당하게 서서 참 경건에 이르도록 해 준다. 종말을 복되게 살기를 원한다면 성경의 대답을 믿고 따를 때에 세속의 거짓 가치들을 유턴(U-tern) 할 수 있을 것이다. 바울과 디모데에게 성경이 이러했듯이 내게도 성경이 언제나 이런 역사를 이루는 하나님의 말씀이기를 소망한다.

성경이 나에게 진리를 가르쳐 주고, 나의 잘못을 책망해 주고, 나의 허물을 고쳐주고, 올바르게 사는 법을 가르쳐 주는 일을 멈추지 않을 것을 확신한다(16). 이렇게 되면 말씀이 스스로 약속하고 있는바, 나 역시도 모든 선한 일을 하기에 합당한 자로 세워질 수 있을 것이다(17). 정말 흥분되고 신나는 일이다. 말씀 앞에 서면 언제나 초라하고 볼품없는 나를 고발할 수밖에 없지만, 그럼에도 말씀이 나를 포기하지 않음으로 인하여 희망은 유지된다.

꺼질 듯 꺼지지 않는, 넘어질 듯 넘어지지 않는, 끝날 듯 끝나지 않은 이 신비한 은혜 앞에 오늘도 벌거숭이로 선다. 그럴 때마다 한 번도 마다하지 않으시고 말씀의 가죽옷을 지어 입히시는 아버지, 말씀은 늘 이렇게 나를 찾아온다. 종종 내가 탕자라는 사실 때문에 소스라치게 놀라도 다시 돌아갈 아버지가 계시기에 안심이다. 죄가 더한 곳에 은혜가 더욱 넘치는 이 기막힌 역설, 말씀만이 희망이기에 그렇다.

디 도 서

1. 성도는 무엇으로 사는가?

우리를 구원하시되 우리가 행한 바 의로운 행위로
말미암지 아니하고 오직 그의 긍휼하심을 따라 중생의 씻음과
성령의 새롭게 하심으로 하셨나니(딛 3:5)

◎ 우리의 신분 상태(딛3.3-5)

과거_우리도 전에는 … 였으나(3) : 구원 밖에 있던 상태

현재_우리를 구원하시되(5) : 하나님의 은혜 안에 있는 존재

성도는 무엇으로 사는가?(딛3.1-8) 그것은 우리의 현재(5)와 대비되는 과거(3), 즉 "우리도 전에는…였으나"(3)로부터 은혜로 구원을 얻는 새로운 존재로 부르심을 받은 것에서 분명히 드러난다. 이제 현재를 그것에 합당한 삶을 사는 것, 이것이 세상에 속하지 않았으나 세상에 사는 성도의 삶이다(8b).

이런 관찰을 생략하면 내게 읽혀지는 <제5복음서>(내가복음서)로 흘러가 버릴 위험이 훨씬 더 많다. 그렇게 되면 디도서 기자가 왜 5절을 이야기하는가를 살피지 않고 그냥 구원의 은혜만을 얘기하는 것으로 묵상이 끝나 버릴 수 있다.

그렇다면 성도는 왜 세상 사람들과 다르게 살아야 하는가? 즉, 세상에 발을 딛고 살아가고 있으나 세상에 속한 자가 아닌 자로 살아야 하는 이유는 무엇인가? 그 이유는 간결하지만 매우 선명하다. 하나님이 우리를 구원하셨기 때문이다. 사실 "우리도 전에는…"(3) 세상 사람들과 존재론적으로 다르지 않았다. 그러나 하나님의 은혜로 구원을 받은 새로운 존재로 부르심을 받은 성도가 되었다.

한편 구원을 받은 게 "우리가 행한 바 의로운 행위로 말미암"았다면 세상을 향해 큰소리치며 "우리는 근본적으로 너희와 달라!"라고 우쭐거릴 수 있을지 모른다. 하지만 "전에는"(3)에서 현재의 신분으로 이동하는 데 있어 우리가 한 일은 없다. "오직 그의 긍휼하심을 따라" 구원을 받은 것이다. 그래서 그 은혜를 믿음으로 받았으니 이제 하나님을 보여주고, 들려주고, 알려주고, 전해주는 자로 세상을 살라 하신다.

바울은 여기서 다시 우리의 구원의 유일한 근거를 재차 기술(확인)한다 : "우리를 구원하시되 … 중생의 씻음과 성령의 새롭게 하심으로 하셨나니"(He saved us through the washing of rebirth and renewal by the Holy Spirit, NIV) 이렇게 함으로써 세상을 대하는 우리의 자세를 다시금 새롭게 하게 만든다. 우리의 현재가 전적으로 하나님의 은혜로 주어진 선물이라는 것이다. 이런 은혜를 값없이 받았으니, 당연히 우리도 그렇게 세상을 섬기는 것이 마땅하다.

오늘 우리 시대의 기독교(교회)는 세상으로부터 마치 밖에 버린 맛 잃은 소금과 같은 취급을 당하고 있다. 가슴이 아프고 씁쓸하다. 물론 지난 수 천 년의 〈기독교회사〉를 읽어보면 세상이 교회를 향해 박수를 친 적은 없다. 늘 정죄와 핍박은 물론 때때로 목숨을 제물로 요구하는 시절이 더 많았다.

하지만 교회는 그럼에도 불구하고 세상을 향해 총과 칼을 들지 않았다. 밟으면 밟히고, 죽이면 순교하고, 감옥에 넣으면 감옥에서 찬송하고, 원형경기장에서 사자의 밥이 되게 하면 웃으면서 죽어갔다. 이것이 바울이 오늘 묵상에서 말하고자 하는 구원 받은 하나님의 자녀답게 사는 모습이다.

빌레몬서

1. 믿음의 눈을 떠라!

이로써 네 믿음의 교제가 우리 가운데 있는
선을 알게 하고 그리스도께 이르도록 역사하느니라(빌1.6)

"예수를 위하여 갇힌 자 된 바울"(1,9b)이 역시 "갇힌 중에서 낳은 아들 오네시모를 위하여"(10) 빌레몬에게 보낸 간단한 편지가 빌레몬서다. 바울은 로마의 감옥에서 빌레몬에게서 도망친 노예 오네시모를 만났고, 그를 그리스도인으로 변화시켰을 뿐만 아니라 마침내 '아들, 심복'(10,12)이라 할 만큼 유익한 제자로 만들었다.

사실 바울은 개인적으로 오네시모가 자신을 섬기게 하고자 하는 마음이 있었지만 빌레몬의 사람이기에 그에게 돌려보내면서 지금 빌레몬서를 쓰고 있는 것이다(12-14).

피터슨(E H. Peterson)의 [메시지 신약](The Message: The New Testament)으로 오늘 묵상을 읽어보면 좀 더 그 의미가 분명하게 드러난다 : "나는 우리가 함께 붙든 이 믿음이, 우리가 행하는 모든 선한 일 속에서 끊임없이 드러나기를 기도합니다.

그리하여 사람들이 그 가운데 계신 그리스도를 알아보기를 계속해서 기도합니다."

사실 바울은 빌레몬을 잘 알고 있었다. 이들 부부와 아들(1-2a), 그리고 그의 집에서 모이는 교회라는 표현에서 알 수 있듯이 빌레몬은 매우 특별한 헌신을 감당하는 바울공동체(우리)의 사랑을 받는 동역자였다(1b). 무엇보다 바울의 중보기도 안에 그가 늘 포함되었다는 것은 바울과 빌레몬의 관계가 평범하지 않았음을 시사한다.

무엇이 빌레몬으로 하여금 바울에게 그런 사람이 되게 했을까? 그 이유가 오늘 묵상을 전후한 말씀에 잘 설명되어 있다(4-7).

이를 정리하면 빌레몬을 설명할 수 있는 핵심 단어는 믿음과 사랑인데(5) 이 둘을 오늘 묵상(6)에서는 믿음을, 그리고 이어지는 7절에서는 사랑을 좀 더 풀어서 쓰고 있다. 그럼 바울이 이처럼 칭찬하는 빌레몬의 믿음이 도대체 어떻다는 것인가.

먼저 그의 믿음은 우리와 동일하게 예수님께 굳게 뿌리를 두고 있다. 즉, 믿음의 동질성이자 동일성에 대한 신뢰다. 그렇다면 빌레몬의 집에 모이는 교회는 건강한 믿음에 기초한 교회이며 이 바른 믿음이 변함없이 계속적으로 우리와 빌레몬에게 복음 안에서 행하는 모든 선한 일 속에 끊임없이 드러나기를 바울로 하여금 중보기도 하게 만들었다. 건강한 믿음의 재생산을 기도하고 격려하는 바울의 마음이 눈부시다.

또한 교회를 향한 빌레몬의 이 믿음의 수고를 통해서 나타나게 되는 열매인 성도들이 결국 믿음의 주(主)이신 그리스도를 알아 보기를 계속해서 기도하고 있다. 바울의 기도가 "과연 빌레몬의 믿음이 어디까지, 무엇을 바라보고 목표해야 하는가?"까지를 품고 있음이 놀라울 뿐이다.

그렇다. 한 사람의 믿음은 그 자신을 건강하게 세워간다. 하지만 거기서 머물지 않고 그가 몸 담고 있는 교회(신앙공동체)를 견고하게 세우며, 그 과정과 결과적 열매가 그리스도를 높이고 영광스럽게 하는 것까지 이어져야 한다는 게 믿음에 대한 바울의 목양(牧羊)적 마음이다.

믿음이 나 자신만을 위해 사용되는 일종의 명약(名藥) 수준인 게 얼마나 부끄럽고 낯 뜨거운가를 생각하지 않을 수 없다. 믿음은 나를 살리고, 너를 살리는, 그리하여 믿음의 사람이 속해 있는 공동체를 건강하게 살리는 것이어야 한다. 이 믿음을 내 마음 판에 옮겨 심게 하신 주님을 찬양한다.

| 4부 |

사도서신

•
•
•

히 브 리 서

1. 예수님처럼!

우리에게 있는 대제사장은 우리의 연약함을
동정하지 못하실 이가 아니요
모든 일에 우리와 똑같이 시험을 받으신 이로되 죄는 없으시니라.
그러므로 우리는 긍휼하심을 받고 때를 따라 돕는 은혜를 얻기 위하여
은혜의 보좌 앞에 담대히 나아갈 것이니라(히4.15-16)

히브리서는 율법(구약)과 복음(신약), 두 사이에 서서 머뭇거리는 그리스도인들을 향해 '예수 그리스도는 누구신가?'(기독론, 히1.1-10.18)의 복음의 빛 안에서 구약 율법의 완성자(마5.17)이신 예수님을 이해하고 받아들이는 일을 안내한다. 오늘은 예수님은 우리와 같은 사람으로서 유혹과 시험을 겪으셨다(히4.14-16)는 부분이다. 먼저, 예수님은 우리의 연약함을 동정하시는 분이시

다(15a). 또한 예수님은 우리와 똑같이 시험을 받으신 분이시다(15b). 그럼에도 예수님은 죄는 없으신 분이시다(15c).

이처럼 우리와 같은 분이시지만 동시에 죄는 없으신 분이시기에 친히 대제사장으로 단번에 우리 죄를 없이할 수 있는 유일한 대제사장이실 수 있다. 이것이 히브리서가 증거하는 예수님이시다. 그래서 '그러므로'(16a)를 이루실 수 있는 오직 한 분이신 그리스도 예수님이시잖은가.

먼저, 예수님은 나의 연약함을 동정(sympathize, 동감, 공감)하시는 나의 대제사장이시다(15a). 그러므로 나의 연약함을 동감해 주실 뿐만 아니라 내 연약함을, 내가 연약한 상태에 있을 때 그런 나를 불쌍히 여기시사 '돕는 은혜'를 베푸시는 대제사장이신 주님께 나아갈 수 있다(16).

또한 예수님도 나처럼 시험을 받아보신 분이시다(15b). 그래서 내가 시험을 받을 때, 시험을 통해 뿌리까지 요동칠 때, 시험에 무능력하고 무기력할 때 긍휼하심으로 불쌍히 여겨주시고, 마침내 '돕는 은혜'를 주어 승리케 하시는 대제사장이 되어 주심을 경험하게 된다(16).

나의 연약함과 시험과 죄를 아실 뿐만 아니라 그런 나를 긍휼히 여기시고, 동시에 이 문제들을 넘어서도록 돕는 은혜를 베푸시는 나의 주, 나의 예수님을 찬양한다. 나는 문제투성이지만 주님은 그런 나를 버리지 않으실 뿐만 아니라 그런 나를 위해 친히 단번에 자신을 드리셔서 그런 나를 구원해 주셨다.

이 은혜를 값없이 받았으니 나도 연약한 자들을 동정할 수 있어야 하고, 시험을 당해 휘청거리는 자들을 품어주어야 하고, 죄의 무거운 짐에 눌린 자들을 주님 앞에 초대하는 일을 멈추지 말아야겠다.

2. 예수, 오직 그 이름에 구원 있네!

그러므로 자기를 힘입어 하나님께 나아가는 자들을
온전히 구원하실 수 있으니 이는 그가 항상
살아 계셔서 그들을 위하여 간구하심이라(히7.25)

◎ 히브리서의 기독론(基督論)

① 그리스도는 선지자보다 우월하시다(1.1-3).

② 그리스도는 천사보다 우월하시다(1.4-14).

③ 그리스도는 모세보다 우월하시다(3.1-19).

④ 그리스도는 여호수아보다 우월하시다(4.1-13).

⑤ 그리스도는 레위 제사장들보다 우월하시다(4.14-16).

⑥ 그리스도는 아론보다 우월하시다(5.1-10).

⑦ 그리스도는 멜기세덱보다 우월하시다(7.1-28).

히브리서 7장은 레위(아론) 계통의 제사장을 뛰어넘어 멜기세덱의 반차를 좇는 대제사장이신 예수님이 우월하신 이유들을 신학적으로 드러내는 단락이다. 다른 말로 하면, 이것은 예수님의 속죄 사역이 완전하다는 것을 선언하는 것이라 할 수 있다. 레위(아론) ⇨ 멜기세덱 ⇨ 예수님으로 이어지는 제사장직에 대한 통찰은 절묘하기까지 하다.

예수님이 아론보다 우월한 이유는 제사장(아론)은 "죽음을 인하여 항상 있지 못함"(23)이라는, 그러니까 제사장직은 계속되지만 제사장의 죽음 때문에 제사장은 계속 바뀌는 문제와 무관치 않다. 아론은 죽었지만 예수님은 "영원히 살아 계시므로 그분의 제사장직도 영원"(24, 현대인의성경)하다. 유한한 인간 제사장에 비하면 예수님은 지금도 여전히, 그리고 영원히 제사장이시다(28b).

따라서 "자기를 힘입어 하나님께 나아가는 자들을 온전히 구원하실 수 있으"(25a)시다. 이처럼 예수님의 영원성 때문에 아론보다 우월하시다(23-25).

예수님은 완전한, 동시에 영원한 대제사장이시다. 어떤 제사장도 자기 몸을 드린 자는 없다. 오직 희생의 제물을 드렸을 뿐이다. 그런데 예수님은 친히, 기꺼이, 스스로 자신의 몸을 온 인류의 죄를 위해 내놓으셨다. 물론 자신의 몸을 드리셨기 때문에 대제사장이 되신 것이 아니라 이미 다윗을 통해 선포하신 하나님의 맹세의 말씀(21; 시110.4 인용)을 대제사장으로써 성취하신 것이다.

아론의 가문의 반차를 좇아 난 대제사장은 인간의 죄를 근본적으로 해결하지 못한다. 인간 제사장은 결코 중보자(中保者)가 될 수 없다. 중보자는 오직 예수 그리스도 한 분뿐이다 : "하나님은 한 분이시요 또 하나님과 사람 사이의 중보(中保)도 한 분이시니 곧 사람이신 그리스도 예수라."(딤전2.5) 때문에 예수 그리스도의 십자가 외에는 하나님과 인간이 화목하게 될 방법이 없다.

그래서 오늘 묵상이 빛나는 것 아닌가? : "그러므로 자기를 힘입어 하나님께 나아가는 자들을 온전히 구원하실 수 있으니 …"(25a) 그분은 오늘 이 시간, 지금도 살아계시고 영원히 살아계셔서 예수 그리스도를 힘입어 하나님 아버지께 나아가는 자들의 유일한 중보자이시다.

하나님께로 나아가는 다른 길, 다른 구원의 방법은 없다. 내 구원의 유일한 소망이 오직 주 예수 그리스도께 있음이 안심이다. 내가 나를 믿을 수 없기에 더 그렇다. 내 알량한 의(義)에 의해서가 아니라 나를 위하여 간구하시는 주님 때문이기에 그렇다.

3. 예수님이 나의 영원한 속죄를 이루셨다.

염소와 송아지의 피로 하지 아니하고 오직 자기의 피로
영원한 속죄를 이루사 단번에 성소에 들어가셨느니라(히9.12)

◎ 히브리서 9장

① 구약 희생제사의 불완전성(1-10)

② 신약 희생제사의 완전성(11-14)

③ 희생제물의 완성자 그리스도(15-28)

구약의 제사의 불완전성(1-10), 그러니까 '육체의 예법'(10)으로는 제사를 드리는 사람의 양심을 완전하게 해 주지는 못한다(9). 이것이 새로운 제도(새 언약)를 세울 때까지만 적용되는 구약의 제사가 갖는 근본적인 한계다(10). 인간이 뭔가를 하는 행위로서 의롭게 될 수 있다면 새 언약의 주인이신 그리스도께서 당신을 제물로 드릴 이유가 없다. 그렇다면 첫 언약을 폐하신 것이 얼마나 큰 사랑인가를 생각하게 한다.

성경은 말하기를 신약의 제사는 '영원한 속죄'가, 그것도 '단번에' 이루어진 것임을 분명히 한다(12). 여기서 중요한 것은 과연 누가 이 일을 한 것인가이다. 이는 다름 아닌 오직 한 분 대제사장이신 그리스도 예수님이시다(11). 그 이유는 염소와 송아지의 피를 드린 동물 제사와는 근본적으로 구분되는 "영원하신 성령으로 말미암아 흠 없는 자기를 하나님께 드린 그리스도의 피"(14a)의 우월성 때문이다. 동물의 피도 "부정한 자에게 뿌려 그 육체를 정결케 하여 거룩케 하거든"(13) 하물며 그리스도의 피랴!

사실 구약은 '단번에'가 아니다. 제사를 드리고 나오는 길에 죄를 범하면 또다시 희생제사를 드려야 할 만큼 반복적이고 연속적이다. 그래서 구약은 후대로 갈수록 제사는 하나의 종교행위가 되고, 정말 중요한 내용은 없고 화려한 형식만 남게 되어갔다. 이것이 선지자들이 피눈물 흘리며 외친 또 하나의 메시지였다.

이게 그대로 넘어온 것이 로마교회의 고백성사다. 종교개혁자 마틴 루터(M. Luther, 1483-1546)의 전기를 읽어보면 루터는 고백성사를 다른 사제들에 비해 자주하였다. 이런 루터를 보고 주임신부가 루터에게 이렇게 말한 적이 있었다 : "루터, 이렇게 돌아서면 오고 또 오려면 너는 고백할 죄를 좀 모아서 가져올 수 없겠냐?" 그런 그가 "오직 의인은 믿음으로 말미암아 살리라!"(롬1.17b; 합2.4 참조)는 복음을 깨닫고서 오직 예수 그리스도만이 유일한 구원자요 구주와 주님이심 때문에 로마교회로부터 구약의 율법을 분리해 내는 종교개혁의 깃발을 든 것이다.

그리스도 예수의 피가 능력이다. 만약 그렇지 않다면 하나님의 아들이신 독생자 예수 그리스도가 육신을 입고 이 땅에 오실 이유가 없다. 다른 피, 다른 방법으로 인간의 죄 문제를 해결할 수 있다면 그분이 죽어야 할 이유가 없기 때문이다. 죄인은 죄인을 구원할 수 없다. 그래서 예수님의 피가 영원한 속죄의 유일한 답이다.

오늘도 희생제사의 공로에 의해서가 아니라 오직 주 예수 그리스도 그 피에 의지하여 죄 용서의 자유 안에 거하게 되었다 : "만일 우리(김충만)가 우리(김충만) 죄를 자백하면 그는 미쁘시고 의로우사 우리(김충만) 죄를 사하시며 우리(김충만)를 모든 불의에서 깨끗하게 하실 것이요."(요일1.9) 이 용서와 자유와 하나님의 은혜가 그리스도를 통해 내게로, 우리에게로 왔다.

4. 심판은 있다!

한번 죽는 것은 사람에게 정해진 것이요
그 후에는 심판이 있으리니(히9.27)

해마다 10여 차례 이상 장례식을 집례할 때마다 같이 나누곤 하는 말씀 중 하나다. 유족들과 성도들이 함께 찬송을 부를 때 반드시 확인하는 게 있다. 유족들이 모두 다 찬송을 부르는가, 그렇지 않은가를! 만일 후자라면 필시 믿지 않는 사람이고, 그럼 구원의 복음이 전해져야 할 대상이기에 설교의 방향을 전도설교로 이동한다.

먼저 헌화된 꽃 한 송이를 들고 질문으로 설교를 시작한다: "제 손에 든 꽃이 살아있을까요? 아니면 죽은 꽃일까요?" 살아있다고 볼 수 있다는 쪽도 긍정하면서, 하지만 많이 살아도 7-8일 정도일 것이라고 말한다. 그리고 곧바로 마치 뿌리(생명)로부터 분리되어(꺾여) 화병에 든 꽃에 우리 인생을 비유하여 다음과 같이 설교를 이어간다.

살아있는 것 같으나 7-8일이 지나면 폐기될 꽃처럼, 이렇듯 꽃이 7-8일을 사는 것이나 인생이 70-80년을 사는 것이나 조금 길고 짧은 차이일 뿐 어차피 사망에 처할 것은 동일하다.

제 손에 든 국화 한 송이 같은 게 인생이다. 일찍 핀 꽃이 일찍 지듯 우리 인생도 이 꽃처럼 성공과 부귀와 영화로 화려하게 핀다. 하지만 불로초를 구하던 진시황제도, 세계를 정복한 나폴레옹도, 그 무수한 영웅과 호걸들도 제 손에 들려진 꽃과 같은 인생이었다. 이것이 죄와 사망의 권능(power)이다. 이것이 죄와 그에 따른 심판의 필터를 통해 투사된 나 역시 예외일 수 없는 필연적 실존이다.

하지만 이 꽃이 다시 사는 길이 있다. 이 꽃이 계속해서 살 수 있는 길은 원래의 가지, 생명의 가지로 다시 돌아가는 것이다. 우리 인생 역시 영원한 생명이자 진정한 생명이신 그리스도,

길이요 진리요 생명이신 주님에게 다시 돌아가는 것만이 70-80인 유한한 인생이 아닌 영원히 사는 길로 초대될 수 있다.

오늘 장례식 앞에 앉아 예배를 드리지만 언제 우리가 저 관에 들어가 장례를 치르게 되는 대상이 될지 모른다. 그날이 오기 전에, 아직 비록 잠시이긴 하지만 남아있는 생명의 때에 영원한 생명에 접붙인바 되어야 한다. 이것만이 영원한 생명에 먼저 참여한 이 어르신을 다시 만날 수 있는 길이다.

언젠가 하나님의 심판대 앞에 서서 "하나님, 불공평합니다. 내가 세상에 있을 때 아무도 이 소식을 전해주지 않았습니다." 라고 말할 때 제가 그 옆에 바로 서서, "아닙니다, 하나님! 이 분은 저로부터 장례식에서 이 복음을 들은 사람입니다."라고 증언을 할 겁니다.

여기까지 한 후에, 히브리서 9장 27절 말씀을 다시 손에 든 꽃과 유족들을 동시에 번갈아 바라보면서 천천히 그리고 또 박또박 몇 번 반복해서 선포한다. 나 또한 결코 예외일 수 없기에 나에게도 말씀하시는 하나님 앞에 두렵고 떨림으로 서곤 한다. 이 복음이 오늘 다시 새롭게 내게로 왔다. 할렐루야, 아멘이다!

5. 함께 모여 예배하기

서로 돌아보아 사랑과 선행을 격려하며,
모이기를 폐하는 어떤 사람들의 습관과 같이 하지 말고 오직 권하여
그 날이 가까움을 볼수록 더욱 그리하자(히10.24-25)

◎ 그리스도인다움(히10.19-25)

① 온전한 **믿음**으로 하나님께 나아가자!(22b)

② 우리가 믿는 도리의 **소망**을 움직이지 말고 굳게 잡자!(23)

③ 서로 돌아보아 **사랑**과 선행을 격려하자!(24)

초대교회의 신앙 무대는 가정과 교회 동체였다(눅24.52-53, 행2.46, 롬16.5a, 고전16.19, 골4.15, 몬1.2 참조) : "날마다 마음을 같이 하여 성전에 모이기를 힘쓰고 집에서 떡을 떼며 …."(행2.46a) 그런데 어떤 사람들처럼 같이 모이는 일을 중단해 버렸거나, 또 그러려고 하는 사람들이 많았던 모양이다. 히브리서에 벌써 예배의 위기가 왔다는 점, 예사롭지 않다.

이게 다 유대주의(율법주의)자들의 소행 때문이다. 예수님이 십자가에서 단번에, 그리고 영원한 속죄를 이루셨다는 것을 거부하는 그릇된 신앙이 결국 다시 유대교(율법)로 돌아가게 한 것이다. 눈에 보이지 않고, 손에 잡히지 않는 복음과는 달리 눈과

손에 분명하게 들어오는 율법의 행위는 어찌 보면 훨씬 더 매력적인 구원의 방편으로 다가왔을 수 있다.

따라서 초대교회의 가장 역동적인 모임인 예배(성도의 교제)를 약화시키고 그것이 주는 풍성함을 경험하지 못하도록 하는 구체적인 움직임이 있었을 것을 예상하는 것은 그리 어렵지 않다. 이것이 유대인들에게는 조상 대대로 이어 온 율법의 가르침에 익숙한 유대교(율법)로 다시 돌아갈 수 있는 길이 될 수도 있었을 테니까.

어느 시대나 복음으로 가는 길을 가로막는 보이지 않는 손은 있었다. 현대는 종교다원주의와 포스트모더니즘(postmodernism)이 그 예일 수 있다. 핵심은 세상에 절대적인 것은 없다는, 그래서 하나님마저도 상대화시켜서 신들 가운데 하나로 취급한다. 이들은 신들 간의 수평적(동등한) 대화는 기본이고 자기 종교를 넘어서 다른 종교에도 구원이 있다는 것을 상식처럼 이야기하는 상대주의자들이다. 그래서 이런 시류에 동참(동의, 동감)하지 않으면 지식인이 아닌 것처럼 몰아감으로써 궁극적으로는 서구사회의 사상적 기반인 기독교로부터 인류를 구원(탈기독교화)할 수 있다고 생각하는 또 하나의 종교로 옷을 갈아입고 있는 건 아닐까 싶을 정도다.

복음과 하나님의 나라를 폐하는 어떤 사람들의 습관과 같이하지 않으려면 이처럼 보이지 않는 영적전쟁까지를 놓치지 않아야 한다. 점점 얼굴과 얼굴을 대하는 모임과 만남이 인터넷으로 대치되는 때에 예배마저도 그런 쪽으로 흘러가는 것 같아 씁쓸하다. 물론 공간과 시간적 제약 때문에 어쩔 수 없을 때도 있을 수 있겠지만 아예 집에서 인터넷예배로 드리는 것은 좀 지나치다. 그냥 혼자 방에서 찬송 부르며 말씀 읽는 소위 〈나 홀로 예배〉와 무슨 차이가 있겠는가.

교회는 온 회중이 함께 모여 예배하기를 힘쓰는 게 기본이다. 한국교회가 성장하는 과정에서 주일 낮예배를 2부로 나누어 예배할 때 겪었던 진통에 비하면 격세지감(隔世之感)이다. 복음을 지키려는 히브리서 독자들의 절박함이 느껴진다. 주의 날이 가까이 올수록 예배하기를 통해 교회와 복음을 지키는 사명, 다시금 소중하게 붙들어야 함을 깨닫는 묵상 앞에 서 있다.

6. 의인은 믿음으로 산다.

나의 의인은 믿음으로 말미암아 살리라
또한 뒤로 물러가면 내 마음이
그를 기뻐하지 아니하리라 하셨느니라(히10.38)

히브리서 역시 유일한 구원자 예수 그리스도(히1.1-10.18, A)와 고난을 넘어 믿음으로 행하는 온전한 삶(히10.19-13.25, B)으로 초대하는 형식을 취한다. 요약하면, 모든 이름 위에 뛰어나신 그리스도께서 당신의 몸을 '단번(單番)에'(7.27, 9.12,26,28, 10.10) 드리심으로 말미암아 언제나 반복적으로 드리는 제사가 할 수 없었던 -"이는 황소와 염소의 피가 능히 죄를 없이하지 못함이라."(10.4)- 죄 사함을 얻게 하심으로써 당신의 백성들을 영원히 온전케 하셨다(A). 그래서 마침내 '그러므로 …'(10.19-)로 이어지는 믿음 안에서의 온전한 삶을 살 수 있게 된 것이다(B).

오늘 묵상은 고난을 넘어 믿음으로 온전한 삶(B)의 단락에 속해 있다. 하지만 B의 현재(현실)는 녹록하지 않다. 그렇다면 B의 "뒤로 물러가"(38b,39a)는 것은 무엇을 의미하는가? 히브리서 10장 19절 이하의 성도들은 "진리를 아는 지식을 받은 후"(26a)에, 그러니까 "전날에 … 빛을 받은 후에"(32a) 다음 두 가지의 삶의 뒤를 따랐다. 하나는, "짐짓 죄를 범한즉"(26b)이라는 육체를 위하여 심었고, 다른 하나는, "고난의 큰 싸움을 견디어 낸 것"(32b)이라는 성령을 위하여 심었다.

놀라운 것은 그 이후다. 지금 저들은 심은 대로의 결과를 목도하고 있는 중이고(26-31), 또 그렇게 될 것이다(32-34). 그렇다면 이제 히브리서의 독자들이 걸어가야 할 믿음으로 행하는 온전한 삶(B)의 길은 무엇인가. 이것은 '믿음'(38,39)이라는 씨앗을 통해 [믿음행전](11장)앞에 서는 것이다. 행위, 율법, 유대교, 제사, 구약으로가 아니라 유일한 구원자 예수 그리스도를 믿는 믿음으로 사는 삶의 길을 말이다.

동시에, '뒤로 물러가' 멸망에 빠지는 것은 하나님이 기뻐하시는 삶이 아니다(38b-39a). 복음은 옛 생활과 옛 사람 모두와 결별함으로써 믿음으로 사는 것이다. 저들에게 필요한 것은 유대교로 다시 돌아가는 성급함이 아니다.

희망은 뒤에 있는 구약(율법)이 아니라 앞에 있는 신약(복음)이다. 주님은 믿음으로 사는 것이 당신의 기쁨이라 하신다. 자꾸만 뒤를 돌아보는 것은 그만큼 오늘이 텅 비어 있고, 또 가난하기 때문이다. 오늘을 믿음과 인내로 채우며 산다면 그것이 열매로 나타날 앞을 향해 달려가게 되어 있다.

1980년 여름, 십자가의 복음이 말씀을 묵상하는 고등학생이던 나를 찾아온 이후 지금까지 오직 부르심의 자리에서 앞으로만 달려온 것 같다. 십자가로 난 복음대로(福音大路)를 따라 은혜로 인도하신 주님을 찬양한다.

오늘 이 시간도 동일하게 한 번도 가보지 않은 새 길을 걸어간다. 오직 한 번뿐인 인생, 속히 지나가겠지만... 하지만 주님과 교회와 복음을 위한 것만이 영원한 것을 믿는 믿음으로 말미암아 살아간다. 감사할 뿐이다.

7. 나도 허다한 증인들로 부름 받았다.

이러므로 우리에게 구름 같이 둘러싼 허다한 증인들이 있으니
모든 무거운 것과 얽매이기 쉬운 죄를 벗어 버리고
인내로써 우리 앞에 당한 경주를 하며(히12.1)

'허다한 증인들'은 11장의 믿음의 사람들이다. 그럼 무슨 증인인가. "인내로써 우리 앞에 당한 경주를 경주하"(1b)는 히브리서 첫 독자들이 히브리서 11장의 옛 성도들(허다한 증인들)처럼 목표를 향해 꾸준히 달려가는 경주자로서의 삶을 잘 살아가는가를 지켜볼 자들이다. 그러므로 믿음의 경주는 그것만큼 외롭지 않다. 그렇지만 문제는 경주자, 즉 히브리서의 첫 독자들 자신이다.

그런데 한 가지 문제가 있다. '우리 앞에 당한 경주', 즉 영원한 안식을 향해 가는 성도의 인생행로에도 "얽매이기 쉬운 죄"와 무관치 않은, 그래서 인내해야 하는 고난은 있다는 점이다. 고통과 고난 없는 신앙생활은 없다는 뜻이다. 이런 와중에서도 특별히 믿음의 경주는 인내로써 계속되어야 한다(1). 이 경주의 궁극적인 목표는 '하늘에 있는 고향'(히11.16a)에서 누릴 안식이기 때문이다. 해서 여기에 대한 증인을 11장에서 증거로 보여준 것이다.

그렇다면 히브리서 독자들이 당면한 얽매이기 쉬운 죄는 무엇인가? 지금 저들 가운데 어떤 사람들은 다시 유대교(율법, 옛 언약)로 돌아가려고 하고 있고, 또 이미 구약(舊約)으로 돌아가 버렸다(히6.4-6, 10.26-29). 결국 믿음의 경주에서 탈락한 것이다. 그럼 '우리'(히브리서 기자와 독자들)는 어찌할 것인가. 이것이 오늘 묵상을 전후한 문맥에서 히브리서 기자가 던지는 중요한 화두다.

이 질문 앞에 선 자들이 명심해야 할 것은 이미 믿음으로 경주를 끝낸 허다한 증인들이 있다는 점이다. 저들처럼 이 경주를 성공적으로 마무리하려면 "모든 무거운 것과 얽매이기 쉬운 죄를 벗어"야 하고, 또 '인내'로 더불어 경주자다움을 유지해야 한다.

특히 '죄'(罪)는 경주자다움을 거추장스럽게 만드는 가장 무거운 것이다. 42.195km를 뛰는 데 있어서 그 사람을 가장 무섭게 얽매이도록 만드는 것은 신발 안에 들어온 지극히 작은 모래알이다. 처음에는 별것 아닌 사소한 것이고, 또 별문제가 되지 않았지만 죄는 이처럼 "우리 앞에 당한 경주를 경주하"는 일을 실패하게 만든다. 이미 하늘에 있는 본향 가는 길에 들어섰으니 이제는 '얽매이기 쉬운' 것들을 벗어 버리자. 11장의 증인들이 그러했듯이!

고통 없는 신앙생활은 없다. 그렇다면 무엇이 그 고통을 참아내게 하는가. '허다한 증인들'(1), 그리고 "그 앞에 있는 기쁨을 위하여 십자가를 참으"(히12.2b)신 그리스도에게서 배울 수 있다. 우리 주님에게도 부활의 영광이라는 오늘(현재) 앞에 골고다라는 십자가의 고난이라는 어제(과거)가 먼저 있었다. 고난의 십자가 없는 부활의 영광이 있을 수 있겠는가. 이렇듯 인내하신 자를 생각하며 살아가노라면 '믿음의 주'이신 주님처럼 믿음의 경주를 승리로 완주할 수 있으리라.

8. 예수묵상학교

너희가 피곤하여 낙심하지 않기 위하여 죄인들이
이같이 자기에게 거역한 일을 참으신 이를 생각하라(히12.3)

영원한 안식을 향해 가는 믿음의 노정에도 고난은 있다. 바로 앞 믿음장(11장)에서 고통 없는 신앙생활은 없다는 것을 생생하게 보았다. 그 누구보다 예수님도 그러셨다(히12.2-3). 그러므로 이런 와중에서도 특별히 믿음의 경주는 인내로써 계속되어야 한다(1). 이 경주의 궁극적인 목표는 하늘에 있는 '더 나은 본향'(히11.16a)에서 누릴 안식이기 때문이다.

피터슨(E H. Peterson)의 [메시지 신약](The Message: The New Testament)으로 오늘 묵상을 읽어보면 의미가 좀 더 명확하게

드러난다 : "여러분의 믿음이 시들해지거든, 그 분 이야기를 하나 하나 되새기고, 그 분이 참아내신 적대 행위의 긴 목록을 살펴보십시오. 그러면 여러분의 영혼에 새로운 힘이 힘차게 솟구칠 것입니다."

예수님께서 경주를 마치시고 하나님의 보좌 우편에 앉으시기까지 그 분이 지불한 대가는 실로 엄청나다(2-3). 그러므로 예수님의 뒤를 따라 경주자의 반열에 선 후예들은 죄인들에게서 심한 증오를 몸소 받으시면서도 부끄러움과 십자가의 고통을 참으신 주님을 생각하는 일을 소홀히 해서는 안 된다. 그분의 공생애를 묵상하는 것이 우리 영혼에 새 힘을 주기 때문이다. 그럴 때 지치고 피곤하여 낙심하는 일이 없을 것이다.

무릇 믿음의 경주란 시작했다고 해서 자동적으로 끝까지 아름다운 마무리가 된다는 보장이 없다. 예수님마저도 고난의 갈보리를 지나 영광의 부활을 맞으셨다면 하물며 우리('나')일까.

인내로써 경주하는 승리자는 이렇듯 숨가쁜 순간에도 주님을 생각하는 자다. 또한 주님을 생각하면서 어떠한 고통과 위기도 이기는 자다. 이처럼 바른 경주자는 반드시 경주하는 길목에서 주님을 생각한다.

믿음은 그 특성이 강해지거나, 혹은 유지되든지, 아니면 약해지는 면이 있다는 점이 평범하지만 뭔가를 좀 더 생각하게 한다. 영적침체(靈的沈滯)를 경험한 믿음의 선진들도 많았고, 특히나 예수님께서 십자가를 지시기 직전 베드로를 향해 "보라 사탄이 너희를 밀 까부르듯 하려고 요구하였으나, 그러나 내가 너를 위하여 네 믿음이 떨어지지 않기를 기도하였노니"(눅22.31-32a)라는 말씀에서 보듯 베드로 사도도 믿음이 부도날 위기가 있었음을 알 수 있다.

그렇다면 히브리서 기자가 독자들을 향해 "너희가 피곤하여 낙심하"게 될 수도 있음을 진단하고 있음은 전혀 낯선 장면이 아니다.

그럼 믿음이 약해지고 흔들릴 때 어떻게 하라는 말인가? 성경은 뭔가 특별한 어떤 것을 요구하지 않는다. 모델은 예수님이시다. 하나님의 아들로써 육신을 입고 이 땅에 오셔서 죄인들(온 인류)의 모든 죄를 속하기 위해 십자가를 지고 죽음의 길을 홀로 가고 계심에도 불구하고 인류('나')는 주님에게 '거역한 일' 밖에 한 게 없다. 그럼에도 주님은 이를 참으셨다.

이제 히브리서 독자들이 -그들 중 특히나 "피곤하여 낙심하"여 있는 성도들- 해야 할 일은 바로 그 주님을 묵상하는 일이다. 주님께 나를 비춰보는 것보다 더 큰 치료와 회복의 길은 없기 때문이다. 예수님 외에 다른 모든 것은 유사품이다.

9. 거룩하기 원합니다.

모든 사람과 더불어 화평함과 거룩함을 따르라
이것이 없이는 아무도 주를 보지 못하리라(히12.14)

히브리서 11장(믿음장)의 뒤를 잇는 신앙의 경주자(먼저는 히브리서 첫 독자들이고, 마지막은 우리들이다)는 무엇으로 사는가? 이는 12장의 화두다(히12.1). 히브리서 독자들은 11장의 사람들처럼 -이들 모두가 따라가는 모델은 오직 예수님이시다(히12.2).- 믿음의 경주를 영광스럽게 완주(完走)해야 하는 소망 앞으로 초대된다.

하지만 히브리서 기자가 얘기했듯이 사실 많은 사람들이 이미 배도자(背道者)의 길을 선택했다(히3.12, 4.1, 6.4-6, 10.26-29). 결국 믿음의 경주자로서의 고독한 영적 레이스를 이겨내지 못했기 때문에 하나님의 은혜에 이르지 못하고 그만 믿음의 경주에서 낙오된 셈이다. 이것이 히브리서 기자의 깊은 고뇌이기도 하다. 이런 영적(靈的) 혼돈의 시대에 성도는 무엇으로 사는가를 진지하게 풀어내고 있는 게 오늘 묵상이다(히12.14-17).

오늘 묵상이 고민하고 있듯이 이미 새 언약의 영광에 참여했음에도 불구하고 도중에 경주에서 낙오된(될) 처지에 놓인 자들, 그래서 결과적으로 "주를 보지 못하"(히12.14b)게 되거나, 동시에 "하나님 은혜에 이르지 못하는 자"(히12.15a)처럼 되어서는 곤란하지 않겠는가.

결국 경주의 끝에서 영광의 주님을 뵈옵는 것이 믿음의 경주를 하고 있는 히브리서 독자들('나')의 목표라면, 이 땅에서의 경주로(競走路)를 통해 저 땅의 문에 서 계신 주님을 뵈려면(히12.1-3), 비록 그 가는 길이 징계로 넘실거리는 것처럼 보인다 할지라도 화평과 거룩함을 따르는 일은 계속되어야 한다(히12.4-13 ⇨ 14).

앞서 11장의 믿음의 사람들 역시 그냥 자동적으로 영광의 문에 들어서지 않았음을 주목할 필요가 있다. 사실 히브리서 독자들 역시 믿음의 경주로(競走路)를 이탈하게 하는 보이는 것들, 그러니까 유대교(옛 언약, 율법주의)로 돌아가게 만드는 여러 시험과 환난과 유혹들이 즐비했다.

하지만 더 중요한 것은 보이지 않는 영역이다. 이게 무엇인가? 거룩함에 이르는 것이다. 이것이 있어야만 우리의 믿음대로가 마쳐지는 날에 주를 뵈옵게 될 것이다.

놀라운 것은 "우리의 유익을 위하여 그의 거룩에 참여하게 하시"(히12.10)는 하나님의 방법이다. 결국 거룩의 주도권은 하나님께 있다. 이 말은 거룩이 우리의 노력이나 학습, 도덕적 연마와 같은 훈련으로부터 만들어지는 것이 아니라는 뜻이다. 무엇보다 거룩이 하나님을 닮아가는 것과 연동되어 있다는 점에서 더 그렇다.

자, 다시 돌아와서 그럼 당신의 거룩에 참여케 하는 하나님의 방법은 무엇인가? 놀랍게도 징계다(히12.4-13). 하나님께서 믿음의 경주로(競走路)를 떠나는 자에게, -수준은 영 아니지만 신분은 그가 사랑하는 아들일 경우에 그렇다.- 징계를 통해서 "무릇 징계가 당시에는 즐거워 보이지 않고 슬퍼 보이나 후에 그로 말미암아 연단 받은 자들"(히12.11)로 빚어 가심으로써 결국 당신의 거룩하심에 참여하게 하신다(히12.10b).

우리를 향하신 하나님의 목표가 거룩이라 하시니 놀랍다. 그것도 결국 우리를 당신의 거룩하심에 참여하게 하시겠다니 더욱 그렇다. 나의 문제 몇 가지 좀 고치고 새롭게 해서 그분을 닮아갈 수 있으리라 생각한 알량하고도 부끄러운 생각을 내려놓는다.

정말이지 내가 스스로 느끼는 거룩 온도에 따라 춤을 추는 못남도 역시 버려야 할 구습이다. 언제쯤 하나님의 거룩에 참여한 자로 설 수 있을까. 나도 거룩한 주님을 뵈옵고 싶다.

10. 그리스도를 따라 영문 밖으로!

그런즉 우리도 그의 치욕을 짊어지고
영문 밖으로 그에게 나아가자(히13.13)

◎ 성막과 그리스도(히13.8-16)

A [교리] 그리스도 속죄의 완전성(8-12)

속죄의 영원성(8) : 예수님

제사의 불완전성(9) : 유대교

복음의 완전성(10-12) : 그리스도교

B [생활] 예수께로 나아가자(13-16)

히브리서 기자는 예배(기독교, 복음, 신약)가 제사(성막, 율법, 구약)를 완성하는 하나님의 방법인가를 예수 그리스도의 죽으심이라는 구속사를 통해 설명한다. 이를 위해 불완전한 구약의 제사(9,11)와 완전한 신약의 속죄(8,12)를 함축적으로 정리해 준다. 이 전후 문맥 관찰을 통해 오늘 묵상인 13절을 이해하고 묵상해 보자.

구약은 11절처럼 제물을 끌고 '영문 밖에서' 의식을 행한 후에 대제사장이 그 피를 가지고 다시 '성소에 들어가고'라는 정결 의식과 제사의 순서를 밟게 된다(11, 레16.27-28 참조). 그런데 놀라운 것은 이어지는 12절이다. 이것만큼 예수님의 속죄를 구약적 틀에서 설명하는 말씀이 또 있을까.

지금 히브리서 기자는 구약 제사의 연속성에 서 있는 유대교의 제사의 불완전성을 말씀(율법)의 빛에 따라 밝히 드러낸 다음에, 바로 이어서 예수 그리스도 역시 예루살렘 성문 밖에서 고난을 받으시고 당신 자신이 제물 -"보라 세상 죄를 지고 가는 하나님의 어린 양이로다."(요1.29b)- 이 되어 "자기 피로써 백성을 거룩하게 하"셨음을 설명한다.

그렇다. 예수 그리스도의 죽으심만이 그 백성을 거룩하게 하는 유일한 길이다. 그런데 문제는 오늘 묵상인 13절이다. 도대체 무슨 말인가? 말하려는 메시지는 무엇인가? 왜 우리도 예수님처럼 '영문 밖으로' 나아가야 하는가? 유대교가 그렇게도 부정하다고 하는 곳을 우리 그리스도인들 역시 주님처럼 그곳으로 나아가야 하는 이유는 무엇인가?

구약의 제사 방식과 장소적 의미는 12절로 이미 끝이 났다. 더 이상 유대교처럼은 아니다. 이를 위해 주님마저도 '성문 밖에서' 고난을 받으셨다면 우리 그리스도인들이 주님처럼 아직 그리스도(은혜. 진리, 생명, 구원, 사죄, 화목) 안이 아닌 밖에 있는, 즉 '성문 밖에' 있는 자들에게 나아가는 것은 당연하지 않은가. 이것이 복음이 예루살렘과 온 유대를 넘어 사마리아와 땅끝까지 전파되어야 할 이유다.

이를 위해 주님처럼 우리도 치욕과 능욕을 받아야 한다. 그래야만 복음과 그리스도 안에 있는 은혜를 모르고 살아가는 영문 밖의 대다수 사람들이 우리처럼 예배자로 회복될 수 있으니까 말이다. 그분이 인류를 위해 온몸으로 예배의 완성을 이루시고 또 시작하신 곳은 왕궁도, 유대교가 그렇게도 붙들었던 교리와 제사(성소)의 자리도 아니었다. 저주 받은 곳이라 할 수 있는 골고다 십자가였다.

그분은 온갖 멸시와 천대와 수모와 핍박과 불신앙이 활화산처럼 타오르는 곳에서 친히 13절의 모범을 보이셨고 이 말씀을 선취(先就)하셨다. 그렇다면 "그런즉 우리도" 당연히 그 길을 따라가야 하지 않을까. 11절이 아닌 12절의 은혜를 주님으로부터 받은 자라면 말이다.

야 고 보 서

1. 시험이 기도를 만났을 때

너희 중에 누구든지 지혜가 부족하거든
모든 사람에게 후히 주시고 꾸짖지 아니하시는 하나님께 구하라
그리하면 주시리라(약1.5)

◎ 시험+기도 = 지혜+믿음(약1.2-8)

A 시험(2-4) : 믿음의 시련

B 지혜(5-8) : 하나님께 구하라!

시험을 만날 때 필요한 게 있다. 그것은 지혜다. 언제나 지혜가 부족한 것을 절감한다. 그런데 꼭 지나간 이후에 그걸 느끼고 아파하게 된다는 데 문제가 있다. 그래서 야고보는 먼저 기도할 것을 권한다. 시험에는 지혜를 구하는 기도가 필요하다(5). 하나님과의 관계 속에서 풀어가야 할 과정이라는 뜻이다.

한편, 시험은 위로부터 임하는 지혜를 통해서 극복해야 한다는 메시지이기도 하다. 그래서 구하라고 명령한다. 지혜는 하나님으로부터 오기 때문이다. 야고보는 이를 곧바로 하나님의 성품과 연결시킨다. 지혜를 구하는 사람을 만나주시는 하

나님, 그분은 누구신가? 지혜를 구하는 모든 사람의 기도를 들으시는 분이시다. 뿐만 아니라 후하게, 아낌없이 주시는 분이시다. 결코 꾸짖거나 나무라지 않으시는 분이시다. 하나님은 시험을 이기기 위해 기도하는 모든 사람들에게 지혜를 주신다. 따라서 내가 할 일은 구하여서 받는 것이다.

그런데 반드시 점검해야 할 일이 있다. 이게 야고보의 통찰이다. 조금도 의심하지 말아야 한다는 점이다(6). 여기에 오직 믿음의 기도가 자리한다. 의심하는 것은 불신앙이다. 그것만큼 믿음이 없으니까 바다 물결같이 요동하는 것이다.

이런 사람은 주께로부터 아무것도 받을 생각을 말아야 하는데(7), 그 이유는 두 마음을 품은 사람이기 때문이다(8a). 지혜가 하늘로부터 오는데도 이 땅의 지식을 비롯한 여러 방법과 수단을 사용하여 시험을 이겨내려고 하는 두 마음을 주께서 다 보고 계신다. 하나님과 사람을 필요에 따라 넘나들면서 자기 입맛대로 기웃거리는 사람이 어찌 그의 모든 행동에 안정감이 있으랴(8b).

신앙생활에서 만난 시험은 신앙으로 풀어야 한다. 잊어버리고, 뒤로 미루고, 그냥 덮어버리고, 양보하고, 서로 적당한 선에서 타협하는 것으로 해결되지 못한다. 그래서 하늘의 지혜가 필요하다. 길이 아니면 가지도 말라는 말이 있다. 이것 저것 다 해 보고서 영육(靈肉)의 빈털털이가 되어서야 정신을 차리고 하나님을 두드리는 것은 너무 많은 것을 잃은 후다.

탕자처럼 다 잃어버린 후가 아니라 그 전에 외양간을 고치는 것이 더 지혜로운 삶이다. 시험이 또 다른 시험을 낳기 전에, 시험의 고리를 끊어버려야 한다. 그것을 무엇으로, 어떻게, 누가, 언제 알겠는가? 시험은 하나님을 구하는 때까지 나를 기다려 주지 않는다. 그때는 이미 너무 깊어져서 외과 수술로는 불가능한 지점까지 가 버렸을 수도 있다.

야보고는 서신을 시작하자마자 시험을 이기는 지혜를 구하는 기도라는 직통전화를 개설해 놓고 누구든지 믿음의 다이얼을 돌려서 하나님이 주시는 메시지를 따라 복되게 살아가기를 명령한다.

이 핫라인이 '의심' 때문에 불통되는 일이 없도록 다시금 하나님만을 전적으로 신뢰하고 따르는 기초 신앙을 점검해야겠다. 시험이 하나님을 만나는 또 다른 통로가 된다. 이처럼 세밀하시고 섬세하신 분이 내가 섬기는 나의 하나님이다.

2. 시험(test)이 복인 것을 아는가?

시험을 참는 자는 복이 있나니 이는 시련을 견디어 낸 자가
주께서 자기를 사랑하는 자들에게 약속하신
생명의 면류관을 얻을 것이기 때문이라(약1.12)

예수님을 잘 믿고 살면, 아니 이미 하나님의 통치 안에 들어온 하나님의 자녀가 되었으니까 시험으로부터 지켜주시거나 아예 시련이 엄습해 오지 못하도록 해 주실 수는 없을까? 오늘 야고보서 말씀이 종종 이런 질문 앞에 서게 한다. 성경을 읽다 보면 오히려 하나님의 사람들에게 시련이 더 크고 분명하게 찾아오는 경우를 자주 대한다. 참 당혹스러운 부분이다.

하지만 야고보의 통찰은 지금 통과하고 있는 시험이 전부(결론, 끝)가 아님을 일깨운다. 시험과 시련은 실패와 패배를 목적한 게 아니다. 오히려 이것은 실제적인 결과로서 미래의 천국상급(생명의 면류관)을 소망으로 바라보고 믿게 한다. 결국 시험을 당한 자가 당장 펼쳐진 현실만 본다면 위로부터 오는 진짜 선물을 보지 못하게 될 뿐만 아니라 결과적으로 시험을 통해 섭리하시는 하나님을 오해하도록 할 수 있다.

이 세상을 믿음으로 이기고 살아감에도 시험은 있다. 시험 없는 인생은 없다. 본문을 잘 보면, 시험과 시련을 없게 하시겠

다는 뉘앙스는 전혀 없다. 있다면 단지 그것을 참는 것, 견디는 것이 있을 뿐이라 하신다(12a). 야고보는 고난과 시험이라는 '현재'를 인내(참고 견딤)라는 통로를 통해 '미래'(생명의 면류관) 앞으로 가지고 간다. 이것은 시험을 인내로 이겨내는 성도('나')에게 바라보도록 허락된 약속이다.

때문에 그는 시험을 통과해 가면서도 주님을 사랑하며 살 수 있다. 참으로 기막힌 은총 아닌가. 그러니 시험이 없게 해 달라고, 시련과는 상관없는 인생이 큰 믿음의 사람이라고 생각하는 것이 얼마나 어리석고 한심한 발상인지… 이렇듯 시험 가운데서도 주님을 사랑하며 살 수 있는 사람, 그래서 고난의 현재 안에 생명의 면류관이라는 미래의 축복을 열매 맺으며 사는 사람, 이처럼 나도 그 가운데 한 사람으로 살고 싶다.

그러므로 시험(test)은 참아야 하고 견디어야 하는 내 안에 공존하는, 더불어 이미 시작된 미래에 주어질 '생명의 면류관'의 씨앗이다. 장차 영광의 그 날에 주실 생명의 면류관은 시험이라는 생생한 실전 과정을 통과해야 한다. 동시에 그 과정은 참고 견디어야 하는 대가를 지불해야만 한다. 그래서 "시험을 참는 자는 복이 있나니"다. 시험 없는 인생을 바라는 것은 넌센스다. 시험이 없으면 복도 없다고 볼 수 있기에 그렇다. 그 복 중의 복인 생명의 면류관을 얻을 수 있는 것도 시험이라는 복을 넉넉하게 참고 건강하게 견디어 낸 자의 몫이니까.

3. 행위는 믿음의 미래다.

네가 보거니와 믿음이 그의 행함과 함께 일하고 행함으로
믿음이 온전하게 되었느니라(약2.22)

야고보서의 저자 야고보는 예수님의 젖동생 야고보다. 그런 그가 예수님의 십자가의 구속으로 말미암아 값없이 은혜로 얻은 구원과 다른 소위 '행위 구원'을 말하려고 야고보서를 기록했을까? 이런 맥락에서 구원을 위한 믿음과 행위의 문제를 묵상하는 것은 흥미로운 일이다. 오늘 묵상은 행함이 없는 믿음은 죽은 것이라(약2.21-26)는 단락 중 아브라함의 예(21-24)를 통해 구원에 있어서 행위와 믿음의 관계를 설명하는 말씀이다.

믿음은 행함과 함께 일하며, 행함으로 믿음이 온전하게 된다(22). 창세기와 로마서가 공히 아브라함이 하나님을 "믿으니 여호와께서 이를 그의 의로 여기"셨기 때문에 결과적으로 그러한 행위를 할 수 있었다는 점에 주목 한다 : 이신칭의(창15.6, 롬4.1-8) ⇨ 행위 1(할례, 창17.23-27, 롬4.9-12) ⇨ 행위 2(모리아산 헌신, 창22.9-14) 이렇듯 성경은 아브라함이 이처럼 행위를 했기 때문에 그 결과로 구원이 이루어졌다고, 즉 행위로서 의롭다 하심을 얻었다고 말하지 않는다. 오히려 그 반대다. 이렇듯 구원의 경사도에 대한 이해가 분명하다면 믿음과 행위에 대한 혼돈은

일어나지 않을 것이다.

믿음은 행위의 씨앗이고, 행위는 믿음의 열매다. 이 둘은 하나이지만 둘로 보이고, 둘이지만 하나이다. 믿음이 원인이라면 행위는 그 결과다. 믿음은 행위 없이 드러나지 않으며 행위는 믿음이라는 씨앗을 통해 자라고 마침내 열매를 맺는다. 이것이 야고보가 믿음이 행위와 함께 일한다는, 행위가 믿음으로 온전하게 된다는 믿음과 행위에 대한 영적 통찰이다.

믿음이라는 것이 어떤 말(입술)이나 고백뿐이라면 그것은 귀신도 가지고 있다. : "네가 하나님이 한 분이신 줄을 믿느냐 잘하는도다 귀신들도 믿고 떠느니라."(약2.19) 마태복음에서도 이런 경우를 만난다(마8.29). : "이에 그들이 소리 질러 이르되 하나님의 아들이여 우리가 당신과 무슨 상관이 있나이까 때가 이르기 전에 우리를 괴롭게 하려고 여기 오셨나이까 하더니" 그렇다고 귀신이 구원받는 것이 아니듯 행함이 없는 말뿐인 믿음이란 있을 수 없다. 구원받기 위하여 행하는 것이 아니라 구원받았기 때문에 믿음으로 행하며 사는 것, 이것이 믿음과 행함이 합력하여 이루는 선(善)이다.

내게 믿음이라는 은혜의 선물을 아무 공로(값) 없이 주셔서 이 씨앗이 하나님의 영광으로 자라고, 꽃피고, 열매 맺기까지 내 삶의 모든 순간을 인도하시며 도우시며 지키시며 함께 하시는 주님을 찬양한다. 한 사람의 성도로서, 자녀(아들)로서, 남편과 부모로서, 목회자로서 아브라함처럼 행함으로 믿음의 영광을 드러내는 믿음과 행위의 이중주를 멋지고 맛나게 연주하는 '믿음행전' 을 꿈꾼다.

4. 겸손은 낮은음자리표에서 멜로디를 준비한다.

주 앞에서 낮추라 그리하면 주께서 너희를 높이시리라(약4.10)

◎ 다툼 너머에 있는 더 큰 은혜(약4.1-10) : 10가지 명령

ㅇ 싸움 … 다툼(1-5)

⇨ 그러나(6)

⇨ 그런즉(7-10)

위로부터 난 지혜와 멀어질수록 싸움과 다툼이 나타나는데(약3.13-18 ⇨ 4.1), 아마도 교회의 내분(싸움과 다툼)이 온통 자기 마음대로 살거나 기회 있을 때마다 세상과 놀아나는 간음하는 여자들 때문에 생긴 것이 아닌가 싶다(4). 그럼에도 하나님은 이처럼 정도(正道)를 버리고 정욕과 욕심으로 세상방정식을 따라 살아가는 무지한 우리에게 말씀하신다 : "하나님께서는 우리 속에 살게 하신 그 영을, 질투하실 정도로 그리워하신다."(5, 표준새번역)

이처럼 우리 안에 살게 하신 거룩한 성령이 우리의 싸움과 다툼 때문에 고통하고 계실 뿐만 아니라 마치 질투하는 연인처럼 다시 온전한 회복을 기대하신다. 이것이 '그러나'(6a)안에 든 희망이다. 6절의 하나님의 희망이 있으므로 7절 이하의 우리의 '그런즉'이 빛을 발한다. 더욱 큰 은혜는 겸손하게 하나님이 명하시는 의지적인 "하라!"(6-10) 목록표가 시작될 때에 주실 것임을 분명히 하신다.

오늘 묵상 "주 앞에서 낮추라!"는 말씀을 이해하기 위해 앞 단락을 좀 더 살펴보자. 자신을 낮추지 않고 지혜와 총명이 있다고 하는 자들을 정확하게 진단하면 마음에 독한 시기와 다툼이 가득한 자들이다(약3.13-14). 이런 것들은 "위로부터 내려오는 것이 아니요 정욕의 것이요 귀신의 것이니"(약3.15), "그런 일이 일어나는 것은, 여러분이 자기 마음대로 하려 하고, 싸워서라도 그렇게 하려는 마음이 여러분 깊은 곳에 있기 때문" 피터슨(E H. Peterson)의 [메시지 신약](The Message: The New Testament)(약4.1)이다.

이러한 교만한 자(6)는 '죄인들'이요 '두 마음을 품은 자들'이다(8). 지금 이들이 해야 할 일은 주 앞에서 자신을 낮추는 것이다. 왜냐하면 "하나님이 교만한 자를 물리치시고 겸손한 자에게 은혜를 주신다."(6, 잠3.34 인용)는 말씀을 우리가 잘 알고 있기 때문이다.

교만은 누구에게 찾아오는가? 어떤 식으로든 교만할 만한 것들이 조금이라도 있는 자들이다. 위기는 이처럼 조금 있고,

조금 알고, 조금 손에 쥔 것이 있는 쪽에서 생겨날 수 있다.

이들이 계산하지 못한 것은 자신들이 가진 것을 통해 스스로 높아지려는 욕망이 어느 순간 죄(罪)로 드러나게 될 것이라는 것을 모르는 영적 무지다.

처음부터 교만한 사람은 없다. 교만하게 교회 문을 넘어들어왔을지라도 하나님을 알고, 진리를 경험하게 되면 낮아지게 되어 있다. 그런데 시간이 지나고, 자신이 가진 것이 힘이 되기 시작하면 반드시 나타나는 모습이 교만이다.

하나님은 이렇듯 자신이 자기를 높이는 것을 가장 싫어하신다. 벼가 익으면 고개를 숙이듯, 하나님 앞에 더욱 자신을 낮추면 하나님이 그를 높이신다. 이는 주님이 모델이시잖은가(눅 14:7-11, 빌2:5-11). 진실로 하나님의 은혜 안에 있는 자는 늘 자신을 낮춘다. 하나님이 높이실 것을 바라고 하는 '놀부형 겸손'이 아니다.

위로부터 온 지혜와 총명의 사람은 늘 낮은 곳으로 흘러간다. 그런데 놀라운 것은 하나님이 때가 되면 그를 높이신다는 점이다. 하나님이 높이신 것만이 진짜다. 지금은 "주 앞에서 낮추라!"는 말씀을 깊은 마음으로 들을 때다. 내가 흘러가야 할 곳은 낮은 곳이다. 거기에 주님이 계신다.

1. 영적 성장의 법칙

갓난 아기들 같이 순전하고 신령한 젖을 사모하라 이는 그로
말미암아 너희로 구원에 이르도록 자라게 하려 함이라(벧전2.2)

오늘 말씀 단락을 다른 번역본(현대인의 성경)으로 읽어보면 그 의미가 더 분명하게 드러난다 : "그러므로 모든 … 버리십시오. 그리고 … 사모하십시오. 그러면 … 자라게 될 것입니다."(1-2)

정리하면, 그러니까 사도는 1장에서 하나님의 은혜로 말미암아 '구원의 복음'(1-12)으로 부르심을 입은 성도는 하나님께는 거룩을(13-21), 성도들끼리는 피차 사랑을(22-25), 그리고 이를 더 풍성하게 하기 위해서 2장에서는 영적인 성숙(2.1-3)을 이루어야 한다고 말한다. 이를 위해 1절은 소극적으로, 그리고 2절에서는 보다 적극적으로 더 깊은 신앙으로 나아가기를 기대한다.

하나님의 '산 말씀'(1.23)으로 거듭난 것만으로는 신앙의 완성이 아니다. 왜냐하면 거듭남은 새로운 피조물로의 시작이기에 그렇다. 따라서 거듭남(구원, 중생, 다시 태어남) 그 이후는 자라가야 한다. 바로 여기가 영적인 성장과 성숙이 서는 자리이다. 생

명은 반드시 성장해야 하기 때문이다. 성장이 멈춘 것은 이미 죽은 것이기에 그렇다.

영적 자람을 위해 베드로가 제시하는 것은 말씀의 '젖 법칙'이다 : "갓난 아기들 같이 순전하고 신령한 젖을 사모하라."(2a) 이처럼 '버리고' ⇨ '말씀의 젖'을 먹고 ⇨ 신앙이 자라는 영적 성숙은 "그리스도의 나타나실 때에"(1.13) 완성될 구원을 위해 매우 소중한 영적 리듬이다.

한편 거듭남은 갓난 아기에 비유된다. 그리고 갓난 아기에게 있어 젖은 생명의 근원이다. 이렇듯 구원 그 이후를 주도하는 것은 '말씀의 젖'이다. 신생아(유아)에게 젖은 먹어도 되고, 먹지 않아도 되는 그런 것이 아니다. 반드시 먹어야만 한다. 유아(幼兒)가 자동적으로 성인(成人)이 되는 것이 아니듯 영적인 어린아이 역시 하나님의 말씀을 통해 성장하지 않으면 결코 그의 영적 생명은 자라지 않는다.

문제는 아기가 먹는 젖이라고 다 젖이 아니다. 먼저 말씀에 다른 불순물을 혼합하거나 첨가하지 않은 '순전한' 젖이어야 한다. 바르고 정상적인 성장과 성숙을 위해서는 결코 허위나 위선이나 가식이나 외식과 같은 '다른 복음'(고후11.4, 갈1.8-9)이 섞여서는 안 된다.

만약 순전한 말씀의 젖이 아닌 빛바랜 복음이 젖으로 둔갑한다면 생명이 자라기는커녕 잘못하다가는 생명이 위태롭게 될 수도 있고, 살아있기는 하지만 생명으로서의 기능과 역할은 하지 못하는 전혀 부담스런 존재로 전락할 수도 있다. 마치 농약을 먹고 자란 식물이 생명을 위협하듯이 순수한 젖이 아닌 것을 먹고 자란 성도는 여러모로 부담스러울 뿐이다.

또한 어린아이가 영적으로 성장하고 성숙하기 위해서는 '신령한' 말씀의 젖이어야 한다. 단순히 육적으로 배부르고, 형통하고, 이 세상에서 필요한 것들만을 얻기 위해 말씀을 먹으려고 하는 욕망으로는 결코 거룩한 성장은 이루어지지 않는다.

얼마나 많은 경우에 영적(靈的)인 양식을 육적(肉的)인 부와 명예와 성공의 젖으로 바꾸어 버렸는가를 생각하지 않을 수 없다. 하나님의 형상으로 지어진 인간, 그것도 구원받은 성도는 신령한 영(靈)의 양식을 통해 성장한다. 즉, 말씀이 구원에 이르도록 자라게 한다. 말씀은 이렇듯 우리의 영혼을 자라게 한다. 말씀이 곧 생명이기 때문이다.

2. 소명자는 잠들지 않는다.

그러나 너희는 택하신 족속이요 왕 같은 제사장들이요 거룩한 나라요
그의 소유가 된 백성이니 이는 너희를 어두운 데서 불러내어
그의 기이한 빛에 들어가게 하신 이의
아름다운 덕을 선포하게 하려 하심이라(벧전2.9)

교회는 이 세상을 향해 거룩한 제사장으로 부름 받은 공동체다. 베드로전서는 이 소명이 그 어떠한 고난과 핍박 앞에서도 포기될 수 없다고 말한다. 왜냐하면 이 일은 '산 소망'(1.3), '산 말씀'(2.23), '산 돌'(2.4)이신 예수 그리스도께서 주도하시고 계시기 때문이다. 그러기에 "찬송하리로다!"(1.3a)라고 응답할 뿐이다. 이 부르심 안에 있는 '너희', 그는 누구인가? 그는 신분(9a; ①②③) 안에 사명(9b)의 씨앗을 품고 있는 자다. 먼저, 그의 신분을 살펴보자.

① 택하신 족속(a chosen generation)

하나님이 나를 택하셨다(4, 요15.16)는 사실이 얼마나 큰 위로와 소망이 되는지 모른다. 나의 나됨이라는 거룩한 은혜의 신분을 하나님이 시작하셨다는 뜻이기에 그렇다. 신명기 기자는 이스라엘이 광야에서 가나안의 영광을 보게 되는 -결코 자격이 있어서가 아니다.- 그 이유를 "여호와께서 다만 너희를 사랑하심을 인하여."(신7.8a), "그들

을 사랑하사 그 후손을 만민 중에서 택하셨음"(신10.15)이라고 말한다. 하나님이 '사랑하사'이지 내가 '답기' 때문이 아님을 잊지 않아야겠다. 오늘의 내가 있음은 하나님의 사랑이라는 그분으로부터의 은혜임을 감사한다.

② 왕같은 제사장(a royal priesthood)

제사장은 타자(他者)를 위한 헌신을 위하여 부르심을 받은 자다. 이 일을 종처럼이 아닌 영광스런 왕처럼 감당하게 하실 것을 약속하신다. 선택받았음은 곧바로 하나님 앞으로 가까이 갈 수 있는, 그리고 주를 예배할 수 있는 자가 되었음을, 그리하여 하나님께서 예배자를 왕 같은 자로 만나주시겠다는 것을 의미한다.

③ 거룩한 나라(a holy nation)

이스라엘은 하나님의 거룩을 파괴하여 버리고 말았다. 그것은 이방 나라와 다른 점이 없어져 버렸다는 것을 의미한다. 분명 다르게 부름 받았고, 하나님의 면전 앞으로 나아갈 수 있는 자로 은혜를 받았는데 세상과 같아져 버렸다. 하지만 하나님은 거룩을 회복하실 것을 말씀하신다(1.15-16). 이것이 세상으로부터 부름 받은 자들의 모임인 거룩한 나라, 즉 교회의 모습이다. 하나님은 당신처럼 거룩하게 살기를, 세상과 다르게 살기를 기대하신다.

이러한 신분(9a; ①②③)을 따라 부름 받은 거룩한 제사장에게는 사명(9b)이 있다. '어두움'(흑암) ⇨ '빛'(광명)으로 부르심을 받은 것은 스스로의 힘과 능력으로 된 것이 아니다. 이미 허물과 죄의 어두움 가운데 죽어있던 나를 다시 살리셔서(중생, 거듭남, 1.1-12), 거룩과 사랑과 성숙을 심어(1.13-2:3) '거룩한 제사장'(2.4-9)을 열매 맺게 하셨다. 그리하여 빛난 하늘 그 집에 들어가게 하신 하나님을 찬양하는 자로 서게 하셨다(2.10, 사43.21).

흩어진 나그네로 살아가는 그 자리가 거룩한 소명(5,9a,10)과 위대한 사명(9b)에로의 초대장을 받고 있는 곳이다. 비록 복음의 앞면은 고난의 십자가이지만 이 길을 걸어가는 자에게는 그 뒷면의 영광의 부활을 맛보게 하실 것이다. 이것이 부름 받은 교회(제자)의 사명이다.

3. 고난의 영성

너희 마음에 그리스도를 주로 삼아 거룩하게 하고
너희 속에 있는 소망에 관한 이유를 묻는 자에게는
대답할 것을 항상 준비하되 온유와 두려움으로 하고(벧전3.15)

오늘 묵상은 새 단락이 시작되는 13절부터 읽는 것이 자연스럽다. 베드로 사도는 선행하며 살아도 고난은 있는데 그럼에도 불구하고 선행과 고난의 이중주를 따라 사는 것이 복 있는 자임을 분명히 한다(13-14a). 이는 베드로가 주님께 배운 복음의 역설이기도 하다(마5.10-12 참조). 때문에 고난을 통해 협박과 위협을 당하더라도 두려워하거나 흔들리지 않아야 한다(14b).

놀라운 것은 여기서 끝나지 않고 이어지는 '그리고'다. 베드로는 선행과 고난을 통해 거룩하게 되고, 또 거룩에 이르는 포기할 수 없는 복을 누리기를 기대한다. 고난은 종종 우리가 얼마나 무능력하고 넘어지기 쉬운 존재인가를 절감하게 한다. 그래서 그것이 작든 크든 내가 주인 삼은 모든 것을 내려놓게 만들고, 마침내 우리로 하여금 예수 그리스도를 주로 삼아 거룩에 이르는 영광을 얻게 한다. 이렇듯 고난을 먹고 거룩이 자란다.

참 깊은 베드로의 또 다른 영적 통찰은 고난을 그리스도를 주(Lord, 主)로 삼아 이길 뿐만 아니라 -주님이 이기게 하신다- 고난임에도 불구하고 13-14절의 복음으로 사는 나그네인 우리를 이방인들이 보면서, 이처럼 우리가 고난을 받으면서도 소망 가운데 사는 그 이유를 묻게 될 것이라는 놀라운 격려를 앞세운다(15).

정말 그렇다. 고난이라는 위기는 자신에게는 거룩을, 다른 사람들에게는 소망을 가져다주면서 동시에 고난 이후를 예비하는 기회가 된다. 무엇보다 고난 속에서도 복음은 증거된다는 점이다. 고난으로 건강해진 영육(靈肉)은 복음 앞에 담대하게 서게 만들기 때문이다. 세상은 우리가 자신들과 다르게 고난을 받아들이고, 이해하고, 극복하고, 그래서 고난의 영광스러운 열매를 맺어감을 놀라워한다.

그럴지라도 "온유와 두려움으로"(15b) 하라는 충고가 조심스럽게 이어진다. 13-14절처럼 살아도 15절일 수 있다. 고난은 당사자인 '너희'에게도, 그리고 그것을 안겨준 '이방인'들에게도 이렇듯 합력하여 선을 이루는 축복의 씨앗이 된다. 주님이 고난 속에서도 이처럼 살라 하신 이유가 여기에 있다.

세상은 우리가 성공하고, 잘 되고, 형통하는 것을 두려워하지 않는다. 오히려 고난받는 자리에서도 무너지지 않고 그리스도인다움을 거룩으로 유지하는 것을 보고, 동시에 무엇이 그처럼 살게 하는가를 묻는 세상에게 할 말을 하는 그리스도인과 교회를 두려워한다.

교회의 무기는 거룩이며 그리스도 안에 있는 영원한 소망이다. 이 은혜의 통로가 건강하게 유지되어 나에게는 그리스도를 닮아가는 거룩이, 세상에게는 영원한 소망을 대답으로 주는 그러한 삶이기를 기도한다.

4. 우리의 언행(言行)은 하나님을 보여주는 선물이다.

만일 누가 말하려면 하나님의 말씀을
하는 것 같이 하고 누가 봉사하려면
하나님이 공급하시는 힘으로 하는 것 같이 하라(벧전4.11a)

◎ 만물의 마지막이 가까웠으니(벧전4.7-11)

○ 봉사하라(10-11) : 만일 누가 언행(言行) 하려면

A 말이면 여러분의 말이 하나님의 말씀이 되게

B 남을 돕는 것이면 여러분의 도움이 하나님의 진심 어린 도움이 되게

※ 위 AB는 피터슨(E H. Peterson)의 [메시지 신약]

오늘 묵상 단락(벧전4.7-11)은 "이 세상 만물의 마지막이 다가오고 있습니다. 그러니 …"(E H. Peterson의 [메시지 신약](The Message: The New Testament))로 시작된다. 이 안에 든 네 가지 명령(①기도하라. ②사랑하라. ③대접하라. ④봉사하라)은 지극히 평범할 정도로 일상생활이다. 사도는 종말을 조장하거나, 부추기지 않는다. 현실 도피적인 패배주의에 빠져 있지도 않다. 또한 유별나거나, 비장하지도 않다. 그는 신앙의 '기본기'에 충실할 것을 권면한다. 오늘에 성실하는 것이 종말을 사는 성도의 지혜임을 일깨운다.

한편 사도 베드로가 A.D. 68년 이전(아마도 63-64년경이었지 않나 싶

다), 그러니까 자신이 살던 시대를 이미 종말이라 했다면 지금 우리가 살고 있는 이 시대는 이를 어떻게 적용할 수 있을까? 신학적으로 설명하면 종말은 이미(already) 예수 그리스도의 역사적 초림으로 시작되었고, 이 종말이 최종적으로 도래하는 때는 아직(not yet) 예언이지만 곧 성취될 주님의 역사적 재림(parusia)이다. 종말은 역사와 시간의 끝의 진정한 시작이 어디인가를 알리는 하나의 사인(sign)이다.

바로 이 종말에 기초해서 "만일 누가 말하려면 … 누가 봉사하려면"(11a)이라는 언행(言行)을 종말을 사는 베드로전서의 독자들은 구체적으로 어떻게 실행해야 하는가? 먼저 10절에서 사도는 봉사를 각각의 은사를 따라, 그리고 선한 청지기같이 행동해야 함을 놓치지 않는다. 이것이 봉사한다는 명목 때문에 발생하는 무수한 잡음을 잠재울 뿐만 아니라 일상처럼 자연스럽게 봉사의 열매를 거둘 수 있는 길이다. 봉사는 하나님께 무언가를 얻어내는 수단이 아니다.

오히려 봉사는 '받은 대로', 그리고 '맡은' 자로, -그래서 이미 "여러 가지 은혜를"이다.- 그러니까 자기 스스로의 힘이나 결심이나 열심에 의해서가 아니라 위로부터 임한 은혜를 보이는 섬김으로 나타내는 것이다. 왜냐하면 종말론적 봉사는 단순히 봉사하는 그 사람을 드러내거나, 그렇게 자신의 자아를 실현하는 차원을 뛰어넘기에 그렇다.

그런 의미에서 피터슨(E H. Peterson)의 [메시지 신약](The Message:

The New Testament)이 번역한 오늘 묵상 말씀은 참으로 신비스럽기까지 하다 : "여러분이 받은 것이 말이면 여러분의 말이 하나님의 말씀이 되게 하고, 여러분이 받은 것이 남을 돕는 것이면 여러분의 도움이 하나님의 진심 어린 도움이 되게 하십시오."

무슨 말인가? 우리의 종말론적 봉사가 봉사의 현장에서 하나님을 보여주는 것이어야 한다는 뜻이다. 이것이 세상의 봉사가 감히 넘볼 수 없는 우리의 봉사가 갖는 신비적이며 신적인 봉사신학(奉仕神學)의 영역이다. 하나님은 당신을 보여주라고 우리에게 언행(言行)을 선물하셨다.

5. 겸손은 은혜의 씨앗이다.

다 서로 겸손으로 허리를 동이라 하나님은 교만한 자를 대적하시되
겸손한 자들에게는 은혜를 주시느니라(벧전5.5b)

◎ 장로들 vs 젊은 자들(벧전5.1-7)

A 장로들(1-4) : 하나님의 양무리를 치라.

B 젊은이들(5a) : 장로들에게 순종하라.

A+B 공통(5b-7) : 다 서로 겸손하라.

베드로전서는 '흩어진 나그네'(1.1)인 성도들의 고난행진곡에 대한 담론(3.13-5.11)이라고 할 수 있다. 특별히 5장에서는 이런 삶(고난)의 소용돌이 속에서 순종의 도(道)를 실행해야 할 자들 가운데 장로들과 젊은이들이 함께 목회적 권면 안으로 들어온다. 그래서 '이와 같이'(5a, 3.1a)다. 한편 지금까지 사도는 성도가 국가(2.13-17), 직장(2.18-25), 가정(3.1-7)이라는 신앙의 장(field)에서 순종하며 살도록 권면했었다.

오늘 묵상 단락에서 장로와 젊은이 사이에 "다 서로 겸손"이라는 언급이 절묘하다. 이것은 단순히 나이만이 아니라 영적인 질서에서 중요한 원리다. "겸손으로 허리를 동이라."(5a)는 말씀(명령) 안에는 주님이 "저녁 먹는 중 … 수건을 가져다가 허리에 두르시고."(요13.3-4) 제자들의 발을 씻기시던 겸손이 연상된다. 이처럼 섬김의 모범을 보여주신 주님처럼 남녀노소(男女老少)가 더불어 서로 겸손으로 섬기며 사는 것, 이것이 고난 속에서도 영적 균형을 잃지 않고 살아가는 비결이다.

하나님은 교만한 자가 아닌 겸손한 자를 주목하신다. 교만은 겸손과 은혜와 높아짐과 하나님의 돌보심을 뿌리까지 흔드는 독초와 같아서 여기에 한번 걸려들면 모든 것을 잃어버리게 된다. 고난 가운데서도 교만할 수 있는 게 인생이다는 베드로의 통찰이 깊기만 하다. 반대로 겸손은 하나님의 은혜를 수납할 수 있는 통로다. 하나님은 겸손으로 준비되기 전에 높이시는 법이 없다.

하나님은 겸손을 통해 고난의 위기들을 넘어가는 자에게 가장 적절한 때에 개입하사 그를 높이신다(6). 하나님은 고난을 겸손으로 넘어가는 것이 얼마나 어려운 영적 싸움인가를 아신다. 그래서 그 염려를 당신에게 맡기시기를 원하신다. 왜냐하면 하나님께서는 교만의 다른 이름인 염려를 당신에게 맡기는 자를 보살피시기 때문이다(7).

신앙공동체는 다양한 연령의 사람들이 서로 공존한다. 이 가운데 장로들과 젊은이들이 함께 아름다운 신앙공동체를 이룰 수 있는 길은 전자는 양무리들의 본이 되고, 후자는 장로들에게 순종하는 것이다. 그리고 무엇보다 이들 둘 "다 서로 겸손으로 허리를 동이라"시는 사도의 목회적 권면을 진심으로 받아야 한다. 이것이 건강한 교회임을 드러내는 열매다.

하나님은 고난은 물론 고난 그 이후까지를 준비해 놓으시고 그것을 겸손으로 이기도록 격려하신다(5-7; 약4.6, 잠3.34 참조). 오늘은 고난이지만 내일은 영광을 보며 사는 사람은 그래서 행복하다. 고난과 사탄의 공격마저도 당당하게 따돌릴 수 있는 영적 실력, 거기까지가 고난의 용광로에서 성도를 성숙하게 하시려는 하나님의 열심이다. 그래서 고난은 축복의 또 다른 이름이라 읽어내고 이해하고 받아들이는 것 아니겠는가.

6. 사탄은 믿음으로 대적해야 할 적(敵)이다.

근신하라 깨어라 너희 대적 마귀가 우는 사자 같이
두루 다니며 삼킬 자를 찾나니(벧전5.8)

오늘 묵상(A)은 예수님께서 십자가를 지시기 직전에 사랑하는 베드로에게 하신 말씀을 생각나게 한다 : "시몬아, 시몬아, 보라 사탄이 너희를 밀 까부르듯 하려고 요구하였으나 그러나 내가 너를 위하여 네 믿음이 떨어지지 않기를 기도하였노니 너는 돌이킨 후에 네 형제를 굳게 하라."(눅22.31-32; B) 이는 예수님의 십자가 죽음 앞에서까지 세속적 욕망인 '누가 크냐'(눅22.24)는 다툼에 휩싸인 제자들에게 하신 말씀이다는 점을 주목할 필요가 있다.

두 말씀(A, B)을 이렇게 연결할 수 있는 근거는 오늘 묵상(A)에 이어지는 9절 역시 복음서(B)와 절묘하게 오버랩(OL)되기 때문이다 : "너희는 믿음을 굳건하게 하여 그를 대적하라 이는 세상에 있는 너희 형제들도 동일한 고난을 당하는 줄을 앎이라." 이렇듯 두 성경은 동일하게 사탄이 몰고 오는 고난을 대적하고 이를 이기는 것이 믿음임을 분명히 한다. 결국 베드로는 옛 실패 경험에서 승리의 코드를 찾았고(B 단락), 그래서 예수님이 말씀해 주신 것처럼 믿음으로 사탄의 전략을 극복할 수 있음을 강하게 도전할 수 있게 된 것 같다.

때문에 베드로는 '흩어진 나그네'(벧전1.1)로 고난 중에 있는 1세기 그리스도인들에게 이 나그네 인생이라는 고난행전이 고도의 영적 전쟁임을 분명히 한다. 사탄은 자기의 마지막이 임박했음을 알기에 "우는 사자같이 두루 다니며 삼킬 자를"(8) 찾고 있다. 이처럼 사탄은 실존하는 존재로서 지금도 성도들을 밀까부르듯 훼방하고 있음을 잊지 말아야 한다.

놀라운 것은 또한, 마귀는 하나님의 말씀을 들은 자이지만 길가와 같은 마음 밭인 사람들이 "믿어 구원을 얻지 못하게 하려고 말씀을 그 마음에서 빼앗는"(눅8.12b) 공격적인 전략을 들고 나온다는 점이다. 그러므로 정신을 바짝 차리고 깨어서 믿음으로 저를 대적해야 한다(9a). 그렇기 때문에 야고보 기자도 동일한 교훈으로 권면한다 : "마귀를 대적하라 그리하면 너희를 피하리라!"(약4.7b)

한편 누구보다 마귀를 대적하여 영적 전쟁을 치른 분은 우리 주님이시다. 마귀에게 시험을 받으신 마태복음 4장 1-11절이야말로 사탄을 대적하는 교훈적 삶의 원형이다. 주님은 말씀으로 -"기록되었으되"(4,6,7,10)- 사탄을 물리치셨다. 주님이 보여주신 방법대로 사탄을 말씀으로 대적할 때 우리에게서도 "이에 마귀는 예수를 떠나고"(11a)로 시험이 종결된다.

하지만 성경의 예언처럼 여자의 후손인 예수님께서 이미 뱀(옛 뱀, 마귀, 사탄; 계12.9)의 머리를 상하게 하셨으나(창3.15) 여전히 사탄은 삼킬 자('밥')를 찾아 돌아다닌다. 로마의 원형경기장 안에서, '흩어진 나그네' 여정 길에서, 그리고 지금도 여전히 우리 시대의 삶의 현장에서 사탄은 삼킬 자를 찾아 공격 기회를 호시탐탐 노리고 있다. 그렇다 할지라도 사탄은 이미 예수님에 의해 동물원의 창살 안에 가두어진 사자(獅子, lion)처럼 근본적인 힘은 잃었다.

그러므로 사탄은 토론, 협상, 설득, 대화의 대상이 아니라 대적하고 싸워야 할 표적이다. 이 역시 예수님은 부동의 모범을 친히 말씀으로 행해 주셨다 : 예수 그리스도의 이름으로 명하노니 "사탄아 물러가라!"(마4.10a)

이 믿음이 사탄을 무력하게 함을 묵상에 담아 신앙고백으로 올려드린다. 믿음이 사탄을 이기는 능력임을 다시 생각하고 묵상할 수 있어 감사하다. 오늘도 사탄은 믿음으로 대적하여 물리쳐야 할 적(敵)임을 잊지 말자.

베 드 로 후 서

1. 믿음에서 사랑까지

그러므로 너희가 더욱 힘써 너희 믿음에 덕을,
덕에 지식을, 지식에 절제를, 절제에 인내를,
인내에 경건을, 경건에 형제 우애를,
형제 우애에 사랑을 더하라(벧후1.5-7)

◎ [영적 성장과 성숙의 경사도]

사랑(love)

형제 우애(brotherly kindness)

경건(godliness)

인내(perseverance)

절제(self-control)

지식(knowledge)

덕(goodness)

믿음(faith)

오늘 묵상 단락이 '그러므로'로 시작되는 것을 주목할 필요가 있다. 먼저 이는 앞 절, "이로서 … 정욕 때문에 세상에서 썩어질 것을 피하여 신성한 성품에 참여하는 자가 되게 하려 하셨"(4; A)음으로 "너희가 더욱 힘써 … 더하라."(5-7; X)로 연결되기 때문이다. 또한 "'이런 것'(X)이 너희에게 있어 흡족한즉 그리스도를 알기에 게으르지 않고 열매 없는 자가 되지 않게 하려"(8; B)는 말씀과 연동되어 있다.

그러니까 베드로 사도는 독자들을 향한 거룩한 목표(A)를 제시한 후에 이를 이루기 위해 영적 성장과 성숙의 긴 과정(progressive; X)을 상세한 로드맵(roadmap)으로 제시한다. 동시에 이를 풍성하게 이뤄갈 때 그리스도를 아는 지식은 물론 거룩한 열매를 맺게 될 것을 내다본다(B). 물론 좀 더 진행해 보면, 이어지는 '그러므로'(10-11) 역시 오늘 묵상(X)과 동선에 있는 것 역시 사실이다.

사실 영적 성장과 성숙은 근본적으로는 그 하나님의 은혜와 성령께서 일하시는 영역이지만 그럼에도 사도는 거룩한 목표(A)에 이르기를 더욱 힘써야 할 믿음의 여정(X)을 주목한다. 하지만 이 여정이 공허한 반복(순환)이 되지 않도록 하기 위해 그리스도에게 이르는 열매(B)까지를 바라보고 있는 것이다.

그렇다면 믿음에서 시작하여 사랑에 이르는 긴 과정(X), 즉 그리스도에게까지 자라가는 영적 성장과 성숙은 단순히 도덕적이고 윤리적인 차원이 아니다. 믿음이 외골수(외통수)가 아닌 상호 관계적 가치로 드러나기 위해 덕이 더해져야 하지만, 이 덕이 지식과 합력하지 않으면 그야말로 광신적(狂信的)이 될 가능성이 많다.

하지만 지식일변도는 위험하다. 그래서 절제가 요구된다. 마치 김치를 담그기 위해 소금으로 절이는 시간이 필요하듯 적절한 인내가 뒤따라야 한다. 이 긴 과정을 휘청거리다 못해 무너지지 않으려면 경건의 연습(훈련)을 중단해서는 안 된다. 그래야만 믿음이 좁은 의미의 사랑인 형제 우애(성도끼리의 사랑)를 넘어 복음의 완성인 사랑(하나님 사랑, 이웃사랑 곧 만민에 대한 사랑)에 도달할 수 있다. 이것이 '그러므로'에 심겨진 복음(福音)이다.

2. 사람 vs 하나님

예언은 언제든지 사람의 뜻으로 낸 것이 아니요
오직 성령의 감동하심을 받은 사람들이
하나님께 받아 말한 것임이라(벧후1.21)

A 사람의 뜻으로 낸 것
B 하나님께 받아 말한 것

오늘 말씀은 "예언은 A가 아니고 B이다."는 내용으로 관찰해 볼 수 있다. 이를 다시 B에 중심을 두고 정리해 보면, 먼저 A는 예언을 하나님께 받지 않고도 된다고 하는 사람이다. 둘째, 그럼에도 A는 그것을 예언이라고 말하는 사람이다. 셋째, 그렇다면 A는 하나님의 성령의 감동하심을 받은 사람이 아니다. 넷째, A는 성령님과 전혀 무관하면서도 예언을 한다고 교회 안에서 자기 목소리를 높인다. 이쯤 되면 무엇을 위한, 누구를 위한 예언인가가 선명하게 드러나는 셈이다.

문제는 더 있다. 이단이 결코 자신이 이단이라 말하지 않듯이 A-style이 예언이다는 사람은 자신은 "사람의 뜻으로 낸 것"으로서의 예언이 아니다라고 확신한다. 그렇기 때문에 자신의 예언은 하나님께 받아 말하는 것이며, 자신은 성령의 감동하심을 받은 사람이라고 말하고, 이를 위해 자기 경험에 기초한 종교적인 현상들을 증거로 제시한다.

보통 그리스도인들은 자기보다 종교성이 높아 보이거나, 자신에게 없는 종교적인 경험들이 있는 사람들에게 기가 좀 죽는 편이다. 그리고 거기에 덧붙여서 성경도 많이 알고, 말투나 표정이 좀 거룩해 보이고, 또한 이름만 들어도 알만한 교회의 직분자라면, 혹은 그가 목회자일 경우에 정통교단의 신학교를 졸업한 자라고 하면 그야말로 한 수 접고 들어가 너무도 쉽게 머리를 숙여 안수를 받고, 가정제단이라는 곳에 출입하면서 소위 은사자들이라는 무리를 마치 하나님 대하듯 하는 경우가 이젠 비밀이 아닐 정도가 되었다.

이것은 다 기독교와 예수님을 팔아먹는 도적들이다. 지금 베드로 사도가 자신의 서신에서 말하고자 하는 '예언'은 공적 예배와 관련되어 있는 주제이고, 오늘로 이야기하면 포괄적으로 '설교'에 해당하는 것으로 보면 크게 어긋나지 않는다.

A-Style 예언을 가리켜 사도는 "사람의 뜻으로 낸 것"이라 단언(선언)한다. 하나님과 성령과, 하나님으로부터와 성령님으로부터 전혀 상관이 없다는 얘기다. 결국 자기 배를 채우고, 이기적인 욕망과 욕정을 위해 하나님의 이름까지를 도용해서 장사를 하는 경우를 가리킨다.

나는 이 말씀과 무관한가? 나는 베드로 사도의 코멘트에 자유한가? 정리하면 아무나, 어느 경우에나, 어떤 상황에서나 오늘 사도의 말씀을 도용(차용)해서 "지금 내가 하는 이 말은 예언적 계시에 해당된다."고 말할 수 있는 그런 직통계시는 없다. 만일 그렇지 않고 계시와 예언을 앞서 오해한 자들처럼 이해하면 성경이 지금도 쓰여질 수 있다는 얘기가 된다. 왜냐하면 지금도 하나님은 예언자에게 생생한 하나님의 계시적 예언을 하고 있다고 말하니까. 이게 이단들이요, 저주를 받을 다른 복음이 아닌가(갈1.6-10 참조).

하나님은 성경으로 성경을 해석하도록 우리에게 성경을 주셨고, 그래서 성령으로 말하고, 성경을 통해서 말하게 하시는 은혜 안에 있음을 다시 기억하게 된다. 이 영적 스텐스를 잃어버리지 않으려면 살아계신 하나님의 말씀인 성경 66권을 읽고, 듣고, 그 가운데 기록된 대로 행하는 삶이 이어져야 한다. 이것이 오늘도 "이 예언의 말씀"(계1.3a)을 묵상하는 이유다. 성경 66권 밖에 있어 전혀 성경과 무관한 A는 그래서 B가 아니다. 성경 66권만이 B다.

요 한 일 서

1. 죄사함의 확신

만일 우리가 우리 죄를 자백하면 그는 미쁘시고 의로우사
우리 죄를 사하시며 우리를 모든 불의에서
깨끗하게 하실 것이요(요일1.9)

오늘 묵상을 둘러싼 5-10절은 한 통이다. 이 맥락에서 정리해 보자. 만일 내가 어두움 가운데 행하고 있으면서 하나님과 사귀고 있다고 말한다면 그것은 "거짓말을 하고 진리를 행치 아니함"(6)을 드러냄이다. 왜냐하면 "하나님은 빛이시라 그에게는 어둠이 조금도 없으"(5)시기 때문이다. 그러므로 빛 가운데로 나아가지 않으면 죄 가운데 있는 것이며(7-8), 그렇다면 그의 말씀이 내 속에 있지 않은 것이다(10).

그래서 9절이다. 어둠에 속한 것이 죄인 것을 알고, 그래서 그 죄를 자백하는 회개(9)가 있지 않고는 어둠(죄)에서 빛(하나님)으로 나아올 수 없다. 따라서 나에게 9절이 없으면 그리스도의 말씀이 내 속에 없는 것이고(10), 그렇다면 나는 하나님과 사귐도 없으면서 빛에 거하는 척하는, 결국 어둠의 자식이요 거짓말장이일 뿐이다(6-8). 이것이 "우리를 모든 죄에서 깨끗하게 하

실”(7b) 예수의 피의 공로가 필요한 이유다.

빛과 어두움은 함께 공존할 수 없다. 빛은 어두움을 몰아내며(5b), 그럼에도 내 안에 혹시 어두움이 남아 있을 수도 있다는 충고가 좀 더 분명하게 빛의 세계로 나아오도록 나를 격려한다(6). 아직 남아 있는 죄(罪, 7b-9)가 나를 어두움으로 자꾸만 몰아넣으려고 할 수 있다는 통찰이 내게도 늘 있어야 할 것 같다. 한편 죄를 내가 씻을 수 없다는 것은 내가 스스로의 힘과 노력과 결심으로 빛 되신 주님 앞에 나아갈 수 없다는 것을 의미한다. 죄라는 어두움이 나를 빛이신 주님과 자꾸 분리시키려는 주범(主犯)임을 깨닫게 된다(10).

그래서 회개함이라는 사죄의 은총이 필요하다(9). 이 죄사함의 확신이 우리를 더 크고 놀라운 빛의 세계로 이끌 것이다. 그러면 그만큼 어둠으로부터 분리되는 것이고, 죄가 우리를 주관치 못하는 하나님 안에서의 영적 자유함을 누리며 살게 될 것이다. 죄(罪)와 불의(不義)는 이처럼 빛(하나님)과 진리(그리스도)와의 분리를 고착시킨다. 그리되면 어느 순간 어둠에 익숙해지고 자신이 어둠에 속한 자인지조차 알지 못하는 나락으로 추락하고 만다.

개인적으로 이 말씀을 1980년 여름방학 때 알게 되었다. 네비게이토선교회에서 출판한 [그리스도인의 확신]편 성경공부 교재(① 구원, ② 기도 응답, ③ 승리, ④ 사죄, ⑤ 인도)를 함께 공부하면서 비로소 인격적(개인적)으로 주님을 만났다. 내가 지은 죄를 내가 해결할 수 없다는, 그 죄를 예수님께서 십자가에서 해결해 주셨다는, 이 사죄의 확신 가운데 거하시는 것이 그리스도 안에서의 새 생활의 열쇠임을 비로소 알게 된 것이다.

죄 가운데 태어난 내가 내 스스로의 힘으로 이 죄의 문제를 해결할 수 없음에 대한 절망이 한동안 나를 지배했었다. 하지만 더 놀라운 치유와 회복은 예수님께서 나의 죄를 해결하시기 위해, 즉 나 때문에 십자가에서 죽으셨다는 복음이었다. 그런 의미에서 회개함은 또 하나의 공로(행위)일 수 없다. 회개한 내 행위가 나의 죄를 없이하는 것이 아니라는 뜻이다. 부르심 안에서 거듭난 자만이 회개에 이를 수 있고, 비로소 그 회개가 참 회개인 이유가 여기에 있다.

2. 자녀 됨에서 영화까지, 깨끗함으로!

주를 향하여 이 소망을 가진 자마다
그의 깨끗하심과 같이 자기를 깨끗하게 하느니라(요일3.3)

◎ 소망(2) : 지금에서 장래까지를 안다.

① 그가 나타내심이 되리라.

② 그의 계신 그대로 볼 것이다.

③ 우리가 그분과 같이 되리라.

오늘 묵상은 "'주를 향한 소망을 가진 자'는 자기를 깨끗하게 한다."는 말씀이다(3). 그런데 '이 소망'은 전후 문맥을 보아야 그 의미를 알 수 있다. 이 소망은 시간적으로는 '지금'(현재)에서부터 "어떻게 될지는 아직 나타나지 아니"한 '장래'(미래)까지를 품고 있다.

이 소망의 실제(실체)는 [the MESSAGE](E H. Peterson) 본문에서 좀 더 분명하게 드러난다 : "그러나 친구 여러분, 우리는 분명 하나님의 자녀입니다. 그것은 단지 시작일 뿐입니다. 우리의 끝이 어떻게 될지는 아무도 모릅니다. 다만 우리가 아는 것은, 그리스도께서 밝히 나타나실 때 우리가 그분을 뵐 것이며, 그분을 뵐 때 우리도 그분과 같이 되리라는 것입니다. 그분의 오심을 손꼽아 기다리는 우리는, 순결하게 빛나는 예수의 삶을 모범으로 삼아 우리의 삶을 준비합니다."(요일3.3)

결국 소망(2, 행1.11b 참조)은 크게 셋이다. 첫째, 예수님은 하늘로 가심을 본 그대로 나타나실(오실) 것이라는 소망이다. 둘째, 우리도 역시 예수님이 하늘로 가심을 본 그대로 볼 것이라는 소망이다. 셋째, 요한도 아직 장래 우리의 끝이 어떻게 될지 모르기 때문이라고 겸손하게 자신을 낮추면서도 우리가 그분과 같이 되리라는 구원의 완성으로서의 영화까지를 확신하는 소망이다.

자, "이 소망을 가진 자마다"이다. 그런데 자기 혼자 상상(망상, 몽상)으로 만들어낸 소망이 아니라 "주를 향하여 이 소망을 가진 자"다. 그렇다면 주님의 다시 오심을 손꼽아 기다리는 소망을 가진 자는 무엇으로 사는가? 이 사람은 예수님을 모범으로 삼아 신랑 되신 예수님의 깨끗하심처럼 자신을 깨끗한 신부로 준비하는 삶을 산다. 즉, 거룩이 답이다.

"자기를 깨끗하게"(3) 하는 것이 거룩이다. 재림을 기다리며 사는 사람, 지금을 살지만 장래를 함께 품고 사는 사람, 장래에 이루어질 영광을 믿고 지금을 부끄럽게 살지 않는 사람, 다시 만날 주님처럼 깨끗하게 사는 사람, 바로 그 사람이 구원받은 사람 곧 거룩한 사람이다.

요한이 이 서신에서 경계하고 책망하는 적그리스도인 영지주의가 이 일을 방해하지 못할 것이다. 하나님의 성령께서 우리와 함께 하시는 한 우리는 지금 하나님의 자녀로 사는 은혜를 누릴 뿐만 아니라 영광과 거룩에 이른 장래를 맞을 것이다. 이게 성도의 특권이다. 주님 오시는 그 날까지 중단 없는 거룩한 성도로의 회복을 성령 안에서 소망 가운데 바라본다.

이미(already) 시작되었으나 아직(not yet)은 소망인 영화에 이르는 길은 현재진행이자 미래의 영역이다. 이 둘과 그 사이를 하나님은 당신의 사랑으로 채우시고(요일3.1), 이를 우리에게는 "자기를 깨끗하게 함"(거룩)으로 응답하기를 요구하신다. 오

주여, 그런데 나를 깨끗하게 할 능력과 힘이 내 안에는 본질상 없나이다! 하지만 신랑 되신 예수님을 맞을 신부로 준비할 수 있는 아직 남아 있는 인생후반전을 살아가고 있음이 희망이다. 오늘도 이 소망 한 모금 입에 물고 하늘 향해 마음을 든다.

3. 사랑을 말로 하지 말고 사랑을 하라!

자녀들아 우리가 말과 혀로만 사랑하지 말고
행함과 진실함으로 하자(요일3.18)

요한은 사랑의 방법론을 말하지 않는다. 사랑을 장황하게 설명하려고 하지도 않는다. 사랑은 이론이거나 구호가 아니다. 그래서 그는 사랑하지도, 사랑을 알지도 못했던 성경에 등장하는 불행했던 한 사람을 등장시켜 사랑을 보여주기 시작한다. 그의 이름은 가인이다(요일3.14-15). 그러면서 동시에 예수님의 사랑을 이야기함으로써 사랑하며 산다는 것이 무엇인가를 실증한다(요일3.16-18). 이렇게 사랑은 숨을 쉬고 움직이기 시작한다.

사랑은 행하는, 그러니까 '하는' 것이다(요일3.10,11,14,17-18). 오늘 묵상을 피터슨(E H. Peterson)의 [메시지 신약](The Message: The New Testament)으로 읽어보면 좀 더 생생하게 사랑이 느껴진다 : "사랑하는 자녀 여러분, 사랑에 대해 말만 하지 말고 참된 사랑을 실천하십시오." 요한은 말과 혀만의 사랑을 인정하지 않는다. 이것은 가짜 사랑이다. 만일 그렇지 않다면 예수님에게서 말과 혀만의 사랑을 발견할 수 있어야 한다.

그래서 요한은 이를 뛰어넘는, 이것과 비교할 수 없는 사랑을 알 때 사랑을 하는 진정한 단계로 나아가게 된다고 말한다. 이 부분이 참으로 절묘하다. 그러니까 요한은 탁월하게도 사랑을 '아는' 것이라는 또 하나의 측면을 드러낸다. 정말로 가슴 뛰게 하는 통찰이다 : "그가 우리를 위하여 목숨을 버리셨으니 우리가 이로써 사랑을 알고."(요일3.16a)

요한일서를 묵상하면서 매우 주목하게 되는 것은 "안다"는 단어가 사랑을 위해 쓰이고 있다는 점이다. 주님이 나를 위해 십자가에서 목숨을 버리셨기 때문에 내가 사랑을 알게 되었고, 동시에 그 십자가 사건을 통해 구원을 받았기 때문에 진정한 사랑이 무엇인가를 알게 되었다. 그렇기에 사랑은 마침내 구체적인 행위로 나타나야 한다(요일3.16b-18). 결국 그렇다면 이 예수님의 십자가 사랑과 연결된 사람만이 진짜 하나님의 사랑을 안다는 것 아닌가.

그러므로 예수님과 상관없는 사람은 아직 사랑이 무엇인지 모르는 사람이다. 그런 사람이 어찌 사랑을 할 수 있으며, 사랑이 무엇인지 알 수 있으랴. 주님을 모르면 내가 사랑이라고 생각하고 행하는 것도 한낱 쓰레기일 수 있구나 생각하니 아찔하다. 사랑은 하나님께 속한 것이기에(요일4.7a) 내가 악한 자에게 속하지 않고 성령에 속하여 살아가는 것, 그러니까 가인과는 다르게 살도록 부르심을 받은 대로 살아가는 것이 중요하다 싶다.

사랑에는 '안다'와 '행한다'가 동전의 양면처럼 공존하고, 또한 동시상영되고 있다는 말씀이 잘 박힌 못과 같이 내 묵상 창고에 걸리는 순간이다. 이 둘이 합력하여 하나님의 사랑이라는 선(善)을 이루게 되기를 소망하며, 내 안에 잠자는 사랑을 깨운다.

참된 사랑의 원형은 예수님의 사랑이다. 죄인(인류)을 위해 자기 생명을 십자가의 죽음으로 내어준 사랑이다. 거기엔 아무 조건이 없었다. 사랑받을 만한 자격이 있어서가 아니다. 여전히 아무런 소망 없는 상태, 즉 "우리가 아직 죄인 되었을 때"(롬5.8a)다. 그런 세상(인간)을 위해 사랑을 행하셨고, 십자가에서 이를 우리에게 알리셨다.

이로써 참사랑을 알게 되었다. 동시에 주님처럼 사랑을 행하게 되는 자리에 서게 된 것이다. 종종 드리는 기도가 있다 : "주님, 나를 위해 생명을 주셨습니다. 이제 나도 제 생명을 주님과 복음과 교회를 위해 기꺼이 드리겠습니다. 주님, 나를 사랑해 주셨으니 나도 주님을 사랑하며 살겠습니다." 이 고백과 상관없이 늘 넘어지고 자빠지지만, 그래서 항상 실패함으로 주님을 실망시키지만 주님 사랑만이 나의 유일한 피난처임을 어찌하랴!

4. GOD IS LOVE

사랑하지 아니하는 자는 하나님을 알지 못하나니
이는 하나님은 사랑이심이라(요일4.8)

◎ 삼위일체의 사랑 vs 우리 서로사랑(요일4.7-16)

- 성부(聖父, 7-8) – 하나님은 사랑이심이라.(8b)
- 성자(聖子, 9-12) – 그로 말미암아 우리를 살리려 하심이라.(9b)
- 성령(聖靈, 13-16) – 그의 성령을 우리에게 주시므로(13a)

⇨ 우리가 서로 사랑하자(7,11,12)

주님은 나에게 사랑하기를 명하신다. ‘사랑하는 자’와 ‘사랑하지 아니하는 자’의 강렬한 대비를 통해 다시 주님에게서 사랑을 배운다 : “새 계명을 너희에게 주노니 서로 사랑하라 내가 너희를 사랑한 것같이 너희도 서로 사랑하라. 너희가 서로 사랑하면 이로써 모든사람이 너희가 내 제자인 줄 알리라.”(요13.34-35) 왜 사랑하는 자로 살아야 하는가? 내가 사랑으로 살아야 할 이유가 무엇인가?

무엇보다 사랑은 하나님께 속한 것이기 때문이다. "사랑하는 자마다 하나님께로부터 나서."(7b) 그렇다. 사랑하는 자마다 하나님의 자녀가 아닌가. 자녀들끼리 사랑하는 것, 이것이 하나님을 아버지로 모신 백성들의 삶이다. 이를 통해 우리들끼리의 사랑마저도 하나님께 속한 것임을 하나님의 자녀로 자라면서 깨닫는다.

즉, 서로 사랑하면서 하나님을 알게 된다는 말씀, 진실로 공감이 간다. 서로 안에 역사하시는 하나님을 나눌 때 사랑이 몇 배로 커짐을 경험한다. 사랑을 통해 하나님을 알게 하심이 얼마나 귀한지, 때문에 반대로 서로 사랑하지 아니하는 자는 하나님을 알지 못한다고 말씀하심 역시 마음으로 느껴진다(8).

내가 하나님께 속한 '친 백성'임을 사랑함으로 안다는 것이 놀랍다. 말과 혀로만이 아닌 행함과 진실함으로 사랑하라(3.18) 명하시는 말씀을 다시금 새롭게 기억하게 되는 것 역시 그렇다. 내가 하나님께 속해 있다는 이 기쁨과 감격이 사랑으로 열매 맺기를, 그것이 나의 보람이요 내가 맛보아야 할 축복임을 잊지 말자. 동시에, 모두가 사랑으로 대면하여 다 같이 하나님을 아는 자리에 서는 공동체를 꿈꾼다.

사랑은 말로 하는 것이 아닌데 …. 사랑이신 주님의 목회에도 유다는 있었고, 온유의 대명사 모세에게도 무수한 '쓴뿌리' 인생들이 도처에 복병처럼 들끓었고, 성령충만한 스데반은 자기의 설교 회중들로부터 돌에 맞아 죽었고, 세례요한의 목회도 한 편의 설교 때문에 순교로 끝났고, 어디 그뿐인가, 능력의 종 바울은 오늘은 이곳 내일은 저곳에서 복음으로 살았어도 "당신은 사도(목사)가 아니다. 글(편지)은 좋은데 말(설교)에는 졸하다."는 끊임없는 비아냥거림을 자기가 설립한 교회들로부터 받았음을 기억하면서 사랑으로 산다는 게 무엇인지, 울컥거리는 심령을 못내 눈물로 붙잡는다.

사랑은 흉내 낸다고 되는 것도 아니고, 하다가 수틀리면 잠깐 쉬게 할 수 있는 것도 아니고, 잠깐 연습하고 할 수 있는 것도 아니고, 오히려 사랑을 이용하는 무리들 앞에서도 묵묵히 사랑으로 오래 참아야 하는 것, 이것은 '사랑 이후'를 주님께 맡기고 주님을 온전히 신뢰하는 신앙이 아니면 도저히 불가능한 실전이다.

사랑은 '이렇게 해야지!' 처럼 무슨 구호로 되는 게 아님을, 나 자신 '속사람'이 문제라는 생각이 자꾸 내 마음을 두드린다.

5. 사랑과 성령

어느 때나 하나님을 본 사람이 없으되
만일 우리가 서로 사랑하면 하나님이 우리 안에 거하시고
그의 사랑이 우리 안에 온전히 이루어지느니라(요일4.12)

사랑은 사도 요한이 요한일서에서 가장 강조하는 중심 사상이자 핵심 단어다(요일2.7-11, 3.10-18, 4.7-21). 그 가운데 오늘 묵상이 들어있는 4장에서는 특별히 '서로 사랑'(7,11,12)이라는 주제를 하나님은 사랑이시다는 관계에서(7-8), 그리스도의 희생에서(9-11), 성령님의 역사하심이라는 관점에서(12-16) 각각 이를 강조하고 있다.

그중에 오늘 묵상은 사랑이 성령과 만나고 있다. 요한은 우리가 서로 사랑하면 하나님이 우리 안에 거하시는데(12), 이를 우리 안에 거하시는 성령을 통해 알게 된다고 말한다(13). 성령은 우리가 서로 사랑하면 하나님이 우리 안에 거하신다는 사실을 알게 한다. 이렇듯 성령님의 지배권 안에 있기 때문에 그의 사랑이 우리 안에 온전히 이루어진다.

성령을 모신 자는 사랑하며 살게 되어 있다. 성령의 사람은 사랑의 사람이다. 하나님을 보지는 못했지만 사랑하며 살 때 성령님이 내 안에, 내가 성령님 안에 상호 내주하심이라는 은총

안에 산다(12-13). 가끔 성령님이 내 안에서 말씀하시는 음성을 듣는다. 말씀을 들을 때, 기도의 깊은 은혜 안에 있을 때, 찬양할 때, 말씀을 전할 때, 그리고 하나님 앞에서 조용한 시간을 가질 때, 성찬 앞에 나아갈 때 성령님께서 나를 인도하시며 내적(內的)으로 임재하신다는 믿음의 확신을 종종 경험한다.

그럼에도 사랑을 설명하자니 사랑하며 사는 것만큼 이것 또한 어렵다. 사랑하며 살기도 짧은 인생이다. 그런데 사랑이 아닌 것들이 사랑의 영토를 늘 침투해 들어오고 있으니 이를 어찌할까. 하나님이 나를 사랑해 주셨다는 것은 알겠는데, 그래서 나도 하나님을 사랑하고, 서로 사랑하며 살아야 하는 것도 안다. 하지만 사랑이라는 게 '사랑하자!' 고 해서 되는 것이라면 무슨 문제가 있을까.

이 땅에서는, 즉 우리가 육신을 입고 살아가는 동안에는 어느 누구도 하나님을 눈으로 볼 수는 없다. 하지만 우리가 서로 사랑한다면 하나님이 우리 안에 머물러 거하시는 것을 통해 우리는 늘 하나님을 보며 살 수 있다. 일방통행이 아닌 '서로 사랑' 을 통해 하나님을 늘 대면하게 된다(12a). 이것이 하나님의 사랑이다.

뿐만 아니라 이렇게 시작된 그분의 사랑은 우리 안에서 완성되어 온전한 사랑이 된다(12b). 이를 어떻게 알게 되는가? 우리 안에 거하시는 하나님의 성령이 이를 알게 한다(13). 성령은 우리 안에 이루어져 가는 서로 사랑의 진정성은 물론이고, 하나님과 우리 안에 이루어지는 사랑의 실체를 바르게 깨닫고 알게 한다. 사랑의 하나님은 그리스도 예수 안에서 이루어주신 사랑을 성령님을 통해서 알게 하신다.

성령님은 우리의 상처 난 사랑을 치료하시고, 고장 난 사랑의 관계를 회복하신다. 따라서 성령님이 내 안에 계시는데 사랑하지 않는다는 것을 상상할 수 있을까. 사랑하지 아니하면 하나님을 알지 못하는데, 그러면 내 안에 어찌 성령님이 계신다고 말할 수 있겠는가.

이런 나를 아시는 분, 그 사랑이 내게로 왔다. 참사랑이 무엇인지 알지 못하는, 그래서 미움과 다툼으로 가득 찬 내 안에 이 사랑이 찾아왔고 비로소 그 사랑을 알게 되었다. 사랑은 나를 새롭게 바꾸어 갔으며, 나만 알던 나를 너도 알도록 했다. 비로소 서로 사랑 앞에 서게 된 것이다. 이 사랑 역시 아직은 공사 중이다. 동시에 성령 안에서 현재 진행형이다.

6. 예수 안에 생명 있네!

아들이 있는 자에게는 생명이 있고
하나님의 아들이 없는 자에게는 생명이 없느니라(요일5.12)

영생은 하나님이 주시는 선물이다(요일5.11a). 영생은 내가 하나님께 무엇인가를 더함으로써 주어지는 것이 아니다. 영생을 위해 인간이 한(하고 있는, 할 수 있는, 해야 하는) 공로는 아무것도 없다. 영원한 생명, 즉 영생은 하나님이 우리에게 주셨다.

그런데 그 생명이 오직 아들 예수 그리스도 안에 있다는 점이다. 그렇기 때문에 오늘 묵상 말씀처럼 아들을 구주와 주님으로 영접하여 모신 사람은 생명을 가진 것이고, 반대로 유일한 구원자요 생명이신 하나님의 아들 예수 그리스도를 영접하지 않고 부인하는 사람은 생명이 없다.

오직 영생을 위해 우리가 의지해야 할 것은 생명이신 그리스도다. 여기에 다른 그 어떤 것도 더 필요하지 않다. 따라서 여기에 무엇인가를 조금이라도 첨가하려는 사람이나 공동체는 하나님을 거짓말하는 자로 만드는 배도(背道)요, 이단(異端)이요, 우리 주 예수 그리스도께서 십자가를 통해 완성하신 완전한 구원(행4.12)이라는 역사적 구원사역을 거부하는 사탄의 하수인들이다. 다른 복음은 없다.

사도인 요한이 요한서신을 쓴 1세기 교회는 이미 예수님(기독론)에 대한 다양한 이설(異說)들이 난무한 때였다. 때문에 요한은 예수님, 하나님의 아들, 생명, 구원에 대한 복음(지식)을 집중적으로 다룬다. 그 배경에는 예수님의 양성(신성과 인성) 중 인성(人性)을 부인하고 육체의 범죄를 죄라 여기지 않는 '미혹하는 자들'(요일2.26)인 <영지주의> 이단에 대해 분명한 교회의 입장이 전달되어야 했기 때문이다. 여기에는 더 이상 교회와 복음과 성도들을 혼돈스럽게 하지 못하도록 하려는 목자의 심정이 들어있다.

예수 그리스도를 구주로 모신 내 안에 영원한 생명이 있다! 아, 이 얼마나 놀라운 사건이요 사실인가. 기적 중의 기적이 아닌가. 죄인인 내가, 허물과 죄로 죽었던 본질상 진노의 자녀이었던 나였잖은가(엡2.1,3) 그런데 내가 "긍휼에 풍성하신 하나님이 우리를 사랑하신 그 큰사랑을 인하여, 허물로 죽은 우리를 그리스도와 함께 살리셨고 너희는 은혜로 구원을 받은 것이라."(엡2.4-5)는 복음 안에 거하는 생명 있는 자가 되었다.

모태신앙으로 성장하면서 내가 인격적으로 주님을 만난 것은 高1 여름방학이었다. 그때의 감격은 지금도 생생하다. 그때 난 내 죄가 가슴 아파 울었고, 주님이 내 곁에와 내 안에 생생하게 함께 하셔서 울었고, "하나님이 나를 목사로 부르시는구나!"라는 소명 때문에 울었고, 그럼에도 아직 내 안에 거룩이 아닌 죄악이라는 이전 것들이 불쑥불쑥 나를 넘어뜨리는 이중성 때문에 울었다.

돌아보니 하나님이 내 안에 심은 영원한 생명이 그리스도의 장성한 분량에 이르도록 자라가는 오늘이 있도록 했다고 생각한다. 생명은 자란다. 따라서 아들이 없는 자는 생명이 없기 때문에 그의 형상을 닮거나 그분처럼 자랄 수 없다. 그의 아들 안에 있는 생명과 연결되어 있지 않은데 어찌 그에게까지 자라는 일이 가능하겠는가.

그분의 생명이 내 안에 있기에 그를 닮아가는 자로 성장하고 성숙해 가는 것, 이것이 내가 영원한 생명을 받은 자임을 자연스럽게 드러내고 증거하고 있다. 이렇듯 아들이 있는 자로 더 당당하고 분명하게 자라가자.

요 한 이 서

1. 교회 사랑, 성도 사랑

미혹하는 자가 세상에 많이 나왔나니
이는 예수 그리스도께서 육체로 오심을 부인하는 자라
이런 자가 미혹하는 자요 적그리스도니(요이1.7)

◎ 적그리스도(6-7)

- 주님의 명령(사랑의 계명)을 지키지 않는 자(6; 요13.34-35, 요일5.3 참조)
- 그리스도의 성육신을 부인하는 자(7; 고전12.3, 요일4.2 참조)
- 예수의 그리스도(하나님의 아들)를 부인하는 자(요일2.22)

요한문헌(요한복음, 요한1-3서, 요한계시록)을 쓴 사람은 사도 요한이다. 자신을 장로(1, 요삼1.1)로 소개한 그는 요한2서의 독자를 가리켜 "택하심을 입은 부녀와 그의 자녀에게"(1a, to the chosen lady and her children, NIV)라고 부른다. 아마도 헬라어 'Kurios'(주님)와 'Kuria'(부녀)를 염두에 두고서 신랑인 주님과 그의 신부인 교회를, 그렇다면 '그의 자녀'는 성도들을 생각한 것이 아닌가 싶다.

요한은 진리를 기초로 사랑 안에 자신과 독자들을 하나로 묶는다. 그런데 이 진리는 요한에 의해 새롭게 주어지는 것이 아니라 주님에 의해 처음부터 가진 사랑의 계명을 의미한다. 이 사랑의 계명은 하나님 아버지 ⇨ 예수 그리스도 ⇨ 교회로 이어지고 있는데, 바로 여기가 '우리' 됨의 근거다(1-6,12-13).

그러나 유감스럽게도 이 기초 위에 서지 않는 자들, 적(敵) 그리스도 이단이 교회 안에 들어와 있다(7-11). 따라서 이를 분별하고 저들을 '진리와 사랑'(우리)의 공동체로부터 분리해 내는 일이 사도 요한이 독자들에게 말하고자 하는 메시지이다.

이렇듯 이단이 교회 안에 들어옴으로써 진리(사랑의 계명) 안에 세워진 교회와 이 공동체 안에 흐르는 성도 간 서로 사랑이 위협을 받고 있다. 이것이 요한이 자신의 목양 공동체를 향해 이 서신을 보낸 이유이기도 하다. 이들은 '미혹하는 자'(7a, 속이는 자)들이라 일컬어지는데 문제는 이들이 많다는 데 있다.

이들이 속이는 진리는 "예수 그리스도께서 육체로 임하심을 부인하"는 것인데 결국 "이것이 미혹하는 자요 적(敵) 그리스도"다(7) :

"이로써 너희가 하나님의 영을 알지니 곧 예수 그리스도께서 육체로 오신 것을 시인하는 영마다 하나님께 속한 것이요. 예수를 시인하지 아니하는 영마다 하나님께 속한 것이 아니니 이것이 곧 적그리스도의 영이니라 오리라 한 말을 너희가 들었거니와 지금 벌써 세상에 있느니라."(요일4.2-3)

요한은 교회(택하심을 입은 부녀와 그의 자녀)가 '적(敵)그리스도'(영지주의 이단)를 더 이상 교회 안에 들어오지 못하도록 할 것을 권고한다(10-11). 진리에는 중간지대란 없다. 그리스도의 교훈 안에 거하는 자들이든지, 아니면 그리스도께서 육체로 임하심을 고백하는 진리 밖에 있는 자들이든지, 그렇지 않고 이것도 저것도 함께 하는 것은 진리 안에 있음도 아니요 사랑 안에 있는 자도 아니다. 저들은 결코 우리일 수 없다.

초대교회를 지켜내려는 요한을 생각해 본다. 영지주의 이단으로부터 조금이나마 흔들리는 것처럼 보이는 교회를 위해 첫사랑을 토해내는 장로 요한에게서 목자의 마음을 배운다.

사도 요한처럼 사랑으로 가득 찬 가슴이기를, 거짓 교사들로부터 하나님의 양들을 지켜내려는 사도의 열정처럼 타오르기를, 교회가 세워지고 얼추 반세기가 지난 때이지만 발 빠르게 가짜들이 행세하는 교회를 바라보는 사도의 마음에서 다시금 교회 사랑을 가슴에 품어 본다.

요 한 삼 서

1. 사랑하기에 기도합니다.

사랑하는 자여 네 영혼이 잘됨 같이
네가 범사에 잘되고 강건하기를 내가 간구하노라(요삼1.2)

사도 요한이 가이오에게 주고자 하는 것이 있다. 지금 이를 기도하고 있다. 그렇다면 원(源) 저자이신 하나님이 사랑하는 자에게 주시고자 하는 것이 있다는 얘기 아닌가. 하나님이 우리에게 주시고 싶으신 것을 친히 소원하신다는 말이다. 이 얼마나 큰 영광이요 소망인가! 하나님께서 당신의 사랑하는 자에게 주시기 원하는 세 가지, 그것을 기도하고 계신다면 그것이 얼마나 귀하고 소중한 것이겠는가!

첫째로, 영혼이 잘 되기를 간구하신다. 하나님의 최고(最高) 우선의 관심사는 우리의 '영혼'이다. 이것이 범사와 육신을 망라한 인생 전반을 견인해 가는 은혜의 창고이기 때문이다. 하나님이 사랑하는 자는 영혼이 잘 된 자라는 점을 주목할 필요가 있다. 역시 반대로 말해도 마찬가지다. 영혼이 잘 된 자는 하나님의 사랑을 받은 자이다.

둘째로, 범사가 잘 되기를 간구하신다. 이것은 "영혼이 잘됨 같이"라는 말씀과 분리되어 있지 않다는 것을 주목할 필요가 있다. 한편 범사가 잘 되기 위해서 영혼이 잘 되어야 한다는 것은 아니다. 결단코 영혼이 잘 되는 것은 범사가 잘 되는 것의 수단일 수 없다. 성도에게 있어서 영혼이 잘 되는 것은 그것만으로 충분한 목적이다.

또한 범사가 잘 된 사람이 반드시 영혼이 잘 된 사람이라고 할 수는 없다. 이 세상에서 영혼이 잘 되지 않았음에도 불구하고 범사가 잘 된 사람을 찾는 것은 전혀 어려운 문제가 아니다. 하나님 없이도 이 세상에서는 얼마든지 보란 듯이 살 수 있고, 또 살고 있는 것이 인간의 현실이다.

때문에 영혼이 잘 된 것 위에 범사가 잘 되어야 한다. 이것이 가장 이상적인 성도의 모습이다. 영혼이 잘 되었다면 범사가 잘 되는 것이 무엇인가를 알겠기 때문이다. 그의 영혼은 하나님으로 민감하다. 하나님과 분리된 범사란 존재하지 않음을 영혼이 잘 된 자는 믿고 확신한다. 이러한 영적 순서를 따를 때 그는 더 없이 감사하고, 찬양하고, 영광을 주께 돌린다.

그러니 그의 범사가 더 잘 될 수밖에 없지 않은가! 잘 되니까, 그러니까 영혼이 잘 된 자로서 자신의 범사를 보기에 그 속에서 일하시는 하나님을 결코 잊을 수 없는 것이다.

한 가지 여기서 간과해서는 안 되는 건, 영혼이 잘 되면 반드시(인과론적으로) 범사가 잘 되는 것은 아니다. 이 비밀은 오직 영혼이 잘 되어야만 인정할 뿐만 아니라 그것의 신비를 이해하며, 그 범사마저도 영혼이 잘 된 것으로 넉넉히 감당하게 된다(롬8.28 참조). 요셉, 욥, 다니엘, 에스더, 스데반, 빌립보 감옥의 바울과 실라, 사도 요한, 순교자들이 그러했다.

셋째로, 강건하기를 간구하신다. 그러나 이것 역시 "영혼이 잘됨 같이"라는 말씀과 분리되어 있지 않다는 것을 주목할 필요가 있다. 육신적으로 건강할지라도 영혼이 잘 되지 못한 사람을 발견하기란 그리 어렵지 않다. 결국 영혼이 잘 됨 같이 육신이 강건해야 경건한 삶을 살 수 있다. 이렇듯 우리의 영과 육은 분리(구분)되어 있지 않다.

사랑하기에 다 주고 싶어 하신다. 사랑하기에 온 관심이 집중된다. 사랑하기에 기도한다. 당신(아들)의 생명까지 내어주신 이가 어찌 이 모든 것을 은사로 주시지 않으시겠는가. 영혼이 잘 된 그릇(기초)에 범사와 강건이 담겨있어야 한다. 그래야만 오래오래 유지되고 더 풍성해지기 때문이다. 그렇지 않으면 범사와 강건이 오히려 영혼을 병들게 하고 만다.

유 다 서

1. 나는 예수 그리스도의 종입니다.

예수 그리스도의 종이요 야고보의 형제인 유다는
부르심을 받은 자 곧 하나님 아버지 안에서 사랑을 얻고
예수 그리스도를 위하여 지키심을 받은 자들에게 편지하노라(유1.1)

◎ 예수님의 육신의 가족들

- 예수의 친족들이 듣고 그를 붙들러 나오니 이는 그가 미쳤다 함일러라(막3.21)
- 이 사람이 마리아의 아들 목수가 아니냐
  야고보와 요셉과 유다와 시몬의 형제가 아니냐(막6.3a)
- 이는 형제들이라도 예수를 믿지 아니함이러라(요7.5)

  ⇨

- 예수의 아우들과 더불어 … 전혀 기도에 힘쓰니라(행1.14)
- 우리가 … 주의 형제들과 … 같이
  자매 된 아내를 데리고 다닐 권리가 없겠느냐(고전9.5)

유다서의 저자 유다는 야고보서의 저자 야고보의 형제이자, 동시에 둘 다 예수님의 동생들이다. 소위 말해 이들을 포함한

예수님의 동생들은 다들 예수님의 젖동생이라 부른다. 이는 동정녀의 몸에서 태어난 하나님의 아들인 독생자 예수 그리스도와 구분되기 때문이다.

오늘 묵상에서 좀 주목하고자 하는 것은 유다의 두 모습이다. 먼저 복음서가 증언하는 유다는 예수님을 믿지 않은 불신자였다(요7.5). 한 걸음 더 나아가 예수님의 행적과 언행을 듣고 보았음에도 불구하고 예수님이 미쳤다고 말할 정도였다(막3.21). 이러한 분위기는 예수님이 십자가에서 죽으시고 부활하실 때까지 별 변화가 없었다.

그랬던 그가 자신을 "예수 그리스도의 종이요"(1a)라고 소개하며 하나님의 계시의 채널로 쓰이는 영감의 사람으로 유다서에 그 모습을 드러낸다. 마침내 그는 예수님의 동생으로서가 아닌 그 분의 '종'으로 자신을 이해하고 있다. 참으로 놀라운 변화요 새로운 자기 이해가 아닌가(막3.21, 요7.3-5 ⇨ 행1.14). 그는 이미 초대교회의 지도자로 인정을 받았고(고전9.5), 역시 당당하게 유다서의 저자로 이름을 알리고 있다.

그렇다면 그에게 어떤 일이 일어난 것일까? 분명한 것은 복음서에서와는 전혀 다른 모습을 사도행전에서 보여주고 있다는 점(행1.14), 이 부분이 절묘하다.

예수께서 부활하시고 40일 동안 이 땅에 계시면서 하나님의 나라의 복음을 전파하시고 승천하시면서 오순절 성령강림을 약속하셨는데 지금 유다는 그 약속을 기다리는 공동체의 일원으로서 기도하는 중이다.

예수님을 거절하고 험담하던 불신자가 그 분의 죽으심과 부활하심을 통해 변하여 새 사람이 되었다. 그렇다, 오직 십자가 사건만이 죄인을 새롭게 한다. 이것이 한 사람이 변화되는 가장 중요한 핵심이다. 자아가 펄펄 살아있던 그를 예수의 이름 앞에 항복하고 무릎을 꿇게 하는 것은 오직 십자가의 복음뿐이다. 이것이 사도행전 이후에서 만나게 되는 유다의 모습이다.

유다는 예수님의 동생이라는 것을 권력으로 삼지도 않았고, 예수님의 이름을 팔아서 부와 명예를 탐하지도 않았고, 자신을 소개할 때에 예수님의 동생임을 은연중에 드러냄으로써 뭔가 득을 보려는 그 어떤 언행도 앞세우지 않았다.

오히려 철저하게 예수 그리스도의 종(노예)임을 고백하고, 동시에 그분의 이름 앞에 무릎을 꿇고 있을 뿐이다. 다시금 하나님의 자녀 됨의 영광이 혈통으로가 아님을 생생하게 맛보게 된다(요1.12-13 참조).

| 5부 |

예언서

| 5부 |

예언서

요 한 계 시 록

1. THE ALPHA(A) AND THE OMEGA(Ω)

주 하나님이 이르시되 나는 알파와 오메가라 이제도 있고
전에도 있었고 장차 올 자요 전능한 자라 하시더라(계1.8)

◎ 예수 그리스도(계1.4-8) : 기독론

- 이제도 계시고 전에도 계셨고 장차 오실 이(4,8b)
- 충성된 증인(5a)
- 죽은 자들 가운데에서 먼저 (살아)나신 분(5a)
- 땅의 임금들의 머리가 되신 분(5b)
- 우리를 사랑하사 그의 피로 우리 죄에서 우리를 해방하신 분(5c)
- 아버지 하나님을 위하여 우리를 나라와 제사장으로 삼으신 분(6a)
- 알파와 오메가(8a)
- 전능한 자(8b)

요한은 증인의 사명을 매우 충성스럽게 감당한다. 그는 지금 자유로운 몸이 아니다. 복음 때문에 밧모섬에 유배되어 시한부 인생을 살아가는 중이다. 하지만 하나님(기독교)을 반대하고 거역하는 사람들은 요한의 몸을 구금할 수 있을지는 몰라도 그의 심령은 어떻게 할 수 없었다.

그는 지금 하나님을 대면하고 있고, 하나님의 음성을 들으며, 하나님으로부터 오는 은혜를 맛보고 있다. 지금 그는 이를 남김없이 증거한다. 이것이 요한계시록이다.

오늘 우리가 묵상을 통해 어떤 형편과 상황에서도 복음과 교회를 위해 생명을 불사하는 아름다운 사명자 사도 요한을 만난다는 것은 빼앗길 수 없는 축복 중 하나다.

은혜와 평강이 있기를 원하는 그의 인사(계1.4-8)는 온통 그리스도에게 집중되어 있다. 요한이 전하고자 한 그리스도 그분은 누구신가.

첫째, "이제도 계시고 전에도 계시고 장차 오실 이"(4)시며, "나는 알파와 오메가라 … 전능한 자"(8)라 친히 자신을 계시하신 분이시다. 둘째, "충성된 증인으로 죽은 자들 가운데서 먼저 나시고 땅의 임금들의 머리가 되신"(5a) 분이시다. 셋째, "우리를 사랑하사 그의 피로 우리 죄에서 우리를 해방하"(5b)신 분이시다. 넷째, "그의 아버지 하나님을 위하여 우리를 나라와 제사장으로 삼으신"(6a) 분이시다.

하지만 좀 더 자세히 들여다 보면 마침내 예수님은 주(Lord)

이시자 하나님으로 자신을 친히 계시하신다(8a). 먼저, 그분은 “나는 알파와 오메가라”(8a) 선언하신다. 이는 자신이 역사의 시작과 끝이요, 그 중간에 있는 모든 역사의 주(主)이시다는 뜻이다. 오직 주님만이 역사를 주관하시며, 다스리시며, 이끌어 가시는 분이시라는 것이다.

이것이 이어지는 “이제도 있고 전에도 있었고 장차 올 자요 전능한 자라”(8b)는 말씀에서 알 수 있듯이 역사의 처음부터 끝까지 세상을 통치하는 일에 그 무엇도 장애가 될 수 없다는 말씀과 자연스럽게 연결되는 대목이다. 예수님은 이제 곧 계시되어 펼쳐질 요한계시록에 대해 이처럼 직접 인사를 하심으로써 계시록의 주인이 자신임을 분명히 한 셈이다.

한편 요한이 계시록을 받은 때부터 ‘장차 올 자’이신 재림주로 오실 그때(오메가)까지 이 신약교회 시대 역시 우리 주님이 통치하시는 시간이다. 오늘이라는 시간 역시 그 사이에 들어있다는, 즉 지금 이 시간도 전능하신 우리 주님의 통치 아래 있다는 점에서 안심이다. 그렇기 때문에 세상이 흔들리는 일들이 터져도 눈썹 하나 끄떡하지 않는 것 아닌가.

2. 문 밖에 서서 두드리시는 하나님

볼지어다 내가 문 밖에 서서 두드리노니
누구든지 내 음성을 듣고 문을 열면 내가 그에게로 들어가
그와 더불어 먹고 그는 나와 더불어 먹으리라(계3.20)

◎ 라오디게아 교회에 보내는 편지(계3.14-22)

수신자 vs 발신자(14)

평가서(15-18)

회복 & 약속(19-21)

후렴구(22)

오늘 묵상은 많은 그리스도인들에게 잘 알려진 유명한 구절 중 하나다. 보통 불신자들을 향해 전하는 전도지나 복음 전도에 사용되는 구절로서 마지막 결신초청에 맞춤형 말씀처럼 사용되곤 한다.

하지만 라오디게아 교회 역시 앞서 주의 편지가 전달된 여섯 교회처럼 성령이 말씀하시는 교회다(22). 교회인데 지금 이처럼 말씀하시는 것을 들어야 하는, 그럼에도 주께서 사랑하는 교회다(19a). 예수님이 승천하시고 그의 제자들이 목회하는 1세기 교회가 이와 같이 벌써 책망과 징계(19b)를 받아야 한다는 것을 어떻게 이해해야 할까?

오늘 말씀을 조용히 묵상해 보면 라오디게아 교회가 그려진다. 먼저, 주님이 칭찬 한마디 하지 않으신 교회다. 둘째로, 주님이 주인이신 삶을 포기한 교회다. 셋째로, 주님과 교제하는 삶을 거부한 교회다. 넷째로, 주님과 식탁(성찬) 교제의 행복을 잃어버린 교회다. 다섯째로, 주님이 문 밖에 계심에도 불구하고 자화자찬(17a)만 할 뿐 주님이 지금 자신들을 향해 어떤 진단(평가)을 내리고 있는지조차 알지 못하는 영적 무지에 깊이 잠들어 있는 교회다.

그렇다면 무엇이 라오디게아 교회를 이처럼 잎만 무성한 교회로 전락하게 만들었을까? 먼저 복음의 능력과 야성, 이 둘 다 선명하지 못한 교회였다는 점이다(15-16,18). 또한 양모와 제약산업(안약)을 통한 경제적 부요가 진정한 경건과 영적 심령 상태를 오히려 병들게 했다(17). 결국 이것이 라오디게아 교회로 하여금 주님께로부터 오늘 말씀을 듣게 만들었다.

그럼 어떻게 해야 하는가? 이를 위해 주님이 라오디게아 교회 성도들을 찾아오셨다. 이게 문 밖에 서 계신 주님이다. 이는 지금 단순히 밥이나 한번 같이 먹자는 한가한 식사 초대 차원이 아니다. 회복과 치유를 말씀하시는 주님의 찾아오심은 "사랑하는 자를 책망하여 징계하"(19a)시려는 메시지가 핵심이다. 그럼 이 말씀을 통해 라오디게아 교회가 응답해야 할 것은 '회개' 다(19b).

이런 이해(관찰)를 기초로 해서 볼 때 놀라운 것은 이것이다.

주님은 칭찬할 이유 하나 찾을 길 없는 그런 교회임에도 포기하지 않으신다. 마음의 보좌(중심)에서 밀어내 버린, 탕자와 같이 당신을 부재하게 한 그런 모욕과 멸시를 받게 되셨음에도 만신창이가 된 라오디게아 교회를 찾아오신다. 이처럼 희망은 주님 쪽에서 시작된다.

이게 전체 말씀이다(14-22). 오늘처럼 책망과 징계로서의 대면이 아니던 그때, 그러니까 주님은 라오디게아로 더불어 라오디게아는 주님으로 더불어 함께 먹고 마시던 친밀한 성찬(교제와 예찬)의 때에 들었던 바로 그 말씀에로의 회복을 소망하시는 그분의 거룩한 부르심, 이것이 오늘 묵상 안에 살아 숨 쉬는 그분의 심정이고, 다시 시작하자는 초대요 부르심이다.

문 밖에 서 계시지만 사랑으로 가슴이 뛰는 분, 그분이 지금 내 앞에 서 계신다.

3. 환난의 징검다리도 하나님의 인도하심이다.

이는 보좌 가운데에 계신 어린 양이 그들의 목자가 되사
생명수 샘으로 인도하시고 하나님께서 그들의 눈에서
모든 눈물을 씻어 주실 것임이라(계7.17)

◎ 요한계시록에서 7장의 위치

A 다섯째 인 & 여섯째 인(6.9-11,12-17)

B' 이 일 후에 : 인치심을 받은 144,000명(7.1-8)

B'' 이 일 후에 : 아무도 능히 셀 수 없는 큰 무리(7.9-14)

X 그러므로(7.15-17) : 그들이

A' 일곱째 인(8.1-5) : 나팔 심판의 서곡

여섯째 인(6.12-17)과 일곱째 인(8.1-2)을 떼는 그 사이에 인치심을 받은 최후의 승자 144,000명이 소개되는 7장이 있다. 그런데 7장이 다섯째 인을 떼는 말씀(6.9-11)과 연결된다는 점에서 특별하다. 이를 위 구조를 따라 좀 더 정리해 보자.

이렇듯 저주와 심판의 종말에도 이미 천상에 있는 순교자들과 동일하게 순교할 자들이 아직 남아 있다는(11), '진노의 큰 날'(여호와의 날, 6.17)에도 능히 순교자들의 반열에 설(버틸) 수 있는 자들이 남아 있다는, 즉 여섯째 인(A)을 뗄 때에 보여주신 종말

론적 현상들 속에서도 가려 뽑힌 자들(144,000명, 각 나라와 족속과 백성과 방언에서 아무라도 능히 셀 수 없는 큰 무리, 흰옷 입은 자들, 7.4,9,13)이 남았고, 또 아직 남아 있다는 말씀을 대하게 된다.

'진노의 큰 날'(6.17)에, 그러니까 이 "큰 환난에서 나오는 자들"(7.14) -이들은 "이스라엘 자손의 각 지파 중에서 인침을 받은 자들이 144,000이니"(7.4)와 다른 자들이다. 역시 "이 일 후에"(7.9a)도 이를 뒷받침한다.- 이 "각 나라와 족속과 백성과 방언에서 아무도 능히 셀 수 없는 큰 무리"(7.9)라는 말씀이 가슴을 뛰게 한다. 마침내 하나님의 보좌 앞에서 당신을 섬기는 '그들'(7.15,16,17; B',B'')을 승리케하신 그리스도 예수께서, 동시에 하나님께서 온전히 보호하실 것을 약속한다(X).

오늘 묵상(17)으로 오기까지 비교적 긴 다리를 놓은 셈이다. 그렇다면 주님(하나님)은 "각 나라와 족속과 백성과 방언에서 아무도 셀 수 없는 큰 무리 … 이는 큰 환난에서 나오는"(7.9,14) '그들'(B',B'')을 어떻게, 무엇으로 변함없이 지키시며 보호하시겠다 말씀하시는가?

첫째로, 주님은 그들의 목자로서 이 일을 하시겠다 하신다. 주님은 이미 공생애를 통해 목자로서 사명을 완수하셨다. 둘째로, 주님은 그들을 생명수 샘으로 인도하시겠다 하신다. 광야교회(7.16; 행7;38 참조)라는 샘에서 이스라엘을 지키셨다면 천상교회(B',B'')에서 영원한 생명수로 채우실 것은 당연하지 않겠는가. 셋째로, 하나님은 그들의 눈에서 모든 눈물을 씻어 주시겠다 하신다. 이제는 더 이상 눈물이나 아픔이 그들을 건드리지 못하도록 모든 위험과 고통으로부터 보호하실 것이다.

천상의 찬란한 영광을 선명한 그림처럼 보고 있다. 놀랍지 않은가. 언젠가 우리에게 임할 그곳을 이 땅에서 손으로 만지듯 보고 있으니 말이다. 이게 다 "큰 환난에서 나오는 자들"이다. 그러니까 선(先) 환난, 후(後) 인도와 보호하심이다. 그렇다면 환난은 우리를 무너뜨리고 실패케 하기 위한 도미노가 아니라 승리를 주시기 위한 절묘한 노림수다. 환난과 고난에서도 나를 홀로 두지 않으시는 그분의 따뜻한 사랑의 심장 소리가 오늘 묵상을 감싸고 있다.

4. 주 재림대로, 나 말씀대로

보라 내가 속히 오리니 이 두루마리의
예언의 말씀을 지키는 자는 복이 있으리라 하더라(계22.7)

◎ 재림언약

① 내가 네게 속히 가서(2.16b)

② 내가 속히 오리니(3.11a)

③ 내가 도둑같이 오리니(16.15a)

④ 내가 속히 오리니(22.7a)

⑤ 내가 속히 오리니(22.12a)

⑥ 내가 진실로 속히 오리라(22.20a)

계시록의 말씀이 성취되고 있는 이때, 주님이 다시 오시는 것은 이 모든 것의 완벽한 성취(완성)를 뜻한다. 재림 이전에 성취될 것들이 있고(1.1-19.10), 재림과 동시에 성취될 것들이 있고(19.11-21), 재림으로 말미암아 성취되어갈 것들이 있다(20.1-22.5). '속히 될 일'의 종말론적 성취의 때가 가까이 왔고, 때문에 계시록의 말씀은 인봉되어 있을 수 없다(22.6b,10).

그래서 오늘 우리에게까지 이 말씀이 왔고, 오시리라 약속하신 말씀을 듣고, 알고, 믿고, 바라기에 요한과 더불어 동일하게 이 말씀에 응답한다 : "아멘 주 예수여 오시옵소서!"(22.20b)

한편 당신의 자녀들을 향하신 하나님의 축복선언이 눈부시다. 계시록에는 총 7회에 걸쳐 하나님 안에서의 행복이 선언되고 있다. 먼저 이 예언의 말씀을 읽고, 듣고, 지키는 자들에게 복이 선언된다(1.3, 16.15, 22.7). 이것들은 종말론적인 복을 받게 하는 축복의 통로들이다. 주의 피로 구속함을 받아(22.14), 마침내 주 안에 죽어(14.13a), 마지막 때에 부활에 참예하고(20.6a), 새 하늘과 새 땅에서 어린양의 혼인 잔치에 청함을 입게 되는 자(19.9), 바로 그가 하나님 안에서 복된 자다. 복의 근원이신 하나님으로부터 오는 복을 받는 자로 살고 싶다.

어릴 적 어머님의 모습이 계시록을 읽으면서 더 생각나는 것은 그분이 늘 부르셨던 <찬미가>(누런 종이에 등사된 복음성가집)에 들어있는 <주님 고대가>다. 어머니는 돋보기를 하시고 한 손으로 최대한 멀리 책을 들고서 이 노래를 부르셨다 : "낮에나 밤에나 눈물 머금고 내 주님 오시기를 고대합니다. 가실 때 다시 오마 약속한 주님, 오 주여 언제나 오시렵니까."(1절)

"이 예언의 말씀을 지키는 자"만 강조되는 것은 "읽는 자와 듣는 자 … 지키는 자"(1.3)로 시작하여 그 길을 따라 마침내 계시록의 말미까지 이르렀기 때문이다. 즉, 계시록을 마무리할 순간임에도 아직 '읽는 자와 듣는 자'로만 있다면 아찔하지 않겠는가.

결국 요한은 계시록의 시작과 끝에 "예언의 말씀을 … 지키는 자는 복이"(1.3, 22.7) 있다는 말씀을 기둥처럼 세워 놓고 말씀대로 행하는 종말론적 삶을 강조한다. 신앙은 말만으로 되는 게 아니며, 삶으로 경험되어야 할 부분임을 다시금 생각하게 된다.

||||| 감사의 글

주여, 말씀의 문을 열어주옵소서.

1984년 12월 어느 날, 갑자기 쓰러지시던 그 날 새벽까지 모친 임인례 권사님은 평생 새벽기도회를 하셨다. 오늘까지 육 남매(4녀 2남) 자녀 손들이 하나님 앞에서 건강한 믿음의 여정을 걷고 있는 건 다 어머님의 기도와 헌신에 담아주신 하나님의 은혜다. 모친은 평생 보시던 성경 한 권 물려주시고, 두 달 투병하시다가 하나님의 부르심을 받아 천국에 가셨다. 어릴 때 어머님은 성경 이야기를 들려주실 때가 많았다. 난 그게 참 좋았다.

❖ 평생 스승

고등학교 1학년 여름방학 때 큐티(QT)를 하던 중 하나님의 종으로 부르심을 받았다. 그리고 1983년, 총신대학교 합격통지서를 받아왔을 때 어머님은 나를 끌어안고 오랜 시간을 우셨다. 모친은 입학 선물로 성경 한 권을 사 주시면서 표지 안쪽에 이렇게 쓰셨다 : "너의 가장 소중한 재산. 임인례 권사" 돌아보니 말씀을 사모하는 것은 모친을 통해 내게 흐르게 해 주신 하나님의 선물인 것 같다. 그리고 총신에서 평생 스승이신 김희자 교수님을 만났다.

◈ 목회의 아버지

2003년 5월 어느 날, 사랑하고 존경하는 이철 목사님 내외분이 우리 부부를 점심에 초대해 주셨다. 그리고 부목사 사역 7년이 되는 2004년에 안식년을 하라고, 이를 위해 여름에 하와이 코나열방대학에 목회자 부부세미나를 다녀오라고 하셨다. 안식년을 그곳에서 할 수 있는가를 살펴보라셨지만 우리 부부는 1년이라는 시간에만 할 수 있는 것에 초점을 맞췄고, 하나님의 말씀을 좀 더 체계적으로 공부하는 것이 좋겠다고 생각했다. 목사님은 우리 부부의 결정을 기쁨으로 지지해 주시고 공부를 마칠 때까지 모든 지원을 다 해 주셨다. 난 이철 목사님의 반이라도 따라갈 수 있는 목회자가 되었으면 좋겠다.

◈ 에스라

2004년, 1년 안식년을 성경 66권만을 공부하는 에스라성경대학원대학교에서 보내며 공부를 했다. 에스라와의 만남은 1980년부터 해 온 묵상(QT)을 성경신학적인 토대에 좀 더 견고하게 세우도록 하나님께서 주신 특별한 선물이었다. 난 에스라가 자랑스럽다.

❖ 새로운 소명

2013년 7월, 하나님은 뜻밖에도 경성대학교 교목실을 맡기셔서 1만 5천여 경성대학교 학생들과 교직원들에게 십자가의 복음을 가르쳐 지키게 하라는 소명 앞에 서도록 하셨다. 다시 가슴이 뛴다.

❖ 감 사

『하나님, 저 아담입니다』에 이어 책을 내보자며 격려해 주신 가나북스 배수현 사장님, 신혼여행을 다녀와 여러모로 분주한 때에도 언제나 밝고 따뜻한 마음을 담아 책을 편집해 준 박수정 자매님께 고마움을 전한다. 원고 교정을 위해 기쁨으로 읽어 주신 시드니에 계신 장모님, 사랑하는 아내, 사랑의교회 제자 · 사역반 집사님들, 뉴욕과 순천의 집사님들에게도 감사드린다.

부족함 많은 책이지만 기꺼이 추천사를 써 주셨다. 중국집회를 마치고 돌아오신 피곤함 중에도 만찬과 함께 목회이야기를 행복하게 들려주셨던 수영로교회 정필도 원로목사님, 부산에 오자마자 온 가족을 품에 안아주신 호산나교회 최홍준 원로목사님, 1만 5천여 경성인들에게 그리스도의 복음(福音)이 필요하다며 동역자로 한 길 걷게 해 주신 존경하는 경성대학교 송

수건 총장님께 머리 숙여 감사를 표한다.

◈ 맛있는 신약묵상

이 책은 지역 교회에서 성경대학, 성경통독학교, 큐티학교(큐티세미나), 성경 맥잡기, 묵상학교 등 하나님의 말씀을 가르치고 배우는 곳에서 유용하게 사용될 수 있다. 뿐만 아니라 개인적으로 성경을 일독(통독)할 때 옆에 두고 함께 읽어가면 성경이 읽어지고, 알아지고, 깨닫게 되는데 좋은 나침반이 될 것이다.

아울러 제자훈련과 사역훈련을 받는 분들이 본문을 보는 훈련을 위해 매주 대면하는 큐티(QT)를 좀 더 체계적이고 구체적으로 할 수 있도록 해주는 좋은 안내서가 될 것이라 확신한다.

이 책이 하나님을 더 사랑하고, 하나님의 말씀을 더 사모하는 일에 쓰임 받기를 기도한다.

황령산 자락, 경성대학교 교목실에서...

김 충 만